空中英豪

美国第八航空队对德国的空中之战

MASTERS OF THE AIR

AMERICA'S BOMBER BOYS WHO FOUGHT THE AIR WAR AGAINST NAZI GERMANY

[美]唐纳德·L.米勒 著
小小冰人 译

吉林文史出版社
JILINWENSHICHUBANSHE

MASTERS OF THE AIR: AMERICA'S BOMBER BOYS WHO FOUGHT THE AIR WAR AGAINST NAZI GERMANY By DONALD L. MILLER
Copyright:©2006 BY DONALD L.MILLER
This edition arranged with SIMON & SCHUSTER,INC. through Big Apple Agency,Inc.,Labuan,Malaysia. Simplified Chinese edition copyright: 2014 Chongqing Foresight Information Co,.Ltd.
ALL rights reserved.

本书简体中文字版由西蒙-舒斯特公司授权出版
版权所有，侵权必究
版贸核渝字（2013）第65号

图书在版编目（CIP）数据

空中英豪：美国第八航空队对德国的空中之战 /（美）唐纳德·L.米勒著；小小冰人译. -- 长春：吉林文史出版社，2019.1
　　ISBN 978-7-5472-5955-9

Ⅰ．①空… Ⅱ．①唐… ②小… Ⅲ．①第二次世界大战－空战－史料－美国 Ⅳ．①E712.9

中国版本图书馆CIP数据核字(2019)第030811号

KONG ZHONG YINGHAO: MEIGUO DIBA HANGKONGDUI DUI DEGUO DE KONG ZHONG ZHI ZHAN

空中英豪：美国第八航空队对德国的空中之战

著 /（美）唐纳德·L. 米勒　译 / 小小冰人

责任编辑 / 吴枫　特约编辑 / 丁秀群

装帧设计 / 舒正序

策划制作　指文图书　出版发行　吉林文史出版社

地址 / 长春市人民大街4646号　邮编 130021

电话 / 0431-86037503　传真 / 0431-86037589

印刷 / 重庆共创印务有限公司

版次 / 2019年5月第1版 2019年5月第1次印刷

开本 / 787mm×1092mm　1/16

印张 / 48　字数 / 450千

书号 / ISBN 978-7-5472-5955-9

定价 / 229.80元

译 者 序

《空中英豪》一书可能是我迄今为止耗时最长、最费心血的一部译作，译程陆陆续续长达半年之久。数度感到沮丧和烦闷之际，是贝德福德国家诺曼底纪念馆寄来的感谢信令我重新振奋起精神，既然《为了忘却的纪念》一书可以让我在二战结束的几十年后为记述那场史诗般的正义战争做出一点点微不足道的贡献，我想，这本描绘美国第八航空队的巨著一定能达到同样的作用。

首先，我想说说《空中英豪》译本中"战争部"这个译名。The United States Department of War在国内通常被译为"陆军部"，其首脑也被称作"陆军部长"，理由是，这个部门实际掌管的是陆军。在这里，请允许我稍作解释。Department of War成立于1789年，1947年前，美国的军事力量主要由两个部门统辖，一个是Department of War（掌管陆军），另一个是Department of the Navy（海军部，负责海军和海军陆战队），1798年前，海军部甚至还隶属于Department of War。1947年7月26日杜鲁门总统签署《国家安全法》，将Department of War拆分为Department of the Army（陆军部）和Department of the Air Force（空军部），再加上原有的海军部，三者构成了国家军事部（NME），1949年，NME更名为国防部。

1947年出台的《国家安全法》中，有几点至关重要：一是正式确定了国家军事部（即国防部）的存在；另一点是独立空军的出现，取代了原先的陆航队；再有一点就是Department of War（战争部）取消，Department of the Army（陆军部）首次出现，与空军部和海军部一同并入国家军事部。你不能对《国家安全法》视而不见，冒冒失失地将47年前的Department of War和47

年后的Department of the Army都称作陆军部。另外，请各位注意1947年7月起出任最后一任战争部长的肯尼斯·C. 罗亚尔，《国家安全法》生效后，他成为第一任陆军部长，也是最后一位担任内阁成员的陆军部长，实际上，内阁成员的职务是从战争部长一职遗留而来，而不是得自他新出任的陆军部长。也就是说，取代战争部长（同时成为内阁成员）的是国防部长，而不是新出现的陆军部长。这一点可查阅维基百科，战争部长（Secretary of War）与陆军部长（Secretary of the Army）被分别列出，并未混为一谈，很显然，这是两个截然不同的职务。

再从中文翻译的角度说，既然我们在翻译United States Army Air Corps（USAAC）和United States Army Air Forces（USAAF）都很认真地将其分为陆航军和陆航队，那么，我看不出有什么理由将Department of War和Department of the Army都称为陆军部。USAAC和USAAF的区别在于，我们看见前者，就知道指的是1942年前的美国空军，而后者则是1942—1947年间的空军力量。如果将Department of War按照常规译为"陆军部"，试问某本书中出现"陆军部"这三个中文字时，读者如何能判明这是1947年前还是1947年后的陆军部？Department of War译为陆军部，Department of the Army还是译为陆军部，那么请问，凭什么前者用意译，后者用直译？难道，美国人的更名毫无意义？记住，我们的英文理解力绝不比美国人更强大。某些根深蒂固的错误，例如"陆军部"，例如"企业号"，例如"军团"等等，其影响力相当巨大，不是一本书或几篇文章便能解决的。但我希望就此开始，或者说，从这本书开始，确立起"战争部"的说法，"陆军部"是1947年后的产物，是拆分"战争部"形成陆军部和空军部的结果。

当然，这只是我个人的一些粗浅看法，相信有些读者并不一定认同，那么，就请允许将此视作我作为译者的一点点"特权"吧。

《空中英豪》是我到目前为止见过的最详尽的一部第八航空队专著，也是讲述美国空中力量二战经历最出色的一本。从书中的注释以及书后所附的参考资料可以看出唐纳德·米勒为创作这本历史著作所下的功夫；在书中我们同样能看出，五年的写作和研究、对250多名当事者的采访，使得这本空战巨著生动、翔实、有血有肉。

这本空战著作打破了我个人过去许多错误的观点。在我看来，盟军的轰炸势不可挡、一帆风顺，殊不知他们差一点儿惨遭失败，第八航空队几乎被拆散；在我看来，轰炸就是将轰炸机飞到敌方上空，将炸弹投下去而已，殊不知，美国人追求的"精确轰炸"与英国人实施的"区域轰炸"居然有着本质的区别；在我看来，B-17加上被吹得神乎其神的"诺顿"瞄准器，正如其领导者认为的那样——无往而不利，殊不知，对德国某合成燃料厂发起三次空袭，损失了119架轰炸机，却没有一颗炸弹落入厂区内……第八航空队最初的雄心壮志是想凭一己之力击败德国，也就是说，不需要诺曼底登陆，也不需要步兵弟兄们的浴血奋战，只靠他们发起的战略轰炸便能将德国逼入绝境。在我们今天看来这种近乎异想天开的思想，当初却被美国空中力量领导者奉为建军原则。

简单地总结，这本书阐述的其实是轰炸战的两个问题：轰炸哪里？如何轰炸？炸弹不能一丢了之，投向哪里最具效力，最能打击敌人的战争能力，这个看似简单的问题始终贯穿着美国陆航队所经历的整场战争，炼油厂？潜艇坞？飞机制造厂？交通中心？还是像英国人那样，干脆轰炸德国的城市？这些目标都曾被第八航空队尝试过，但效果并不尽如人意，这令他们苦苦思索，究竟应该轰炸哪里？即便确定了轰炸目标，B-17机群能否完成摧毁任务？从理论上说是可以的，但实际上，非常难，即便付出了惨重的代价，损失掉大批人员和飞机，遭受到打击的德国目标却能在很短的时间内得以恢复。

轰炸战从未有过可供遵循的先例，这就意味着第八航空队对德国的战略轰炸是一个不断摸索、不断尝试的过程，充分说明了"罗马不是一天建成的"这句老话。从这一过程中，我们也许能看出美国空军在战后一跃成为世界第一的某些原因。先进武器固然重要，人的因素同样不可或缺，最重要的大概是

"经验",缺乏实战经验,单凭纸上谈兵和数据、性能对比是无法成为一个军事强国的,而军事强国,实际上是个不断保持强大的过程。二战后的多次局部战争就是最好的范例。朝鲜、越南、阿富汗(苏)、科索沃、海湾地区、反恐战等等,美国和苏联卷入的一场场战争,实际上就是一次次不间断的尝试和探索,一如第八航空队在二战中所做的那样。对德国的战略轰炸结束后,美国陆航队全力推动"战略轰炸调查"项目,破天荒地使用民间人士来执行,其目的就是为了得出客观、公正的结论。而这些调查所产生的200多个报告,打破了许多既有的概念,即便到今天,对空军依然不无裨益。

最初为实施精确轰炸而创立的航空队,却以地毯式轰炸赢得了他们最大的胜利。

纳粹德国的败亡,很重要的原因是石油工业被毁?不是,反而是他们最充裕的煤要为其失败负责。

生活条件舒适、军饷颇高的飞行员,伤亡率居然高过太平洋战区的海军陆战队。

美国空军的"无人轰炸机",德国空军的"神风敢死队",你听说过吗?

汉堡和德累斯顿的毁灭,是一场蓄意的屠杀?

德国的许多王牌飞行员拥有动辄上百架的击坠战果,美国战斗机部队应该很怕他们吧?并非如此,美国战斗机最怕的是对方避战,他们甚至以轰炸机为诱饵,诱使德国空军升空应战。

美丽、和平、貌似中立的瑞士,背地里隐藏着多少丑恶的勾当?

……

这些在我看来闻所未闻的故事,在本书中都可以找到详实的描述和解答。

说第八航空队打赢了对德战争有些夸张,可如果没有第八航空队,又如何能赢得那场战争?

翻译《空中英豪》一书,的确有一种"被掏空"的感觉,我所称的"代入式"译法令我在精神上疲惫不堪,写下这些颠三倒四的文字时,吃力不已,就像一个滔滔不绝的演说者下场后，再也说不出一句话那样。如果这篇所谓的序言降低了全书的水准，责任全在于我。

最后，我不想说"欢迎读者批评指正"这种毫无意义的空话，只想把这部译作献给二十年来一直默默关心和支持我的她，并衷心说声"谢谢"。这是怎样的一种坚忍和力量啊，我对此惊叹不已。

美国第八航空队基地

- ① 第1航空师驻地
- ② 第2航空师驻地
- ③ 第3航空师驻地
- ✚ 特别行动（投机商）

1944年6月6日，第八航空队的重型轰炸机大队

34：门德斯哈姆，B-24	392：文德灵，B-24
44：希普德姆，B-24	398：纳特哈姆斯坦德，B-17
91：巴辛伯恩，B-17	401：迪纳索普，B-17
92：波丁顿，B-17	445：蒂本哈姆，B-24
93：哈德威克，B-24	446：邦吉，B-24
94：伯里圣埃德蒙兹，B-17	447：瑞特斯登，B-17
95：霍勒姆，B-17	448：希兴，B-24
96：斯内特顿-希斯，B-17	452：代奥哈姆格林，B-17
100：索普-阿伯茨，B-17	453：旧巴肯纳姆，B-24
303：莫尔斯沃斯，B-17	457：格拉顿，B-17
305：切尔维斯顿，B-17	458：霍沙姆圣费思，B-24
306：瑟莱，B-17	466：阿特尔布里奇，B-24
351：波尔布鲁克，B-17	467：拉克希斯，B-24
379：金博尔顿，B-17	486：萨德伯里，B-24
381：里奇维尔，B-17	487：拉文纳姆，B-24
384：格拉夫顿安德伍德，B-17	489：黑尔斯沃斯，B-24
385：大阿什菲尔德，B-17	490：艾伊，B-24
388：奈提谢尔，B-17	491：梅特费尔德，B-24
389：海瑟尔，B-24	492：北皮肯哈姆，B-24
390：弗瑞林姆，B-17	493：德比希，B-24

总 部

布希公园：美国驻欧洲战略空中力量司令部（USSTAF），代号"飞翼"。

海威科姆：第八航空队司令部，代号"青松"。

布歇赫尔：第八航空队战斗机司令部。

波音B-17的横截面图

联合公司B-24"解放者"式轰炸机

⑪ 雷达操作员
① 正驾驶 副驾驶
② 机鼻炮塔
③ 投弹手
④ 领航员
⑤ 无线电操作员
⑥ 球形炮塔射手
⑦ ⑧ 腰部射手
⑨ 尾部射手
⑩ 机械师兼顶部炮塔射手

一千磅(454公斤)炸弹
顶部炮塔
领航员的座位
无线电操作员的座位
正驾驶的座位
手持式机枪
有机玻璃机鼻
诺顿瞄准器(投弹手)
高频无线电天线
测向天线整流罩
炸弹舱门
雷达领航员的座位

目录

译者序 ·· 001

序幕：血腥100 ·· 1
第一章：轰炸机黑手党 ·· 33
第二章：埃克的业余选手 ··· 65
第三章：危险的天空 ··· 87
第四章：飞行员坠落！ ·· 129
第五章：勇气的剖析 ··· 149
第六章：教会他们杀戮 ·· 207
第七章：地狱的钟声 ··· 237
第八章：战斗者 ·· 281
第九章：转折 ·· 311
第十章：被解放的天空 ·· 347
第十一章：致命的困境 ·· 401

第十二章：瑞士的囚犯	473
第十三章：受够了这场战争	495
第十四章：铁丝网	537
第十五章：无尽的恐怖	579
第十六章：几乎从不倒塌的烟囱	633
第十七章：苦难的庆典	691
尾声	731
致谢	737
参考书目	741

序幕

血腥100

> 第八航空队是战争史上最伟大的部队之一。
> 他们拥有最好的装备和最佳的人员，
> 除极少数外，这些人大多是——美国的芽
> 受过良好的教育，并愿意为国效力，他们知道，
> 正是这一点铸就了第二次世界大战的
>
> ——安迪·鲁尼《我的战争》

1943年10月9日，伦敦

约翰·伊根少校个人的战争开始于伦敦一家酒店的早餐时刻。他离开索普-阿伯茨（Thorpe Abbotts），正在休他为期两天的假期。索普-阿伯茨这座美军轰炸机基地位于伦敦北面约90英里（1英里约等于1.609千米）处，距离诺福克村咫尺之遥，索普-阿伯茨这个名字源自于此。而它的正式名称是第139基地，基地内有3500名飞行员和辅助人员。这座基地修建在一位贵族的领地上，机组人员投入战斗时会飞过鲁珀特·曼爵士的佃农们辛勤犁耕过的田地，那些佃农住在附近摇摇欲坠、靠平炉取暖的石屋中。*

---

* 译注："源自于此"是因为诺福克hamlet指的是那种没有教堂的小村庄，而索普-阿伯茨这个名字直译过来就是"修道院村"。

索普-阿伯茨位于东英吉利亚（East Anglia），古老的农场、蜿蜒的河流、低矮平坦的沼泽，自古以来便是一片闹鬼的地带。它从剑桥顶端向北延伸至诺维奇（Norwich）这座教堂城，向东直达大雅茅斯（Great Yarmouth）这个排满污水的北海工业港。英格兰的这片低洼地，其排水渠、木制风车和广袤的沼泽不禁让人想起一衣带水的荷兰。

这是一片伸入海中的土地的"臀部"，相当突出，在战时岁月，它就像一柄对着敌人举起的巨斧。这里的排干田上建起一座座出色的机场，从这些机场可以深入打击德国内陆。这片地区比伦敦落后一个世纪左右，但战争已将其变为世界上最重要的前线之一，这条战线与历史上的任何一条都不同。

这是一条空中战线。从东英吉利亚新近建成的各个基地发起了一场新型战争——高空战略轰炸。这是战争史上独一无二的事件，史无前例，也再不会重演。20世纪40年代初，实施一场长期、大规模轰炸战所需要的技术刚刚出现，而到这场前所未有的轰炸战临近结束前，这些技术已被喷气引擎飞机、火箭助推导弹和原子弹所淘汰。欧洲西北部上空稀薄、寒冷的空气中，飞行员们在从未有任何勇士经历过的环境下流血、牺牲。这场空战并不像第一次世界大战那样出现在12000英尺高度，而是发生在海拔2—3倍的同温层附近，那里的各种自然条件甚至比敌人更危险。这片湛蓝的战场上，温度低得能冻死人，空气令人窒息，而阳光则将轰炸机暴露给德军战斗机和地面防空炮突如其来的打击。这片广袤、陌生的杀戮场给战斗的严峻考验增添了一份新内容，造成飞行员们首次遇到许多心理和生理问题。

对大多数飞行员来说，飞行与战斗同样陌生。数千名美国飞行员在入伍前从未坐过飞机，也从未向比松鼠更加危险的东西开枪射击过。这种新型战争催生出一种新型医学——航空医学，开拓性地让精神科和外科医生在距轰炸机基地不远处的医院和诊所工作，那些脸部和手指被冻伤，或是因伤势和恐惧造成精神崩溃的人便被送到这里。

轰炸战是一种间歇性战争。一段无所事事且又乏味的日子后，短暂的怒火和恐惧随之而来；而经历了空战并返回基地后，他们会直奔干净的床单、热饭菜和心仪的英国姑娘而去。在这场令人难以置信的战争中，一个19或20岁大的小伙子可能上午11点还在柏林上空命悬一线，而晚上9点却已在伦敦的一家酒店里呼呼入睡。一些步兵对飞行员的舒适生活羡慕不已，但正如一本描述美国领航员的小说中的某个角色所问的那样："要是给他们一架加满油的飞机，你觉得有多少步兵弟兄肯飞赴前线？"[1]空战是一种比地面战更快、更果断的获胜方式，这种观点被推销给美国公众，实际上，空战已沦为一场缓慢而又残酷的消耗战。*

约翰·伊根是一个B-17"空中堡垒"中队的中队长。当时，B-17是世界上最可怕的杀人武器之一。作为一名轰炸机飞行员，伊根的职业就是摧毁。与大多数轰炸机机组人员一样，他毫无良心不安地从事着这份工作，相信自己正为一项崇高的事业而战。他同样是为了不被杀而杀人。

伊根已在最危险的空中战区执行了5个月的作战飞行任务，这片战场被他们称作"大联盟"。这是他在作战期间的第一次休假——尽管几乎感觉不到放松。当晚，德国空军飞抵城市上空，引发了他那座酒店四周的警报。这是他首次遭遇空袭，伊根发现，在刺耳的警报和剧烈的震动中根本无法入睡。

伊根隶属于第八航空队，珍珠港事件爆发后的一个月内，这个轰炸机司令部在佐治亚州萨凡纳的陆军航空队基地组建，以便为美国提供对纳粹德国本土的打击力量。经历了希望渺茫的开端后，这支部队迅速成为历史上规模最大的打击力量之一。伊根于1943年春季抵达英国，此刻，第八航空队的首批人员和飞机进驻英国皇家空军（RAF）移交给他们的机场已有一年，而RAF的轰炸机自1940年来，一直在轰炸德国的城市。每个编了号的轰炸机大队（伊

---

* 译注：实际上，步兵和空军战士们相互认为对方从事的是最危险的工作，没人愿意交换彼此的角色。

根所在的是第100大队）由四个中队组成，每个中队拥有8—12架被称作"大家伙"的四引擎轰炸机，他们占据着各自的机场，不是在东英吉利亚就是在伦敦正北面、贝德福德镇附近的米德兰兹（Midlands）。*

1943年的一段时间里，四个装备着双引擎B-26"劫掠者"的轰炸机大队被分派给第八航空队，这种飞机主要被用于中低空轰炸，其结果好坏参半。但在当年10月，这些配备"劫掠者"的单位被转调给另一支驻扎在英国的美军航空队——第九航空队，该航空队正在组建，以便为跨越海峡进攻纳粹占领的欧洲大陆提供近距离空中支援。从此刻到战争结束，第八航空队里的轰炸机，不是"空中堡垒"就是B-24"解放者"，这是美国当时可实施远程高空打击的仅有的两种轰炸机。但第八航空队也拥有自己的战斗机司令部，以便为深入北欧执行任务的轰炸机提供护航。那些飞行员驾驶的是单引擎P-47"雷电"和双引擎P-38"闪电"战斗机，从位于轰炸机基地附近的机场起飞升空。

第100轰炸机大队投入战斗时，通常伴随着从附近基地起飞的另外两个轰炸机大队（第390和第95大队），这三个大队构成了第13作战联队。一个作战联队只是数百架轰炸机和护航战斗机所组成的编队中的一小部分，当地农民在拂晓时涌出自己的小屋，观看美国人出发"去打德国佬"时，那些飞机便震颤着他们脚下的地面。

"看着庞大的密集编队从他们所在的东英吉利亚机场飞离，每个人……都会激动不已。"[2]历史学家约翰·基根这样写道，战争期间，他在英国长大，那时他还是个孩子。"一个中队接着一个中队，升空后汇入到大队和联队中，随即向东南方的海峡飞去，赶往他们的目标区，这是个航空魅力和军事实力所构成的闪烁、耀眼的星群，600只翼尖拖出的纯白色尾迹映衬在湛蓝的英国夏空中。3000名美国最优秀、最机灵的飞行员为执行任务升入空中，每架飞机

---

* 飞行员们通常把他们的轰炸机大队Bombardment Group称为Bomb Group，所以，在这本书中我也使用这个称谓。

上10个人，而每架飞机都有个与众不同的昵称，这些名字往往来自歌名，例如《我的祈祷》，或是来自某部电影中的台词，例如'我是童德蕾奥'。"

飞往海岸的途中，"我们调至BBC电台，聆听当时流行的伤感歌曲。"来自加利福尼亚州纳帕的副驾驶员伯纳德·R.雅各布斯回忆道。[3]飞过四季常青的英国乡村时，雅各布斯迷惑不解，这样一片看上去安静祥和的土地，怎么会成为发起一场前所未见、难以想象的屠戮和破坏行动的集结区？

尽管富兰克林·D.罗斯福总统刚刚中止了所有自愿入伍的行为，但第八航空队仍是一支精锐之旅，几乎完全由志愿者组成，他们在总统下达命令前便已报名参军，或是那些已经过军方挑选，尚未获得具体分配便被陆航队招募人员捷足先登搞到手的高素质人才。第八航空队的轰炸机机组成员来自全美各地，几乎涵盖了每一个行业。有来自哈佛大学历史系的学生，有来自西弗吉尼亚州的煤矿工人，有来自华尔街的律师，有来自俄克拉荷马州的牛仔，也有好莱坞偶像和橄榄球明星。演员吉米·斯图尔特成了轰炸机驾驶员，而"好莱坞之王"克拉克·盖博则是一名射手。他们与那些曾在曼哈顿擦洗办公室窗户，或是在宾夕法尼亚州装运煤车的男人和小伙子们并肩服役。他们中有波兰人、意大利人、瑞典人、德国人、希腊人、立陶宛人、印第安人和西班牙裔美国人，但没有黑人，陆军航空队的官方政策阻止了黑人加入第八航空队的作战单位。重型轰炸机幽闭的机舱内，战斗的严峻考验中，生存的意愿使天主教徒和犹太人、英国人和爱尔兰人成为亲如手足的兄弟，他们融为一体。轰炸行动中，生存和战胜恐惧的能力依靠的是机组人员的个性和品质。第八航空队前情报官斯塔尔·史密斯写道："战争史上也许从未有过存在于重型轰炸机机组人员之间的那种关系。"[4]

第八航空队入驻英国时，适逢同盟国对轴心国（德国、意大利、日本和他们的盟友）的战争陷入最低潮的时刻。英国、荷兰和法国在远东及太平洋的属地落入日本人手中，就像美占菲律宾那样。1942年5月前，就在卡尔·A."托伊"·斯帕茨少将赶至伦敦接掌美国对欧洲空中作战的指挥工作时，日本已控制了大英帝国一片广阔的领土。皇家空军的战斗机飞行员赢得了去年夏季的"不列颠之战"，英国勇敢地抵御着闪电战，并发起战争中的首次长期轰炸战，但由于1940年5月英军在敦刻尔克的撤退以及不久后法国的陷落，德国已成为西欧绝对的霸主。1942年春季，英国孤独而又脆弱地抵抗着，它是这场与纳粹的战争中仅存的欧洲民主国家。问题是，该如何反击敌人？

"我们没有可击败德国军事力量的大陆军，"丘吉尔首相宣布，"但有一样东西能把他们……打败，从这里起飞的重型轰炸机将对纳粹本土发起一场绝对毁灭性的打击。"[5]1940年初，皇家空军的轰炸机司令部对莱茵兰和鲁尔的工业目标发起攻击，那里是纳粹的原料中心。皇家空军的空袭行动起初在白天进行，但遭受到惨重的损失后，他们被迫改为夜间轰炸，并修改了打击目标。在没有月光的夜晚，英国空军根本无法看见工业厂房，更别说准确命中了，于是，他们开始轰炸整座城市——机组人员准确地称之为"破坏城市"。这种轰炸的目的是燃起毁灭性大火，造成数千人伤亡，这将打垮德国老百姓的士气。这种轰炸极不准确，机组的损失也相当严重。但对英国人的士气来说，杀死德国人的感觉美妙无比——这是对德国轰炸考文垂和伦敦的报复，而且，英国也没有其他直接打击德国的办法。在战争最后几个月盟军进入德国之前，战略轰炸是对纳粹本土实施打击的唯一手段。

第八航空队被派往英国，加入到这场不断升级的轰炸行动中，这将是二战期间历时最长的战役。这场作战行动开始于1942年8月，以支持英国的抵抗，但有着不同的计划和目标。行动的关键是"诺顿"瞄准器，这是海军科学家在30年代初期研制成功的秘密武器。像约翰·伊根这样的飞行员，早已在美国西部明媚的高空中对这种瞄准器进行过测试，并以惊人的准确性将炸弹投向沙地上的目标，有些投弹手甚至声称能在20000英尺的高度将一颗炸弹投入泡菜坛中。陆航队领导人坚持认为，"诺顿"瞄准器将使高空轰炸更加有效，也更为人道。现在，他们将以外科手术般的精确对各座城市展开轰炸，摧毁军工厂的同时，平民的生命和财产所遭受的损失将降至最低程度。"

第八航空队是"泡菜坛"轰炸的检验器。随着"空中堡垒"和联合公司同样强大的B-24"解放者"这些致命武器的出现，支持轰炸行动的理论家们认为，无须进行一战式的地面大屠杀，空战也不会付出巨大的生命代价，战争就将获得胜利。这种未经检验的想法对那些担心战争长期化的美国公众深具吸引力，但他们不知道的是，实战总是会挫败理论。

白天进行的战略轰炸可由轰炸机单独完成，无须战斗机提供掩护。这是艾拉·C.埃克准将坚定不移的信念，卡尔·斯帕茨选中这位前战斗机飞行员来负责第八航空队的轰炸行动。以密集编队飞行——构成自我保护的"箱型战斗队形"——埃克相信，这些轰炸机将集中火力，杀开血路奔赴他们的目标。

约翰·伊根相信战略轰炸，但他不相信埃克的看法。艾拉·C.埃克派他的轰炸机群深入德国，而没有派战斗机护航，因为当时那些单引擎战斗机没有足够的航程陪伴重型轰炸机一路赶往遥远的目标后再安然返回，而此刻，伊根早已投入这场空中战争。1943年夏季，在德国空军的打击下，约翰·伊根失去了许多朋友。

第八航空队的每架重型轰炸机，机组成员为10人。驾驶员和他的副驾驶并排坐在驾驶舱内；领航员和投弹手待在下方树脂玻璃构成的透明机鼻内；位于驾驶员正后方的是空勤机械师，他同时还担任顶部炮塔射手。再往后，无线电报务员待在一个单独的舱室内，操纵着机顶的一挺机枪；机身中部有两名腰部射手和一名球形炮塔射手，后者坐在一个旋转的树脂玻璃制透明圆形罩内，这个非常脆弱的装置被挂在机身底部。而飞机后部一个单独的舱室内，尾部射手坐在一个超大的自行车座上。飞机上的每个部位都很脆弱，这里没有空中散兵坑。与德国和美国的潜艇组员以及他们在战斗中遇到的德军飞行员一样，美国和英国这些轰炸机里的小伙子从事着战争中最危险的工作。1943年10月，第八航空队的机组人员中，有望完成服役期（25次作战任务）的不到四分之一。这是个令人不安的统计。三分之二的人会在战斗中阵亡，或被敌人俘虏。另外，17%的人不是身负重伤，遭遇一场使自己丧失作战能力的精神崩溃，便是死于发生在英国上空剧烈的空中事故。伊根少校所在的轰炸机大队于1943年5月抵达英国，该大队中的飞行员，只有14%的人能完成他们的25次作战任务。到战争结束前，第八航空队将遭受更为致命的伤亡——26000人阵亡，这个数字超过了整个美国海军陆战队的阵亡人数。在D日发起前便已执行轰炸德国任务的美军飞行员中，77%的人最终被列入伤亡名单中。[6]

作为第100轰炸机大队第418中队的中队长，约翰·伊根带着他的部下执行过各种艰巨的任务。在他那些伙计身处险境时，他希望和他们共同面对。"执行这种飞行任务的人简直是在发疯。"伊根对索尔·莱维特中士这样说道。莱维特是他中队里的一名报务员，后来在基地的一场事故中负伤，被调至军方的《扬基》杂志社工作。"然后，"莱维特说，"他继续发疯，继续执行飞行任务，从未飞过那种毫无危险性的任务……"[7]

每当他那些"大小伙子"（伊根这样称呼他们）跟随起火的飞机一同坠毁时，他便写信给他们的妻子和母亲。"那不是供存档的信件，"莱维特回忆道，"在少校看来，这些信件应该用手写，以表达一种个人情感，另外，这些信件也没有副本。他对此从未说过任何内容。这些信件是他与相关家庭之间的事情。"

伊根少校个子不高，骨瘦如柴，勉勉强强140磅，一头浓密的黑发向后梳去，黑色的眼睛，留着小胡子。他的标志性特征是一件白色羊毛衬里的飞行夹克和他惯用的语气，那是从作家戴蒙·鲁尼恩处借鉴来的一种睿智的风格。27岁的伊根是队里的"老家伙"之一，但"我能喝倒你们这帮小家伙中的任何一个"，他会这样逗弄中队里新来的成员。[8]晚上，如果不需要制订第二天的飞行计划，他便跳上一辆吉普车，赶往自己的"领地"，跟一帮爱尔兰工人聚在酒吧里，放声高歌，直到喝得滴酒不剩或是被疲惫的酒吧老板把他们赶出去为止。

伊根高歌痛饮时，他最好的朋友通常已上床安睡。盖尔·W. 克莱文少校的快乐很简单。他喜欢冰激凌、甜瓜和英国战争电影；他忠于老家一个名叫玛吉的姑娘。他在飞行任务中活了下来，而且，他和伊根都是"飞行员的守护者"之一。[9]克莱文的儿时伙伴称他为"克里夫"，但伊根，他这位形影不离的伙伴，自打他们在美国一同参加飞行训练起，便把他的名字改为"巴克"，因为他看上去像是伊根在威斯康辛州马尼托瓦克认识的一个名叫巴克的家伙。这个名字就这样叫开了。"我从未喜欢过这个名字，但从那之后我就成了巴克。"六十年后，获得哈佛商学院MBA和行星际物理学博士学位后，克莱文这样说道。[10]

瘦削、略有些驼背的盖尔·克莱文在怀俄明州卡斯珀北部的贫油区长大，后来，作为一名钻井队的钻工，他设法通过了怀俄明大学的学业。军官帽歪向头侧，嘴里叼着根牙签，克莱文看上去像个硬汉，但"他的心胸大得像德克萨斯州，而且，全心全意为他的部下们着想"，他手下的一名飞行员这样描述他。[11]他的日子过得大手大脚，而且，他也是基地里最会讲故事的人。

克莱文这位24岁的中队长，空袭雷根斯堡的故事被《星期六晚邮报》刊登报道后，在大后方成了英雄，撰写这篇报道的是小贝尔尼·莱中校，后来他与赛·巴特莱特合著了《晴空血战史》，这是欧洲空战中诞生的最好的小说和电影。*

1943年8月17日空袭雷根斯堡—施韦因富特的任务，是截至那时美国规模最大、最具灾难性的空中行动，损失了60架轰炸机和近600人。这是一次"双管齐下"的行动，打击目标是雷根斯堡的飞机制造厂和施韦因富特的轴承厂，保护这两座工厂的是世界上最强大的防空体系之一。当天，作为观察员的贝尔尼·莱，搭乘第100轰炸机大队一架名叫"皮卡迪利大街的莉莉"

---

* 译注：根据小说改编的同名电影由格里高利·派克主演，获得过奥斯卡最佳男配角和最佳音效奖。

的B-17，在战火和混乱中，他看见克莱文位于脆弱的下方中队——也就是所谓的"棺材角"，是轰炸机群中最靠后、位置最低的一组——"经历了他最辉煌的时刻"。

克莱文的飞机被敌战斗机撕碎，他的副驾驶惊慌失措，准备跳伞。"面对机体损坏、部分失去控制、起火和组员重伤，再加上新赶到的敌机继续发起攻击，（克莱文）弃机是合理的，"莱这样写道，但他命令自己的副驾驶待在原地，"他的话通过内部对讲装置传递出去，对机组人员起到了神奇的效果。他们坚守在各自的岗位上。这架B-17继续飞行。"[12]

贝尔尼·莱推荐克莱文获得"荣誉勋章"。"我没有得到，我配不上它。"克莱文说道。他获得了"杰出服役十字勋章"，但一直没去伦敦领取。"勋章，见鬼，我要的是一片阿司匹林，"很久后，他这样评论道，"所以，我一直被人轻看。"[13]

克莱文在空袭雷根斯堡行动中的表现"震动了整个基地"，[14]哈里·H.克罗斯比回忆道，他是伊根第418中队里的一名领航员。当天的战斗，约翰·伊根打得也很好。当被问及是如何幸存下来的，他打趣说："我带着两串念珠、两个幸运符和每次接受任务后都会给某些边边角角处造成损坏所得到的一张两美元账单。另外，我还反穿着我的毛衣，外面套着我的幸运夹克。"[15]其他人就没这么幸运了。第100大队损失了90个人。

当年夏季，伤亡数字以惊人的速度直线上升，快得令这些小伙子根本无法记住。一名补充来的机组人员在晚饭时到达索普-阿伯茨，吃完饭便躺在床铺上入睡，第二天早上，他牺牲在德国上空。没人知道他的名字。后来他便被称作"过来吃晚饭的那个人"。[16]

随着大批好友的阵亡，第100大队的伙计们迫切需要英雄人物的出现。在军官俱乐部，年轻飞行员们围在伊根和克莱文身边，"看着这两个亲手操纵飞机，执行飞行任务的人"，克罗斯比在他的空战回忆录中写道，"士兵们崇拜他们"。飞行员希望能像他们那样飞行。凭借着潇洒的白围巾，软塌塌的

"50次作战任务"帽,他们简直就是从《金粉银翼》中走出来的人物——那是贝尔尼·莱的另一本书,好莱坞将其改编为电影,激发起成千上万年轻人投身陆军航空队的热潮。他们的谈话甚至也是好莱坞式的。克罗斯比第一次看见克莱文是在军官俱乐部。"出于某种原因,他想跟我说说话,于是他说:'中尉,让出租车过来。'"[17]

克莱文喜欢那些新来的补充兵,但对他们未经历实战考验的逞强感到担心。"他们不像我们那般害怕,正因如此,他们更加危险。他们害怕未知的东西,而我们担心的是已知的事情。"[18]

1943年10月8日早上,就在约翰·伊根第一次休假,离开索普-阿伯茨,踏上驶往伦敦的火车的一个小时前,巴克·克莱文飞向不来梅,再也没回来。三架德军战斗机从阳光中飞出,击中了他的"空中堡垒",三台引擎被击毁,机尾和机鼻被打得满是窟窿,左机翼折毁大半,驾驶室起火。情况已然无望,克莱文命令机组人员跳伞。他最后一个离开飞机。跳出飞机时,这架轰炸机距离地面已不到2000英尺。

时间是下午3点15分,此刻,约翰·伊根已在伦敦的酒店登记入住。克莱文挂在降落伞下,看着自己即将落到一座小农舍旁。"速度比我想象的要快。"克莱文摆动降落伞,避开那座房子,但他失去了控制,飞过敞开的后门,落入厨房,撞翻了一些家具和一座小铁炉。农夫的妻子和女儿歇斯底里地尖叫起来,就在这时,农夫用一柄铁叉抵住克莱文的前胸。"我用高中里学来的那点可怜的德语,试图告诉他我是个好人,但他并不买账。"[19]

当天晚上,克莱文中队里,在不来梅行动中生还下来的那些人来到一间乡村酒吧,喝了个酩酊大醉。"没人相信他已经死了,"克莱文中队里的另一名成员,杰克·谢里登这样说道,如果连"无敌"的克莱文都无法做到,那谁能?但正如谢里登指出的那样,"失踪的人不会阻止战争继续进行下去"[20]。

第二天早上,吃罢酒店提供的煎鸡蛋早餐,又来了杯双份苏格兰威士忌后，约翰·伊根读到了《伦敦时报》的头版新闻，"第八航空队在不来梅上空损失30架空中堡垒"。他从座椅上跳起身，跑出去给基地打电话。出于战时保密的要求，谈话用暗语进行。"比赛进行得如何？"他问道。他被告知，克莱文已英勇牺牲。一阵沉默。伊根定定神，问道："球队明天有比赛吗？"

"有。"对方回答道。

"我想参加！"[21]

他于当天下午返回索普-阿伯茨，焦急地等待着大队赶往马林堡执行一项远程任务后返航，这次空袭由第100轰炸机大队大队长尼尔·B.哈丁上校率领，哈丁是前西点军校的橄榄球队明星。各中队刚一返回，伊根便获得哈丁的批准，率领第100大队次日发起行动。拂晓时，他来到一间宿舍，叫醒了飞行员约翰·D.布雷迪，布雷迪以前是一支国立大乐队的萨克斯手。哈里·克罗斯比的床铺就在布雷迪上尉的对面，无意间听到了他们的对话。"约翰，我和你一起飞……我们得教训那些击落巴克的王八蛋。"[22]然后，这两人离开宿舍，赶去参加起飞前的任务简报。

"今天的目标是明斯特。"情报官迈纳·肖少校拉开挡在巨幅北欧地图前的幕布，向睡眼惺忪的机组人员们宣布。一条红线从索普-阿伯茨伸出，横穿荷兰，直至边境外的一座小型铁路枢纽。这将是一次短程空袭，P-47 "雷电"（这是盟军当时所拥有的最好的战斗机）将为轰炸机提供护航，直到战斗机航程的极限，这几乎已到达目标。看上去就是一次例行公事——只有一个问题。轰炸瞄准点是那座老城的中心地带、一个铁路编组场和一片工人住宅的毗邻区。明斯特宏伟的大教堂就在附近，人人都知道，教堂的主教是个纳粹的反对者。"鲁尔河谷几乎所有的铁路工人都住在明斯特。"肖用单调沉闷的语气介绍着。他说，如果投弹手准确命中目标，这片繁忙的交通区域中，德国的整个铁路系统将遭到严重破坏。

这是美国轰炸行动的一个根本性转变。后来，第八航空队正式予以否认，但空袭明斯特确实是一次城市破坏行动。解密的任务报告和飞行记录清楚地表明"市中心"就是瞄准点；第94轰炸机大队的一份报告，将瞄准点描述为"铁路编组场北端和东端的结合部"。[23]

"（肖宣布）将对一片居民区发起打击时……我发现自己站起身欢呼起来，"[24]后来，伊根这样说道，"另外一些在过去的行动中痛失密友的人也跟着欢呼起来，因为这是个杀死德国佬的机会，他们是种族仇恨和民族压迫的始作俑者。这是个为阵亡战友报仇、梦寐以求的行动。"

出席当天早上任务简报的飞行员中，有些人并不记得现场发出过欢呼。其中的一个是弗兰克·墨菲上尉，22岁的墨菲来自佐治亚州的亚特兰大，入伍前是一名爵士乐手，他离开埃默里大学，成了一名领航员。墨菲想不起伊根曾跳起身并发誓要进行报复，但他说，屋里没有人公开抗议这次行动以平民为目标，甚至包括那些像他这样有亲属在德国出生的人。他们中的某些人也许想起了他们的第一任指挥官，达尔·H."老爹"·阿尔凯尔上校在国内给他们的提醒，当时，他们刚刚完成飞行训练，获得了飞行徽章。"别以为你们的工作将是光荣或冒险刺激的。你们要干的是些肮脏的勾当，所以还是面对现实为妙。你们会成为婴儿和妇女杀手！"[25]

不过，第100轰炸机大队里，并非每个人都认为自己在从事谋杀的勾当，大多数人信任他们的指挥官。"我觉得，我来这里是帮着打赢这场战争，如果可能的话，"霍华德·汉密尔顿中尉这样说道，他是布雷迪上尉的投弹手，"根本问题在于，我们试图炸毁一个铁路系统，如果对方有足够的劳动力，铁轨便可以在短时间内得到修复。我们被告知，轰炸这些铁路工人的住处将阻止德国人从事维修工作。"[26]

但在邻近轰炸机基地当天早上进行的任务简报会上，出现了一些对目标选择的抱怨。"当天是周日，许多机组人员……对轰炸目标过于靠近教堂持保留态度。"第390轰炸机大队的飞行员罗伯特·萨贝尔中尉回忆道。[27]第95轰炸机大队引航机"穿佐特装者"号上的领航员埃利斯·斯克里普丘上尉后来也描述了他的反应："我在一个严格的新教家庭里长大。我的父母是遵从上帝指引的人……我震惊地获悉，我们将把轰炸平民作为首要目标，这是战争中破天荒的头一次。"任务简报结束后，斯克里普丘找到大队长，告诉他自己不想参加当天的行动。约翰·格哈特上校发作了："听着，上尉，这是战争，拼写出来就是W-A-R。我们正置身于一场全力以赴的战争中，德国佬在欧洲各地屠杀无辜百姓已有数年。我们来这里就是为了好好教训他们……我们要做到这一点！现在，我将率队执行这个任务，而你是我的领航员……要是你不飞，我就把你送上军事法庭。还有什么问题吗？"*28

斯克里普丘说道："没有了，长官。"然后，他向停机线走去。"我在那时下定了决心，战争可不是绅士间的决斗，"他后来说道，"从那以后，我再也没有质疑过上级的决策。他们有些艰难的决定要做——而且，他们的确做出了！"

斯克里普丘队里的另一名飞行员，西奥多·博扎恩中尉，准确地描述了第13作战联队中大多数人对此次任务的感受。这将是该联队在三天内的第三个行动：不来梅，马林堡，现在又是明斯特。"我们实在太累了，不管怎样，我们都不在乎。"29

哈里·克罗斯比未被安排飞明斯特的任务。他和他的机长埃弗雷特·布莱克利上尉从不来梅返航时，在英国海岸实施了一场蔚为壮观的迫降，此刻正在恢复中。发起空袭明斯特行动的当天早上，他们决定征用一架因作战受损的飞机，飞至度假胜地伯恩茅斯来一场短暂的海滨休假。起飞前，克罗斯比打电话给基地气象员克里夫·弗莱伊上尉，定好暗语，以便让自己能通过电话获悉明斯特空袭行动的报告。

下午4点，他打电话给弗莱伊："我那些朋友都回来了吗？"

---

* 译注：佐特装是20世纪40年代在黑人中流行的一种宽大的服装，与战时提倡的"节约闹革命"背道而驰，结果被美国数个州宣布为非法。但许多黑人认为这是对他们的一种歧视，于是抵制相关的规定，结果这又引起白人们的不满，一些城市甚至因此而出现过一些骚乱。

弗莱伊没有回答。

"他们当中有没有人出现了永久性的变化？"

"是的，除了一个外，所有人！"

然后，弗莱伊失去了镇定，他打破暗语："伊根没了，你那个老机组没了，整个大队都没了。唯一返回的是第418中队的一个新机组，他们称呼他们的机长为罗西。"[30]

罗伯特·"罗西"·罗森塔尔中尉没有跟第100轰炸机大队的老机组一同训练过。当年8月，他和他的机组从英国的一个补充营区被派往第100大队，以弥补该大队在空袭雷根斯堡行动中的人员损失。"我到达时，整个大队并未得到很好的组织，"罗森塔尔回忆道，"他们是一帮粗暴的家伙，性格各异。尼尔·哈丁是个好人，但他并未在地面或空中执行严格的纪律。"一连三十天，罗森塔尔没有获得一次飞行任务。"没人跑过来对我进行检验，然后批准我参加作战飞行。最后，中队长约翰·伊根让我参加一次编队演练。我飞到他的右侧。受训期间我曾进行过大量的编队飞行练习，我很沮丧，因为我想参加实战。我将自己的机翼对准伊根的机翼，他到哪里我就飞到哪里。等我们着陆后，伊根告诉我，他希望我能做他的僚机。"[31]

罗森塔尔曾就读于布鲁克林学院，距离他位于弗莱布许的家并不太远。作为一名出色的运动员，罗森塔尔曾担任过橄榄球队和棒球队队长，后来被选入学院的体育名人堂。在布鲁克林法学院以优异的成绩毕业后，他在曼哈顿一家著名的律师事务所找到了工作。日本人偷袭珍珠港时，他刚刚开始自己的新工作。第二天早上，他报名参加了陆军航空队。

26岁的罗森塔尔肩膀宽阔，相貌英俊，一头深色的卷发。这个来自大城市的小伙子喜欢热爵士，走起路来不太协调，脚趾向内，像个步履蹒跚的农民，但他身上没有任何纽约式的玩世不恭。他是个内向的人，很容易变得局促不安，内心却充满了果断。"我上大学时曾读过《我的奋斗》，也曾看过纳粹在纽伦堡召开大型集会的新闻影片，希特勒站在一辆敞篷车内，人群疯狂地欢呼着。人群中的那些面孔令我震惊不已，他们的表情充满崇拜。不光是希特勒，整个国家都疯了，必须阻止他们。"[32]

"我是个犹太人，但不仅仅是出于这个原因。希特勒是对所有正派人的一个威胁。我为英国人深感自豪，不列颠战役和闪电战中，他们独自抵抗着纳粹。我如饥似渴地阅读报上的战争新闻，也聆听过爱德华·R. 默罗在电台中直播的轰炸伦敦。我迫不及待地要去那里。"

"终于到达伦敦时，我觉得自己来到了世界的中心，这里是民主国家聚集起来打败纳粹的所在。我来对了！"

罗西·罗森塔尔从未跟他的组员说过这些想法，那些头脑简单的家伙并不相信所谓的"反思"。他们从不知道他内心的想法，也不明白是什么使他带着强烈的决心进行着飞行和战斗。后来，罗森塔尔成了第八航空队受勋最多、最著名的飞行员之一，于是，一种说法传遍了整个索普-阿伯茨：因为他的家人被关在德国集中营里。曾有人直接问过他这个问题，他的回答是："纯属胡说八道"[33]。他的母亲、姐姐、姐夫和侄女（她的父亲刚刚去世，因此与他们同住），都在布鲁克林。"我没有任何个人原因。我所做的一切，或是我希望做的，完全是因为我痛恨迫害……一个人不得不小心提防那些毫无文明可言的家伙。"

罗西记得，空袭明斯特的任务简报会上，确定的目标是那座城市的铁路编组场，而不是工人的住处。"目标靠近市中心，一些无辜者会被炸死，就像所有战争中都曾发生过的那样。"[34]

10月份这个雾蒙蒙的早上，罗西的飞机位于跑道的第三位，其他那些重达30吨的毁灭者也一字排开，引擎轰鸣着，准备每隔半分钟便起飞一架。罗西和他的组员驾驶着一架名叫"同花顺"的新飞机。原先的那架，罗西的"铆钉枪"号，在执行不来梅和马林堡的任务中严重受损。罗西的组员们有些迷信，对飞一架陌生的轰炸机感到不安。罗西把他们召集到机翼下，设法让大家冷静下来。

"炸弹舱门在你身后关闭，你知道自己现在成了这艘大船上的一名囚犯，"《扬基》杂志社的通讯记者丹顿·斯科特描述了许多飞行员那天早上在停机线处感到的恐惧，"这种囚禁只能被三个因素所打破，这三个因素依次为：飞机爆炸跳伞到另一个监狱、死亡和安全返回。"[35]

布雷迪驾驶着引航机"艳舞女郎梅丽"号，伊根少校坐在副驾驶位置，布雷迪的副驾驶约翰·霍尔则坐在折叠座椅上，上午11点11分，这架飞机的机轮离开跑道，机腹内载满炸弹，擦着跑道末端高高的树梢飞入空中。这是布雷迪第一次飞引航机的位置，他觉得自己对此毫无准备。伊根同样感到不安，因为他没穿那件代表好运的白色飞行夹克。而伊根要为之报仇的那位朋友，巴克·克莱文，从来就没喜欢过伊根那件"幸运夹克"，因为它太脏了。

第13作战联队的53架轰炸机在大雅茅斯上空集结，第95轰炸机大队为首，第100大队尾随其后，他们随即向西南方飞去，以便与其他联队会合，275架B-17组成了这个庞大的轰炸机编队。在北海上空，4架轰炸机声称出现机械故障，随即返航。这使整个编队少了36挺点50口径机枪。在一场空战中，这可能意味着很多，但这一点似乎没有引起任何人的担心。"整个航程我们感到非常轻松，"第390轰炸机大队"天空小屋"号上的投弹手道格拉斯·戈登-福布斯中尉回忆道，"这是我们第一次获得战斗机护航，一路掩护我们进入德国，每个人都觉得信心百倍。"[36]

从挪威到法国北部，德国人拥有一连串的雷达站，这些飞机在东英吉利亚上空集结时，他们就知道美国人要来了。轰炸机飞过荷兰边境，越过威斯特法伦整齐、轮廓分明的城镇时，开始遭遇到猛烈的防空火力。"Flak"，这是德语高射炮Fliegerabwehrkanonen的缩写。伊根朝布雷迪望去，看见他正用手指划着十字。几秒钟后，机上的一名腰部射手被高射炮弹的弹片打死。

就在第100大队接近起始点时（重型轰炸机将从这里列队进入轰炸航路），伊根呼叫大队，那些P-47"雷电"战斗机"正返回基地"，他们已到达航程的极限。看着右侧那些战斗机晃动机翼，示意"祝你们好运"后，伊根目不转睛地盯着前方，喊了起来："天哪！注意12点方向，看来他们是朝我们来的！"[37]约200架德军战斗机迎头发起攻击，直到即将与轰炸机相撞的一瞬间才避开。

布雷迪的引航机第一个被击中。位于"艳舞女郎梅丽"正后方，"Aw-R-Go"号机鼻玻璃罩里的弗兰克·墨菲看见布雷迪那架飞机的下部发生了"一场可怕而又猛烈的爆炸"，[38]并惊恐地看着这架负伤的"空中堡垒"拖着黑色的浓烟和燃料，进入到令人毛骨悚然的急剧下坠状态。"我们的投弹手从机鼻处爬上来，一脸惊慌地告诉我们，必须离开编队，因为汉密尔顿身上出现好几个洞，不得不返航，"伊根后来描述了这架中弹飞机上的场景，"我向他保证，我们会离开编队的。"

布雷迪竭力保持着机身的水平，以便让机组人员能有个跳伞的"平台"，弃机行动则由伊根指挥。就在他开始对着内部通话系统喊话之际，飞机突然间起火燃烧。这时，他派约翰·霍尔下去帮助19岁的汉密尔顿，设法把他带至机身下部的前方逃生舱口。伊根和布雷迪将轰炸机设置成自动驾驶，随即向后方打开的弹仓爬去。狭窄的通道将两个主弹仓分隔开，站在这条晃动不已的通道旁，伊根朝下方的地面看了看，喊道："布雷迪，你先跳……我是机上军衔最高的人。"但布雷迪希望自己最后一个离开，因为这是他的飞机，是他的机组。"我们争执了一会儿，"伊根说道，"就在这时，在我们脚下6英寸处，沿着整个炸弹舱舱门的长度，出现了一排我所见过的间隔最完美的弹孔。这是点30口径机枪留下的标记。于是我说：'布雷迪，我们会再见面的。'然后我跳了出去，数着数字，在掠过球形炮塔时拉动开伞索。降落伞毫无阻滞地打开，我的老二终于安全了。"[39]

几秒钟后，伊根看见三架德军战斗机放弃了空中的那些轰炸机，向自己扑来。机炮闪烁着，他们瞄准了他，把他的降落伞打得满是窟窿。伊根说："几架战斗机认为我死定了，这才消失在空中，可他们不知道我是爱尔兰人。"降落到地面后，伊根发现一些敌军士兵向他走来，他赶紧脱掉降落伞和笨重的冬季飞行装备，消失进一片树林中。

汉密尔顿落在不到1英里外，但他俩再也无法取得会合。汉密尔顿独自一人躺在地上，仍在大量出血。但他相信自己今天命不该绝，因为就在几分钟前，他近乎奇迹般地逃出了鬼门关。

霍尔中尉赶到机鼻处帮助汉密尔顿时，看见这位负伤的投弹手挂在逃生舱门处，身子悬在机外，晃动的双脚和可怕的结局间只有20000英尺的高空。由于肺部被刺破，汉密尔顿没有足够的力气用自己的双手推开逃生舱门。于是他站在上面，转动开启扳手。舱门打开后，他掉了下去，但降落伞的右肩带却勾住了扳手，他挂在轰炸机外，内侧螺旋桨离他的头只有几英尺。

经过一番紧张的努力，霍尔将汉密尔顿从舱门解开，两人打开降落伞向地面落去，很快便被德军士兵俘虏。一辆救护车被叫来，汉密尔顿被送往明斯特。在这场30分钟的旅程中，救护车驾驶员的孙子，一个年约15岁的男孩一直用一杆长长的猎枪指着汉密尔顿的头部。

大约就在这个时候，罗森塔尔"同花顺"上的组员们正经历着被一名指挥官称作"这场战争，或许是有史以来，最激烈的一场空战"[40]的最后几分钟。这场空战只持续了45分钟，但就激烈程度而言，欧洲战事中没有哪一场能与之相比。当天下午，第八航空队面对着戈登-福布斯中尉所说的"扑向美军轰炸机群，有史以来最密集的德军战斗机"。[41]

德国空军采用了新的战术和武器。他们只对几个轰炸机大队发起攻击，以便让击落轰炸机的数目最大化，同时，他们还对美军密集的"箱型战斗队形"发射了空对空导弹。第100轰炸机大队位于其联队最危险的下方位置，首当其冲地遭到攻击。布雷迪的飞机中弹后，没过几秒钟，第100轰炸机大队的整个编队被德军双引擎战斗机所发射的火箭弹以及成群的单引擎战斗机打散，那些发射火箭弹的双引擎战斗机与美军轰炸机平行飞行，但躲在B-17威力强大的机枪火力射程外。"红色的火球，拖着长长的白色烟雾向我们袭来，带着剧烈的嗖嗖声飞速窜过，"道格拉斯·戈登–福布斯描述了这场可怕的火箭弹袭击，"几发火箭弹差一点儿击中我们的飞机，其中一发从我所在的机鼻玻璃罩下方4英尺处掠过。"*

对下定决心的德军飞行员来说，第100轰炸机大队中落单的轰炸机是他们轻而易举的猎物，有些德国飞行员是在威斯特法伦，他们家人的上空飞行。"德国战斗机一个波次接着一个波次向第100大队扑来，"弗兰克·墨菲回忆道，"有好几次，我侧头瞥去，以为对方的飞机要迎头撞上了。"[42]这是墨菲所执行的第21次作战飞行任务，但他从未见过这么多战斗机同时出现，甚至在雷根斯堡上空也没这么多。德国空军从未能阻止第八航空队的空袭。"我认为这次攻击的目的是想把我们打退一次。"后来，罗西·罗森塔尔这样说道。[43]

7分钟内，第100轰炸机大队作为一支有组织的作战编队已不复存在。但也有少数轰炸机，包括墨菲和罗森塔尔的飞机在内，设法赶至目标区上空，并投下了炸弹。500磅的炸弹落向市中心，就在这时，教堂的钟声响起，召唤人们来晚祷。一名年轻的飞行员写道："我们从4英里高空将炸弹投了下去，完全不知道它们落地后会发生些什么。"[44]

目标区上空，轰炸机进入重型高射炮的打击范围后，德军战斗机暂停了他们的攻击，但当第100大队残余的轰炸机转个大弯，飞向与第95和第390大队会合的集结点时，大批德军飞机再次出现。"我们的飞机刚刚转向，在我身后便发生了爆炸，我一头摔倒在地上，"墨菲回忆道，"那种感觉就像是有人用棒球棒击中我，又往我身上泼了桶热水。这绝对是个可怕的时刻。我不知道自己的伤有多重，也不知道我是不是要死了。"[45]勃朗宁机枪吐出的滚烫的弹壳足有3英寸厚，墨菲躺在上面，不受控制地滑动着，他抬头看见副驾驶格伦·格雷厄姆已摘掉氧气面罩，正打着手势示意自己跟他走。格雷厄姆拉动机

---

* 译注：这里所说的空对空导弹，应该是火箭类武器。但作者的说法也没错，在西方，纳粹的R4M火箭、Wfr. Gr. 21火箭以及X–4导弹，都被列入空对空导弹范畴。

鼻处前方组员舱门上的紧急扳手，踢开门跳了出去。墨菲停了停，低头向地面望去，那里似乎"有百里之遥"，他慢慢蹲下身，张开双臂跳了出去。"突然间，一片死一般的寂静。没有激战的声响，没有机炮的轰鸣，没有火药的气味，没有引擎的嘶吼和呻吟，也没有对讲机的喋喋不休。"[46]然后，就在第390大队的飞机进入视线，出现在墨菲的上方时，空中爆发出火焰，金属碎片四散飞溅。城市四周的各高射炮连对准第390大队猛烈开火，德军战斗机也扑了过来。"此刻我操纵着机枪，根本不需要四处寻找敌机，"投弹手戈登-福布斯回忆道，"他们到处都是。"[47]

"（整个天空是）一幅梦幻般的场景，黑色的高射炮炸点。燃烧并爆炸的B-17在空中疯狂地旋转、翻滚。"威廉·奥弗斯特里特中尉这样说道，[48]他是"情况正常"号的副驾驶，但这个名字一点儿也不合适。"这就像飞过一片空中垃圾场。"B-17上的一名射手注意到。[49]空中飘荡着那么多降落伞，在戈登-福布斯看来，就像是一场空降行动。有些人还没来得及套上降落伞包便被炸出飞机，在强风中翻滚、扭曲着向地面落去。"从25000英尺的高度落下时，你的身体会做出何种反应？"一名飞行员看着自己所认识的那些人穿过云层向地面坠去，不禁这样问自己："会在下坠的过程中死去吗？还是意识尚存……一路惨叫着摔到地面上？"[50]

战前的战略家们认为，轰炸战将是一场飞机对飞机的战斗，很少会有人与人之间的接触。但随着第八航空队侵入德国本土的每一次行动，像汉密尔顿这些被击落的飞行员，在美军步兵尚未跨过边境进入德国前，便已在对方的领土上与敌人面对面地遭遇了；而空战也经常接近于近距离地面战的那种密切程度。明斯特上空激烈的战斗中，一架德军战斗机从"天空小屋"号的机头前飞过。"就在那一瞬间，他离我如此之近，我记得我坐在那里，盯着他的脸，而他也紧紧地盯着我，"道格拉斯·戈登-福布斯回忆道，"看上去，他也很害怕。"[51]

当天下午，15岁的奥托·许特正在明斯特郊外参加一场马术表演。他是一名印刷学徒工，出生于纽约布鲁克林，也许跟罗森塔尔的老家相距不远。他的父母于1931年返回德国，并在1939年从卢贝克迁居至明斯特，在这里，他的父亲成为纳粹党的一名领导人物。战争爆发后没多久，奥托加入希特勒青年团，并自豪地当上了小队长。

明斯特展览会场距离市中心3英里，奥托·许特听到了轰炸机飞来的声响，但这些飞机很难被看见，因为他们极好地融入到秋日的高空中。"从我们所在的位置，能看见浓浓的烟雾、硝烟……从市中心爆发开来……投下的炸弹越来越近，我们突然意识到，我们的性命危在旦夕。大家赶紧散开，跑向隐蔽处，此刻，炸弹的爆炸和防空炮火已达到高潮。我干脆面朝下，一头趴在地上。"[52]

趁着轰炸的间隙，许特跑向另一个更好的隐蔽处，就在此刻，他看见一架B-17断裂的机翼，上面的螺旋桨仍在转动，径直朝他落下。机翼坠落在他前方的地面上，"剧烈燃烧，并发出黑色的烟雾和油烟……我趴在泥地上，认为自己随时可能送命。"

明斯特城内，一名14岁的女学生，希尔德加德·克斯特斯，在火车站下的防空洞里捡了条命。"冲击波使地面震颤、晃动着。坚实的混凝土掩体也发生了抖动，地基部分颤抖得厉害。铁路枢纽和编组场肯定是此次轰炸的目标。"[53]

"突然，所有的灯光熄灭了。掩体里的人——主要是妇女和孩子——像屠宰场里的绵羊那样挤在一起，祷告、哭泣、惊恐地尖叫。还有些人则因恐惧而保持着沉默。"

"简直是个地狱，"一名恰巧在明斯特换乘火车的德国士兵回忆道，"在我四周，我能听见受伤者发出的惨叫，他们被困在废墟和燃烧的房屋下。整个市中心几乎已被夷为平地，主火车站也遭到严重破坏。"[54]

这名士兵抬头望去，看见轰炸机穿过他们制造出的巨大的烟云，朝英国飞去。他能看出，有些飞机已严重受损。

"我们的右侧机翼上有一个火箭弹造成的大洞,两台引擎已熄火,两名腰部射手身负重伤,我的尾炮手也已中弹,"罗森塔尔描述了"同花顺"上的情形,"离开目标区后,我们再次遭到敌战斗机的攻击。我们的射手没能击落任何一架敌机,除非他们能获得一个稳定的平台,可如果我保持机身的水平和稳定,我们肯定会被击落。所以我采取了一系列机动和每一个规避动作。我的飞机在空中四处游动。我猜德国飞行员最终感到沮丧,并决定去找个更容易些的目标。"[55]

机组人员通过对讲机喊叫起来,机上的供氧系统被射中,他们现在遇到了空气抽入方面的麻烦。罗森塔尔告诉他们别再乱喊乱叫,此刻,飞机下降得如此之快,几秒钟后他们就不再需要机上提供的氧气。就在这时,副驾驶温弗里·"老爹"·刘易斯转身让空勤机械师汇报供气系统的状况。他没有得到回答,机械师的眼球在眼窝中凸起,这是缺氧的症状。直到飞机降至12000英尺下,他才恢复了知觉。

"在这样的情况下,你不会考虑死亡,"罗森塔尔说道,"你的注意力集中在挽救飞机和组员上,这是你必须要做的。你会把一切杂念逐出脑外。你很害怕,但恐惧和惊慌有所不同。惊慌令人动弹不得,而恐惧则使人力量倍增。摄氏零下50度的严寒中,你却汗流浃背——你的心脏剧烈跳动,你行动起来。说实话,我在战争期间唯一经历过的恐惧是害怕自己会让机组人员牺牲掉。"

"人们会谈及勇气,但这完全是胡扯。执行明斯特任务时,我毫无勇气可言。我要做的是把那些炸弹投下去,我做到了。在那之后,我唯一关心的是机上的九名组员,怎样才能把他们平安带回家?"

这场战斗就像它突然间爆发开来那样,又在突然间结束了。"正前方,孤零零的白色尾迹标志着我们虎口余生了,"戈登-福布斯回忆道,"雷电!纳粹们调转机翼迅速逃离。"[56]

休伯特·"胡伯"·泽姆克上校的第56战斗机大队——"泽姆克的狼群"在恶劣的气候中从萨福克空军基地起飞,赶来与返航的轰炸机会合。[57]他们和其他"雷电"单位一同击退了德军战斗机（大部分德军飞机的燃料和弹药都已不足），然后，他们护送这些"大朋友"跨越北海。罗森塔尔严重受损的飞机已无法跟上编队里的其他飞机，不得不独自返航。

"同花顺"号以低得危险的高度飞过北海，在迅速集结起的暮霭中，领航员罗纳德·贝利难以找到英国海岸，要找到索普–阿伯茨就更难了，它与附近的其他美军轰炸机基地看上去完全一样。"同花顺"穿过低垂的阴云靠近机场时，机组人员射出红色信号弹，示意"飞机受损"。基地里，几乎每个人都冲向跑道，来观看这架受损的轰炸机进场。一双双焦虑的眼睛搜寻着空中更多的"空中堡垒"——他们希望能看见全部的13架B-17——但只有1架。罗西将他这架损坏的飞机驶入停机坪，飞机停稳，机轮处塞上混凝土圆垫后，他钻出炸弹舱，爬下飞机，转身问情报官："其他人也都这么艰难吗？"然后，他带着两名受伤的射手跳上救护车，陪他们去基地医院。"我没有觉得如释重负，"多年后，他这样说道，"我有一种负疚感。为什么其他那些好小伙都死了，可我还活着？"[58]

射手洛伦·达林康复得很快，但他的朋友约翰·谢弗不得不被送回本土，以便动手术将心脏旁的弹片取出。后来，罗森塔尔从地勤人员那里获知，一发未爆炸的炮弹卡在"同花顺"号的机翼副油箱处。他的组员猜测，是一名在纳粹军工厂工作的劳工故意破坏了这枚炮弹。

欧洲的轰炸战中有两种受害者：轰炸者和被轰炸者。1943年10月10日轰炸明斯特的行动中，近700名平民丧生，其中大多数是铁路编组场附近那些老建筑中的居民。明斯特大教堂只遭到轻微损坏，两所学校被炸弹直接命中，幸运的是，当时学校里没人。奥托·许特回到自己所在的街区时（离大教堂只有几百码），发现他的家只剩下一堵墙壁，被轰炸吓得半死的生还者，包括他的家人，纷纷从地下室内爬出，有些还背着死去的人。对地面上的人来说，这是一场持续了45分钟的恐怖。而在这45分钟内，第13作战联队损失了25架飞机,当天总共有30架"空中堡垒"被击落,300名小伙子没能安全返回。*

冰冷的数字无法传达出那种难以想象的创伤:在被击落的轰炸机内,或是在像"同花顺"这种严重受损并飞离德国的飞机里,机组人员握着受伤战友的手,生怕自己无法及时返回,以找到医生来救治他们。25000英尺的高空中没有医护人员,也没有佩戴红十字袖章的人跑来抢救受伤的战友。飞行员对照料自己和别人的急救知识几乎一无所知。"凯丽小姐"号的驾驶员保罗·万斯中尉,在执行轰炸明斯特的任务中,一条腿几乎被高射炮弹切断。他自己将伤口包扎起来,用对讲机上的电线充当止血带,然后指导他的副驾驶穿过轰炸航路,返回英国。第390大队的驾驶员罗伯特·萨贝尔中尉,对选择星期天轰炸一座城市持保留态度,他驾驶着"铁矿"号平安返回,机身上带有750个高射炮和机枪所造成的弹孔,油箱里只剩下再飞行两分钟的燃料。他的机组中有三名成员已在情况看似无望时在德国上空跳伞,但萨贝尔凭借两台完好的引擎,将"铁矿"号飞回,在距离自己基地数英里的索普-阿伯茨成功盲降,但机上有四名组员已死在无线电室的血泊中。

空袭明斯特的当晚,那些没能返回的小伙子,他们的个人物品被匆匆塞入袋中,他们的床铺也被撤除。没用一个小时,这里已没有他们存在过的任何迹象。罗伯特·罗森塔尔无法入睡,他朝军官俱乐部走去。他不喝酒,但他迫切需要有人陪伴。俱乐部内空空荡荡,屈指可数的几个人默默无语地坐着,不知道该如何是好。罗西也不知道。

那天晚上,哈里·克罗斯比看着约翰·布雷迪空荡荡的床铺,心里默默

---

* 尽管德国方面的记录表明,他们当天只损失了22架战斗机,当然,其中的大多数是泽姆克的"雷电"所造成的,但第八航空队的射手们还是声称他们击落了183架敌机。光是第13作战联队便获得105个"战果"。航空队领导意识到,这场战斗与发生在其他地方的空战一样,射手们所说的击落德军战斗机的数字太过乐观。整个战争期间,已采取相应措施来降低他们所声称的数目,但这种不准确的数字始终偏高。有些射手可能是夸大了他们的战绩,但大多数人坚信自己所说的数字准确无误。无独有偶,同样存在着德国空军故意隐瞒其严重损失的可能性。没人知道10月10日的那场战斗中,德国人到底损失了多少架飞机,但那些可信赖的历史学家们将这个数字定在60—90架之间。[59]

地做了计算。就在4个月前，在索普–阿伯茨投入战斗的140名中尉，只剩下3个仍处于飞行状态中。单是上一周，第100大队便损失了200人，其中包括两位中队长——克莱文和伊根。这几乎是全大队的半数实力。第100大队由此得到了他们的绰号——"血腥100"。[60]克罗斯比不禁纳闷，自己是如何活下来的？

当晚，弗兰克·墨菲也问了自己同样的问题。他的右臂卡满碎弹片，脚踝也因跳伞时与地面的剧烈撞击而发出阵阵颤动，但他还活着，与另外三十来名在当天被俘的美军飞行员坐在某德军战斗机基地内的一小片指定区域。这些美国人跟击落他们的一些德国飞行员轻声交谈。"他们对我们大加赞扬，所以我认为，我们也有理由称赞他们。"[61]这些德国人似乎特别热衷于跟第390轰炸机大队的飞行员约翰·怀南特中尉交谈，他是美国驻英国大使约翰·G. 怀南特的儿子。

德军飞行员离开后，这些美国俘虏开始讨论他们作为德国的"客人"要待上多久。没人怀疑盟军将获得胜利，但屋里的每个飞行员都知道，第八航空队输掉了这场空战。他们的囚禁生涯可能会长达十年，一名飞行员这样说道。"天哪，十年！"墨菲哭了起来，"放我回家时我已经是个老人了。"[62]

第二天早上，约翰·怀南特被带去一个专门收容特殊战俘的所在。墨菲和其他被击落的飞行员则被带至明斯特，穿过街道，穿过愤怒的人群，市民们排列在人行道上，一直延伸至这些俘虏轰炸过的火车站。俘虏们的目的地是"空军战俘中转营"，那是德国空军的审讯中心，就位于法兰克福郊外。到达后，军官们被单独关押，并在整个审讯期间彼此隔绝。所以，弗兰克·墨菲不知道约翰·伊根和盖尔·克莱文当时也在这个中转营；而伊根和克莱文也不知道这里还关着其他人。

伊根跳伞后逃了几天才被德国人抓获，他被关在一间狭小、没有暖气的小屋中，与克莱文相距不远，他唯一的同伴是"一百多万只跳蚤"。[63]经过九天单独关押和持续不断的审讯，克莱文已获释，并与另外一些"已清理过"的战俘被一同送至"Ⅲ号空军战俘营",这座战俘营专用于关押美国和英国的空军军官,位于德国占领的西里西亚,过去是波兰的一个省。俘虏们搭乘肮脏的棚车出发,这些棚车曾用于运送牲畜,新鲜粪便的气味铺天盖地。由于运送战俘的任务被赋予低优先级,这些棚车被接上一列列货车,经常被分流至铁路专用线。三百英里的行程用了整整三天。

Ⅲ号空军战俘营设在萨冈镇外一片茂密的松林中,位于柏林东南方大约90英里处。克莱文于10月23日这个周日的早晨到达该战俘营时,这里已聚集了一群第100大队的人,到战争结束前,该大队有近千名飞行员被关在德国战俘营中。克莱文的那个中队,一半人成了战俘,被关在萨冈。弗兰克·墨菲和约翰·布雷迪也在这里。布雷迪的投弹手霍华德·汉密尔顿待在德国的一所医院里。经过长期休养,身体康复后,他被送至位于波罗的海巴特镇的另一座战俘军官营——Ⅰ号空军战俘营。

克莱文到达战俘营的三天后,营地看守宣布,另一群美国飞行员已来到战俘营前门。克莱文看着他们鱼贯进入相邻的营区。这时,他看见了约翰·伊根,克莱文喊着他的名字:"你怎么现在才来?"[64]

"是啊,这就是你多愁善感的后果。"伊根向他喊道。

起初,他们被关押在不同的营区,中间隔着铁丝网和岗楼。但4个月后,他们被合并到西营区,被关在那里的美国高级军官是他们说话生硬的老领导,达尔·"老爹"·阿尔凯尔上校。第100轰炸机大队调至英国后,他失去了对该大队的指挥权,随后在地中海战区指挥一个"解放者"轰炸机大队,最近在战斗中被击落。克莱文和伊根又成了室友,就像他们受训期间那样,但现在他们进行的是一场不同的战斗,一场对抗无聊和绝望的斗争——这场为生存而进行的殊死斗争一直持续到最后,1945年那个严酷的寒冬,整个纳粹体系在他们身边土崩瓦解为止。*

＊译注:阿尔凯尔上校指挥的是第449轰炸机大队,隶属于第十五航空队。

"再次看见伊根和我中队里的那些小伙子真是太好了,"克莱文回忆起在萨冈战俘营最初几天的情形,"我们一同经历了一些艰难的日子。我还遇到些最早赶至英国的轰炸机大队里的伙计。就在战争即将向我们袭来之际,这些伙计已经历过许多艰难困苦。我们在国内受训时,他们正在执行自杀式的飞行任务。没人掌握自己所需要掌握的技术,根本没有时间,这场战争这么快便降临到我们国家头上。他们都是些不会指引航向的领航员、无法命中目标的投弹手和完全没有准头的机枪手,就连他们的指挥官也不知道该如何击败德国空军或不让部下们遭受如此严重的损失。"[65]

"在萨冈战俘营,这些人并不太多,不过,话说回来,那年夏天,在我们到达前,他们在英国的人数并不多。"

第八航空队的先锋之一是沃尔特·凯利中尉,来自宾夕法尼亚州的诺利斯敦,是个酒保的儿子。他是第97轰炸机大队的一名飞行员,该大队是第八航空队率先赶至英国的重型轰炸机大队。"我们到达英国后,皇家空军的人告诉我们,要是我们在白天实施轰炸……我们的屁股会被炸飞,"他回忆道,但"我们准备发起行动,并希望在战斗中证明自己……我们急切盼望着重要日子的到来。没让我们等太久。1942年8月17日,那是个美丽、阳光灿烂的日子。"[66]

注释

1 山姆·哈珀特，《真正的正义之战》（伦敦，卡塞尔出版社，1997年），第44页。

2 约翰·基根，《我们需要目光锐利的伙计对航线加以绝对的控制》，《史密森学会》杂志，总第十四期，1993年第5期，37—38页。

3 伯纳德·R.雅各布斯，未出版的回忆录，新奥尔良，艾森豪威尔中心。

4 斯塔尔·史密斯，《吉米·斯图尔特，轰炸机飞行员》（圣保罗市，顶点出版社，2005年），第67页。

5 引自马克斯·黑斯廷斯的《轰炸机司令部》（1979年；纽约，西蒙&舒斯特出版社1989年再版），第116页。

6 詹姆斯·S.南尼，《二战中的美国陆航队医疗服务》（华盛顿，空军历史与博物馆计划，1998年），第20页；马尔科姆·格劳以阿尔伯特·E.考德利这个笔名所著的《挑战生命：二战中的美国军事医学》（纽约，自由出版社，1994年），第233页；要了解陆航队的医疗服务，可参阅韦斯利·弗兰克·克雷文与詹姆斯·利·凯特合著的《二战中的陆军航空队，第七卷》（芝加哥，芝加哥大学出版社），第十三章。

7 索尔·莱维特，《中队长》，《扬基》（1943年11月7日），第6—7页。

8 2003年4月2日，作者对盖尔·W.克莱文的采访。

9 索尔·莱维特，《中队长》，第6页。

10 2003年4月2日，作者对克莱文的采访。

11 2003年3月22日，作者对詹姆斯·P.赛耶的采访。

12 小贝尔尼·莱，《轰炸雷根斯堡目击记》（星期六晚邮报，1943年11月6日）。

13 2003年3月28日，作者对克莱文的采访。

14　哈里·H.克罗斯比,《逆境求生》(纽约,哈珀·柯林斯出版社,1993年),第148页。

15　引自弗兰克·D.墨菲《运气至上:对欧洲空战的反思》(康涅狄格州特兰布尔市,FNP军事部,2001年),第124页。

16　2003年4月2日,作者对克莱文的采访。

17　哈里·H.克罗斯比,《逆境求生》第148、46页。

18　2003年4月2日,作者对克莱文的采访。

19　2003年3月8日,作者对克莱文的采访;盖尔·克莱文本人所拥有的日记。

20　杰克·W.谢里登,《他们从未如此出色过:1942—1945,美国陆航队第100轰炸机大队第350中队的非官方史》(旧金山,斯特里克-拉斯出版社,1946年),第94—95页;克罗斯比,《逆境求生》,第163页。

21　约翰·弗朗西斯·卡拉汉,《凝迹,我的战时记录:英国诺福克郡迪斯附近,索普-阿伯茨,美国陆军航空队第139号基地的二战历史记录》(纽约,J.F.卡拉汉出版社,1947年),第66页;2003年3月8日,作者对克莱文的采访。

22　克罗斯比,《逆境求生》,第167页。

23　"明斯特,1943年10月10日",阿拉巴马州麦克斯韦空军基地,美国空军历史研究部,519.332;2003年3月27日,作者对托马斯·杰弗里将军的采访;马里兰州大学公园市,国家档案馆,第3轰炸机师,第113号作战令。

24　《凝迹》,第66页。

25　2003年4月2日,作者对克莱文的采访。

26　引自伊恩·L.霍金斯《空袭明斯特的前后》(康涅狄格州特兰布尔市,FNP军事部,1999年),第79—80页。

27　同上,第80页。

28　同上,第74—75页。

29　同上,第78页。

30　克罗斯比,《逆境求生》,第168页。

31　2002年3月21日、2003年3月29日,作者对罗伯特·罗森塔尔的采访。

32　2003年3月29日,作者对罗森塔尔的采访。

33　2003年3月22日,作者对罗森塔尔的采访。

34　2003年3月29日,作者对罗森塔尔的采访;美国空军历史研究部,1945年5

35　丹顿·斯科特，《空袭洛里昂，一名美国记者的亲历》，《扬基》，1943年3月14日，第14页。
36　道格拉斯·戈登-福布斯，"击败德国空军之战"，国会图书馆，斯帕茨文件。
37　《凝迹》，第66—67页。
38　引自弗兰克·D.墨菲《运气至上：对欧洲空战的反思》，第167页。
39　《凝迹》，第67—68页。
40　2003年3月27日，采访杰弗里将军。
41　戈登-福布斯，"击败德国空军之战"，国会图书馆，斯帕茨文件。
42　引自霍金斯《空袭明斯特的前后》，第100页；2003年1月23日，作者对弗兰克·墨菲的采访。
43　2003年3月29日，作者对罗森塔尔的采访。
44　伯特·斯泰尔斯，《大鸟小夜曲》（宾夕法尼亚州阿特格伦，希弗出版社，2001年），第104页。
45　作者对墨菲的采访。
46　引自弗兰克·墨菲《运气至上：对欧洲空战的反思》，第168—169页。
47　戈登-福布斯，"击败德国空军之战"，国会图书馆，斯帕茨文件。
48　引自霍金斯《空袭明斯特的前后》，第134页。
49　同上，第124—125页。
50　山姆·哈珀特，《真正的正义之战》，第91、105页。
51　戈登-福布斯，"击败德国空军之战"，国会图书馆，斯帕茨文件。
52　引自霍金斯《空袭明斯特的前后》，第134—135页。
53　同上，第36页。
54　同上，第138页。
55　2003年3月20日，作者对罗森塔尔的采访。
56　戈登-福布斯，"击败德国空军之战"，国会图书馆，斯帕茨文件。
57　"1943年10月10日，第65战斗机联队，战术指挥官的报告，"美国空军历史研究部，519.332
58　2003年3月29日，作者对罗森塔尔的采访。
59　"明斯特的损失"，国会图书馆，斯帕茨文件；罗杰·A.弗里曼，《美国第八航空队的人员和飞机》（1970年；纽约，卡塞尔出版社，2000

年再版），第77页；约翰·R.尼尔森，《世纪故事》（贝弗利山，约翰·R.尼尔森出版社，1946年），第56页；霍金斯《空袭明斯特的前后》，第181—182页。

60 克罗斯比，《逆境求生》，第171页；尼尔森，《世纪故事》，第27、58页。
61 2005年11月30日，作者对弗兰克·墨菲的采访。
62 引自弗兰克·墨菲《运气至上：对欧洲空战的反思》，第180页。
63 2003年4月12日，作者对盖尔·W.克莱文的采访。
64 2003年4月3日，作者对盖尔·W.克莱文的采访。
65 2003年4月12日，作者对盖尔·W.克莱文的采访。
66 引自杰拉尔德·阿斯特《强大的第八航空队：参战者所讲述的欧洲空战》（纽约，戴尔出版社，1997年），第36页。

第一章
轰炸机黑手党

"轰炸机无往而不胜。"*
——英国首相斯坦利·鲍德温

1942年8月17日,格拉夫顿安德伍德

十二架"空中堡垒",第一架滑过跑道的是"屠宰场"号,驾驶她的是来自佛罗里达州迈阿密,27岁的小保罗·W. 蒂贝茨。作为第97轰炸机大队最出色的飞行员,蒂贝茨少校率先拉开了这场将成为战争中美国规模最大的轰炸行动的帷幕。三年后,1945年8月6日,他从西太平洋上的一座孤岛飞向日本广岛,投下一颗炸弹,从而将这场持续六年之久、导致全世界6000万人丧生的战争带至一个可怕的高潮。

第八航空队司令卡尔·斯帕茨少将在现场看着第97大队的起飞,在他身边的是英国皇家空军持怀疑态度的观察员和三十多个英美记者。"执行这场轰

---

* 译注:美国军方的一些人认为,投入大批远程重型轰炸机便能赢得战争,这个理论在当时颇有市场,而军方的规划和资金也偏向于这个理论。不赞同该理论,并对军方侧重重型轰炸机开发深感不满者将鼓吹这一理论的人称为"轰炸机黑手党"。

炸任务令我的心情糟透了。"蒂贝茨后来说道。[1]他驾驶的不是自己飞惯了的那架"红色精灵"号,也没有带上他平素的那些组员——其中包括日后将陪伴他驾驶"艾诺拉·盖伊"号飞赴广岛的两个人:投弹手托马斯·费勒比和导航员西奥多·"荷兰人"·范柯克。机上的组员早已由小弗兰克·A.阿姆斯特朗上校挑选好,此刻,这位第97大队意志坚定的大队长正坐在"屠宰场"号的驾驶室内、蒂贝茨的身旁。阿姆斯特朗以严格的纪律强化了那些只经过仓促培训的组员们的作战能力,一个月前,这些飞行员匆匆赶至英国。战争结束后,阿姆斯特朗的朋友,小贝尔尼·莱中校(这位航空队大队长同时也是一名深受欢迎的作家,他曾使巴克·克莱文因执行雷根斯堡空袭任务时所展现出的勇气而一举成名)——以阿姆斯特朗为原型,创造出《晴空血战史》中的主人公弗兰克·萨维奇将军。在小说和据此改编的好莱坞电影中,萨维奇将军(电影中由格里高利·派克饰演)最终因指挥压力而崩溃,但阿姆斯特朗从未这样。第97轰炸机大队的伙计们对他又敬又怕,他们称他为"屠夫"。而这位蛮横的指挥官则把这个称号变为一种赞誉,并在获得这一声誉后,以此来命名他的飞机。

  任务简报会上,阿姆斯特朗告诉他那些部下,他们正在开始一场白昼轰炸,这一行动将稳步加大力度,直到摧毁敌人从事战争的意志和能力。这番讲话肯定令深感震惊的英国观测员认为不过是虚张声势罢了。当时,第八航空队在英国的轰炸机不到一百架,而且,他们的参战已被推迟了七周,直到阿姆斯特朗受到来自华盛顿的压力后,他才将这些美国人投入战斗,并宣布自己的队员们已做好准备。可他知道,他们并未做好准备,但他们不得不参战。德国空军已在格拉夫顿安德伍德(Grafton Underwood)和附近的波尔布鲁克(Polebrook)这两座第八航空队的小型机场上投掷下嘲弄的字条,问道:"美国人的轰炸机在哪里?""现在,他们会看到的!"[2]将部下们送上飞机前,阿姆斯特朗告诉他那些飞行员:"保持密集队形,跟在我身后,我向你们保证,我们会痛揍德国佬并安全返航。"屋里没有人怀疑他的话。

下午3点30分左右，"屠宰场"号飞离跑道。在其身后，第二波次六架"空中堡垒"的引航机是"美国佬"号，飞机的无线电操作室内坐着第八航空队轰炸机司令部的头头，艾拉·埃克准将。这个五官分明的德克萨斯州人面带迷人的微笑，在和平时期，作为陆军航空队的一名战斗机飞行员，他曾创造出一大把飞行记录，但从未经历过实战。他的老朋友兼扑克牌搭档卡尔·斯帕茨曾想亲自带队执行这一历史性任务，但他已接到"超级机密"的情报（这个暗号指的是从破译的敌方通讯中所获得的绝密情报），而且，盟军统帅部认为太过冒险，不能派他飞越敌方领空，特别是经历了上个月所发生的事情后。

7月4日，第八航空队第15轰炸机中队的六个机组（一些轻型轰炸机人员已于当年5月被派至英国，并在英国人的飞机上进行训练），与相同数量的皇家空军人员，对德军设在荷兰，防御严密的机场实施低空轰炸。这一空袭行动是美国陆军航空队司令亨利·H."哈普"·阿诺德亲自下达的命令，并得到总统富兰克林·D. 罗斯福的热烈支持。阿诺德认为，光荣的7月4日是美国对纳粹发起首次打击的理想日期，但7月份的第一周，斯帕茨在英国连一架飞机也没有。这些"独立日"机组飞的是美制A-20轰炸机，卖给英国皇家空军的这些飞机已被重新命名为"波士顿"型。12架"波士顿"中，美军机组的2架，英军机组的1架，未能返航，陆军航空队的查尔斯·C. 克格尔曼上尉则驾驶着他那架弹痕累累的飞机勉强返回。

尽管从严格意义上说，这是第八航空队的第一次作战行动，但在斯帕茨看来，这只是英美记者的压力所引发的宣传噱头，那些记者认为，两个国家的后方都需要一针强心剂。"摄影师和新闻记者得到了他们想要的东西——每个人似乎都心满意足。"斯帕茨将杰出服役十字勋章（这是美国第二高等级的英勇勋章）颁发给克格尔曼后，在自己的日记中酸楚地写道[3]。

蒂贝茨这次的任务有所不同，也更为重要。这些四引擎重型轰炸机——第八航空队轰炸力量的核心——将首次出击，而且是在高海拔上。这将是阿诺德、斯帕茨和埃克协助制订的新打法的首次实验。陆航队的战略家们密谋和策划了多年，而飞行演练早已在美国国内展开，但现在，"白昼轰炸理论是否可行将接受考验，而赌上的是那些小伙子的生命"，行动发起前，埃克在给阿诺德的信中写道。[4]

目标是鲁昂附近的一个铁路编组场，这座城市位于法国西北部，圣女贞德就是在这里被烧死在火刑柱上。这是一次危险性不高的飞行任务，一次浅浅的渗透，往返都由英国"喷火"式战斗机提供掩护，但斯帕茨仍有些担心。丘吉尔已对罗斯福施加压力，要求他将新组建的第八航空队解散，那些轰炸机则加入英国皇家空军，参加对鲁尔区工业城市的夜间轰炸。如果此次空袭不尽如人意，并遭受到飞机的损失，那么，英国首相可能就会得逞。

格拉夫顿安德伍德机场控制塔的观测台上，英国皇家空军的军官们站在斯帕茨身旁，担心地看着这一切。过去进行的白昼轰炸行动中，"惠灵顿"和"布伦海姆"轰炸机被德国战斗机撕成碎片。而去年美国送至英国的20架"空中堡垒"，战斗中的表现同样很糟糕。但斯帕茨认为，对这种深具打赢战争的潜力的武器来说，那是一次不公平的测试。出于安全原因，英国的"空中堡垒"没有配备高度绝密的"诺顿"瞄准器，它们也不是配备防御火力的最新型B-17。另外，英国人为避开高射炮火力，将这些飞机飞得太高，从而使轰炸精度严重下降，30000英尺高度上的酷寒也导致了一些机械故障。尽管如此，英国人仍对这种飞机的作战潜力持怀疑态度。12架美军"空中堡垒"消失进格拉夫顿安德伍德机场上空的云层中时，一名皇家空军中尉（他是个健壮的苏格兰人）转身对身边的美国军官说道："小伙子，要是这些飞机中能有一架回来，就算你们交了好运。"[5]

赶至塞纳河上那座大型铁路编组场的飞行非常顺利，空中万里无云，也没有德国战斗机出现。返航时，"空中堡垒"遇到几架梅塞施密特Me-109，这是一种高速、火力强大的单座战斗机，但掩护轰炸机的"喷火"式战斗机冲上去将这些敌机驱离。只有一架Me-109闯入"空中堡垒"的射程中，结果被"伯明翰闪电战"号的机枪火力射伤。"（敌机）显然不愿在近距离内打击我们的空中堡垒，"埃克告诉《生活》杂志一位容易轻信的记者，"我知道这是为什么，此前他们从未见过我们最新式的B-17，现在看见从各个角度伸出的大口径机枪，可能会给纳粹们足够的理由来提高警惕。"[6]

格拉夫顿安德伍德机场上，斯帕茨仰望天空，搜寻着返航的轰炸机。任何损失都将是个挫折，但如果他的高级指挥官埃克和阿姆斯特朗，损失一个或两个，则将是一场灾难。七点前不久，远处的天际出现了一些小黑点。斯帕茨数着数字：只有11架！但随后，第12架"空中堡垒"突然进入了视野。他们都回来了！

这些轰炸机低低地掠过细小的箱形控制塔（高级军官们齐聚于此），机头处新喷涂上的名字清晰可见："洋娃娃"、"佩吉·D"、"荷海蒂"、"南方佬"，这就是这些大飞机所起的好名字。昂扬的文字反映出机组人员的自信，这些美国小伙子太过年轻，也未经受过考验，他们不知道什么是害怕。这群"空中堡垒"着陆后，第97大队的地勤人员冲上跑道，迎接这群鲁昂的空袭者。"所有人都在欢呼，像孩子那样雀跃，兴奋地拍打着同伴的后背。"第八航空队的公共关系官威廉·R. 莱德劳回忆道。就连那位皇家空军的苏格兰军官也被这种情绪所感染。"天哪，我怎么说来着！"他站在控制塔上喊道，"没有哪个美国佬会错过他的晚餐！"[7]

"美国佬"号进入停机坪后，埃克准将脱掉他的飞行服，点上一根雪茄，走去会见记者。"一燕不成夏。"[8]他宣布道，但他脸上的笑容说明了一切。显然，他为此次行动的结果而高兴，也为自己终于参加了实战而兴奋不已。"为什么呢，因为我这一辈子从未像这样打击过任何东西！"查看了轰炸破坏的航拍照片后，他宣布，对这些经验尚浅的飞行员来说，轰炸任务完成得"非常出色"[9]。更为兴奋的是阿姆斯特朗上校。"我们摧毁了鲁昂。"[10]他告诉在场的记者们，就此设定了一个夸张的标准，这将成为第八航空队在这场战争剩余阶段里正式的轰炸报告。

只有一架"空中堡垒"被高射炮击伤，另外还有两名机组人员受伤，但这两人的伤势是由一只鸽子造成的。这架"空中堡垒"隶属于一个小股轰炸机编队，他们也在当天下午被派出，目的是诱使德军战斗机离开主力轰炸机群，结果，一只鸽子撞上这架"空中堡垒"的机头玻璃罩。玻璃罩被撞碎，轻伤了领航员和投弹手。这两位的表皮伤是美国重型轰炸机组在这场持续近一千天的战役中洒下的第一滴血，而这场战役最终将导致第八航空队26000名飞行员的阵亡。

结束任务汇报后，这些仍穿着沉重的飞行服的飞行员会见记者，"像一支快活的橄榄球队那样"重温了此次行动。当晚，基地的气氛犹如"一场重要比赛结束后的周末"[11]。当天的英雄是肯特·韦斯特中士——"伯明翰闪电战"号球形炮塔的机枪手，由于击落一架德军战斗机，韦斯特备受赞誉。尽管"击落"的说法后来被改为"击伤"，但埃克还是令人将韦斯特那挺双联机枪拆下，像鹿角那样挂在司令部的墙上。埃克的司令部设在威科姆阿贝（Wycombe Abbey），这所改建过的女子学校位于海威科姆镇（High Wycombe）的一座老宅中，就在伦敦的西面。

"小菜一碟！"[12]小酒馆老板的儿子沃尔特·凯利说道，他驾驶的是"荷海蒂"号，"起飞时我们充满骄傲，降落时更是如此。喧闹的记者们提出大量问题。有些飞机在着陆前轰鸣着掠过跑道。"

但相同的情况不会再次出现。一个月后，美国人超出"喷火"战斗机的护航范围外，德国战斗机便开始以惊人的频率将埃克的轰炸机击落。那些生机勃勃的小伙子，曾站在"格拉夫顿安德姆德"的泥泞中（Grafton Undermud，他们这样称呼排水设施糟糕的基地），欢庆他们的第一次胜利，后来却躺进了冰冷的墓穴。鲁昂行动整整一年后，在雷根斯堡和施韦因富特上空，被击落的轰炸机和飞行员是当初从格拉夫顿安德伍德机场起飞并发起第一次空袭行动的数量的5倍。这个小小的机场以与其相邻，米德兰兹一座拥有99位居民的村庄命名。

但一个重要的问题是，鲁昂的空袭行动被证明是个前兆。通过这次行动,飞机上的那些年轻人从将军们、地勤辅助人员以及选择目标并制订任务的军官那里接过轰炸战的重任。每次执行空袭任务前,机组人员都会认真听取任务简报,包括天气情况、敌方防御以及目标的位置等,但一待飞机升空,机组人员便进入到另一个世界,一切只能靠他们自己。"面对他们自己的失败,最完美的计划也无济于事。"威廉·莱德劳这样说道。[13]

自1942年初秋起,美国轰炸机机组人员通过他们的经历和实践学会了空中作战,每一次任务都是个锻炼。这是一种特殊的经历,与地面部队完全不同。一旦投入战斗,轰炸机上的那些小伙子便无法将可能会导致作战计划重新安排的情报反馈给指挥部。激战来得太快,距离指挥中心也太远。这里没有援兵,几乎每一次行动都是倾注全力。参加战斗的人不得不设法杀开血路。空中的机组人员孤身孑影,一旦任务的主计划被打破,他们不得不自行做出决定,因为行动几乎总是会陷入令人丧失判断力的混战中。正如莱德劳上校所写的那样:"在一场战略空袭中,没有哪个军人——甚至是最富经验的指挥官和地面上最出色的参谋人员——能单独消灭目标。"[14]天气、飞机的机械状况、对方的实力、机组人员所受的训练以及心理稳定性,至少十来个其他变数,这一切将决定遭到轰炸的是什么,谁将死去,是在地面还是在空中。

在制订战略战术方面,陆军和海军有积累了数百年的经验可供遵循。尽管在第一次世界大战期间,早期的轰炸机已出现在交战双方的阵营中,尽管日本、德国和意大利曾在30年代使用俯冲轰炸机恐吓过中国、西班牙和北非的城市及村落,但在二战前,没有哪个国家曾实施过大规模轰炸战。就像小说家约翰·斯坦贝克在1942年所写的那样:"所有的军种中,空军肯定是以最少的先例和传统来行动的。"[15]

第八航空队的传奇性指挥官之一,巴德·J. 皮斯利上校,认为只有极少数伟大的空军指挥官会被历史学家们认可,因为一旦部队进入空中,他们很少再实施指挥,也因为一名将领的决定从来不会带来一场决定性胜利。空军中,决定战斗胜败的是各作战小队的技能和勇气。皮斯利写道:"他们拥有的权力和权威远远超出了他们的年龄、军衔和经验。"[16]

"对鲁昂的空袭,"哈普·阿诺德将军在第二天宣布道,"验证了我们对战略目标实施精确轰炸,而不是对整个城市进行密集轰炸这一政策的可靠性。"[17]他有些得意忘形。在白天实施精确轰炸的理念不得不在恶劣气候和敌人顽强反击的情况下,由一系列艰巨的任务来证明。美国打击德国的空战史就是一个不断试验的故事:这是对一种战争新概念的测试,而这个概念在保罗·蒂贝茨到达英国前很久便已成为一种信条。"首次轰炸行动不过是个姿态罢了,"巴德·皮斯利评论道,"但它承载着美国飞行员二十年来的希望和梦想。"[18]

制空权

现代战争中,空中轰炸主要有两种类型:战略轰炸和战术轰炸。"战略轰炸,"正如空军定义的那样,"打击敌人的经济;通过对工业生产、平民士气和交通设施的打击,削弱敌人的战争潜力。战术轰炸则是对空中、陆地和海上力量的行动所实施的直接性空中支援。"[19]第八航空队将进行这两种轰炸,但在战争开始时,该航空队的领导希望进行的几乎完全是战略轰炸。

阿诺德、埃克和斯帕茨都是已故的威廉·"比利"·米切尔这位美国空中力量元勋的门徒。1927年,就在12岁的保罗·蒂贝茨坐进一位身扎潇洒的白丝巾,头戴皮质飞行帽的特技飞行员所驾驶的一架开放式座舱双翼飞机,开始自己的处女航时,比利·米切尔正在撰写并讲授可怕的、足以改变世界的构想——轰炸战。这个想法最终构成了战略轰炸理论,而蒂贝茨少校将在鲁昂上空对这一理论首次加以测试。

美国的空中力量诞生于第一次世界大战,比利·米切尔则是其倡导者。他是第一个赶赴西线并飞越敌军防线的美国飞行员,他的同胞们第一次充分体会到轰炸战的潜在破坏力。作为威斯康辛州一名参议员的儿子,"镀金时代"一位铁路大王的孙子,米切尔的梦想是成为一名新闻发言人,他英俊、大胆、衣冠楚楚,还是位能说一口流利的法语、身着高筒马靴和昂贵的定制制服的马球锦标赛选手。18岁那年,他中途辍学,投身于美西战争,十年后,他撰写了许多生动的报告,敦促他曾在古巴为之服役过的那支依靠马匹的军队发展现代化空军。1916年,36岁的米切尔学会了飞行,他被任命为美国陆军通信兵航空科主任,这是美国的第一支空军力量。两年后,作为一名准将,他组建并领导了美国陆军新航空勤务队的海外部,这个更大的机构取代了航空科,也是成立于1926年、规模更大的陆军航空军的前身。在法国,米切尔成为一名出色的战地指挥官,大胆且具创新力,这使他深受卡尔·斯帕茨这些年轻飞行员的崇拜,而斯帕茨在击落三架敌机后,被米切尔举荐获得杰出服役十字勋章。但令米切尔获得最大声望的是他对空中力量的新构想。

他在战争中的初次经历成为他生命中的转折性事件。与步兵们同在战壕中的米切尔,有一次跟随一名法国飞行员飞越敌军防线。"我们坐着飞机,可以在几分钟内穿过军队的那些防线,"他写道,"而这些军队却陷于苦战中,动弹不得,无力前进,这种状况持续了三年。"[20]正如米切尔所看见的那样:"战争艺术已不复存在。地面部队所能做的只是消耗,或者说逐渐扼杀敌军。"[21]

约翰·J."黑杰克"·潘兴将军作为美国远征军总司令到达法国时,米切尔向他提出个大胆的建议:用空中力量打击敌人的后方,消灭他们的机场和补给来源。这是"利用飞机来实现谢尔曼将战争延伸至敌人的经济和民众的策略",历史学家罗素·F.维格雷写道。[22]起初,米切尔没有得到潘兴的首肯,潘兴将军认为步兵是战场上的皇后,而他那支小得可怜的空军,作为侦察和支援力量,只能发挥最低限度的军事价值。但在战争的最后几个月,待美国空军从一无所有发展为一股颇具实力的力量后(750架飞机,足足占了协约国的10%),潘兴将军批准他使用诸盟国集结起来的战斗机和轰炸机,支援在圣米耶和默兹–阿尔贡地区发起的两场大规模地面攻势。"1918年9月，米切尔在默兹–阿尔贡地区发起的空中攻势是空战史上最重要的事件，"哈普·阿诺德在他的回忆录中写道，"在那之前，空战主要发生在单独的飞行员之间……这是有史以来空中打击力量的首次集结。"[23]

阿诺德唯一期盼的是自己能亲赴战场，观看他的朋友圆满完成任务。[24]他渴望参战。作为一名西点毕业生，他是美国陆军最早获得执照的四名飞行员之一，曾在俄亥俄州代顿，莱特兄弟的飞行学校里学习过，并于1912年赢得了"年度最佳军事飞行"的麦凯奖杯。但在航空勤务司令部，作为一名作战计划制订者的阿诺德被认为太过宝贵，所以不能被派往海外。朋友们称他为"哈普"，这是"Happy"的简称，因为他的脸上总是带有一丝神秘的微笑，但这张笑脸隐藏了他火爆的脾气和一种推动美国军用航空事业的改革欲。他是比利·米切尔最早、最积极的支持者之一。

阿诺德和米切尔都深受英国皇家空军创始人和第一任司令官，空军中将休·特伦查德的影响。尽管第一次世界大战明显是战斗机飞行员的战争，但特伦查德是轰炸战的忠实信徒，他认为这代表着未来。德国人用齐柏林飞艇首次轰炸伦敦，又于1917年以双引擎"哥塔"式轰炸机造成近1400人的死亡后，特伦查德派出"汉德利·佩奇"式四引擎轰炸机对莱茵兰的一些城市发起打击。在前线经过与特伦查德的交谈，米切尔开始确信，美国应该拥有英国人在伦敦遭受轰炸后所创建的东西：一支独立的空中力量，在地位和权力方面与另外两个军种相平等。

1918年11月11日，停战协定签署，而在两天前，美国第一支夜间轰炸机中队已赶至前线，米切尔制订了对德国本土发起战略轰炸的计划，他将使用燃烧弹和毒气摧毁德国人的农作物、森林和牲畜。他后来写道："我敢肯定，如果战争持续下去，空中力量将决定一切。"[25]

米切尔通过多种渠道丰富了他的构想。其中之一是意大利空军司令朱里奥·杜黑将军。米切尔返回美国的三年后，杜黑出版了自己的名著——《制空权》，这本书使他成为支持空军力量的领军人物。米切尔从未读过这本书，但他可能看过战争部编印的译文摘要，另外，他还与杜黑的一位同胞兼朋友，詹尼·卡普罗尼这位轰炸机设计师保持着通信联系。不管这种联系的性质是什么，米切尔与杜黑共享了关于制空权的一系列核心构想。第一次世界大战的经历至关重要，这两人都试图结束漫长的消耗战和近距离杀戮。他们建议，通过恢复进攻优势来缩短战争。杀戮技术的进步——机枪、毒气和线膛炮——已使步兵对敌牢固阵地的进攻成为一种自杀行径。他们各自得出的解决方案是制空权——胜利女神。正如科技进步使防御获得优势那样，制空权将有利于进攻。飞机，这种尚未发展起来的最出色的进攻性武器，将打破防御的统治权。就在德国战略家们为对付他们刚刚输掉的静态坑堑战而秘密研究出一种基于快速打击的坦克和装甲车的新战法时，米切尔和杜黑则推动着从空中发起闪击战的构想。

杜黑坚持认为，未来的战争将是短暂、全面、"激烈到无可附加的程度"的。[26]决定胜利的将会是空中庞大的远程轰炸机编队，率先发起进攻，并以不间断的攻击夺得制空权的一方将赢得胜利，行动的主要目的不是为了在战斗中消灭敌空中力量，而是摧毁其基地、交通和生产中心。用杜黑的话来说："如果你想消灭鸟类，光把飞翔的鸟儿悉数射落是不够的，还有鸟蛋和鸟巢呢。"[27]摧毁鸟蛋和鸟巢就是战略轰炸，这是杜黑唯一青睐的轰炸方式。

杜黑认为，一旦制空权被轰炸机，而不是战斗机所夺取，新时代的轰炸机就将摧毁所有的"鸟蛋和鸟巢"，主要目标将是敌方关键的工业城市，而不是他们在战场上的军队。对那些重要中心的打击将动摇国民的士气，摧毁敌人从事战争的能力，并迅速带来一份减少伤亡的投降协议，而无须动用陆军和海军。在这种新打法中，"整个国家可能会被视作一股战斗力量"，米切尔附和着杜黑的观点。[28]杜黑写道："战争已不只是军队间的搏杀，而是整个国家，全体民众间的冲突。战斗与非战斗人员之间的区别已不再被接受……因为一个国家参与战争时，每个人都投身其中：端着枪的士兵、在工厂里组装炮弹的妇女、种植小麦的农民、实验室里的科学家等等。"[29]

杜黑，这个满怀热情的法西斯主义者，对全面战争的主张理解得比米切尔更加无情。新式战争中，根本没有道德可言；它将是一场快速的屠杀，不会手软，也不会感情用事。"对所谓'不人道'和'残暴'战争手段的限制，不过是国际组织蛊惑人心的伪善……"[30]他写道，"战争，作为一门科学，切不可感情用事，无论它是多么可怕的一门科学。"正如一位现代历史学家所写的那样："（在杜黑的著作中）为了他所主张的军事行动的政治和社会结果，理智最终而又可怕地被具有基本责任感的士兵所抛弃。"[31]

作为现代军事冲突史中的第一次，平民被选中为蓄意的军事目标，[32]不仅因为他们是有价值的生产者，还因为他们很容易受到恐吓。杜黑和米切尔都确信，平民缺乏勇气抵抗以高爆炸弹、燃烧弹和毒气弹发起的垂直打击，在当时，这种打击制造恐怖的能力相当于今天的核战。他们所提出的证据是第一次世界大战的空袭轰炸给伦敦和科隆造成的大规模惊慌和恐惧，而这些空袭的规模远远小于这两人所构想的未来战争。杜黑认为，新式打法之所以能迅速取得胜利，正是因为"决定性打击将指向平民，这是各交战国最难以承受的部分"[33]。

米切尔描述的令人毛骨悚然的场景之一是，纽约遭到轰炸，炸弹释放出的致命毒气弥漫在空中，并渗入地铁，从而引发整个城市的大规模疏散。待纽约和美国其他大城市的难民因遭遇轰炸而无法获得生活必需品后，政府只得被迫投降。

在杜黑和米切尔看来，速决战意味着伤亡的减少。战争在变得更加可怕的同时，实际上会更加人性化。米切尔写道，"用几颗毒气弹"[34]恐吓平民，会比"用炮弹轰击或用刺刀屠戮他们的现有方式"更好地决定战争的结局。米切尔甚至建议，将来的战争可能不必由大股军队，而是以一支空中勇士组成的精锐部队来进行，相当于"中世纪铁甲武士"的现代版。[35]这一点同样能减少人员的伤亡。对于全球毁灭的威胁，他预见性地赞同冷战支持者的核威慑策略，认为这将防止战争的爆发。"空中力量带来一种新的战争理论……和一种新的和平策略。"[36]

在这个问题上,杜黑与米切尔的观点不同。杜黑将他的论点注入黑色的达尔文语言中。战争已融入我们的血液和骨头,是我们进化的组成部分。和平不过是白日梦而已。杜黑主张"从空中发起对……大型居民中心的无情打击",[37]以破坏为目的,不只是工厂和交通系统,还包括所有的"社会组织"。

一个多世纪来,西方军事理论家一直对普鲁士军事家卡尔·冯·克劳塞维茨的理论深信不疑,他认为战争的最高目标是消灭敌人的武装力量。米切尔和杜黑对这条铁一般的格言发起挑战。同时代的一名军事观察家出色地总结了他们的构想。"人类文明史向我们展示了三个……革命性军事发明或发现:纪律、火药和飞机……首次出现在人类战争史中的飞机给予了战争新的打击手段……直接针对敌人力量的中心和来源——针对其国民,针对其首都,针对其工业、商业和政治中心——而不必首先打垮其竭力保护的武装力量。"[38]

米切尔预言,如果某个国家组建起一支庞大的轰炸机部队,对敌人的经济和民众发起猛烈、持续的打击,下一场战争将在其陆军和海军有机会参战前结束。但是,他没有设想过精确轰炸。高空轰炸的精确度非常差,要命中工业目标,用空军中将特伦查德的措辞来说,轰炸机必须"将炸弹投入市中心",被消灭的不仅是工厂,还包括无辜的平民百姓。[39]

在军队官僚机构内,作为航空勤务队副司令的米切尔以昂扬的热情推广着他的想法,而在外面则辅以一连串书籍、文章和公开演讲。站在讲台上,他会使用他的金头轻便手杖,以便将自己的观点阐述清楚,幽默作家威尔·罗杰斯称他为"空中拿破仑"[40]。在陆军和海军的高级官员们看来,空军这种第三维度的力量,只能是传统地面战的一种辅助。遭到他们的反对后,米切尔满怀怒气地指责了他们,结果疏远了他希望说服的权力中心。

米切尔对战争的设想领先于他们的促成科技(enabling technology),设计、制造或使用中的轰炸机,没有一架能执行远程战略轰炸任务。就像一位军事专家在1925年所作的解释,一架轰炸机"可以从一万英尺的高空命中一个镇子——如果镇子够大的话"[41]。但米切尔是个现代人,一个技术爱好者;他相信,以美国的科学和工程技术,很快便会开发出使他成为一名先知的轰炸机。

米切尔的构想遭遇到另一个障碍,一位作家将这一障碍称为"道德封锁"[42]。第一次世界大战接近尾声时,战争部长纽顿·D. 贝克已命令航空勤务队不得再发起空中打击,不得"对工业、商业或居民胡乱轰炸"[43]。贝克认为,对平民百姓发起打击,违反了源远流长的宗教和人道主义理想。稍后进行的民意调查表明了公众对此的广泛赞同。大多数美国人厌倦了战争,不愿支持政府庞大的军事支出。因此,米切尔不得不以财政紧缩和国防建设的名义,巧妙地将他的观点转向一支独立的空中力量。他声称,一支大型的,以陆地为基地的空中力量可以更有效、成本更低地保卫国家的海岸和位于阿拉斯加、夏威夷和菲律宾那些遥远的基地,而一艘战列舰的成本相当于1000架飞机的。

在当时,盛行的正统军事说法认为飞机不可能击沉一艘战列舰。米切尔将之视为过时的谬论,他给自己在国会的支持者施压,迫使海军进行了一系列测试。最为壮观的一次发生在1921年7月,米切尔的小型机群用6枚2000磅的炸弹将缴获来的德国战列舰"东弗里斯兰"号送入弗吉尼亚角水域的海底。海军方面认为这次测试不公平:驻锚的军舰,再加上被封住的火炮,这使它成了个极易被击中的活靶。另外,潘兴将军也带头反对一支独立的空军力量,这使米切尔在陆军中的前途变得岌岌可危。尽管如此,他仍以极大的热情力陈自己的主张,结果,陆军拒绝再度委任他为航空勤务队副司令。1925年,他被调至偏僻的圣安东尼奥的一处基地,他的办公室,一面墙紧靠着供文员们使用的一间露天厕所。"待在德克萨斯州的米切尔,"一位历史学家写道,"有点像被流放至厄尔巴岛的拿破仑。他不停地绘制、策划,以继续自己的斗争。"[44] 但与小皇帝不同的是,他不能缄口不言,"哪怕是在山艾丛中"。当他为两起可怕的军用航空事故指责战争部和海军部无能和"过失犯罪"时,[45]被激怒的战争部和海军部将他送上军事法庭,结果,法庭成了他宣扬自己观点的国家论坛。"他不会停息,直到自己成为一名殉道者。"刚刚成为航空勤务队首席公共关系官的哈普·阿诺德说道。[46]

长达七周的轰动性审判期间，斯帕茨和阿诺德不顾自己职业生涯的危险，为米切尔出庭作证；而艾拉·埃克甚至还进行了相关法律的培训，以帮着进行辩护。他们三个都很尊敬这位自负的指挥官，尽管他的行为有些过激。下级飞行员也支持米切尔关于制空权的构想，但也有少数人，例如詹姆斯·H.杜立特尔中尉，觉得米切尔刺耳的批评妨碍了他自己的事业。"与所有的狂热者一样，他无法容忍与他相左的任何观点。"杜立特尔后来写道。[47]

米切尔被判以"公然违抗上级"罪，停职五年。但对米切尔来说，他的构想比他的军旅生涯更重要。于是，他辞去军职，继续为一支独立的、具备进攻意识的空军力量而奔走。在权力中心内部，他依靠像阿诺德这样的拥护者继续引领这场"理念之战"[48]，许多年轻的中尉投入到这场与战争部顽固势力的斗争中。

阿诺德和他那帮初生牛犊——他们被称作"轰炸机黑手党"[49]——被他们对米切尔的忠诚和对飞行的挚爱紧密团结在一起。这些航空先驱完成了一系列创纪录的飞行，这种广泛宣传的功效与米切尔的著作一样，证明了军用飞机的潜力。1929年，斯帕茨和埃克与另外几名机组人员，驾驶一架四引擎飞机"问号"号，利用空中加油这一革命性技术，创造出一项世界纪录，他们的留空时间超过150小时。七年后，艾拉·埃克用布蒙上他的驾驶舱，成为第一个靠仪表完成跨洲航行的飞行员。他的飞机必须在世界上最反复无常的天气系统中飞行，这番经历将使他在即将到来的战争中成为一名更好的轰炸机指挥官。

为了不被那些年轻的朋友所超越，48岁的阿诺德于1934年率领十架双引擎轰炸机进行了一次不着陆飞行，从华盛顿飞赴阿拉斯加后再返回，这是个惊人的壮举，因为在当时，那片人迹罕至的亚北极山脉上空几乎没有航线。次年，他晋升为准将，并奉命指挥陆军航空军*的主力作战单位——驻扎在加利

---

* 译注：1926年，航空勤务队改为陆军航空军USAAC；1941年，陆军航空军又改为陆军航空队USAAF；1947年，陆航队最终改为美国空军USAF。

福尼亚州马奇机场的第1轰炸机联队。这些日子以来,他与埃克(埃克曾在南加州大学学过新闻学)合作撰写了三本关于制空权的著作,这些书都带有米切尔影响力的深刻印记。正如米切尔遭受军事法庭审判时,一家报纸曾做出的预测那样:"即便在米切尔去世后……他的学说仍将留存。"[50]

轰炸机黑手党

1936年,比利·米切尔去世之际,他的名字仍在航空军战术学校教官们的讲座上享有盛誉。[51]这所学校设在阿拉巴马州蒙哥马利市的麦克斯韦基地,是世界上第一所培训飞行员和航空技术规划者的专业学校,并成为战略轰炸最新思维的培育中心。"我们不在乎昔日战争中所发生过的战斗,"教员中轰炸理论的佼佼者,哈罗德·L. 乔治中校,向他的学员们阐述了学校的任务,"我们关心的是……确定在下一场战争中该如何使用空中力量。"[52]在与战争部打交道的过程中,这些空军指挥官继续将轰炸机说成是一种防御性武器,但在麦克斯韦机场,进攻的想法占了上风。但这种想法与米切尔的学说有所不同。米切尔和杜黑认为,轰炸将对敌人的士气而不是其生产造成更大的影响,但乔治中校和他的同事并不认同这种看法。另外,尽管米切尔和杜黑主张摧毁敌人重要的经济中心,但他们明确指出的唯一目标是一个国家的飞机制造业。一个现代化工业国家的基础设施,其关键性重点是什么?又该如何消灭?麦克斯韦机场的那些空中理论家解决了这些问题。另外,他们还想出些美国独有的新东西:在白天进行精确轰炸。

他们创立这种战争新"哲学"时,航空军甚至还没有开始秘密测试使这种构想成为可能的新发明。这个发明便是"诺顿"瞄准器,是"曼哈顿"计划前,美国最重要的秘密武器。这种武器诞生于1931年,由一名深居简出的荷兰工程师卡尔·L. 诺顿为海军的海基飞机发明。诺顿的妻子取笑他,称他为"死亡批发商"[53],但诺顿声称,他是以更加精确的轰炸来拯救更多的生命。

两年后，海军开始测试这种瞄准器，陆军也为从事海岸防卫的飞机订购了这种装备，最终花费约15亿美元购买了90000具"诺顿"瞄准器——这一耗资是"曼哈顿"计划的65%。阿诺德第1轰炸机联队的机组人员在加利福尼亚州莫哈韦沙漠干燥的晴空中进行测试时，对它的精确度深感惊讶。

这正是麦克斯韦基地的那些教员一直期盼的技术性突破。卡尔·诺顿的这个陀螺稳定装置能计算漂移和下降角度，将使高空轰炸更加有效，更为人性化。1935年，获知这种装置后，他们开始议论此事。但这里有个问题，战争部将"诺顿"瞄准器设想为一种防御性武器，只将它安装在守卫北美海岸线的轰炸机上，以防范从海上发起的入侵。但"轰炸机黑手党"们却另有想法。他们认为，现在可以对城市实施外科手术式的精确轰炸，只以那些关键的经济要害为目标，例如发电厂和炼油厂等。这就颠覆了比利·米切尔"高空轰炸只能不加选择地实施"的主张。"杀死数以千计的男人、女人和孩子的构想，严重违背了美国的传统道德观。"海伍德·S.汉塞尔少校这样写道，[54]他是麦克斯韦基地的"明灯"之一，后来在战争中成为一名轰炸机战略家和作战指挥官。但汉塞尔又引人注目地补充道，对平民的杀戮在军事上不会有什么效果。老百姓不应是炸弹的目标，因为他们具有持久的忍耐力，这一点与杜黑和米切尔的观点相悖。老百姓们可以撤出城市，或是在公共防空洞内寻找隐蔽，反之，工厂却是脆弱、无法移动、几乎没有防御能力的目标。*这种打法也符合美国人的个性。"它结合了道德上的顾虑、历史上的乐观主义以及技术创新，这三点明显都是美国的特色。"历史学家约翰·基根写道。[55]

由于被战争部禁止研究别国的经济，预算也不允许雇佣经验丰富的经济学家，麦克斯韦基地那些出色的理论家——唐纳德·威尔逊、肯尼斯·沃克、哈罗德·乔治、缪尔·费柴尔德和海伍德·汉塞尔——只得自己就近分析了美国的工业体系。这导致了一个基于"工业网"构想的航空计划，日后，他们作

---

* 1943年前，德国的工厂不仅顽强、可搬迁，而且还得到强有力的保护。

为哈普·阿诺德的战时规划人员，将有机会实现这个战略。

他们得出的结论是，现代工业国家极易受到来自空中的打击，因为他们的经济体形成了一种脆弱、互联的结构，或称之为"网"。一场无情的精确轰炸，只需命中那些生产产品或提供服务的行业，必将影响到其他所有行业。摧毁敌人的"要害"[56]——其钢铁、电力、轴承、石油和铁路工业——他们的整个战争经济就将崩溃，这将使他们的军事抵抗难以为继。

日本和德国被认为在下一次战争中将成为美国的敌人，所以，"轰炸机黑手党"们认为，在可能的盟国（例如中国和英国）设立基地，并从那里发起一场战略轰炸至关重要。这场轰炸战将于战争最初的几个月内展开，并在两年内达到其最大强度，这段时间将用于全面动员美国巨大的生产力。1935年初，没有一架飞机，也没有一场战争能检验这个理论，它不过是一种愿景和预测而已。但到当年晚些时候，陆军航空军得到了所需的飞机。六年后，也得到了战争。

杜黑将军曾在1927年写道："能将其意志强加于敌人的真正的作战飞机尚未被发明出来，近期内似乎也不大可能出现。"[57]但到30年代，美国陆军航空军已着手证明他错了。按照与陆军的合同，华盛顿州西雅图市的波音飞机公司拿到一个被许多航空工程师认为难以完成的项目：开发一种全金属单翼飞机，既要大又要快，这证明飞机的大小并不一定要对空气动力效率做出妥协。波音公司做出的回答是B-17"空中堡垒"（公司型号为299）。尽管美国以前的轰炸机都装有两具引擎，但1935年推出的"空中堡垒"原型机装有四台750匹马力的星型发动机，这使它的速度比当时美国任何一款战机都快。而最后一款生产型号，1943年投入使用的B-17G，装备着四台1200匹马力的发动机，常规载弹量4000磅，满载时的飞行速度为每小时150—250英里（25000英尺高度），作战半径为650—800英里，视机载炸弹的多少而定。这是一款设计优雅的飞机，暗示出她的力量和机动性。停在地面上的B-17一脸凶相，但在空中看去，她非常漂亮。

1937年年初，第一批银色的"空中堡垒"运抵离首都不远的弗吉尼亚州兰利机场，交付给陆航军的投弹训练组。而在一年前，亨利·阿诺德作为航空军司令助理已返回华盛顿。他处事灵活，是个解决问题者，而不是个空想家。与比利·米切尔一同经历过的那些风暴教会他更为老练地处理与战争部的关系，并与帮助他获得这个职位的上级们建立起友谊。阿诺德第一次驾驶这款新型轰炸机时便爱上了她。与"航空军战术学校的抽象理论"[58]所不同的是，这是"你可以亲手触摸到的空中力量"。B-17的后期改进型上，配备了多达12挺的点50口径勃朗宁机枪，其中的8挺安装在可转动的炮塔上，这是一种可怕的战争武器。再加上"诺顿"瞄准器和30年代开发出的一种新式自动驾驶系统的配备，这种飞机为"轰炸机黑手党"的理念提供了有力的依据。但前提是他们必须说服战争部将其用于进攻，而不是仅限于保卫美国的领空和领海。

B-17的出现，强化了轰炸机无往而不利的理念，这是杜黑理论的核心原则。可如果敌人开发出一种防空系统，能给缺乏护航的"空中堡垒"造成难以接受的损失，那该怎么办？航空军的规划者为何没有致力于开发一款可用于护航的远程战斗机？原因之一是缺乏想象力。"轰炸机黑手党"没能预见到雷达的出现，当时，八个国家都在研发雷达，其中包括美国，作为对付空袭的一种预警手段，雷达很快将被广泛应用于军事探测。他们对战斗机护航的考虑是这样的：轰炸机群飞越天空，在到达目标前几乎不可能被发现；接近目标后，他们将在敌地面高炮的射程外飞行，而且，具有自我保护能力的轰炸机编队异常强大，敌人的战斗机根本无机可乘。"一场精心策划并被出色执行的空袭行动，一旦发起就无法被阻止。"航空军战术学校的教官肯尼斯·沃克宣称。[59]而海伍德·汉塞尔采用了更为现实的做法，至少承认敌防空系统能有效对付轰炸机入侵的可能性。他认为，如果发生这种情况，就必须以直接的空战和轰炸敌战斗机基地、飞机制造厂以及航空燃料的来源等方式消灭对方的防御手段。这就意味着德国空军将在一场残酷的激战中被打垮，轰炸机将肩负重任，"通过空战消耗对手"[60]。在德国上空的争夺战中，"空中堡垒"没有辜负它这个名字。

针对远程护航，轰炸机支持者们还有另一个说法。由于B-17的速度比1935年间装备的任何一款战斗机都快，给那些战斗机添加额外的油箱会降低它们的速度和机动性，不仅无法跟上轰炸机，在面对更轻、更快的敌战斗机时也无法保护自己。开发一款能达到轰炸机航程的高速战斗机，被认为在工程上是不可能做到的。"我们只是被（远程护航）禁锢了头脑，谁也阻止不了我们认为轰炸机天下无敌的看法。"战后的一次采访中，劳伦斯·S. 库特尔将军非常坦率地承认了这一点。[61]

还有个因素就是资金。由于国会和战争部最初的意向是只订购13架B-17，全力争取战斗机将危害到轰炸机计划，而该计划按唐纳德·威尔逊少校的话来说，是陆航军"赖以存在的一个理由"[62]。

如果威尔逊和库特尔这些空中力量理论家更细致地研究比利·米切尔的生平与工作，他们可能会对战斗机在轰炸作战中的作用投以更多的关注，战斗机不仅可用于护航，还可用于驱逐。第一次世界大战中，米切尔和其他前线空军指挥官都意识到，在不掌握制空权的情况下，一切空中行动（战术、战略或侦察）都难以为继。历史学家威廉姆森·默里指出："在米切尔看来，空军的首要任务应该是消灭敌人的空中力量，尤其是对方的战斗机；只有实现了这个目标后，空军力量才能转而对付其他目标。所以，敌战斗机部队是至关重要的目标。"[63]因此，米切尔认为，一支力量均衡的空军部队中，战斗机的比例至少应占60%。

由战斗机夺得制空权，这是轰炸攻势获得成功的先决条件。在即将到来的欧战中，用了一年多时间和近乎瘫痪的损失率，才使美国空中力量的领导者吸取到这个教训。但"轰炸机黑手党"在30年代末期进行着不懈的努力，以鼓励开发被杜黑和米切尔所忽视的某些东西：一个军事工业联合体承担起生产数量惊人的战机的任务。

大批飞机

1937年夏季,陆航军拼命争取资金(经常是绝望地),以购买更多数量的B-17。当时,卡尔·斯帕茨负责的兰利机场的跑道上,只有7架"空中堡垒"。但一年后的慕尼黑会议改变了一切。

希特勒吞并奥地利后,又要求从捷克斯洛伐克得到以德国居民为主的苏台德区。1938年9月29—30日的慕尼黑会议上,英国和法国抛弃了捷克斯洛伐克,让其任由命运的摆布。"(我给你们)带回了光荣的和平,"返回伦敦后,内维尔·张伯伦首相说了这样一句名言,"我相信这是我们这个时代的和平。"[64]

没过两个月,富兰克林·罗斯福,这位忠诚的海军人员,挺身支持美国空中力量获得惊人的扩张,他敦促立即采取行动,以增加各种战机的产量,除美国自己使用外,还运送给受到威胁的法国和英国。他深信,只有数千架轰炸机才能震慑希特勒,才能保卫美国的海岸和战略财产(包括巴拿马运河和菲律宾)免遭日本从陆地和海上发起的攻击,另外还有西半球的基地,在不久的将来很可能会被德国人夺取。慕尼黑协议后,罗斯福"肯定……我们即将投入战争"。而他的首席助理哈里·霍普金斯则说:"空中力量将打赢这场战争。"[65]但与大多数美国人一样,罗斯福坚持认为空中战争应受到道德的约束。1939年,战争终于在欧洲爆发时,他呼吁双方克制,不要从"不设防的居住中心的上空对平民实施无情的轰炸"[66]。丘吉尔同意,所以惯于玩弄诡计的希特勒也同意,尽管他的空军即将对华沙市中心展开轰炸。

慕尼黑危机发生的那个月,哈普·阿诺德晋升为陆军航空军司令,他立即将斯帕茨和埃克调至总部的重要位置上。他告诉他的规划僚属,他们已赢得"白宫之战";[67]现在,他们必须再赢得生产之战。阿诺德以他的干劲和想象力领导着这场"战斗"。他是个好领导,"有一种鼓舞人心感",原华尔街金融家,现已成为负责航空军事务的战争部助理部长罗伯特·A.洛维特回忆道，"他的热情中带有某些张扬的东西，几乎有点孩子气"。[68]阿诺德的指导格言被刻在一块木牌上，醒目地放在他的办公桌上——"困难的事我们今天就办，不可能的事只需要稍长些时间"[69]。他告诉其他人，他是从莱特兄弟那里学到的这一点。

与上级打交道时，阿诺德是个处事圆滑、满脸堆笑的外交官，但面对下属时，他冷漠而又蛮横。他是个雄心勃勃的家伙，对失败的容忍近乎"残酷"[70]，这很像他严厉的父亲——宾夕法尼亚州阿德莫尔的一名内科医生。阿诺德以他那挖苦性的大声训斥而出名。在一次参谋会议上，打击落在史蒂夫·弗森头上，他是一名级别较低的参谋人员。阿诺德冲着他大声吼叫，弗森的脸涨得通红，大汗淋漓。突然，弗森捂住胸口，因心脏病发作而倒地身亡于将军办公桌前的地毯上。弗森被抬走后，阿诺德告诉大家，各自回家休息一天，但他会留在办公室继续工作。"于是，我们中的大多数人，"劳伦斯·库特尔说，"也回到各自的办公桌后。"[71]

阿诺德自己遭遇过五次心脏病发作，最后一次要了他的命。一些工作人员称他们这位快速、高效的老板为"奴隶主"[72]，但那些最接近他的人明白他所面临的紧迫性。"（陆航军必须）及时组建，以防止欧洲和太平洋地区的灾难，"库特尔说道，"作为领导，他所承受的压力无人能及。面对来自总统、哈里·霍普金斯、白宫幕僚以及外部机构高层的要求，他首当其冲。"

为打赢这些战斗，阿诺德在商业和科学界，在好莱坞，在国会，在白宫（他的老朋友乔治·C.马歇尔将军正负责组建一支庞大的现代化军队，以应对轴心国的威胁）组织起联盟。令他感到安慰的是，卡尔·斯帕茨出任他的参谋长，成了他的左膀右臂。斯帕茨出生并成长于宾夕法尼亚州的波伊尔镇，与阿诺德的老家相距不远。尽管他俩保持着终身的友谊，却是截然不同的两个人。二战期间，埃尔伍德·R."皮特"·奎萨达中将曾在这两人手下工作过，对他们的比较是："斯帕茨是个……策划者，他不会惹上麻烦。阿诺德则是个干劲十足的实干家……总是尝试新事物……他每天都有些新东西……斯帕茨是个深思熟虑的人，而阿诺德则是个急躁不安的家伙，正是这一点使他成了一名非凡的指挥官。（没有他）就没有我们这支空中力量。"[73]但如果没有斯帕茨作为平衡力，阿诺德可能永远也做不到他所做到的事情。"斯帕茨比阿诺德更懂得如何与人相处，"他是个最谦逊的人，"他给大家带来了信心，因为他是如此的镇定。"

斯帕茨喜欢扑克、桥牌、雪茄和肯塔基威士忌。在阿诺德家里举办的欢快、热烈的聚会上，他会拿出自己的吉他，开始演唱他那些取之不尽的保留曲目，都是些有伤风化的歌曲。唱完后，他便躲入角落，猛抽他那些廉价细雪茄。"我从未从交谈中学到任何东西。"他这样告诉其他人。[74]阿诺德和斯帕茨"相互尊敬"，奎萨达说道，"两人不分伯仲，是一个真正的团队，尽管阿诺德夸大了……空中力量的潜力，而斯帕茨不倾向于夸大任何东西"。[75]奎萨达敏锐地指出，这两人之间真正的不同在于，斯帕茨"精明胜于果断"，而阿诺德则是"果断更超精明"。

1938年，陆航军处在"有计划无飞机"的境地。[76]1940年5月，法国即将落入纳粹手中时，罗斯福呼吁飞机的年产量要达到50000架，恳请飞机制造业将每年2000架的正常产量扩大至每个月4000多架。[77]国会迅速下拨资金。用阿诺德的话来说："45分钟内我便获得了15亿美元，并被告知，组建一支空中力量。"[78]慕尼黑危机发生时，美国的空中力量为1200架作战飞机和22700名军官和士兵，规模排在全世界第20位。到1941年12月前，他们已拥有近34万名军官和士兵，作战飞机达3000架。其中最新款的是B-24"解放者"，这种飞机速度更快，航程更远，载弹量也更大，相比之下，B-17更牢固，机动性也更好些。到1944年，大规模生产和大规模培训——美国在这些领域处于世界领先地位——使美国得到了世界上最庞大的空中力量，拥有80000架飞机和240万名飞行及辅助人员，占全军总人数的31%。[79]这支力量比潘兴将军在第一次世界大战指挥过的整个作战部队还要庞大。1944年3月，美国各个工厂生产出9000多架军用飞机，是罗斯福在1940年所要求的数字的两倍多，而当初每月4000架飞机的要求曾被希特勒和罗斯福总统的大多数顾问认为是"不切实际的空想"[80]。阿诺德的一位传记作者写道:"如此规模的一个军事机器和错综复杂的技术,在这么短的时间内得以创建,这种情况此前从未有过,此后也不会再有。"[81]这项工作是通过企业与政府间的密切合作完成的,在高度军事化的纳粹政权中绝无可能。"(阿诺德)提供了领导和激情,并推动了这一切。"洛维特说道。[82]但在1942年前,生产步伐并未快到足以建立起一支庞大的轰炸机部队的程度。从1938至1942年,疯狂扩军的第一波次不可避免地导致生产和训练标准的滑坡,这将影响到战争第一年机组人员和飞机的作战表现。

1941年6月20日,战争部长亨利·L. 史汀生正式成立陆军航空队,[83]阿诺德终于成为美国参谋长联席会议和英美参谋长联合会议的成员。陆航队获得了一个很好的砝码以独立于地面部队。凭借总统颁发的"尚方宝剑",他们得以为迅速逼近的战争制订出自己的生产蓝图。1941年8月,经过九天努力,四名前麦克斯韦基地的教官——哈罗德·乔治、肯尼斯·沃克、劳伦斯·库特尔和海伍德·汉塞尔——起草了一份文件,空中作战计划处1号文件,"读起来像是战术学校的一份讲义"。[84]文件以不可思议的准确性预测了打赢对德空战所需的人员和飞机数量,它超越了生产计划,大胆树立起陆航队在战争中的最高使命:"对德国和意大利实施一场持续不懈的空中攻势,摧毁他们继续从事战争的意志和能力,从而使发起一场地面进攻变得毫无必要或即便实施也无须付出太大的代价。"[85]可预见的是,哈罗德·乔治和他的策划团队给予远程护航战斗机的发展较低的优先级。另外,他们要求的护航飞机是一种错误的型号:大型、全副武装的"战舰",一种不装炸弹的"空中堡垒"。[86]

马歇尔和史汀生批准该计划后,陆军航空队最终让上层正式接受了战略轰炸。阿诺德所称的"大宪章"[87]终于得以实现。

但是,还有许多问题摆在他们面前。陆航队的策划者将他们的"打赢"策略建立在轰炸飞行演练于晴朗的天气,在低空,甚至连模拟抵抗都没有的基础上。《指挥决策》这本出版于二战后，描述第八航空队的出色著作中，威廉·韦斯特·海恩斯（他曾是第八航空队的一名参谋军官）描绘了1941年所设想的那种精确轰炸："它不可能结束这场战争，就像医生无法赋予患者永生那样。"[88]精确轰炸充其量是一种未经过证实的"疗法"。不仅如此，它还变成了一种教条，非但未经过检验，还是不容置疑的正统，这种学说将导致战争第一年里人员和飞机不必要的损失，在德国上空所进行的半数轰炸行动中，美国轰炸机机组人员经历了一种"轰炸机黑手党"们始料未及的空战。

注释

1. 小保罗·W. 蒂贝茨，《"艾诺拉·盖伊"号归来》（俄亥俄州哥伦布市，中部海岸市场出版社，1998年），第82页。
2. 2002年1月28日，作者对小保罗·W. 蒂贝茨的采访。
3. 斯帕茨，《司令部日记》，1942年7月11日，国会图书馆，斯帕茨文件。
4. 1942年8月8日，埃克写给阿诺德的信件，国会图书馆，亨利·H. 阿诺德文件。
5. 引自威廉·R. 莱德劳，《"美国佬"号投入战争》，《空中力量史》杂志，1989年冬季第4期，总第36期，第11页。
6. 艾拉·C. 埃克，《埃克将军亲自率领美国轰炸机的首次空袭》，1942年9月14日，《生活》杂志，第37—38页。
7. 引自威廉·R. 莱德劳，《"美国佬"号投入战争》，第13页。
8. 引自詹姆斯·帕顿《空军如是说：艾拉·埃克将军和空军指挥部》（马里兰州贝塞斯达，阿德勒&阿德勒出版社，1986年），第175页。
9. 埃克，"埃克将军亲自率领美国轰炸机的首次空袭"，第380页。
10. 打印的剪报副本，国会图书馆，斯帕茨文件。
11. 引自威廉·R. 莱德劳的《"美国佬"号投入战争》，第13页。
12. 引自杰拉尔德·阿斯特的《强大的第八航空队：参战者所讲述的欧洲空战》，第37页。
13. 引自威廉·R. 莱德劳的《"美国佬"号投入战争》，第13页。
14. 同上，第14页。
15. 约翰·斯坦贝克，《投弹：一个轰炸机机组的故事》（纽约，百丽宫书屋，1942年），第19页。
16. 巴德·J. 皮斯利，《勇气的传承：二战中的第八航空队》（费城，J. B. 利平科特出版社，1964年），第269页。

17　阿诺德新闻稿，2003年8月18日，国会图书馆，斯帕茨文件。

18　巴德·J. 皮斯利，《勇气的传承：二战中的第八航空队》，第86页。

19　《目标，德国：第八航空队轰炸机司令部在欧洲上空作战第一年的官方史》（纽约，西蒙&舒斯特出版社，1943年），第19页。

20　威廉·米切尔，《一战回忆录：从开始至战争结束》（纽约，兰登书屋，1960年），第59页。

21　同上，第10页。

22　罗素·F. 维格雷，《美国的战争艺术：美国军事战略和政策史》（纽约，麦克米伦出版社，1973年），第225页。

23　亨利·H. 阿诺德，《全球使命》（伦敦，哈钦森出版社，1951年），第69页。

24　艾拉·C. 埃克，《哈普·阿诺德：领导才能的剖析》，《空军》杂志，第60期，1977年9月，第83页。

25　艾萨克·D. 莱文，《米切尔，空中力量的先驱》（纽约，迪尤尔、斯隆&皮尔斯出版社，1943年），第142页；引自菲利普·S. 梅林格编撰的《天之道：制空权理论的演变》（阿拉巴马州麦克斯韦空军基地，空军大学出版社，1997年）中，第87页，马克·克劳德菲尔特撰写的《塑造空中力量的坚定信念：威廉·米切尔战略思想的遗产及发展》。

26　朱里奥·杜黑，《未来战争的可能面貌》，这篇1928年的专题著作刊登于《美国空军战史研究》的朱里奥·杜黑专刊上，名为《制空权》，由迪诺·法拉利翻译（华盛顿，空中力量史办公室，1983年），第197页；这本专刊收纳了杜黑的五篇著作，包括1921年版的《制空权》和1928年版的《未来战争的可能面貌》。

27　杜黑，《制空权》第34页。对杜黑思想敏锐的评论，可参阅伯纳德·布罗迪的《导弹时代的战略》（普林斯顿，普林斯顿大学出版社，1959年），第三章；布罗迪，《杜黑的遗产》（《空军大学评论季刊》第6期，1953年），第64—69、120—126页；关于米切尔的中心思想，可参阅他的《空中国防论：现代空中力量——经济与军事的发展和机遇》（纽约，普特南出版社，1925年），第214页；米切尔《空中之路：现代航空》（费城，J. B. 利平科特出版社，1930年），第253页。

28　引自阿尔弗雷德·F. 赫尔利的《比利·米切尔：空中力量的改革者》

（纽约，富兰克林瓦特出版社，1964年），第43页；菲利普·S. 梅林格撰写的《朱里奥·杜黑与制空权理论的起源》，《天之道：制空权理论的演变》中第33页。

29　杜黑，《未来战争的可能面貌》，第195—196页。

30　同上，第181、196页。

31　布罗迪，《杜黑的遗产》，第125页。

32　米切尔，《空中之路：现代航空》，第63页；艾伦·斯蒂芬斯编撰的《空战，1914—1994》中，《忠实支持者：两次世界大战期间的空中力量》（阿拉巴马州，麦克斯韦空军基地，空军大学出版社，2001年），第40页。

33　杜黑，《制空权》第61页。

34　米切尔，《空中之路：现代航空》，第63、262—263页；米切尔，《空中国防论：现代空中力量——经济与军事的发展和机遇》，第16页。针对米切尔思想的激烈讨论，可参见迈克尔·谢里的《美国空中力量的崛起：创造毁灭》（纽黑文，耶鲁大学出版社，1987年），第2章；罗伯特·弗兰克·富特雷尔，《理念、概念及学说：美国空中力量的基本思想，1907—1960年，第1卷》（阿拉巴马州，麦克斯韦空军基地，空军大学出版社，1989年），第21—22页。

35　引自赫尔利的《比利·米切尔：空中力量的改革者》，第93页；还可参阅《米切尔将军的大胆言论》，《航空》杂志第29期（1924年10月29日）；米切尔，《空中国防论：现代空中力量——经济与军事的发展和机遇》，第16页；威廉·米切尔，"多引擎轰炸机大队白昼与夜间的注意事项"，美国空军历史研究部。

36　米切尔，《空中国防论：现代空中力量——经济与军事的发展和机遇》。

37　杜黑，《制空权》，第58、22、61页。

38　乔治·F. 艾略特，《空中轰炸：空中力量对国际关系的影响》（纽约，雷纳尔&希区柯克出版社，1939年），第11—13页。

39　引自李·肯尼特的《战略轰炸史》（纽约，斯克里布纳出版社，1982年），第33页。

40　引自伊莱休·罗斯，《对比利·米切尔的军法审判》，《军事历史》杂志1996年春第3期，第20页。

41　引自李·肯尼特《战略轰炸史》，第49页。

42 托马斯·H. 格利尔，《陆航力量空战理论的发展》（阿拉巴马州，麦克斯韦空军基地，空军大学出版社，1955年），第15页。

43 引自赫尔利的《比利·米切尔：空中力量的改革者》，第37页。

44 德维特·S. 科普，《几位伟大的首领》（加登城，双日出版社，1980年），第39页。

45 《纽约时报》，1925年9月2日。

46 亨利·H. 阿诺德，《全球使命》，第117页。

47 詹姆斯·H."吉米"·杜立特尔，卡罗尔·V. 格兰斯，《我再也不会如此幸运》（纽约，矮脚鸡出版社，1992年），第104页。

48 亨利·H. 阿诺德，《全球使命》，第82页。

49 彼得·R. 法贝尔，《两次世界大战之间的美国陆军航空部队及空中战术学校：美国空中力量的孵化器》，在《天之道：制空权理论的演变》一书中的第216页；马克·克劳德菲尔特撰写的《塑造空中力量的坚定信念：威廉·米切尔战略思想的遗产及发展》，在《天之道：制空权理论的演变》一书中的第107页。

50 《二战中的陆军航空队，第一卷》，第28页。要了解阿诺德的生平，可参阅迪克·艾伦·达索的《哈普·阿诺德与美国空中力量的演变》（华盛顿，史密森学会出版社，2000年）。

51 克莱尔·李·陈纳德，《一个战士的道路：陈纳德回忆录》（纽约，普特南出版社，1949年），第20页；另可参阅雷蒙德·R. 弗鲁格尔的《美国空中力量学说：威廉·米切尔与朱里奥·杜黑对航空军战术学校影响之研究》（俄克拉荷马大学硕士论文，1965年）。

52 引自罗伯特·T. 芬尼的《航空军战术学校史，1920—1940》，美国空军军史处研究学会1955年版，第58页。要了解陆航军战术学校的思想，可参阅小海伍德·S. 汉塞尔的《回忆录：对德国和日本的战略轰炸》（华盛顿，空军军史处，1986年）。

53 斯蒂芬·L. 麦克法兰，《1910—1945，美国对精确轰炸的追求》（华盛顿，史密森学会出版社，1995年），第209页；罗伯特·L. 奥康纳，《武器与人：诺顿瞄准器》，《军事历史》杂志，1990年夏第4期，66—67页。

54 汉塞尔，《回忆录：对德国和日本的战略轰炸》，第13页。

55 约翰·基根，《我们需要目光锐利的伙计对航线加以绝对的控制》，第

34—35页。

56 小海伍德·S. 汉塞尔，《击败希特勒的空中计划》（亚特兰大，希金斯-麦克阿瑟出版社，1972年），第33—34页。

57 杜黑，《制空权》第132页。

58 亨利·H. 阿诺德，《全球使命》，第115—116页。

59 引自汉塞尔的《击败希特勒的空中计划》，第15页。

60 汉塞尔，《回忆录：对德国和日本的战略轰炸》，第13页；《击败希特勒的空中计划》，第40页。

61 1974年10月3日，对劳伦斯·S. 库特尔将军的采访，美国空军历史研究部，K239.0512-810。

62 麦克法兰，《1910—1945，美国对精确轰炸的追求》，第92页。

63 霍斯特·布格编撰的《第二次世界大战中的空战》中，威廉姆森·默里所写的《英美战前学说对第二次世界大战空中战役的影响》，（纽约，贝格出版社，1992年），第238页。

64 引自基斯·法伊林的《内维尔·张伯伦的一生》（伦敦，麦克米伦出版社，1946年），第381页。

65 引自罗伯特·E. 舍伍德的《罗斯福与霍普金斯，一段亲密史》（纽约，哈珀·柯林斯出版社，1950年），第99—100页。

66 引自马克·K. 威尔斯编撰的《空中力量：承诺与现实》一书中，尤金·E. 埃姆所写的《美国的特点》（芝加哥，因普林特出版社，2000年），第66页。罗斯福对空中力量的支持，可参阅杰弗里·S. 安德伍德的《民主之翼：1933—1941，罗斯福政府对空中力量的影响》（大学城，德州A&M出版社，1991年）。

67 亨利·H. 阿诺德，《全球使命》，第177—180页；《二战中的陆军航空队，第一卷》，第107页。

68 詹姆斯·帕顿编撰的《冲击：二战中陆军航空队的机密照片，轰炸欧洲堡垒》中，罗伯特·A. 洛维特的《战时军民合作》（宾夕法尼亚州哈里斯堡，国家历史学会1989年再版），第IX页。

69 埃克，《哈普·阿诺德：领导才能的剖析》，第91—92页。

70 理查德·G. 戴维斯，《哈普：亨利·H. 阿诺德，军事飞行员》（华盛顿，空军历史与博物馆计划，1997年），第1页。

71 劳伦斯·S. 库特尔，《将军与权力机构的对抗：H. H. 阿诺德将军和他的参谋部》，《航空历史学家》杂志第21期（1974年12月），第188页。

72　同上，第188—189页。

73　1977年6月22日，对埃尔伍德·R.奎萨达中将的采访，美国空军历史研究部，K239.0512-1485。

74　引自艾拉·埃克的《对六位空军首脑的回忆：韦斯托弗、阿诺德、斯帕茨，第二册》，《航空历史学家》杂志第20期（1973年12月），第195页。

75　1977年6月22日，对埃尔伍德·R.奎萨达中将的采访。

76　《二战中的陆军航空队，第一卷》，第150页。

77　《二战中的陆军航空队，第一卷》，第12—13、107页。

78　《旧金山记事报》，1947年2月18日。罗斯福扩充空军的计划，可参阅小欧文·B.霍利的《购买飞机：陆军航空队的物资采购》（华盛顿，陆军部军史处处长办公室，1964年），以及本杰明·S.凯尔西的《龙牙：美国空中力量为二战的崛起》（华盛顿，史密森学会出版社，1982年）。

79　《二战中的陆军航空队，第六卷》，第ⅩⅩⅤ页。

80　《二战中的陆军航空队，第六卷》，第ⅩⅩ—ⅩⅩⅰ页。

81　托马斯·M.科菲，《哈普：美国空军及其创建者亨利·H.阿诺德将军的故事》（纽约，维京出版社，1982年），第1页。

82　引自罗伯特·A.洛维特的"战时军民合作"，第Ⅸ页。

83　《二战中的陆军航空队，第六卷》，第15页。

84　托马斯·H.格利文，《陆航力量空战理论的发展》，第124页。

85　汉塞尔，《回忆录：对德国和日本的战略轰炸》，第62页。

86　同上，第37页。对空中作战计划处1号文件最好的总结是汉塞尔的《击败希特勒的空中计划》。

87　亨利·H.阿诺德，《全球使命》，第129页。

88　威廉·韦斯特·海恩斯，《指挥决策》（波士顿，利特&布朗出版社，1947年），第159页。

第二章

埃克的业余选手

"时值夏季,全世界到处都是战争。"
——第八航空队飞行员,伯特·斯泰尔斯

1941年12月,华盛顿特区

历史学家塞缪尔·艾略特·莫里森写道,日本对珍珠港的偷袭"震动了整个美国,因为自萨姆特堡的炮击以来*,这个国家从未遭受过任何入侵"。[1]共和党人和民主党人、干涉主义者和孤立主义者、劳方和资方团结起来,整个国家步调一致地从和平走向战争,这一点是危机发生前始料未及的。12月8日,罗斯福总统在国会的一次联合会议上要求对日本宣战。国会做出回应,只有一张反对票。三天后,德国对美国宣战,对纳粹来说,这个决定比当年6月他们入侵苏联更具灾难性。

在阿卡迪亚会议上(这是当年12月在白宫召开的一次英美高层会晤),丘吉尔和罗斯福赞同此前他们初步同意的"先打败德国"战略,并要求立即将

---

* 译注:1861年,南方军炮击萨姆特堡,美国南北战争随即爆发。

美国的空中力量集结于英国。接下来的一个月，哈普·阿诺德创建起第八航空队，并委任斯帕茨担任司令，而埃克负责该航空队的轰炸机司令部。这三位好友将着手实施自慕尼黑危机以来他们一直在准备的欧洲轰炸战。

斯帕茨这位西点毕业生、获得过勋章的战斗机飞行员、阿诺德最亲密的朋友，被选中担任第八航空队司令原在情理之中。而埃克的任命则出人意料。他是德克萨斯州辛苦劳作的佃农的儿子，在俄克拉荷马州杜兰特的东南师范学校毕业后，于1917年加入陆军通信兵，但由于入伍太晚，所以未能亲身经历战争。尽管他在30年代打破过一系列航空军的试飞记录，可他的经验仅限于战斗机。不过，他是阿诺德的门徒，也是他的合著者，阿诺德知道他会像响尾蛇那样对敌人发起攻击。"我想让……轰炸行动中有那种战斗机的精神。"颁布新任命时，他这样告诉埃克。[2]

五短身材、方下巴、秃顶的埃克说起话来轻声细语，几乎听不太清，但他却是个雄心勃勃的人，并在令人窒息的西点裙带关系中拓展出自己的优势。他是个娴熟的作家和演说者，并以自己优雅的做派和轻柔的德州口音，成为一名军人外交官，在与英国皇家空军敏感的交往中，他需要这种技能。英国人发现，他们和德国人所进行的白昼轰炸尝试均宣告失败，他们希望，要么将第八航空队纳入英国轰炸机司令部的夜间力量中，要么让经验丰富的英国机组人员来操作派至英国的美国轰炸机。1941年，作为皇家空军对抗德国空军作战行动的一名观察员，埃克曾在英国短暂地待过一段时间，并与英国的飞行员和内阁成员建立起亲密的友谊。他知道英国人的想法很有说服力，但他发誓要保持第八航空队的独立指挥权。

海伍德·汉塞尔和他那些策划空战的同僚曾提醒阿诺德将军，要到1943年底，美国才会拥有展开一场持续性战略轰炸所需要的飞机和人员。斯帕茨也警告过乔治·马歇尔这位美国首席战略家，在有能力发起决定性打击前，不要为埃克将在英国组建的部队派遣力量。但1942年初，随着日本人席卷东南亚，闪电般迅速的德国军队深入俄国并穿越北非扑向苏伊士运河，阿诺德后来写道，情况"看起来似乎盟军已输掉了这场战争"[3]。于是，马歇尔命令阿诺德，立即将他手上的重型轰炸机派往英国。他们不必像"轰炸机黑手党"设想的那样，对德国的战争机器发起全力以赴的攻击。他们的任务是为跨越海峡进攻纳粹占据的法国的准备工作提供协助。如果苏联的抵抗发生崩溃，这一行动将在1942年秋季发起，但更有可能的是在下一年春季。马歇尔将军是英美联军进攻法国北部最积极的支持者，"这是我们攻入德国腹地最短的路径"，他告诉埃克，[4]他的轰炸机和护航战斗机有一年的时间来夺取北欧上空的制空权。"我认为只有消灭德国空军后，才有可能跨越海峡进攻欧洲，"他说道，"对此，你有什么计划吗？"[5]埃克向他保证能做到，如果能获得足够的人员和飞机，登陆滩头的上空，德军飞机将被肃清。

1942年2月4日，艾拉·埃克带着6名参谋赶往英国执行他们的新任务，卡尔·斯帕茨留在华盛顿监督第八航空队第一批飞机和机组人员的准备及派遣工作，第一批人员中包括第八航空队的战斗机司令部，由弗兰克·"和尚"·亨特准将指挥，他是一位在一战中获得过勋章的王牌飞行员。等他们做好船运准备后，斯帕茨将和他们一同赶往英国。于是，在外国领土上组建一整支空中力量的任务交给了埃克这位45岁、新晋升的将军，而在此之前，他指挥过的最大的部队是一个1500人的战斗机单位。埃克的任务相当艰巨：要建立起作战指挥部和安全的空军基地，并与皇家空军密切合作，以便为第八航空队的轰炸行动调集起必不可少的基础空中力量。1942年2月，第八航空队在英国只有7个人，没有1架飞机，但到1943年12月前，埃克将航空队的实力扩充至185000人和4000架飞机。

1942年时，美国最大的公司是通用汽车，拥有314000名员工和112个生产厂。埃克的工作相当于从零开始，在不到两年的时间里建设起这个庞大的汽车企业。"被视作工业巨头的那些人中，很少有人能像组建第八航空队那般快速地合并一个大型企业机构，"埃克的助手詹姆斯·帕顿写道，"另外，这其中还附加了激励飞机组员，让他们甘冒生命危险的因素，这可不只是让一家大型工厂做好生产和销售汽车的准备。"[6]

哈普·阿诺德并未让埃克的任务变得更容易些，他把最好的人才都留在自己位于华盛顿的总部中。"你去找些能干的年轻人来……训练他们，你为他们申请任何级别我都批准，"他告诉埃克，"你可以找个聪明的副手，在几个月内把他打造成合格的陆军军官。但你绝不能找个蠢笨的家伙，并指望把他培养成出色的战地指挥官。"[7]

埃克最初的指挥部中只有两名陆军现役军官：小威廉·S.科沃特中尉，是个年轻的战斗机飞行员，曾在埃克指挥过的第20驱逐机中队服役；另一位是小弗兰克·阿姆斯特朗上校，是埃克值得信赖的老朋友，现在担任埃克的副手。另外三名参谋是从陆军预备役部队中挑选出来的：小贝尔尼·莱，耶鲁大学毕业生，30年代从陆军航空军退役后，从事专职作家的工作；另外两位是来自斯佩里回转仪公司的高管，哈里斯·B.赫尔和赫尔的朋友弗雷德里克·W.卡索——他是一名西点毕业生，与赫尔一样，也是位经验丰富的飞行员。埃克指挥部内的最后一位成员是刚刚被任命为少校的彼得·比斯利，曾是洛克希德飞机公司的一名经理。

后来，赫尔和卡索做了些招募工作，所招的人几乎都来自平民百姓：记者、律师、商人、编辑以及报纸和出版业的经理，其中包括埃克在哈珀出版社的责编和《星期六晚邮报》的一名编辑，另外，《时代》杂志的经理兼编辑帕顿也将于当年春季赶至英国投奔埃克。他们被对此深感怀疑的英国皇家空军称为"埃克的业余选手"，但出人意料的是，这些人组成了完全胜任的指挥部，而其中的两个，阿姆斯特朗和卡索，成了出色的战地指挥官。

最初的七个人差点没能到达英国。由于陆航队没有飞机可派，他们先搭乘泛美航空的"飞剪"（这是波音公司制造的一种四引擎水上飞机）赶至中立国葡萄牙。他们打算从那里搭乘荷兰航空公司的一架货机转道英国，该航空公司目前由流亡伦敦的荷兰政府控制。在里斯本降落后，他们看见一架架德国空军的飞机停在跑道上，城里满是纳粹的密探。"我们早已得到警告，"埃克回忆道,"所以我们都穿着便衣,并被告知不得携带任何文件……所有指令都在我们的脑袋里。"离开大都会酒店去吃晚饭前,埃克的小组重新整理了手提箱里的东西。当晚,他们回到自己的房间,发现行李已被搜查过,可能是盖世太保的密探所为。两天后,清晨5点,一名荷兰飞行员带着他们登上荷兰航空公司的一架DC-3运输机。每个人都很担心,他们知道,德国军机在比斯开湾水域的巡逻非常严密。盖世太保知道他们在里斯本,也知道他们要赶赴伦敦。赫尔曼·戈林的空军会不会奉命将他们击落呢?

起飞半个小时后,荷兰飞行员在葡萄牙北部的波尔图做了次计划外的着陆。他把埃克叫入驾驶舱,告诉他,一架德国飞机一直尾随在后。等待了一个来小时,他再次起飞。运输机远远地避开比斯开湾,以免被发现,驾驶员又一次把埃克叫到前面,向他指出,一架德国轰炸机发现了他们的行踪。荷兰驾驶员"小心操纵着飞机,从一侧滑至另一侧,试图避开德国飞机的瞄准线,以免遭到对方的火力攻击",弗兰克·阿姆斯特朗回忆道,"就在这时,幸运女神伸出了援手。德国飞机的一具引擎喷出一团浓烟",飞行员关闭引擎时,被运输机甩掉了。"那架战斗轰炸机在我们下方800码处,向着陆地和安全处飞去。我们的驾驶员走出驾驶舱,把衣领拉高到眼睛下,偷眼打量他的乘客。接下来的几秒钟,所有人都沉默不语——默默地念着感恩祷文。"[8]

当天晚些时候,他们到达英国。这架运输机的飞行日志上写道:"到达目的地:飞行平安顺利。"一年后,德国人在比斯开湾上空击落一架商用飞机,这是德国空军第二次对飞出里斯本的客机实施攻击。飞机上搭载着13名乘客,其中包括英国演员莱斯利·霍华德。[9]机上无一人生还。*

抵达伦敦后,埃克他们换乘汽车,穿过这座满目疮痍但仍英勇无畏的城市。德国的闪电战,1940—1941年间持续8个月的战火和恐惧,已造成30000

---

* 译注:德国人误以为这是丘吉尔的飞机,结果将其击落。莱斯利·霍华德曾出演过《乱世佳人》和《卖花女》等电影。

名伦敦人丧生，另有50000人负伤。而在遥远的各条战线上，对盟军来说，战事正走向灾难。在利比亚，英国军队已被埃尔温·隆美尔元帅的沙漠大军彻底击败；在俄国，苏联红军被逼退至莫斯科和列宁格勒；而在菲律宾，道格拉斯·C. 麦克阿瑟中将指挥着兵力不足、饥肠辘辘的美国军队，正在巴丹半岛的山地丛林中进行着最后的抵抗。2月15日，埃克抵达伦敦的五天前，新加坡这座西方国家在远东的堡垒，落入到日本人手中。*

对英国来说，这是战争期间最为惨淡的几个月。就连美国投入战争这一令丘吉尔高兴地视作"英国将获得拯救"，而德国和日本"将被碾为齑粉"的保证的事实，[10]也未能激发起英国公众的好评。伦敦人嘲笑美国在珍珠港被打得措手不及，并批评后者这么晚才投入战争。

进入一个被围困的国家，令埃克和他的小组深感震惊，他们没有想到英国人的生活会变得如此艰难。肉、鱼、蔬菜、果酱、黄油、鸡蛋、炼乳、早餐麦片、奶酪和饼干都实施严格的配给，另外还包括服装、肥皂以及取暖用煤。没人被饿死，但配给制将人们的生活变得单调、刻板、毫无生气可言。

埃克和他这个小小的团队动身时，美国尚未为一场全面战争做好准备。而英国则已全面动员，几乎成了个全民皆兵的国家。[11]18至60岁之间体格健壮的男人和女人，被要求履行某种形式的兵役。20至30岁之间没有孩子的妇女被征召进后方军事机构或从事军工生产，对任何一个西方国家来说，这种做法都是前所未有的第一次。除苏联外，没有哪个参战国的老百姓受到比这更严厉的政府监管和强制动员。妇女们操纵着伦敦的高射炮，全国各地的工厂日夜不停，每周工作7天，每班工人的工作时间是10—12小时。

看起来，英国就是个为生存而战的国家。成千上万工薪家庭（其中的60%居住在伦敦）的住处已被纳粹战机损坏或摧毁，许多人仍在为家人和朋友的丧生而哀痛。德国人的空袭已造成近43000名英国百姓丧命，直到战争的第四个

---

* 译注：1941年12月18日，麦克阿瑟晋升上将。

年头，德国人杀死英军士兵的数量才超过英国的妇女和儿童。"这是一场无名勇士之战，"丘吉尔宣布，"投入战争的是整个国家，不仅仅是士兵，而是全体人民，男人、女人和孩子。"[12]

这是一场全民之战，但人们都很疲惫。"现在的伦敦与去年大不相同，人们为空袭和威胁而紧张，以前他们是那么轻松、快乐和潇洒。"一名英国妇女在她的日记中写道。[13]由于电力和煤炭供应的削减，人们早早上床休息，在夜间，路灯被关闭，窗户也被蒙上遮光的窗帘。即便太阳偶尔露面，"人们也很少微笑"。

一个沉闷的周日，艾拉·埃克和他的参谋人员搭乘皇家空军的一辆参谋用车设法穿过伦敦，他们经过伦敦东区遭受过轰炸的街道，那里靠近城市的主码头。美国记者哈里森·索尔兹伯里在日记中写道，直到搭乘公交车到达这片街区的一条街道，这是整座城市遭受轰炸最严重的地区，他"才知道空中力量是如何发挥作用的"。"四下里被轰炸机炸得满目疮痍。"索尔兹伯里曾在华盛顿见过斯帕茨将军，并在家庭聚会上与一些空军将领畅谈赢得制空权的话题直至深夜。这是索尔兹伯里第一次目睹轰炸所造成的后果，"我现在明白斯帕茨说过的那些话是什么意思了。这就是他们想对德国干的事"。[14]

更准确地说，这是英国决定必须对德国做的事。起初，皇家空军对德国百姓投下的只是传单，呼吁他们挺身反抗专制的纳粹统治者。轰炸行动受到严格限制，主要被用于对付机场和海上运输。而且，这些行动都在白天，由数量很少的老式双引擎轰炸机执行。英国领导人担心，对德国城市实施恐怖轰炸会激怒德国空军，从而使伦敦遭到报复性轰炸，同样值得关注的是，皇家空军尚不具备足够的轰炸机和机组人员来破坏德国的生产或士气。在这种情况下，不如为更具决定性的行动组建和保存轰炸机力量。

随后，1940年5月中旬，德军轻而易举地占领了荷兰，并对鹿特丹实施轰炸，导致980名平民丧生。丘吉尔和战时内阁授权英国轰炸机司令部攻击鲁尔、莱茵兰的铁路编组场和合成燃料厂。他们希望这些空袭能破坏德国军事力量的来源，并给予集结在法国北部的联军一个继续抗击纳粹力量的机会。这些空袭将在夜幕的掩护下进行，因为德国的战斗机和高射炮已消灭了皇家空军的许多小股空中编队。

皇家空军的空袭于1940年5月15—16日夜间展开，这是世界上第一次大规模战略轰炸战的开始。[15]尽管空袭的目的不是为了制造恐怖，但丘吉尔知道，行动会造成平民的伤亡，德国空军很可能会对伦敦实施报复，不过他希望皇家空军使用雷达制导的新式战斗机能挫败德国轰炸机。然后，1940年8月24—25日夜间，由于一场意外，德国空军轰炸了伦敦，这是德国空中作战的组成部分，目的是为入侵行动削弱英国人的抵抗。为实施报复，丘吉尔下令在第二天夜间轰炸柏林。[16]空袭对柏林造成的损失很轻微，但希特勒大发雷霆。自9月7日起，他对伦敦发起一场毁灭性轰炸战，很快又蔓延至英国的其他城市，主要目的是为了摧毁飞机制造厂、恐吓英国百姓、打垮他们支持抵抗的决心。为还击11月14—15日夜间德国对考文垂的大规模轰炸，英国新上任的空军参谋长查尔斯·波特尔爵士下令于1940年12月中旬对曼海姆实施恐怖轰炸，但这场空袭在很大程度上未取得效果，炸弹散落在城市四周的乡村。[17]

制空权理论家朱里奥·杜黑和比利·米切尔曾预言过的轰炸战开始形成。但在一段时期内，英国表现得较为克制。整个闪电战期间，德国对英国城市的轰炸持续不断，夜复一夜，几乎完全不对目标加以选择。而英国人的轰炸主要针对军事目标，只有少量居住在军事目标区内的德国平民被炸死。双方的目的也有所不同。德国是为了征服，而英国则是为了生存。自敦刻尔克撤退后，英国已没有其他办法直接对德国实施反击。在1940年，"（轰炸）是个明显的例子，表明英国必须以这种方式，而不是以他们所希望的形式来作战"，历史学家马克斯·黑斯廷斯写道。[18]

这些轰炸行动的结果令人沮丧：双方的损失和误差居高不下。1941年夏季，一份关于轰炸精度的令人震惊的官方研究报告被发布出来。作者是一位名叫D.M.巴特的公务员，报告中声称，当年6月和7月，只有三分之一的英国飞机飞抵目标区后在轰炸瞄准点方圆5英里内投下炸弹；而在防卫严密的鲁尔区，由于长期存在的工业废气，这个数字只有十分之一。

"巴特报告"导致了轰炸战略的一个显著变化。由于在夜间不可能实施精确轰炸，英国现在将采取丘吉尔曾发誓绝不会采取的措施：刻意轰炸非作战人员。英国新发起的空中行动，目标是德国城市的建筑区，大多数工人居住的住宅中心。人口超过10万的58个城市被列入目标。目的：摧毁"敌方平民的士气，尤其是其产业工人"。[19]这将是恐怖轰炸，是对杜黑和米切尔构想的应验。所不同的是，这个举动源自绝望，而非最初的军事目的。

丘吉尔赞同新的轰炸策略，他还批准委派空军中将阿瑟·哈里斯来执行此项任务。哈里斯是个质朴、直言不讳的职业军官，曾率领皇家空军代表团访问过华盛顿。在一次晚宴上，他见过艾拉·埃克，很快，这两人便被安排离开美国，几乎在同一时间，搭乘不同的飞机赶往英国，以履行他们新的、完全平行的指挥职责。2月22日，埃克抵达伦敦的第二天，哈里斯被任命为轰炸机司令部司令。哈里斯并未倡导新的轰炸策略，但他满腔热情地予以支持，不过，有一点突出的异议。他认为靠轰炸来摧毁德国的士气，以此引发社会革命，这纯属妄想。杜黑曾预言，遭受到无情的恐怖轰炸，老百姓最终会爆发反抗，迫使战争结束。但即便德国百姓的士气最终被轰炸所摧毁，饱受苦难的数百万民众又如何能挺身反抗纳粹政权及其无情、高效的特务系统、酷刑和镇压呢？哈里斯的主要目的是采取区域轰炸，通过摧毁工业场所，炸死产业工人来拖缓德国的生产。他将告诉埃克，培养一个好工人远比生产一架好飞机更费时间，而且，"供应短缺将和他们的工厂发生损失一样，影响到战时生产"[20]。摧毁工人的住房会造成焦虑和高缺勤率，从而扰乱生产。一名英国官员用委婉的说法称这种新举措为"摧毁住宅"（de-housing），但直言不讳的"轰炸机"哈里斯（记者们开始这样称呼他）从未否认过这就是恐怖轰炸。

哈里斯接手的是一支小型的、过时的轰炸机部队，可用的飞机不到400架，其中只有69架重型轰炸机。但轰炸机司令部正在日益壮大，技术上也愈发熟练。当年3月，英国轰炸机开始使用一种代号Gee（Ground electronics engineering，地面电子工程）的新式导航设备，以引导飞机在没有月光的夜晚飞至目标上空。另外，英国的各个工厂开始大规模生产四引擎的"斯特林"、"哈利法克斯"和"兰开斯特"轰炸机，它们将成为哈里斯"城市破坏战"的投递工具。哈里斯认为，不必采取陆地进攻，一连串"轰炸战"便能让德国屈膝投降。"我相信，"他后来写道，"一场猛烈的轰炸战，再加上正确的炸弹种类，如果持续的时间足够长，没有哪个国家能承受。"[21]

丘吉尔并不像哈里斯那样自信地认为，只靠轰炸便能击败德国，但在缺乏其他手段的情况下，他赞成这项无情的轰炸计划，并由被他半钦佩、半厌恶地称作"海盗"的人来执行（得到哈里斯无条件支持的那些飞行员，对他崇拜不已，称他为"屠夫"，或简称为"布奇"）。无论是当时还是事后，对于不受约束的空中打击，这位英国首相都没有道德上的不安。战争结束后，他写信给轰炸机司令部的一位前官员："我们不应让自己为我们对德国所做的那些事而道歉。"[22]

在伦敦逗留三天后，埃克和他的几名参谋赶往海威科姆的轰炸机司令部，那里位于伦敦西面约25英里处，奇屯山（Chiltern Hills）的郊外。他们受到哈里斯（现在他已是哈里斯爵士）的热情迎接，他邀请他们在轰炸机司令部里起居和工作，直到他们建立起自己的指挥部为止。哈里斯坚持要求埃克在这段时间里跟他的家人（他那位光彩照人的妻子，吉尔夫人，和他们2岁的女儿）住在一起，他们居住在一座宏伟的乡间庄园，拥有马厩和绿树成荫的骑马道。

埃克和哈里斯的出生日相同，这两人在早期都干过体力活，哈里斯年轻时曾在条件恶劣的罗德西亚-布什赶过马群，清理过蚊虫肆虐的土地，还管理过一座烟草农场。但在其他几乎任何一个方面，这两人都有所不同。《纽约时报》记者雷蒙德·丹尼尔，对他俩做了巧妙的描述。"哈里斯，曾在罗德西亚采过金矿、种过烟草，是个肩宽体壮、身材魁梧的巨人，他精力充沛，具有辛辣的幽默感。作为一名英国人，他直率、热情，是个极具刺激性、令人振奋的健谈者……埃克则是个身材矫健，说话轻声细气的德克萨斯人，他的特点就像许多将自己的大半生奉献给飞行事业的人那样，已将自己融入锐利、坚定的皱纹中，让人联想到鹰。他谦逊，不善交际，几乎到了害羞的程度，他拥有那种下意识的、细致周到的礼貌，这种礼貌通常与内战前的南方密切相关。"[23]

闲暇时，哈里斯喜欢看军事历史和与农业有关的书，而埃克则有规律地阅读宗教书籍。到了晚上，哈里斯会换上便装，调制并端上饮料，美美地享受鸡尾酒；埃克喝酒不多——偶尔会来点雪利酒——但他喜欢扑克、雪茄和男人间热情的友谊。哈里斯拥有"一种枯燥、尖酸、通常有些低俗的机智"，容易发怒，经常是激烈而又直接；埃克则严格控制着自己的情绪，在社交聚会上，他甚至有些急于取悦他人。而哈里斯，尽管是外交官的儿子，却喜欢嘲笑戴单片眼镜的人，他对自己的参谋人员相当疏远，是个冷漠而又严厉的指挥官。埃克的做事风格更为轻松些。他与他那些参谋人员的合作，密切且不拘礼节，他和他们打排球、垒球、玩扑克，并征求他们的意见。他是个完全没有架子的人。坐在豪华轿车的后座上，他会让司机停下，捎上搭顺风车回家或休假的英国士兵。"英国军官绝不会这样做。"一名士兵告诉他。[24]埃克到镇上理发时，他会和其他村民一同坐在理发室内，耐心等待轮到自己。市长请他对海威科姆的一群市民发表即兴讲话时，他只说了这样一句话："尚未进行更多的战斗前，我们不会夸夸其谈。我们希望，当我们离开时，你们会很高兴我们来到这里。"[25]

工作时，阿瑟·哈里斯是个严厉的"工头"，但在家里却是个热情而又轻松的主人，与轰炸机司令部地下作战室里的他相比，简直是天壤之别。他和埃克都非常喜欢对方，每天晚上都在哈里斯那间著名的"会谈室"中碰面，在这间用皮革和木材构建起的书房中，哈里斯搭起一架立体幻灯机，播放被他那些机组人员摧毁的德国城市的三维航拍照。但他们的友谊从未能弥补双方轰炸理念间的鸿沟。哈里斯衷心希望埃克能在即将到来的白昼轰炸尝试中获得成功，并在自己的职权范围内不遗余力地帮助埃克进行准备工作，并与他分享情报、作战、气候预报以及目标选择方面的信息。尽管如此，哈里斯仍确信，美国人的试验将遭到失败，埃克最终会被迫重新训练机组人员，重新装备轰炸机，然后加入到皇家空军的夜间轰炸行动中。"上帝知道，我希望你能成功，"他告诉埃克，"但我不认为你会成功。加入到我们的夜袭行列吧。我们一起去揍他们！"[26]

在回忆录中，詹姆斯·帕顿讲了个著名的故事，在这个故事里，哈里斯阐述出两位指挥官之间道义上的分歧。有一次，哈里斯驾驶着自己的宾利，以危险的速度飞驰于伦敦和海威科姆之间，结果被一名摩托车骑警拦下，警察委婉地批评了他："长官，您可能已经让某个人送了命。"[27]

"年轻人，"哈里斯厉声说道，"每天晚上我都会让数千人送命！"

对屠杀平民毫无厌恶感，"他乐此不疲"，帕顿写道。[28]也许是这样，但这种暗示是个误导。艾拉·埃克从未出于对遭受轰炸的平民的关心而反对过哈里斯的空袭行动。"我从不认为（二战期间的）军人中会有什么道德顾虑，"他在战后这样说道，"看着炸弹落下，击中房屋和教堂时，我对整件事都很厌恶，可他们在朝我们开火！"如果1942年便出现原子弹，并获准使用的话，埃克说，他会毫不犹豫地将其投向德国。[29]

埃克反对毫无特定目标的区域轰炸，完全是基于军事上的考虑——这不是消灭敌人的最有效手段。但他认为，区域轰炸，连同美国的精确轰炸，将使德国承受日夜不停的重压，加速其灭亡。他将哈里斯的轰炸看作是对自己空袭行动的一种补充，并视其为合作伙伴，而不是竞争对手。

哈里斯帮着埃克及其工作人员寻找一个固定的指挥部，埃克的人员每周都在增加。从一次穿越奇屯山的探查活动返回后，埃克的助手报告说，他们找到个理想的地点，威科姆阿贝女子中学，这个锯齿状庄园的主宅邸坐落在一个公园般的校园中，人行道两旁排列着椴树。在哈里斯和埃克的持续游说下，英国空军部被迫将学生迁至牛津,将学校交给第八航空队使用。4月份的一天,埃克和另外二十名美国军官搬了进去。他们布置了垒球场,并架起排球网。当天晚上,值勤官突然听见整个庄园到处都响起了铃声,经过一番检查才发现,每张床旁都有个铃铛的标签,上面写着:"如果您在夜间需要个女人,请按铃两次。"*30

威科姆阿贝,代号"青松",距离哈里斯的司令部仅有4英里。这促进了双方的联络和沟通。通过与哈里斯的共同努力,埃克得到了亨廷登郡(Huntingdonshire)的八个前皇家空军基地,这片地区位于米德兰兹,英国巨大的中部平原上,就在伦敦的正北面。100多个额外的美军基地——轰炸机和战斗机基地,以及训练、补给和维修站——很快将建成,大多在诺福克和萨福克郡,位于邻近的东英吉利亚。1943年年底前,第八航空队将把这片拥有高大的教堂和小村落的地区变成一艘巨大的陆地航母。随着皇家空军将其轰炸机基地集中至更北面,东英吉利亚将成为一个"独特的美国轰炸机区"。[31]

当年5月,就在英国建筑工人完成第八航空队最初两座基地(波尔布鲁克和邻近的格拉夫顿安德伍德)的修建工作时,阿诺德将军赶到了英国。5月30日,丘吉尔邀请他和他的代表团,以及埃克和怀南特大使到首相别墅共进晚餐,那是他在白金汉郡的休憩地。客人们坐下来吃晚餐时,首相站起身,发表了一个戏剧性声明,他说,就在此刻,皇家空军正起飞去执行历史上最大规模的空袭行动,1000架飞机轰炸科隆。

哈里斯已将吕贝克和罗斯托克这两座易燃的中世纪城市夷为平地,但他需要个更大、更具说服力的城市来展示地毯式轰炸。当天晚上,正当客人们坐在客厅里啜着波特酒,喷吐着雪茄烟时,首相宣布,"千年行动"已获得巨大的成功。这座莱茵兰城市的整个中心已是一片火海。后来获悉,不到两个小时,近500人丧生,45000人无家可归,12000座建筑被毁,而英国人付出的

---

*译注:按铃两次这场闹剧显然是被迫搬迁的学生们所搞的恶作剧。

代价仅仅是41架飞机。这次行动在宣传方面同样大获成功。为了能凑齐1046架"轰炸机",哈里斯不得不从训练单位抽调出400架过时的旧飞机,但通过此次空袭,他成了国家英雄和英国媒体的宠儿。

当晚,在首相别墅,阿诺德向丘吉尔表示热烈祝贺,但英国人的成功使他看到美国人失去了一次机会。他来到首相别墅是为了向丘吉尔和他的空军顾问推销美国很快将实施的白昼轰炸。"历史上有那么多时刻……我偏偏挑了个他们正将他们自己的轰炸方式推销给全世界的夜晚……显然,现在又会出现新的压力,英国人会催我们将四引擎轰炸机交给皇家空军。"[32]

空袭科隆的当晚,第八航空队在英国只有1871人(其中大多数是地面工作人员),没有一架飞机。第二天,怀南特大使给罗斯福总统发去急电:"英国就是打赢战争的地方,尽快将飞机和部队派至这里。"[33]

第一股作战力量已在途中。6月10日早上,豪华的"伊丽莎白女王"号(已被改装成运兵船)停靠在克莱德湾。船上,跟随数千名美军步兵同时到达的是第97轰炸机大队的机枪手,一个月后,该大队的飞行员和领航员经历了与十五年前查尔斯·林白飞越大西洋同样艰巨的航程后抵达英国。

B-17是一种比"圣路易斯精神"号更为可靠的飞机,但林白是位杰出的飞行员,而第八航空队驾驶B-17飞越同一片大洋的那些飞行员只受过几个月的飞行训练,他们依靠无线电报务员的报告,而报务员在句点和破折号的转译上遇到些困难,另外,他们还要靠领航员的指引,但后者显然对这门复杂的技艺不太有把握。从高空飞离缅因州海岸后,来自内陆城镇的飞行员们第一次看见了下方的海洋。他们的目的地是苏格兰的普雷斯特维克,位于所谓的"大圆弧"路线的东部终点。他们的"踏脚石"是四个大型大陆块:纽芬兰、拉布拉多、格陵兰和冰岛。尽管后来的一些机群马不停蹄地飞至苏格兰(这段航程大约为2000英里),但第一批机群需要找到这些不可或缺的停靠站,因为他们要穿越地球上最为恶劣的气候。

穿越大西洋的第一阶段，飞行员们将赶往两个可能的目的地之一：拉布拉多的古斯贝，或是纽芬兰南部的甘德湖，这两个地方距离缅因州北部海岸都是700英里。接下来便是一段危险的700—1000英里海上航程，赶往格陵兰的两处基地之一，这两个基地是美国根据与丹麦的协议，最近才修建起来的。第97轰炸机大队的第一批飞机，在保罗·蒂贝茨的率领下，轻松地飞至格陵兰。接着，麻烦就开始了。飞行在格陵兰岛锯齿状的海岸山脉上方，蒂贝茨看见无尽的冰盖在阳光下闪闪发亮。这是个警告，表明他已接近"蓝西一"（BW-1），那是世界上最危险的机场之一。蒂贝茨操纵着他的轰炸机进入一道危险、狭窄的峡湾，20英里长，两侧是高耸、锯齿状的峭壁，几乎就在他的翼尖旁。他回忆道："（这里）有几个复杂的转弯，一些峡谷从主峡湾分出，我不得不紧盯着地图，以免飞入一条死路而无法逃脱。"[34]

一名飞行员飞入峡湾时，必须掌握位于峡湾顶端的机场的气候状况。那里没有可供转身的空间，B-17也没有足够的爬升速度避开紧贴在跑道后巨大的冰墙。天气非常晴朗，蒂贝茨完美地降下了他的轰炸机。但后来有些美国飞行员因大雾或快速移动的风暴而发生了坠机。

BW-1是个令人生畏的地方，就在北极圈的南面。这里有个食堂，有个气象站，还有些四壁透风的小屋可供睡觉，峡湾对面还有座孤零零的爱斯基摩村落。留在这里毫无吸引力可言。加注燃料后，蒂贝茨飞往冰岛，然后又转向东面846英里处的普雷斯特维克。在那里，一名皇家空军的领航员与蒂贝茨中队会合，随即指引这群轰炸机飞往波尔布鲁克，他们降落在波尔布鲁克的一条跑道上，前不久，这里还是一片马铃薯地。过了几周，第97轰炸机大队的最后一架飞机降落后，蒂贝茨才获知他这个大队是多么幸运。他们损失了5架飞机，但没有人员伤亡。蒂贝茨后来写道："这些年轻的机组人员和他们的飞机证明了他们拥有赢得一场战争所需要的东西。"

卡尔·斯帕茨将军已于一个月前搭乘一架B-24"解放者"抵达英国，并在布希公园设立起他的总部，这里靠近伦敦，也靠近新任欧洲战区司令德怀特·戴维·艾森豪威尔少将的司令部。随着第97轰炸机大队的到来，第八航空队已做好参战的准备。

第八航空队由四个司令部构成。除轰炸机和战斗机司令部外，还有地空支援司令部，一年后，该司令部将配备双引擎B-26"劫掠者"轰炸机，另外还有个空军勤务司令部，负责补给和维修工作。弗兰克·"和尚"·亨特将军将他的战斗机司令部设在布歇赫尔，这是赫特福德郡的一座豪宅，位于伦敦西北郊，靠近皇家空军的战斗机司令部。8月份前，英国将出现四个美国的战斗机大队，其中的两个使用英制"喷火"式战斗机，另外两个则配备美制P-38"闪电"。

考虑到作战行动的规划与走向，第八航空队轰炸机司令部组建起作战联队。每个联队由三个轰炸机大队构成，他们在临近基地的上空会合，一同投入战斗。反过来，每个作战联队又隶属于一个或另一个更大的编制，这个编制起初被称为"轰炸联队"，后来被改为"航空师"。航空师在编制上与步兵师相当，是用于大规模战役的大编制。1942年，这里只有两个轰炸联队——第1和第2轰炸联队。每个联队都有自己的指挥官和总部大楼，轰炸行动所需要的密切协调在这里得到策划和组织。

这种编制模式是大多数英国农村家庭难以理解的，他们世代居住的古老乡村最近获得了新名称，并被指定用于战争。这些受传统束缚的当地农民很快就会发现，年轻的美国飞行员无视军事术语的存在，不是用航空队指定的番号，而是以新机场附近那些古老村落的名字来称呼他们的轰炸机基地：希兴、斯内特顿-希斯、文德灵、沃蒂沙姆、奥尔肯伯里和阿特尔布里奇、索普-阿伯茨、瑟莱。

1942年夏末，大批美国兵涌入英国，以接受发起进攻行动的训练。而飞行员则要立即投入战斗。但就在第97轰炸机大队的人员准备实施他们的第一次行动时，盟军的战略发生了重大变化。7月1日，美国飞行员驾驶的第一架B-17降落在英国时，德国军队赢得了一场惊人的胜利，他们攻破了被围困达

245天之久的塞瓦斯托波尔，这座强大的海军要塞是俄国人在克里木半岛的最后据点。十天前，在利比亚，靠近埃及边境处，隆美尔打垮了被困于托布鲁克的英国守军。这一双重胜利大大加强了德国人的信心，而在华盛顿，温斯顿·丘吉尔私下里承认，他是自伯戈因将军在萨拉托加投降后，在美国最为痛苦的英国人。

丘吉尔在白宫试图促使盟军的战争政策进行一次重大调整。他想让美国的军队和轰炸机尽快投入战斗，以恢复盟军的士气，缓解俄国人的压力，并增援在北非陷入困境的英国军队。4月份时，他勉强同意了美国制定的一项计划：盟军将于1943年春季对法国北部发起进攻。现在，他运用他那著名的说服力，试图让罗斯福推迟这次进攻行动。回想起敦刻尔克，他对美国总统说："那条海峡里满是英国士兵的尸体。"[35]

他的策略成功了。当年7月，罗斯福同意让盟军在法属北非发起一场登陆，这是个有争议的政策变化，引发了激烈的争论。这就意味着跨越海峡进攻被纳粹占领的法国的行动将被无限期推延，而斯大林对这条"第二战线"已不耐烦地催促了多次。乔治·马歇尔和他的得意门生——被罗斯福选中来指挥"火炬"行动（这是北非战役的代号），尚未接受过考验的德怀特·艾森豪威尔——强烈反对这个计划，但丘吉尔是对的。一支足以实施进攻行动的舰队尚未建成，德国人的U艇正在给大西洋船队造成严重损失，另外，德国空军控制着北欧上空。对罗斯福来说，这其中也有政治上的考虑。随着11月国会中期选举的临近，他迫于压力将美国军队投入到对付纳粹德国的行动中。而北非，在英国人的帮助下，是仍在实施动员的美国人有足够的实力去对抗可怕的德国战争机器的唯一战场。

阿诺德大发雷霆。[36]作为进攻计划的组成部分，他奉命抽调尚无作战经验的第八航空队，以支援地中海战区即将到来的行动，但他尚未获准将这些变化告知斯帕茨和埃克。第97和第301轰炸机大队刚刚到达英国，又将在初秋时被重新派至北非，而其他轰炸机将从美国的各训练基地直接飞赴那里。这就意味着航空队于1943年4月份前在德国上空拥有1000架轰炸机的计划不得不等待——等多久，阿诺德也不知道。

这不仅仅是延误的问题。阿诺德将"火炬"行动视作是对第八航空队存在的一种威胁。行动完成前，遭到严重消耗的第八航空队可能就会被纳入英国皇家空军的夜间空袭中。

这就是阿诺德向斯帕茨和埃克施加压力，催促他们尽快将尚未获得充分训练的飞行员们投入战斗的原因。10月份之前的数周，进攻北非可能是美国陆航队在战争中证明其"白昼战略轰炸"学说的唯一机会。空袭完鲁昂，获知"火炬"行动后，埃克和斯帕茨也开始相信，航空队在欧洲实施作战的前途，"取决于接下来的十来次行动"[37]。

"起初，我们并不清楚我们该如何采取进攻行动，"阿诺德后来承认，"我们所知道的是，我们能做到。"[38]但埃克和斯帕茨对他们的飞机很有信心，对他们的机组人员也有信心，最重要的是，对战略轰炸学说深具信心。于是，在这场战争第三年的夏末，美国的小伙子们从英国的各个小机场飞入危险中，去检验制空权的构想，而这个构想的起源则要追溯到比利·米切尔以一架脆弱的木机翼飞机急速掠过战壕的那个年代。

注释

1. 塞缪尔·艾略特·莫里森,《两洋战争：二战期间的美国海军简史》（波士顿，利特&布朗出版社，1963年），第59页。
2. 1974年11月,对艾拉·C.埃克的采访,美国空军历史研究部。
3. 亨利·H.阿诺德,《全球使命》,第174页。
4. 引自大卫·雷诺兹的《昂贵的关系：美国人进驻英国,1942—1945》（1996年；伦敦,凤凰出版社,2000年再版）,第91页。
5. 引自威尔斯编撰的《空中力量：承诺与现实》一书中,艾拉·C.埃克《对空中力量的几点看法》一文,第143页。
6. 詹姆斯·帕顿,《空军如是说：艾拉·埃克将军和空军指挥部》,第156—157页。
7. 同上,第128—129页。
8. 上述几处引文来自詹姆斯·帕顿的《空军如是说：艾拉·埃克将军和空军指挥部》,第133—134页；埃克,"高级军官简报",宾夕法尼亚州卡莱尔兵营,美国陆军战史研究所。
9. 《纽约时报》,1943年6月4日。
10. 安格斯·考尔德,《人民战争：英国,1939—1945》（纽约,万神殿出版社,1969年）,第264页。
11. 大卫·雷诺兹、沃伦·K.金博尔与A.O.朱巴利安编撰的《战时盟军：苏联、美国和英国的经历,1939—1945》（纽约·圣马丁出版社,1994年）中,约瑟·哈里斯的《大不列颠：全民战争？》,第238—239页。
12. 安格斯·考尔德,《人民战争：英国,1939—1945》,第17页。
13. 引自伦纳德·莫斯利的《绝境：二战期间伦敦市民们的英雄故事》（纽约,兰登书屋,1971年）,第260页。

14 哈里森·索尔兹伯里,《我们时代的旅程:回忆录》(纽约,卡洛尔&格拉夫出版社,1993年),第94—95页。

15 1940年5月14日和15日的战时内阁会议,英国邱园,国家档案馆,原先的名称是"公共档案馆";霍斯特·布格等人编撰的《德国与第二次世界大战,第六卷,全球战争》,德国波茨坦,军事历史研究所,埃瓦尔德·奥泽斯等人翻译(纽约,牛津大学出版社,2001年),第498—500页。

16 弗朗西丝·K.梅森,《不列颠之战:德国空袭英国史,1917—1918,1940年7—12月,以及两次世界大战间英国防空力量的发展》(1969年首版,威斯康辛州奥西奥拉,汽车国际出版社1980年再版),第364—365页。

17 霍斯特·布格等人编撰的《德国与第二次世界大战,第六卷》,第507页。

18 马克斯·黑斯廷斯,《轰炸机哈里斯孤独的热情》,《军事历史》杂志,1994年第2期,第65页。

19 第22条指令,引自查尔斯·韦伯斯特和诺布尔·弗兰克兰《对德国的战略空中打击,第四卷,附件与附录》(伦敦,皇家出版局,1961年),附录8。

20 埃克的简报,宾夕法尼亚州卡莱尔兵营,美国陆军战史研究所。

21 阿瑟·哈里斯爵士,《轰炸机攻势》(伦敦,哈珀·柯林斯出版社,1947年),第147页。

22 引自黑斯廷斯的《轰炸机司令部》,第107页。

23 引自詹姆斯·帕顿的《空军如是说:艾拉·埃克将军和空军指挥部》,第139—140页。

24 同上,第153页。

25 未标明日期的简报,国会图书馆,斯帕茨文件。

26 引自詹姆斯·帕顿的《空军如是说:艾拉·埃克将军和空军指挥部》,第130页。

27 阿瑟·哈里斯爵士,《轰炸机攻势》,147页。

28 引自詹姆斯·帕顿的《空军如是说:艾拉·埃克将军和空军指挥部》,第140页。

29 1962年5月22日,戈德堡博士和希德瑞斯博士对艾拉·埃克的采访,美国空军历史研究部。

30 诺曼·朗迈特,《美国兵:美国人在英国,1942—1945》(纽约,斯克里布纳出版社，1975年），第80页。
31　《二战中的陆军航空队，第七卷》，第631页。
32　亨利·H. 阿诺德，《全球使命》，第180页。
33　同上，第182页。
34　保罗·W. 蒂贝茨，《"艾诺拉·盖伊"号归来》，第74—79页。
35　亨利·H. 阿诺德，《全球使命》，第174页。
36　同上，第183页。
37　埃克，"对空中力量的几点看法"，美国空军历史研究部。
38　引自乔·格雷·泰勒的《他们学会了战术！》《航空历史学家》第13期（1966年夏），第69页；另可参阅阿诺德的《全球使命》，第198页。

第三章

危险的天空

1942年末和1943年初，
那些飞行员所打的战争与后来者所经历的战争完全不同。
——拉塞尔·斯特朗 《首次飞越德国》

1942年9月6日，波尔布鲁克

目标是法国北部的一间飞机制造厂，第八航空队的这次空袭再次由保罗·蒂贝茨带队。到目前为止，他们还没有遭受到任何损失，但今天德国空军将倾巢而出。第八航空队的一名指挥官，巴德·皮斯利写道："9月6日，美国人首次尝到了空战应有的滋味。"[1]

戈林的战斗机一直等到美国轰炸机从目标区返航，才突破护航的"喷火"式战机，像一窝愤怒的黄蜂般扑向他们。两架空中堡垒（其中一架由蒂贝茨的朋友，保罗·利普斯基中尉驾驶）起火燃烧，四分五裂地向下坠去，很快便消失在视野中。"他是个好小伙，"蒂贝茨后来写道，"他的阵亡令我震惊。到目前为止，战争在我们看来就是一场游戏，我们起飞，投下炸弹，总是能平安返回。我们觉得自己就是超人，能以自己的技术在空中克服一切困难。这种膨胀的自信是多么愚蠢啊，直到我们看见保罗的飞机失去控制，爆发出一个大火球。"蒂贝茨的飞机里，没人在对讲机上说话。每个人都默默地想象着如果自己是保罗的情形。"接下来的一次任务中，我们差一点儿也同样坠向永恒，"蒂贝茨回忆道，"在德国、非洲和太平洋地区的上空，我所经历过的所有战时任务中，就数这次……与死神的擦肩而过最为可怕。"[2]

梅塞施密特Bf-109是德国空军防空机群中数量最多的战斗机，蒂贝茨的编队刚刚完成投弹，它们便扑了上来。"敌人的飞机从三个方向朝我冲来，在我们B-17的机翼和机身上撕开一个个孔洞，而我们所有飞机上的机枪都喷吐出猛烈的火舌。"就在最糟糕的时刻似乎已结束时，一架敌截击机从阳光中飞出，径直扑向蒂贝茨的轰炸机。一发炮弹射穿驾驶室右侧的舷窗，部分仪表板被炸飞。"就在这一瞬间，我感觉到飞舞的金属片造成的刺痛，几块弹片嵌入我的右侧。"蒂贝茨回忆道。

副驾驶吉恩·洛克哈特中尉首当其冲，他右手的一部分被炸飞，破碎的驾驶舱内，鲜血喷得到处都是。瘦削但肌肉强健的蒂贝茨努力保持着航向，飞机因多次被击中而震颤着。这是个机组人员必须自律的时刻。恐慌爆发开来，却是来自一个不太可能的来源：纽顿·D. 朗费罗上校，第2轰炸联队的新任指挥官，这次与蒂贝茨一同飞行，以熟悉作战行动。"朗费罗在下属中素有硬汉的声誉，"蒂贝茨说道，"但在接下来那段疯狂的时刻，半数组员被他吓得半死，纽顿的镇定突然间消失，他变得惊慌失措起来。他做出疯狂的反应，伸手越过我的肩膀，抓了一把节流阀和涡轮控制器，在25000英尺的高空减弱了引擎的动力。"

"机舱内一片混乱。我用一只手控制着飞机，另一只手帮助洛克哈特，以免他血流不止而死。他将断手举过头顶，我则用右手紧紧攥住他的手腕，同时，竭力保持着水平飞行。"

蒂贝茨朝朗费罗大声喊叫，让他的手离开控制器，但由于寒风穿过仪表板上的一个洞呼啸而入，朗费罗没听清他的话。于是，蒂贝茨用左肘对着朗费罗的下巴抡去，把他击倒在地。几秒钟后，一颗机枪子弹擦过一名射手的头颅,他摔倒在蜷缩成一团的朗费罗身上。朗费罗恢复知觉后,抓起一个急救包,用止血带扎紧洛克哈特的手腕,又给昏迷的炮塔射手做了头部包扎。

蒂贝茨恢复了对飞机的控制,朗费罗担任他的副驾驶,飞机顺利返回基地。他们爬出受损的轰炸机时,朗费罗转身对蒂贝茨说道:"保罗,你做得对!"[3]

两名重伤员得以康复,他们和蒂贝茨都获得了紫心勋章。颁奖仪式上,站在扎着厚厚绷带的洛克哈特身边,摆出姿势让《生活》杂志拍照时,蒂贝茨显得很尴尬。他只受了轻微的刺伤,没时间"参加游行和仪式",他曾对航空队的宣传人员这样抗议过。当天,他帮着制订了将是第八航空队到那时为止规模最大的一次行动。

里 尔

10月9日,第八航空队将飞往里尔(Lille),那是法国的一个钢铁和铁路中心,对希特勒扩张其战争机器很有帮助。由于获得了更多的轰炸机大队,艾拉·埃克终于能聚集起一股相当庞大的力量,这股力量由108架重型轰炸机组成,其中包括最近刚刚投入战斗的第93轰炸机大队的24架双垂尾B-24"解放者",该大队由爱德华·J. "泰德"·汀布莱克上校指挥,他将成为这场战争中最出色的空中指挥官之一。这是B-24首次跟随第八航空队参加战斗。400多架战斗机同时出动,为轰炸机提供掩护。其中有30多架"闪电"和同等数量的"喷火"式,这些战斗机隶属于著名的"飞鹰中队",该中队由珍珠港事件前便已加入英国皇家空军的美国人组成,最近才作为第4战斗机大队被吸收进第八航空队羽翼未丰的战斗机司令部。

里尔是J. 坎普·麦克劳克林中尉执行的首次飞行任务。作为一名23岁的西弗吉尼亚大学毕业生,他是个大萧条时期的产物。这是他获得的第一份稳定工作,另外还有个让他感兴趣的原因:为击败世界上最危险的人,每个月他能得到250美元，外加90美元的飞行津贴。这个阴冷的10月清晨，他和他那些来自第92轰炸机大队（这个配备着"空中堡垒"的大队刚刚抵达英国）的组员们鱼贯走入博文顿机场的简报室时，麦克劳克林注意到自己并非唯一一个感到紧张的人，所有人看上去都苍白而又憔悴。指挥官詹姆斯·S. 萨顿上校提醒他们会遇到德国空军危险的"迎接"时，有些人不禁发出了呻吟。

随后，大队的情报处长加德纳·"戈迪"·菲斯克少校向他们介绍了敌人可能会实施的反击。菲斯克来自波士顿的一个上层家族，曾是上次大战中著名的"拉斐特飞行小队"中的一员。珍珠港事件后，他重新加入陆航队。上次大战期间他曾驾驶着双翼战斗机从战壕上空飞过，但自那以后，军用航空器出现了多大的进步，他并不太了解。等他将情况介绍完毕，一名飞行员向他问起法国海岸的防空火力情况。"他看上去一脸茫然，"麦克劳克林回忆道，"最后终于说道：'好吧，第一次世界大战我在那里时，没有任何防空火力。'这时，萨顿上校跳起身喊道：'戈迪，看在上帝的份上，坐下！'"[4]只有寥寥无几的几个人笑了起来。

麦克劳克林为他的中队长罗伯特·凯克少校担任副驾驶，凯克的存在令他定下神来。轰炸机群逼近里尔时，一股浓浓的雾霾开始形成，凯克的投弹手无法准确瞄准目标。凯克下令全中队赶往第二目标——圣奥梅尔的一座机场，在那里，他们遭遇到猛烈的防空火力。麦克劳克林惊恐地看着高射炮弹击中了飞机左翼，飞机的半个油箱就在那里，结果，整个机翼燃起了大火。又一发高射炮弹炸开，炙热的弹片穿过机身，击伤了报务员，"他在对讲机里惨叫起来，阻断了所有的内部通讯"。凯克少校示意麦克劳克林接手驾驶，自己爬入机头处帮助灭火——麦克劳克林是这样认为的。敌人的战斗机飞离，火也被扑灭后，凯克重新爬回驾驶室，接管了飞机的控制。后来，麦克劳克林从领航员那里获知了凯克在下面的所作所为。他穿起降落伞，坐在下部逃生舱口处，恐惧地颤抖着，准备在飞机爆炸或整个机翼断裂时第一个逃生。"尽管这起事件过了一年才被捅出来，"麦克劳克林说道，"但最终毁了他的军旅生涯。"

返回基地后，麦克劳克林骑上他的自行车向宿舍而去。他在路上遇到自己在飞行学校时的一名老同学，这位同学早已开始执行飞行任务。他跟他打招呼，可对方没有回应。麦克劳克林后来才知道，他这位朋友是赶去大队部交还自己的飞行徽章。他再也不飞了。

这次行动令坎普·麦克劳克林产生了一种感觉：无论他，还是他所信赖的领导，都没有为进行一场空战而做好准备。他估计，自己生还的概率几乎为零。

里尔是第八航空队"第一次真正的战斗"[5]。4架轰炸机被击落，这是自9月6日以来他们首度遭受到的损失，另有46架轰炸机遭到敌战斗机"前所未有的猛烈和长时间"的攻击而受损。[6]第八航空队中，没有哪位射手为他在里尔和圣奥梅尔上空所遇到的情况做好了准备。一波波敌战斗机在轰炸机编队中来回穿梭时，胡乱开火的射手将机枪火力喷洒向四面八方，击中了己方的轰炸机和为他们护航的战斗机，偶尔也击中敌机。战斗结束后，航空队的新闻发布官吹嘘说，射手们获得了一个"展示的机会"[7]。官方声称的数字令人不可思议：56架敌战斗机被击落，另有46架"可能被击落"或是严重受损。战果总计102架，这个数字比德国空军当天投入战斗的全部飞机数量还要多。但德国方面的记录表明，他们只损失了2架飞机。"我们活在黄粱美梦中。"一名指挥官感叹道。[8]

这些射手经验不足，缺乏训练，急于证明自己——这是个灾难性的结合。他们中的大多数人并非故意说谎。战场的硝烟中，可能会有多达十几名射手同时向一架德军战斗机开火。如果敌机被击落，可能会有5—6个射手声称是自己的战果，每个人都认为自己的说法准确无误。另一个因素也造成了这些不准确的说法。德国飞行员以每小时500多英里的接近速度进入射手们的准星，射出一串子弹后，他们迅速翻转飞机，而当他们急剧下降时，排气管喷出浓浓的黑烟。许多射手误以为这些黑烟和机动闪避是因为他们手里的点50口径机枪给对方造成了致命重创。

领航员和投弹手经历了同样艰难的时刻。对其中的一些人来说,这是他们首次在10000英尺高空实施投弹。每架轰炸机都配备了价值10000美元的"诺顿"瞄准器。当被问及投弹手能否用他的瞄准器从20000英尺高空将一颗炸弹准确投入泡菜坛时,卡尔·诺顿的回答是:"你想命中哪个泡菜坛?"[9]但他发明的这种灵敏的瞄准器很难操作,即便在国内万里无云的天空进行演练时也是如此。在西欧,每三天便会有两天出现云层或工业雾霾,而当一名投弹手能清楚看见目标时,敌人也能轻而易举地发现他。滚烫的子弹和锯齿状弹片钻入他那用玻璃封闭的工作间时,他必须保持冷静和专注,并将对地速度、接近率、风速这些数据输入仪器,同时还要预测空气阻力和炸弹下坠的时间。[10]投弹过程中,飞行员则应尽量保持飞机的水平和稳定,但航空队的一份机密报告中指出,面对炮火,情绪激动的飞行员常常采取大幅度规避动作,结果使"诺顿"瞄准器上敏感的陀螺仪发生复位。[11]还有些投弹手太过紧张,以至于忘记打开炸弹舱门。

为实现精确轰炸,经验不足的投弹手不得不依靠同样缺乏经验的领航员来定位目标,而这些领航员在训练任务中引导飞机返回他们在英国的基地都会遇到困难。"如果一个新机组拿着地图在伦敦上空打转,"航空队的一名调查员报告说,"那么可以肯定,他们会在5—10分钟内迷失方向。"[12]战争期间的平均轰炸精度,"以圆径误差概率来表示"[13],大约为四分之三英里,很难说是一个泡菜坛的尺寸。航空队关于里尔行动的一份秘密报告披露,轰炸偏差"如此之大,如此频繁,除非我们能大幅度降低这种误差,否则很难从我们出色的'诺顿'瞄准器中获得什么优势"。[14]埃克将军知道轰炸效果一直不大好,但他对记者们隐瞒了真相。

飞赴里尔的飞行员们已被告知,他们的目标"位于人口最稠密的地区"。"我们飞到……一座教堂的上空时……这座教堂为我们指引了目标,我意识到,如果我们投弹失误,就会伤及很多无辜者,"任务结束后,蒂贝茨告诉一名记者,"我们并不想炸死法国人……我担心的是那些妇女和孩子……你知道，我在家里也有个3岁大的宝宝。我可不愿想到他在一间被炸毁的工厂旁玩耍的情形。这种念头令我更加小心。"[15]但空战的混乱，轰炸高度的强风，再多的小心也无法保证无辜者得以幸免。因此，对精确轰炸痴迷不已并满怀信心的指挥官们，要求机组人员们做的是不可能做得到的事。但是，那些盲从的"信徒"尚有足够的理智来掩饰自己的"狐狸尾巴"。对里尔发起空袭前，他们让英国广播公司（BBC）警告那些居住在一所工厂或北部铁路编组场2英里范围内的法国人尽快疏散。[16]

第八航空队的机组人员从未说过他们的轰炸在里尔至少造成40名平民丧生，在后来一次对洛里昂港的空袭中，150名法国人被炸死，而对鲁昂的第二次空袭又炸死140多人。对诺曼底地区文化中心鲁昂市的破坏，如果不是出现了几十颗哑弹，本来会更加严重，其中的一颗哑弹正巧穿过一座医院的屋顶。[17]

但没有任何东西能减弱第八航空队的热情。

艾拉·埃克将空袭里尔视作一个转折点——美国"白昼战略轰炸战"的第一阶段圆满结束。他在写给阿诺德的信中指出，空袭里尔的行动确凿地证明："大规模编队中的轰炸机可以获得有效且成功的使用，而无须战斗机提供支援。"[18]阿诺德将埃克的报告转呈罗斯福总统，后者一直承受着来自丘吉尔的持续压力，并开始怀疑这些轰炸行动是否对德国人造成了什么伤害。"我向他保证，没什么可担心的，"阿诺德写信给埃克，"我希望我们是对的。"[19]

罗斯福可能对此有所怀疑，但埃克充满乐观的报告并未受到美国派驻英国的那些战地记者的直接挑战，这些记者要么是对他们完全相信，要么是觉得值此战事不利阶段，让美国公众相信他们是非常重要的。当年10月，《生活》杂志派出他们的明星摄影记者玛格丽特·伯克-怀特，去拍一张出色的照片来宣传第八航空队，因为他们是当时美国唯一一支与纳粹直接作战的部队。"所有的空袭都获得了巨大的成功。"《生活》杂志做出了报道。[20]无可否认，第八航空队的轰炸机司令部很小，但会"越来越强大"，待他们壮大后，"对德国实施攻击的强度和可怕性也将随之加剧，直到欧洲的天空被遮蔽，地面被美国轰炸机彻底翻犁为止"。

毁灭手段的扩张并未像《生活》杂志预计的那么快。接下来的六个月里，第八航空队再也未能像空袭里尔那样，在一天内将那么多轰炸机投入到希特勒"欧洲堡垒"的上空。埃克说的没错，里尔是个转折点，但并未以他曾乐观预期过的方式进行。

但是，从事后看，第八航空队于1942年秋季出现在西北欧上空，是"战略轰炸战中最重要的事件"，德国杰出的空战历史学家霍斯特·布格这样写道。[21]白昼轰炸攻势的创建，再加上英国人的夜间空袭，将使德国的防空体系"疲于奔命，盟军的优势变得令人难以忍受"。但在1942年，德国和盟军高层都认为，第八航空队初期发起的行动没起到任何作用。当年秋季，英美全球战略将进一步削弱第八航空队，使他们的存在处于岌岌可危的状态。

比斯开湾的隐蔽坞

1942年10月下旬，蒂贝茨接到命令，找5架"空中堡垒"进行一次绝密飞行，赶往直布罗陀。搭机的乘客将是进攻北非的"火炬"行动的英国和美国指挥官。而蒂贝茨那架"红精灵"号上的乘客则是"火炬"行动的最高指挥官，艾森豪威尔将军。[22]11月2日，蒂贝茨这支小型编队从波尔布鲁克飞至伯恩茅斯附近的一座机场，这里位于英吉利海峡，是个深受欢迎的海滨度假胜地。次日，艾森豪威尔和他的参谋人员从伦敦搭乘一列特别列车赶到这里，收拾并准备将他们的指挥部迁至直布罗陀。天气很糟糕，下着蒙蒙细雨，以飞行员们常用的玩笑来说，雾大得"连小鸟都在步行"。经过数次推延，就在天气变得越来越糟糕之际，艾森豪威尔决定起飞。停机线处，他和几名参谋站在"红精灵"号的机翼下避雨，他转身对蒂贝茨说道："孩子，那儿有一场战争即将开始，我必须赶去那里。"[23]浓雾和细雨中，飞机在跑道上加速，蒂贝茨几乎看不清两侧的翼尖。

三天后，11月8日凌晨3点，两支庞大的运兵和补给船队（一支从美国，另一支则从英国出发），以机器般的精确在他们的主目标处聚集。一支美国部队，以及从国内水域驶来，有史以来最强大的舰队的一部分，在摩洛哥大西洋沿岸的卡萨布兰卡登陆，另外两支特遣队则由英国和美国军队组成，他们在阿尔及利亚地中海沿岸的奥兰和阿尔及尔登陆。总计65000名士兵登上海岸。这是到目前为止美国最大规模的一次两栖行动。当月晚些时候，蒂贝茨被调至北非，担任新组建的第十二航空队中一个轰炸机中队的中队长。

第十二航空队的代号恰如其分——"晚辈"。斯帕茨和他的工作人员奉命从他们在英国刚刚开始组建、用于战略轰炸的航空队中抽调力量，以帮助组建另一支航空队，新航空队的行动主要是战术性的——支援步兵，切断敌人的补给线。"你不能占用那些，那是留给'晚辈'的。"[24]这成了帕庐经常性的玩笑。帕庐是斯帕茨将军位于温布尔登公地的住处，正处在泰晤士河上，距离布希公园、代号为"飞翼"的第八航空队司令部并不太远。在帕庐，斯帕茨和他的高级顾问们居住并工作在一座简单但温馨的维多利亚时代的建筑中，并在此举行每日参谋会议，斯帕茨更喜爱这里的气氛，而不是"飞翼"那里一组单调的单层煤渣砖建筑。这是个日夜不停的工作。"我还记得曾在凌晨2点赶到斯帕茨将军的住处，"一名军官回忆道，"弗雷德里克·安德森将军（他是斯帕茨将军在作战事务方面的首席顾问）穿着睡衣走了出来，斯帕茨将军给我们端上茶水。这一晚，我们彻夜未眠。"[25]正如将军的传记作者指出的那样："起居和工作在一起，符合斯帕茨的领导哲学。"[26]他讨厌在办公室里工作，讨厌堆满文件和大批骚扰性备忘录的办公桌。"斯帕茨跟某些文学角色一样，喜欢工作到很晚，起床也很晚。"他的一个朋友回忆道。[27]和丘吉尔一样，他把大部分工作放在上午的晚些时候，穿着睡衣靠在床上将其完成。他独自一人，或是跟三到四个他完全信任的人一同工作时最富成效，他经常跟这些人玩扑克玩到深夜，并在一起策划行动计划。斯帕茨很少给他们下达命令，他认为这些坐在桌旁喝着他的波旁酒，并想从他身上赚上一笔的家伙应该明白自己想从他们那里得到些什么。

艾森豪威尔指示斯帕茨，让他为"火炬"行动提供两个最具经验的重型轰炸机大队（第97和第301大队），和他唯一的战斗机大队——驻扎在伦敦正北面迪布顿的第4战斗机大队。到11月月初前，第八航空队总共抽调出27000人和1200架飞机给"晚辈"。航空队还失去了吉米·杜立特尔准将，他是美国在这场战争中出现的第一位英雄。轰炸东京并为此而荣获荣誉勋章后，他被派至第八航空队接掌一个轰炸联队，但最终却出任第十二航空队司令。"'火炬'行动的影响后，第八航空队还剩些什么？我们发现，剩下的已寥寥无几。"斯帕茨在一次参谋会议上这样说道。[28]再加上10月份英国的气候将他的轰炸机困在地面上数周，斯帕茨开始担心，如果盟军在地中海地区获得进展，第八航空队将被彻底拆散，他们的轰炸机会被调至南欧的基地，那里的气候问题将不再是一个障碍。

结果揭晓了，被调至北非的不是整个第八航空队，而是其指挥官。发起进攻前，艾森豪威尔任命斯帕茨负责地中海战区陆航队的作战行动。艾拉·埃克晋升为已受到严重削弱的第八航空队的司令，而纽顿·朗费罗则接替他掌管第八航空队的轰炸机司令部。第八航空队只剩下四个"空中堡垒"大队（第91、第303、第305和第306大队）和两个"解放者"大队（第44和泰德·汀布莱克的第93大队）。但在接下来的一年里，这两人也将因为特殊的临时性任务而被调至北非，丢下这些"空中堡垒"在1942年11月至来年夏季的这段时间里执行大多数从英国发起的轰炸行动。被"火炬"行动严重削弱后，第八航空队从"火炬"行动指挥官那里接到一个异常艰巨的任务：打击位于法国比斯开湾的纳粹U艇隐蔽坞，设法确保北非盟军部队的大西洋补给线。

从英国起飞的第八航空队，初期任务的目的并非重创敌人，而是要证明美国人能在不付出重大损失的前提下完成白昼轰炸。危险的任务和巨大的损失可能会令轰炸实验遭受失败，出于这种担心，斯帕茨和埃克选中法国和荷兰的工业目标，对其实施浅渗透空袭，这些目标都在护航战斗机的航程内。在这场空战的下一阶段,当那些重型轰炸机被派去打击他们的炸弹无法摧毁,而为他们提供护航的战斗机又无法到达的目标时,保罗·蒂贝茨留在英国的许多战友将在战斗中阵亡。

接掌第八航空队后,艾拉·埃克从海威科姆搬至布希公园,留下了150名紧密团结的军官,他们已被他打造成一个高度投入的行动小组。斯帕茨为埃克提供了帕庐,但埃克估计会有川流不息的访客,所以希望能有个更大的住处。"在这场艰巨的战争远未结束时大规模招待宾客,听起来可能有点像罗马被焚毁时尼禄的把戏。"帕顿在自己的回忆录中写道,[29]但埃克有两场重要的战斗要进行:外交和宣传。"他必须与国王以下的英国各级人员保持密切、良好的关系。他必须继续说服大群访客,尚未得到证明的白昼高空精确轰炸概念能够超越法国的边界。"

皇家空军的朋友们为他找到个理想的地方,一座很大的、都铎时代的豪宅,名叫"库姆堡",离布希公园不太远。这里拥有两英亩的花园、一个网球场、十二间卧室、一个宽敞的接待室和一扇通往库姆山高尔夫球场的门,埃克经常会在英国漫长的夏日黄昏忙里偷闲,跑去挥杆一番。皇家空军对这座房屋进行了装修,帕顿则从泰特美术馆的避弹储存区借来五十幅油画,将墙壁装饰一新。库姆堡装修时,埃克住在帕庐,指挥着第一阶段的轰炸行动,这些行动将比"火炬"更接近于破坏第八航空队的独立指挥权。

大西洋战役是二战中规模最大的海上对抗,是一场殊死搏斗,目的是阻止敌人的U艇切断英国与其盟友,以及与她在世界各地的作战部队之间的海上生命线。[30]"大西洋之战,"丘吉尔说道,"是整个战争期间的主导因素……发生于别处的一切,陆地、海上、空中,最终都取决于其结果。"对英国来说,这也是一场生存之战。尽管拥有巨大的工业生产能力,但英国的岛国经济相当脆弱,大部分有色金属、半数食物以及全部的石油都依赖进口。如果德国潜艇部队司令，海军上将卡尔·邓尼茨的水下舰队成功实施封锁，英国人将因饥饿而被迫就范。这种封锁还将威胁到从英国至苏联的海上航运，船上搭载的战机和坦克是阻止德军向莫斯科和列宁格勒继续推进所需要的，另外还有从美国运至英国的航空汽油、飞机和飞行员，以及运送至北非的人员和补给，这一切都将被切断。丘吉尔后来说："战争期间，唯一让我真正害怕的是潜艇的威胁。"[31]

1942年，看上去盟军似乎已输掉了大西洋战役，德国U艇的产量猛增，邓尼茨的潜艇开始采用"狼群"战术，这些水下杀手成群结队地对海上的盟国船队发起攻击。仅这一年，德国潜艇在北大西洋击沉了1000多艘盟国船只。[32] 对盟军来说，这场海上屠杀最糟糕的月份是1942年11月，116艘船被邓尼茨的"灰狼"送入海底，这种损失威胁到盟军对北非的进攻。丘吉尔恳请罗斯福，给他派些B-24"解放者"式远程轰炸机，以便在遥远的北大西洋航线上追杀"狼群"，但由于生产的延误、美国太平洋战区司令的要求，以及阿诺德一再恳请总统将从英国发起的白昼轰炸继续下去，导致只有很少的轰炸机被用于远程空中巡逻。于是，一反常规，美国轰炸机被派去对付重要性和脆弱性都较海上潜艇为小的目标。

英国人会提供帮助，但针对潜艇运作的空袭主要由美国人来干。哈里斯的轰炸机将对德国北部的潜艇生产厂实施打击，而第八航空队则去对付法国西海岸的五个潜艇基地：洛里昂、圣纳泽尔、布雷斯特、拉帕里斯和波尔多。与巴黎一起，这些比斯开湾的港口已成为纳粹征服法国的最大奖品。控制住这些港口，德国潜艇便无须经历既危险又耗时一周的航程：他们原先要从基尔和威廉港的基地出发，跨越北海，绕过不列颠群岛的顶端，最后才能进入北大西洋的"猎场"。现在，他们在海上停留的时间更长，航程更远，同时与他们的补给、指挥、维修和情报来源靠得更近。1942年，驻扎在比斯开湾沿岸的12艘德国潜艇，每艘都击沉了10万吨以上的盟国货船。整个战争期间，太平洋地区的美国潜艇，没有哪一艘的击沉吨位能与之相比。

邓尼茨将这些港口作为潜艇战的主基地,并把他的司令部设在洛里昂郊外的一座城堡内,位于狭长半岛的顶端,而这座半岛则遮蔽着过去一座懒懒散散的渔港。站在硕大的阳台上,他能看见纳粹工程队为他的潜艇修建的最大一座隐蔽坞。15000名劳工在三个巨大的隐蔽坞上忙碌,每个都铺设了厚达25英尺的钢筋混凝土屋顶。1943年1月完工时,这些船坞成了战争史上最壮观的防御工事,整个项目也是二战期间最大的建筑壮举之一,使用的混凝土数量为胡佛水坝的四分之三。

第八航空队的一份研究报告对洛里昂和比斯开湾其他港口的潜艇坞做出了描述。"从4英里的高空望去,这些船坞像是硬纸板做的鞋盒。而从地面上看去,它们像是巨大的方口铁路隧道。它们蹲伏在陆地上,配有通入水中的斜坡。进港的潜艇被拖入主船坞,然后再被引入十二个独立船坞中的任何一个。"[33]船坞下方深邃的隧道中,德国机械人员已构建起复杂的维修和保养设施,并辅以包括宿舍、牙科诊所、医院、面包铺、厨房和防空洞在内的各种生活设施。

盟军情报部门认为,这些潜艇隐蔽坞几乎是刀枪不入。用斯帕茨将军的话来说,它们"很坚固,可能根本无法炸毁"[34]。但他和埃克认为,高空轰炸可以严重破坏船坞周围和为其服务的浮船坞、铁路货运场、鱼雷贮存屋、发电站及铸造厂。他们希望破坏这些设施,以延长潜艇在港内的停留时间,从而减少在大西洋航线上实施巡逻的潜艇数量。艾森豪威尔告诉第八航空队的各位指挥官,击败德国潜艇"是赢得这场战争的基本要求之一"[35]。埃克向艾克保证,他的重型轰炸机能做到这一点。他不喜欢自己接受的这一任务,将之视为对战略轰炸的分散,但接下来的十个月里,潜艇设施将成为他那些飞行员优先考虑的目标。[36]

1942年10月21日,埃克发起攻击,他派出90架轰炸机赶往洛里昂。除15架飞机外,厚厚的阴云使得大部分轰炸机尚未到达目标便被迫返航,但对第97轰炸机大队那些经验丰富的老兵们来说,这是被派往北非前的最后一次任务，他们在厚厚的云层中发现一个洞，随即下降至17500英尺高度。他们的瞄准非常出色，但投下的一吨炸弹"像乒乓球那样"在潜艇隐蔽坞的房顶上被弹飞。[37]实施空袭的轰炸机，沿一条水上航线飞行，以避开敌人的战斗机，并使洛里昂的高射炮部队措手不及。但在返航时，他们遭到敌战斗机的猛烈反击，损失了三架轰炸机。

40名法国人在空袭中丧生，但抵抗组织的特工人员报告说，洛里昂的百姓站在街道上，为美国轰炸机的准确性鼓掌喝彩，并对那些被炸死的同胞做出"自作自受"的评论，因为他们为德国人的海军基地干活。[38]

接下来的行动是针对圣纳泽尔的。这次，埃克特意派他那些轰炸机采用危险的低空飞行，这使他们遭遇到激烈的抵抗。恶劣的气候使第八航空队在地面上停留了18天，这段时间足以让德国人将一个个高炮连布设到港口边缘，其中大多数配备着88毫米高射炮，这种火炮发射的是20磅的高爆弹。实施轰炸的"空中堡垒"，半数以上受损，最后一个发起空袭的第306大队遭到可怕的打击，该大队几乎所有的"空中堡垒"都被击伤，还有三架被防空炮火击落。在这场战争剩下的时间里，圣纳泽尔被第八航空队的机组人员称为"高射炮之城"。"在圣纳泽尔上空，你总是会遇到大麻烦，"一名射手说道，"派去操纵高射炮的德国人都是些研究生。"[39]

1942年剩下的几个月里，第八航空队对德国人的潜艇巢穴又发起六次打击。美国轰炸机给圣纳泽尔这座最重要的潜艇基地造成严重损坏，但德国维修人员只用了几周，有时候是几天，便将圣纳泽尔和其他遭到轰炸的基地修理完毕。第八航空队还对鲁昂和里尔再次发起打击，同时还包括德国设在法国的空军基地。这些轰炸任务，几乎每一次都遭到激烈的抵抗，与对圣纳泽尔的第一次空袭不同，这些抵抗都来自德国战斗机。

1942年初冬，王牌飞行员阿道夫·加兰德少将，这位年仅30岁的德国空军战斗机总监，德军中最年轻的将军，对德国在西北欧的空中防御变得极为担心。英国皇家空军已对德国城市展开轰炸，一旦美国人开始大规模生产轰炸机，他们也将侵入德国领空，并对帝国的军工生产形成威胁。针对美国人的白昼轰炸，加兰德可用于法国和低地国家空中防御的飞机不到200架。大部分被编入两个战斗机联队——JG2和JG26，后者被美国飞行员称为"阿布维尔的小伙子"，因为他们的主基地位于法国北部。这两个战斗机联队都是精锐部队，配备着最好的飞行员和德国工业所生产的最优秀的战斗机，但加兰德后来承认，他这些飞行员，对跟"配备着强大的防御武器的"[40]美国轰炸机作战"准备不足"[41]，就连一架负伤的轰炸机也能形成致命的威胁——四架德军战斗机扑向一架以三个引擎跟跄着飞往海峡的B-17，结果，三个经验不足的进攻者被击落。一名为首的德国战斗机飞行员报告说："于是，那些空中堡垒被说成是铜墙铁壁，因为没有战斗机能将他们击落。"[42]正如加兰德指出的那样："我们的飞行员不仅要克服心理障碍，还必须制订全新的战术。"[43]除非他的战斗机部队尽快组建，除非他们开发出对付"空中堡垒"的新办法，否则，"这些大鸟总有一天会一路飞到柏林"[44]，他告诉多疑的戈林，戈林则想起英国人使用这些B-17的不幸经历，于是将它们视为"飞行棺材"而未加理会。戈林也曾嘲笑过罗斯福生产压倒性数量的军用飞机的计划，他坚持认为，软弱、追求物质利益的美国人有能力生产的只是"汽车和冰箱"[45]。

1942年底，德国领导层认为，发生在帝国西部上空的空战是次要战场，用历史学家霍斯特·布格的话来说就是"一个余兴表演"[46]。真正的战斗在东线，德国的大批战斗机被集中在那里。至于本土，希特勒毫无道理地认为，高射炮，再加上几百架驱逐机，足以威慑到盟军的轰炸机。而德国空军司令部也做出自大的预测：就像德国空军在1940和1941年对英国的轰炸战遭受失败那样，盟军的轰炸机攻势也将彻底失败。[47]

希特勒和德国空军参谋长汉斯·耶顺内克将军，都忽略了加兰德紧急生产战斗机的要求。自30年代后期起，德国空军的信条是强调进攻，而不是防御，这一战略导致轰炸机生产优先于战斗机。为此，希特勒还对复仇武器投以强烈的关注——轰炸机和正在秘密地点开发的新式火箭，这些"神奇武器"将使英国为其无情地轰炸德国城市而付出血的代价。但对德国来说，问题在于英美空中力量的战略也是强调进攻，而且，皇家空军和第八航空队在英国有安全的基地，从这里起飞的轰炸机，不仅数量远比德国空军为多，其航程和破坏力也比德国空军的双引擎轰炸机更大。由于只给予加兰德的战斗机部队"低优先级"，德国领导层在他们的防空体系上打开了"一个危险的缺口"[48]，一旦美国和英国决定性地赢得这场轰炸战的第一场，也是最重要的一场战役——生产战，盟军的轰炸机便能通过这个缺口发起威力可怕的打击。

即便希特勒在1942年底希望将更多的战斗机调至西线，也只会使德国国防军处于极度危险的状态，他们在俄国和北非这两条战线上损失惨重，正为了自己的生存而战。捉襟见肘的德国空军根本没有足够的飞机为希特勒发起的这场幅员广阔的战争而战。由于元首不愿大规模增加战斗机产量，加兰德在西线的防御部队不得不想出新的战术来迎战并击败武装到牙齿的"空中堡垒"——这些B-17被加兰德的飞行员们称为"波音"。

到目前为止，德国战斗机的战术是，从后方对轰炸机逐一发起攻击，结果使他们自己在一分钟的时间内处在猛烈的火力打击下。11月23日，第八航空队回到圣纳泽尔上空时，德国空军令他们大吃一惊，30架福克-沃尔夫190（Fw-190），这是德国最新式、最快的战斗机，一字排开，迎头对"空中堡垒"发起了攻击。这些Fw-190隶属于JG2联队，由埃贡·迈尔率领，他是战争期间最有名的王牌飞行员之一。迈尔仔细研究过美国人过去实施的空袭，他注意到"飞行堡垒"和"解放者"在机头部位的防御有个弱点。[49]一些"飞行堡垒"只装有一挺点30口径的手持式机枪，透过机头有机玻璃罩上的一个小孔射击，而另一些则配备着双联装点50口径机枪，安装在机头后部的球形机枪座内。"解放者"也配备了类似的正面防御武器，这两种轰炸机都有个其他射手无法覆盖到的盲点。

迈尔和他的飞行员与轰炸机保持平行，待在对方的机枪射程外，但距离已近到足以让紧张的美国射手看见他们。然后，迈尔他们飞至前方1英里处，做一个急转，以2—4架飞机为一个波次，翼尖贴着翼尖，冲向编队中为首的轰炸机。每个飞行员直到自己能看清轰炸机旋转的螺旋桨时才开火，所有火力倾泻而出，然后在即将撞上轰炸机机头的那一瞬间俯冲离去。[50]

一名德国战斗机飞行员后来解释了这种正面攻击的效果。由于来自轰炸机编队猛烈的火力以及弹道锥（cone of fire）的密集度，对进攻者来说，最危险的距离在1000—600米之间。"一旦你到达比这更近的距离……对方在瞄准上所犯的最小的错误，都将造成整个弹道锥与你擦身而过……然后你就有了个将其击落的机会……你可以立即打死那些机组人员，或者射击发动机和油箱。"[51]

随后的行动中，由于德国战斗机在100码距离内发起令人心惊胆寒的攻击，也由于敌战斗机造成的损失持续上升，一些坐在机头处的组员开始产生令他们近乎瘫痪的恐惧，尤其是一架福克-沃尔夫带着已阵亡的飞行员向他们迎面撞来时更是如此。第306轰炸机大队的那些老队员，1942年10月初才开始执行自己的第一次飞行任务，但现在已有30%的驾驶员和副驾驶阵亡。[52]东英吉利亚的某个轰炸机基地张贴着一张鼓舞士气的海报：一名笑嘻嘻的飞行员的面孔下标着这样一个挑战："谁会害怕新式的福克-沃尔夫？"一名飞行员在海报上钉了张纸，上面写道："在此签名。"大队里的每一个飞行员，包括大队长在内，都在上面签了名。[53]

起飞前，驾驶员经常要安抚自己的组员，以便让他们定下心来。组员们搭乘军用吉普或卡车来到停机线后，这个工作便开始进行。对许多组员来说，坐车赶往等候着的飞机，这段短短的路程是整个任务中最受煎熬的时刻。"如果它要击中你，那么它随后就会击中你——无论是恐惧、焦虑或是急于转身逃走，你会感受到这些，"第91轰炸机大队，"孟菲斯美女"号（她是欧战中最负盛名的美国轰炸机）的驾驶员罗伯特·摩根上尉回忆道，"正在进行的事情实际上是一种解脱。赶往停机处那段该死的路程几乎要了你的命。"[54]飞行员们对此的说法是："你死在跑道上，而不是被击中后。"

巴辛伯恩（Bassingbourn）的跑道上，登机前，摩根，这个来自北卡罗来纳州阿什维尔，嗜酒如命的捣蛋鬼，会把他的机组人员叫到一起，让大家像橄榄球队那样弯腰围成一圈。他会跟自己的部下悄声说上几分钟。说了些什么并不重要。"重要的是我们挤在一起，"摩根回忆道，"这是我们相互团结在一起的时刻，以便听到彼此的呼吸，感觉到伙伴的手搭在我们的肩头，也为了体验我们不再是十个单独的个体，而是一个整体的那一瞬间。"[55]这些爱说俏皮话，似乎什么也不在乎的美国小伙突然间"拥有了两倍于他们年龄的男人所拥有的那种严肃、坦诚的目光……十个不同的思想凝聚到一个焦点上"[56]。

一项任务

"孟菲斯美女"号的首次任务是在11月7日赶赴布雷斯特轰炸潜艇隐蔽坞。摩根对此做好了准备，他写信给自己的未婚妻——玛格丽特·波尔克，他在华盛顿州的瓦拉瓦拉受训时结识了这位孟菲斯美女，此后便用这个名字命名他的飞机。"你要有信心，我总有一天会回来的。在你我面前，还有个美好的未来正等着我们。"[57]

行动的前一天晚上，军官们在一起默默地吃了饭，早早地上床休息，没人想去酒吧散心。"我们曾听过皇家空军遭受损失的所有故事……但我们对此没有任何想法，真的，会发生些什么，被击中会是什么感觉，我们对此毫无概念。"[58]他们静静地躺在床上，大睁着双眼，他们听见哈里斯的轰炸机从头顶隆隆飞过，赶往鲁尔区实施空袭。

没有什么能与一次典型的飞行任务相提并论。每次任务都很独特，都是一次独一无二的经历，但这些任务中有些共同之处。对机组人员来说，任务通常开始于清晨4点，一辆吉普车停在他们的半圆形活动营房外时所发出的刹车声。"一名很有派头的中士走进营房，来到被安排了飞行任务的军官的床铺旁，"驻扎在格拉夫顿安德伍德第384轰炸机大队的副驾驶伯纳德·雅各布斯回忆道,"士兵们睡在另一片区域。我们会装睡,直到他停在我们的床铺旁,拉拉我们的胳膊。然后他会说:'早上好,长官,您和您的机组今天将飞6号机,下方中队,下方大队。早餐4点30分,任务简报5点15分,6点15分起飞。'"[59]

叫醒那些担任射手的军士就不像这么彬彬有礼。"赶紧起床,穿上袜子,伙计们,你们今天要飞了!"一名勤务兵会跟着大声喊叫,并用手掌敲打营房低矮、波纹钢板构成的屋顶。

屋外,地面上的灯光并未点亮,整个基地漆黑一片,以防遭到德国空军的突然袭击。他们用手电筒照着亮,步行走向食堂。他们能看见探照灯的光束划过天际,那是指引皇家空军返航的标记。

摩根首次飞行任务的简报会上,第91大队的大队长斯坦利·雷上校,手里握着一根木制教鞭,在一幅墙壁大小的欧洲地图前来回踱步。地图上,一根彩色的纱线从巴辛伯恩(距离剑桥大学不太远)直奔目标——布雷斯特的潜艇坞。"投弹手,如果你们看不见第一处目标,就赶往第二个目标。如果第二个目标也看不见,就赶往第三个。但不能胡乱投掷你们的炸弹。如果你们无法轰炸任何一个目标,千万别把炸弹投向不设防的城市。带着炸弹回来。"[60]后来,等第八航空队进入德国本土执行任务时,这些注意事项并未得到遵守。

"伙计们,这是你们的首次任务,我希望你们能成功……就这些。对表。"

飞行员们陆续退出房间时,信奉天主教的小伙子在房门旁停下,跪下身,从他们的牧师那里获得赦免和圣餐。新教徒低头站在他们的牧师面前,背诵着主祷文。犹太教的小伙子们不得不独自进行祷告。一些基地指挥官更愿意让牧师们出现在停机线处,当那些引擎在英国潮湿的空气中发动起来时,为轰炸机祝福。"除了能让他们平安返回的好运和勇气外,我不喜欢我那些小伙子被提醒需要些其他的什么。"一名指挥官这样说道。[61]

这些机组人员搭乘卡车去取他们的降落伞和装备,随后便驶向他们的飞机。灿烂的秋日中,这些机翼宽阔的战争大鸟是一幅壮观的景象,庞大、棕色的机身映衬着附近农场成荫的绿树。汽油味与田野里耕畜的气味相混合，低矮的铁丝网标示出基地的边界，附近的农民们大声喊叫，鼓励着这些美国人，有些飞行员已被他们的家庭所接纳，成了他们"领养"的儿子。

"B-17的内部就像个分量很轻的铝制雪茄管。"腰部射手杰克·诺威评论道。[62]飞机的铝制"肋骨"紧密排列着，以数千枚铆钉加以固定，这使它获得了空气动力的强度和耐久性，但支持"肋骨"的铝制"皮肤"是如此之薄，拿把螺丝刀便能在上面戳个洞。"空中堡垒"100英尺的翼展使飞机看上去很大，但十名组员挤在幽闭的空间内，使得这里比潜艇内部还要狭窄。腰部射手站立在机舱内，透过敞开的舷窗向外开火时，他们的后背几乎贴在一起，打击敌人的同时，他们也相互争夺着回旋空间。在他们后方的视线范围外，尾部射手弯着腰，面朝后，待在高耸的机尾的下方、狭小得令人痛苦的隔舱内。这间带窗的隔舱太过狭窄，以至于他的双联装机枪只能通过一条轨道被送入，这使得弹药只能被存放在机舱中部。

从球形炮塔的入口处向前，一扇舱壁门通入无线电操作室。这是轰炸机上唯一一间封闭而且独立的舱室，无线电操作员坐在一张小桌子前，面向飞机的前部。在他上方的一个开口槽内，安装着他那挺手持式点50机枪，指向后方。后期型号的B-17配备了雷达制导系统，可使轰炸不受阴天的妨碍，而雷达导航仪就放在无线电操作员的面前。

炸弹舱是这个庞然大物的"肚子"，穿过无线电操作室的另一扇舱壁门，就位于前方。炸弹堆放在舱壁两侧从地面延伸至天花板的架子上，"就像串在叉子上的大黑鱼"[63]。要穿过这片区域，机组人员必须从一条18英寸宽的狭窄通道上过去。起飞后，投弹手或顶部炮塔射手会走进炸弹舱，将每颗炸弹上的保险销拔除，这些保险销防止了炸弹在被运上轰炸机时过早发生爆炸。

轰炸过程中，如果炸弹被卡在架子上，一名机组成员必须在那条狭窄的通道上保持住身体的平衡，并试着用手将卡住的炸弹弄出去。如果弹舱门被高射炮弹击中而无法关闭时，他和另一名组员必须站在狭窄的通道上，用曲柄将其手动关闭，这时，他们抵御的不仅是剧烈的狂风，还包括"你与冷漠、遥远的地球之间可怕的虚无"[64]。

再往前，紧贴在驾驶室后的是液压控制的顶部炮塔，里面装有双联装点50机枪，"可以在空中来回转动，划出的弧度能确保空勤机械师不会误射到飞机的垂尾"[65]。空战中，操纵机枪的技术军士必须将他的头和肩膀伸入旋转的圆顶中。同时，他还是飞机的机械师，飞行时的首席维修工。不操纵机枪时，他便站在驾驶员身后，观看着那些仪表，"留意四具引擎的状况和运转情况"[66]。

驾驶舱内的一个开口通向机鼻舱。领航员坐在左舷处一张搁板似的桌子后，桌上放着他的图表和工具。他所在的空间被两对舷窗所照亮，机身两侧各有一对，而在他上方还有个天体观测窗，另外，这处空间也被绿色有机玻璃机鼻处透过来的光线所照亮。正如领航员埃尔默·本迪纳所说的那样，天测窗"使我确定了恒星至地球的关联，从而推断出我们的位置"[67]。

投弹手待在领航员的前方，这是飞机上最暴露的位置。在他面前摆放着"诺顿"瞄准器，他的左手边是投弹手柄和控制炸弹舱舱门的开关。轰炸过程中，他将俯身于他的瞄准器上，就像雄鹰从高处俯视着它的猎物那样，似乎悬停在空中。这一刻，他看上去就像，实际上也是世界上最危险的人之一，一个控制着5000磅炸弹的毁灭者。

在后期机型中，投弹手还负责操控两挺手持式机枪，一挺插在玻璃机鼻的顶端，"就像一只昆虫的刺"[68]，另一挺位于机头部分的左侧。领航员的机枪则位于机鼻右侧一扇很大的舷窗上。

正副驾驶员坐在轰炸机的顶部，就像"骑在一艘船的船桥上"[69]，他们能看见"天空和遥远地平线的弯曲，但看不到汹涌的海浪和地面上的细节"。他们被"嵌在一堆仪表中"[70]：150多个开关、刻度盘、曲柄、把手和计量表，其中的任何一个都可能挽救或毁灭整架飞机及机组人员。一名航空军医描述了这种满载达60000磅的庞然大物飞行时的困难："坐在你那办公室舒适的转椅上，要想协调这些小玩意儿的运转将很困难。但如果将你的办公室缩小至5立方英尺，并被发动机的持续轰鸣所淹没，再将你的高度增加到5英里……这将让你理解，在这样的常规情况下，这些人计算出关于发动机转数、歧管和燃油压力、空气动力学、气压、海拔高度、风偏、空速、地速、位置和方向的高等数学关系。"[71]

从未有人设计出过比它更漂亮的飞机，但机内却充满油脂、汗臭、火药、干血和尿液的味道；起飞前，机舱内还缭绕着浓浓的香烟烟雾。就连那些此前从不吸烟的飞行员也通过香烟得到了安慰。最后的检查工作完成后，机组人员——其中的几个津津有味地嚼着苹果和糖果——等待着来自塔台的绿色信号弹，这是可能会让他们在当天送命的信号。

跑道很短，"冲至跑道顶端时，是否能获得足够的速度腾空而起，还是冲出跑道，这很难说"，伯纳德·雅各布斯回忆道，"空勤机械师大声喊出速度，'60—70—90—110'。跑道的顶端出现在视线中时，我们祈祷着，拉动飞机升入空中"。[72]

云层有时会延伸至23000英尺的高空，迫使许多飞机采用盲飞（依靠仪表）升至那一高度。在黑暗中上升时，一些飞行员迷失了方向，绝望地丧失了判断力，结果与其他轰炸机发生碰撞。

"突破云层后，一幅令人叹为观止的场景便呈现出来，"副驾驶伯纳德·雅各布斯对此做出了颇具诗意的描述，"太阳刚刚升起，放眼望去，云层就像是一片片橙红色的棉花，我们此刻就在这些棉花铺成的地毯的上方。其他飞机也突破了云层，看上去就像是跃出水面的鱼。"各架轰炸机随即进入编队中的指定位置。三个大队（每个大队18架飞机）组成一个作战联队。然后，编队"赶往海岸边最后的无线电信标，以便与其他联队组成更大的编队，从而形成打击力量"[73]。

在北海上空，中士们检查着他们的机枪；他们一起开火时，整架飞机震颤着，射击声震耳欲聋，刺鼻的火药味充斥着机舱。然后，一切又平静下来，大家将心思集中到即将到来的战斗上，唯一的声响是引擎低沉、单调的轰鸣。每个人都已做好准备。机组人员背上降落伞，穿好可充气的"梅惠斯"外套，以防自己不得不在海中求生。* 降落伞包放在每名组员的岗位旁，尽管有些人并不知道该如何正确使用它们，而且，飞机上没有哪个有过跳伞的经验，那不是他们的训练内容。还有些人在皮带上多系了一双军靴，以防自己不得不在纳粹占领的法国的上空跳伞，并在其地面上设法逃生。每个人的口袋里都装着个救生包：叠起来的钱、急救包、一幅防水丝绸地图、一个小小的指南针和一些食物。

升入亚同温层后，他们便进入到一个深邃的"外星世界"。机组人员首先要对付的是寒冷，这个无形的敌人在20000英尺高度等待着他们。一些机组人员穿着带有电加热装置的服装、手套和靴子，但在战争初期，每架轰炸机上只有2—3名组员能获得这种装备。只有飞机的前部——驾驶室、机鼻和无线电操作室——能得到加热，尽管并不太够。大部分组员穿着他们的羊驼毛外套、长裤以及羊皮飞行靴，被冻得瑟瑟发抖。

就在那些"小朋友"（轰炸机飞行员们这样称呼那些为他们护航的战斗机）晃动机翼，示意他们已到达航程的极限时，紧张加剧了。然后，所有人的目光投向天际，搜寻着"强盗"。执行首次飞行任务时，摩根和他的机组只看见一架敌机，但这种情况很快将发生改变。"那些德国战斗机发起正面攻击，试图吓住我们，"摩根回忆道，"驾驶室内的情形很糟糕，但机鼻那里更糟。投弹手和领航员坐在一个硕大的'窗台'前，无遮无掩，除了一挺玩具似的机枪被用于自身防御外，他们什么也没有。有时候，机枪打得滚烫，枪管甚至发生了弯曲。驾驶室内，我和副驾驶的全部心思都放在操纵飞机上。"[74]一次与多达四位希特勒最优秀的飞行员较量，轰炸机驾驶员根本无暇思考，每一盎司

---

* 译注：梅惠斯是美国当时的艳星，以丰满的胸围而著称；而飞行员所穿的救生衣，充气后便会膨胀起来，故得此名。

的注意力和体力都被用于稳定住颤抖的飞机和保持队形。一些轰炸机靠得太近，以至于在彼此的机身上撞出了凹痕。[75]

驾驶室后方，腰部射手站立在飞机光滑、弯曲的地板上，像冰面上的驴子那样，不知不觉陷入成堆的弹壳中，狂风抽打着他们的面孔。疲惫和恐惧会导致射手们呼吸加剧，他们吐出的热气钻入他们的氧气面罩，模糊了面镜，并凝结成冰。机枪手约翰·H. 莫里斯回忆起这种情况发生时，他是如何应对的。"有那么一两次，我松开机枪，腾出一只手，用手指在护目镜的冰层上刮出一个孔，透过这个小孔向外望去，看着那些近距离内的德国战斗机已开始穿过我们的编队。但护目镜上的冰层很快便再次形成，于是我又看不见了……一个盲射手！可我活了下来。"[76]德国战斗机在他飞机上钻出的炮弹孔，大得足以塞入一头绵羊，可他活了下来。

通常情况下，高射炮火会非常密集，机组人员甚至能闻到透过氧气面罩传来的炮火气味；如此强度的密集炮火，如果他们没有将自己牢牢地缚在驾驶座上的话，所造成的震荡甚至能将驾驶员抛至飞机的机顶。在一些飞机内，机组人员坐在铅板上，以保护自己的生殖器。穿越高炮区域时相当无助，他们所能做的只是坐在那里，承受这一切。驾驶员和机组人员都知道，即便在摄氏零下40度的严寒中，他们也可能出一身大汗。

投弹手西奥多·哈洛克平日里并不祈祷，但在目标区域上空遭遇到麻烦时，他便会低声对自己说道："上帝啊，你必须做到。你必须带我平安返回。听着，上帝，你必须做到。"[77]许多人向上帝保证，要是能平安返航，他们一定会戒酒、戒女色。哈洛克说他从未做出过这样的保证，"因为我想，要是上帝真的无所不能，他肯定明白男人们对酒精和女人的渴望"。

就在罗伯特·摩根驾驶"孟菲斯美女"号在布雷斯特的潜艇隐蔽坞上空执行其首次任务时，飞在他前面，编队中为首那架轰炸机的投弹手，在厚厚的云层中校正他的"诺顿"瞄准器时发生了一些问题，在错误的时机投下了机上的炸弹。编队里的其他飞机也都犯下了同样的错误，大部分炸弹落在城外。第

91大队的"空中堡垒"随即下降至高射炮火形成的爆炸云的高度，慢慢转过身，穿过宁静的天空，向自己的基地飞去。[78]

但对许多执行过其他任务的机组来说，"转身返航，艰难而又可怕"[79]。他们跨过北海，而浓雾已覆盖了他们在英国的基地，他们知道，经历了战斗的磨难，他们仍有可能发生坠机，仍有可能送命。"孟菲斯美女"号执行完布雷斯特的空袭任务，降落在巴辛伯恩机场，机组人员站在跑道上，双脚稳稳地踩着地面，没有人发出微笑，但每张面孔都表明，能站在坚实的地面上真的很好。

在地面上，一些刚刚执行完自己首次任务的人显得迷惑不解，仿佛自己是从另一个世界返回似的。"除了生存的主意愿，其他一切理性都已消失……我们被送至某个战场，那里不属于这个地球，也没有人类参与其中，"跟随第八航空队一同飞往潜艇坞的《扬基》杂志记者丹顿·斯科特这样写道，"在这两个世界之间，是一道超过25000英尺、由湛蓝的天空构成的鸿沟。"[80]这里有一种源于恐惧和紧张的突然宣泄，但更深一层的是与机上的其他战友产生的一种强烈的亲密感，这种亲密感也包括他们的飞机，因为这是机组人员面对高射炮弹指节铜环般大小的弹片时唯一的保护。"空中的咒骂和暴力，只会让这十个人在八个小时内走得更近，远远超过更为正常的世界中的八年，这是那些共同遭遇并共同对抗恐惧的人之间必然产生的纽带。这可能是男人与男人之间，各种关系中最强大的一种。"斯科特说道。[81]

这些小伙子突然恢复了知觉，并感到极其疲惫，但他们的任务并未就此结束，还要进行任务后的汇报。"你必须再次经历那一切，记住所有的细节……咖啡和三明治会提供些帮助，但你已失去了一些熟悉的面孔。"[82]

进行任务述职时，这些机组人员会得到威士忌的款待。"几杯酒下肚，有些半醉半醒……然后，我们倒头便睡。"伯纳德·雅各布斯回忆道。[83]他们走入自己的宿舍，看着再也见不到的战友的床铺被搬走时，不禁发出阵阵颤抖。生还者从不谈论阵亡者，这是个不成文的约定。"当一名组员身亡，而他的飞机安然返回时，我们中的大多数人决定，葬礼不是为生还者准备的，"一名领航员回忆道，"我从未出席过葬礼……我们纪念那些阵亡战友的方式是把他们的名字写在营房的墙壁上，还包括他们的家乡以及他们最后一次任务的名称和日期。"[84]

生还者中，没有人将自己视作英雄。让自己引起别人的关注从而大出风头，这违反了机组人员另一条不成文的规定。所以，很难发现真正的英雄。那些在空中做出了令人难以想象的英勇之举的人，会在睡梦中发出惊恐的尖叫，会在醒来时对"小肚鸡肠"的军队怨声载道，或是在痛饮啤酒的交谈中对自己的朋友们宣布，促使自己飞行和战斗的唯一原因是为了得到一张"回家的机票"[85]。技术军士亚利桑那·T.哈里斯是来自亚利桑那州坦佩这座沙漠城市的一名农场工人，对航空队生活中几乎所有的一切都痛恨不已，但在飞机上，他却是个完全不同的人。

哈里斯是一架"空中堡垒"的机械师兼顶部炮塔射手，除了地勤长，他比任何人都更了解自己的飞机。"愤怒之子"号在跑道上滑行时，站在四周的小伙子们很容易看见它。一头红发和一条健壮的胳膊会从驾驶员旁边的窗户伸出。那是哈里斯在起飞前最后一次擦拭挡风玻璃。"挡风玻璃上的污点，会让人误以为是Me-109来了。"他在空中这样说道。[86]

1943年1月3日，从圣纳泽尔返航时，哈里斯阵亡。第306大队另一架飞机上的尾炮手P. D. 斯茂中士，目睹了哈里斯的最后几分钟。斯茂看见四顶白色降落伞在"愤怒之子"号撞上水面前弹开。留在机上的射手肯定已去了无线电操作室，那是坠机时最安全的地方。但哈里斯的双联装点50机枪仍在开火。随后，"愤怒之子"号在比斯开湾的冰面上做了个完美的迫降。白色的水面淹没了机翼，整架飞机开始消失，顶部炮塔的机枪仍在喷吐火舌，"与弹链供弹的速度同样快"[87]。亚利桑那·哈里斯竭力保护着驾驶员和副驾驶，这两人在水中正遭到一架Fw-190的扫射，"雨点般落下的子弹令灰蓝色的海水沸腾开来"[88]。哈里斯肯定已觉察到冰冷的海水淹没了他的炮塔，慢慢地开始令他窒息，但他仍在射击，直到海水吞噬了他那炽热的枪管。

诸如此类的报道传到国内时，美国公众开始意识到，他们的小伙子在英国所从事的空战，与第一次世界大战完全不同，甚至不同于不列颠战役。第一个将情况通报给他们的是记者厄尼·派尔，1942年秋季，他遍访了布设在英国的美军基地，随后赶往北非采访"火炬"行动。"不知何故，我们那些在空中作战的小伙子似乎总是比奋战于泥泞中的人更加英勇。"他在一篇对空中战线的报道中这样写道。[89]但空战的时代开始到来，"在这个空中大型编队出现的时代，那种孤独、快乐的空中游侠很可能会越来越少"，他写道。派尔预言，第八航空队肯定会拥有属于他们的英雄人物，但他们中的大多数人将以团队的形式奋战和牺牲，以保护其他人，就像亚利桑那·哈里斯所做的那样。"甚至连飞机也是以团队为战。我们的轰炸机排成庞大的编队，跟随着他们的引航机飞往法国。大规模编队是他们的保护。"[90]

陆航队中，军官与士官的关系比他们在步兵部队更为亲密。轰炸机里的每个成员都拥有中士或更高的军衔，军官中只有很少一些人来自常备军。几乎所有人都是志愿者，就像那些中士。这里很少见到对军纪吹毛求疵的要求；在英国的这些美军基地里，敬礼的情形并不太多见。

第八航空队的军医主任马尔科姆·C. 格劳医生告诉情报调查人员："这些人对民主或自由并不太关心，他们在乎的是他们的哥们或他们的团队。那是你所见过的最亲密的团队。"[91]正如射手杰克·诺威回忆的那样："我无法解释我们这些对一切都不甚热衷的机组人员，为何会在那些日子里舍生忘死地投入一次次任务，去进行那些可怕的战斗……哪怕是惊恐万状，哪怕是生病，我都会参加飞行。我不想让我的伙伴们失望，那样的话，我情愿死掉。"[92]

就连求生设施也加强并标示出他们之间的这种纽带。机上的十个人通过软管和电线彼此相连，软管确保了他们的呼吸，而电线则使他们保持着相互间的联系。

这些机组人员来自不同的行业,其多样性令人惊讶。例如,"地狱天使"号上,有一名汽车销售员,一名牧场工,一名政府农场督察员,一名加油工,一名马术表演者,一名橱窗设计师,一名伴舞乐队的号手,一名商船水手,一名大学生和一名职业旅行者。这些人中,没有一个是在珍珠港事件前加入的陆航队,而在国内参加飞行训练前,他们当中只有三个人坐过飞机。

"我们从未害怕过这种有去无回的任务,"执行完28次飞行任务后,他们的机长指出,"我们的态度是,总有一次我们会送命,但至于是何时,这个问题从未困扰过我和我的组员。"[93]这番话是在记者面前说的,实际上,轰炸机里没有哪个人能做到毫无畏惧,藐视生命。"飞行员会害怕,就和你我一样。"厄尼·派尔写道。[94]他们中的很多人像畏惧德国空军那样畏惧飞行。

进入稀薄的空气中

第八航空队第一年的作战行动中,最大的敌人并非高射炮火或战斗机,而是气候和自然条件。好天气是成功实施白昼轰炸的先决条件,但1942年的秋季和冬季,北欧上空的气候异常恶劣。正如陆航队官方史指出的那样:"10月初之前,从英国基地发起一场大规模攻势是否可行,曾有过激烈的争论。"[95]一个月内最多只有5—8天有可能发起大规模打击,而当时欧洲大陆上空的气候,使得目视轰炸的可能性仅为20%—30%。对美国陆航队的大规模行动来说,只有阿拉斯加和阿留申群岛的气候比这里更为不利。

就单独飞行的一架飞机而言,恶劣的天气是一场冒险,但对紧密排列的大群编队来说,这将是一场灾难。[96]执行任务期间,远程编队飞行至少在五个不同阶段需要有利的天气:起飞时、集结时、飞往目标的途中时、位于目标上空时以及返航时。如果清晨8点时天气晴朗,而英国上空的气候预计在六个小时后轰炸机返航时变糟,那就不能将这些飞机派出去执行任务。事实上,英国的乡村已开始到处散落着美国轰炸机的残骸,这些飞机因未能成功穿越岛上快速形成的雾气和云层而坠毁。

正如一名优秀的地面部队指挥官必须了解自己军队所处的地形那样，一名空军指挥官也必须知道大气层的"地形"[97]，或者说——天气，这是他那些部下不得不对付的东西。但北欧的天气难以预测，就像那里的天空难以逾越那样；气象学仍是一门不完善的科学。整个战争期间，气候原因减少了45%的作战行动，而派至北欧上空执行任务的飞机中，有10%因天气原因被取消行动或被召回。[98]战斗中这些有害的暂缓造成了对士气的破坏。在敌方上空被召回或被取消行动的飞行，并不能计入飞行员获准回家前规定要完成的任务次数中。任务一再取消，意味着飞行员们不得不反复经历起飞前的焦虑和紧张，其症状包括无法控制的呕吐和腹泻。随着他们被迫"在地面上折腾八次才能真正升空执行一次任务"[99]，机组人员近乎一致地汇报，取消任务所带来的失望和沮丧，"远比实际参加作战飞行来得更糟糕"[100]。因气候原因而推延的任务（并不会彻底废除），考验着哪怕是最坚定者的心理耐力。

与步兵不同，飞行员如果没有一套高度复杂的技术支持系统（轰炸机和赖以生存的供氧设备），根本无法从事飞行或战斗。如果这些设施失效——这种情况经常发生——他们将陷入无助的境地。在酷寒中飞行，会造成舷窗玻璃和机枪瞄准器模糊不清、炸弹舱门冻结、必不可少的机械设备结冰并发生故障。机上的人员也被冻僵并出现某些症状。在严寒中飞行，这种经历在地面上只有南极和北极，或是在巨大的山脉的顶峰才能与之相提并论，冻伤造成的损失远较敌人所造成的为多。[101]第八航空队第一年的作战行动中，1634人因冻伤而被解除飞行任务，而因战伤退出飞行的只有400来人。第八航空队的一名军医，威廉·F.希雷上尉，对这个问题进行了研究。他报告说，北极探险家早就警告过，潮湿的脚很容易被冻伤。"他们冒雨走向他们的飞机；睡觉时穿着带加热装置的服装；他们身穿飞行服执行着让人挥汗如雨的任务，衣服脱下时早已湿透。等他们返回时，已经成了伤员。"[102]

如果有的话，新式的电加热服装也是出了名的不可靠。这种服装会发生短路，手、脚和睾丸部位会漏电；经历了几次任务后，它们会被烧坏，通常是因为使用者未被告知该如何正确保养这些服装。每次执行完任务，筋疲力尽的飞行员会把加热服卷成一团，跟其他飞行服一同塞入储物柜或行李袋中，结果导致脆弱的发热体发生损坏。

　　刺骨的严寒，其受害者大多位于轰炸机上的暴露位置：站在敞开的舷窗处，对抗着强风的腰部射手，以及掀开妨碍机枪动作的防冻帆布的尾部射手。另外，在敌方领土上空，球形炮塔射手被迫在他们的炮塔内一待就是几个小时，不得不将尿撒在衣服里，他们的后背、臀部和大腿"被冻得如此严重，甚至造成肌肉剥落，骨头都露了出来"[103]。第482轰炸机大队的球形炮塔射手乔治·E. 莫法特评论说："待到达目标时，你已经受够了，你的状况糟糕之极，根本不会特别在意自己是否能击中目标。"[104]在一次任务中，投弹刚刚结束，一发高射炮弹在莫法特的炮塔下方发出剧烈的爆炸。几秒钟后，他开始感觉到手指和双脚渐渐麻木。"我环顾四周，在有机玻璃罩上发现一个小洞，而我手套与衣服之间的电线已被切断。"电热服的连接线采用的是串联，就像圣诞树上的那些彩灯，一只手套失效后，电热服的其他部位同样也宣布罢工。莫法特知道，自己再在炮塔里待下去，肯定会被冻僵，但如果离开自己的机枪，他就会使其他战友的生命处于危险中，因为敌战斗机仍在空中逡巡。"于是我留了下来。"他用拳头敲击着机枪，双脚跺着炮塔的地板，以此来加快血液循环。"疼痛令人发狂，几乎难以忍受。泪水从我的脸上滑落，流至氧气面罩上，结成了冰……我几乎就要放弃这一切，迎接死亡了。"几分钟后，敌战斗机消失了，他这才爬出自己的炮塔。飞行员将轰炸机降至20000英尺高度后，一名同伴将自己的一只电加热手套递给莫法特。"热量使我的双脚和双手疼痛不已，我不得不闭上双眼，咬紧牙关，强忍着不发出惨叫。"

　　战斗中，机枪发生卡壳时，有些人会惊慌失措，并将手套脱下，试图将卡住的子弹清理出去。他们冰凉的手会黏在裸露的金属上，为了将手抽离，他们不得不连皮带肉撕掉长长的一条。[105]偶尔也会出现自伤者，他们被"即将在战斗中身亡"的恐惧所吓倒。轰炸机升至最大高度后，他们脱下手套，以使自己获得一场长期、痛苦的住院，但暂时避免了可能更加糟糕的命运。

战斗中负伤的人特别容易被冻伤。他们的电热服经常会因刺入他们身体的同一块弹片造成短路。昏迷不醒地躺在机舱冰冷的地板上时，他们的四肢会变得麻木，尽管战友们试图用仅有的几块薄毛毯为他们保持身体的温暖。希雷医生描述了一名领航员所经历的痛苦折磨，一块高射炮弹弹片射穿了飞机的机鼻，他的氧气面罩被击破。随着氧气供应被切断，他昏迷了整整一个小时。"六星期后，他的双手、双脚、双耳和鼻子被切掉，冻坏的眼球被摘除，颧骨部分的坏死组织也被去除。但他仍活着。"[106]

由于机组人员缺乏医疗知识和设备来挽救负伤的同伴，因此而死去的人数目不详。一名B-17的尾部射手，臀部被炮火炸飞，他的同伴尽其所能地为他进行了包扎。但他的伤口血流不止，于是"我们将一个重达140磅的弹药箱直接压在他的伤口上"，一名射手回忆道，"压力似乎止住了流血。他安安静静地睡着了，但他几乎被冻死，因为他的电热服被撕破，而且，我们没有毛毯。"[107]这个负伤的小伙子在一个与正常人离世完全不同的地方等待着死亡。"这种情形令你的神经倍加紧张，你的勇气不得不在这样一个极不正常的环境中化解危险。"航空队的一名军官说道。[108]

每次任务结束时，机组人员带着肿胀的双手、双脚和脸离开飞机。伤口在一两天内会变成紫色，然后又变为可怕的黑色。三分之一的冻伤者需要住院治疗，哪怕是最轻的症状也会令他们停飞两个星期。"这是真正的急诊，"希雷医生在第八航空队投入战斗的初期便提醒过他的同事们，"医院里的许多人在几个月内都无法重返战场——如果他们能回去的话。"[109]

冻伤一旦发生便无法对付，没有经验的航空军医不得不依靠一种古老的俄国式治疗法："等那些将要脱落的部分彻底脱落，然后再看看对剩下的部分能做些什么。"[110]预防是唯一恰当的疗法。1942—1943年隆冬前，航空军医（每个基地至少配备了一位）已开始采取行动，给机组人员举办讲座并向他们展示冻伤的危险，在球形炮塔内安装可供小便的管子，并配发薄薄的丝质手套，让他们戴在较重的电加热手套内。但在作战行动的第一年，从未做出过与问题相当的努力。气压损伤性中耳炎也没有找到治疗办法，造成这种中耳慢性炎症的原因是在高空未增压的机舱内多次进行急剧升降所致。[111]随着任务的增加，这种症状在轰炸机机组中达到了流行病的程度，被暂时解除飞行任务的人员中，患这种症状的占了三分之二。

缺氧，作为"航空医学噩梦"的组成部分，折磨着第八航空队。晕机者的唾液或呕吐物会进入他的橡胶面罩并冻住，阻断软管，导致患者昏迷，甚至死亡。[112]整个飞行任务中，领航员每隔几分钟便会用机上的通话装置招呼大家检查氧气。如果哪个组员没有回答，另一个人便会被派去查看情况，如果需要的话，会采用人工呼吸或通过一个便携式氧气瓶进行输氧。"总之，你的面罩、软管或是其他什么地方，很容易出现个小漏洞，而你对此却完全不知情，"一名领航员描述了25000英尺高度上一次典型任务的情形，"在这个高度上，如果没有氧气，你会在30秒内昏迷，2分钟后你就死了。"[113]

尽管因缺氧而致死的人数不到100（主要发生在第八航空队进驻英国的第一年），但这个数字却占了在战斗任务中经历过某种形式此类症状的飞行员的50%—60%。[114]这是计划不周所造成的不可原谅的后果。"我们没有考虑到战斗会在那种极端的高度下进行，"作战行动的第一年后，马尔科姆·格劳医生向航空队的调查人员坦率承认，"显然，有些小事情在投入战斗前没有被想到。"[115]但部分责任必须归咎于陆航队规划人员，他们对轰炸战略的关心远远超过让准备妥当的机组人员在大气条件下得以生存以执行该战略的必要性。试图消灭敌人的过程中，准备不足的美国小伙子们无意间伤害到他们自己。

缺氧是个隐藏的杀手，氧气供应出现问题时，受害者很少能及时发现。供氧设备上有个指示器（一个小球），像个阀门那样位于一条透明的管子里，能显示出是否有氧气在流动。呼吸时，小球便会上下跳动。如果小球在跳跃，就表明飞行员一切正常，但机组人员跟德国空军交火时，根本没时间注意小球的状况，如果出现问题，通常还没等其他人发现状况，他们便已身亡。

机尾射手待在一个隔绝的空间，最有可能成为缺氧的受害者。经过与敌战斗机一场激烈的战斗后，乔治·莫法特那架"空中堡垒"上的领航员通过内部通话装置呼叫大家，以查看是否有人中弹。机尾射手比尔·加尔巴没有做出回答。一名机组成员过去查看，这才发现加尔巴瘫倒在他的机枪上，氧气管已然断裂。那名机组成员试图将他唤醒，但徒劳无益。飞机赶往北海上空时，驾驶员降向水面和可供呼吸的空气，但加尔巴还是毫无反应。这时，莫法特爬出球形炮塔，小心翼翼地将他的朋友放在机舱地板上。"我沿着狭窄的通道爬过去，趴在他身上。我的脸停在距离他面孔大约6英尺处。他的脸苍白如雪，鼻子和嘴上冻着一层分泌出的粘液，他的双眼大睁着盯着我，一切都覆盖着一层霜冻……我便知道，他已经死了。"[116]

莫法特为自己和另一名射手点上一支烟，他们"默默地坐在那里吸着烟"。飞机着陆后，"我看着他们将他的尸体抬上担架，送至救护车上，泪水从我的脸颊滚落。我不觉得羞耻，他是我的哥们。"

"这是难捱的一天，我们的飞机上满是窟窿。我倒在床上，却无法入睡。"加尔巴的床铺就在莫法特的旁边。军需官已将加尔巴的衣服拿走，他的床也被拆除。莫法特翻过身，这样他就不必看着那里。

他们将威廉·加尔巴安葬于离基地不远的一处墓地。只要有时间，乔治·莫法特便会过去，在他的墓地放上一束鲜花。

航空医学

在高空进行的空战使轰炸机组员们遭受到生理和心理上的双重压力，这是人类此前从未面对过的。进入地球的高空后，人体便会发生奇怪的事情。[117]耳朵里充满痛苦，思维和动作减缓，胃和肠子无节制地扩张开，早餐时吃的易产生气体的食物加剧了这种状况。

这种新的战争需要一种新的医学,从精神和身体上看都是如此。第八航空队,马尔科姆·格劳上校的医务人员没有可供参考的先例。航空医学当时正处于起步阶段,尚不能解决航空军医在英国遇到的那些问题。[118]与第八航空队的轰炸机指挥官一样,他们早期的努力完全是试验性的,而且,内科医生同样遭遇到设备和人员严重短缺的问题。

每座基地都有个小小的医疗室,由航空军医负责,配有可供几十名轻病人或轻伤员使用的床铺。重伤员会被救护车送往位于牛津的一座陆军医院。这段路程需要大约3—4小时,越过布满车辙的道路,经常在深夜进行,而且是在完全灯火管制的情况下,甚至连救护车的车灯也必须遮住。有些饱受战斗摧残的伤员死在漫长的深夜行程中,还有些伤员因发生在英国灌木树篱处的交通事故而二次负伤。于是格劳上校征用了一架C-47运兵机,把它变成第八航空队永久性的"空中救护车"。另外,他一直在给总部施加压力,要求在基地附近修建医院。轰炸行动的第一年,医疗用品和设备严重短缺,除了简单的医疗室外,第八航空队有近一半人几乎与所有的医疗设施相隔绝。但到1944年前,在很大程度上多亏了格劳的努力,除一座外,所有轰炸机基地的30英里内都有一座人员齐备的陆军医院。格劳还为获得受过良好培训的医务人员进行了积极的游说。1942年时,分派到英国的航空军医中,四分之三的人没有受过航空医疗培训,只有10%的医务人员确实接受过医疗培训。航空军医们赶至轰炸机基地时发现,负伤的飞行员已经死去,因为他们没有得到及时而又妥善的治疗。

格劳和他在英国的首席助理哈里·G.阿姆斯特朗,是航空医学这一新领域的先驱者。1934年,他们在俄亥俄州代顿附近的莱特机场成立了航空医学研究实验室,以研究载人飞行对人体组织的影响。[119]第八航空队到达英国后不久,他们在海威科姆附近建立起一座被称作"中央医疗研究所"(CME)的小型研究中心。该中心以阿姆斯特朗为首,任务是发展培训技术和设备,从而使飞行员们在这场前所未有的高空战争中生存,并以最大的效率执行任务。[120]他们致力于一个单一、全身心投入的任务中："照料那些飞行员。"[121]

CME存在的第一年，与莱特机场、哈佛大学公共卫生学院以及美国私营企业协调合作，推出六十个独立研究项目，以开发更好的氧气设备、飞行服以及开展海空救援行动。除研发工作外，CME还为飞行员和航空军医开办了生存技巧课。另外，阿姆斯特朗，这位留着潇洒、上翘的小胡子，粗犷而又英俊的男人，几乎是凭一己之力建立起精神科，致力于预防精神病学的实践以及对遭受情绪问题的飞行员的诊断和康复治疗。

CME的工作人员不多，从未超过18名医生，但他们非常胜任。阿姆斯特朗从美国最好的医学院校、研究中心和精神病研究所中亲自挑选他的工作人员。"他们都是普通百姓，"若干年后他回忆道，"最终几乎无一例外地又回归到平民生活，后来，他们中的每个人在医学界都成了杰出人物。"[122]1943年秋季前，他们的努力初见成效：新的预防设施和治疗法大大缓减了因冻伤、缺氧和敌炮火所造成的痛苦和死亡。不幸的是，作战行动第一年里的那些飞行员未能享受到这些成果。那些饱受重压的先驱者中，只有少数人设法完成了他们的服役期并存活下来，他们在缺乏适当的氧气设备、防护、取暖或休息的情况下从事着飞行和战斗任务。

注释

1. 巴德·J. 皮斯利，《勇气的传承：二战中的第八航空队》，第92页。
2. 引自2008年1月28日，作者对保罗·W. 蒂贝茨的采访，以及蒂贝茨《"艾诺拉·盖伊"号归来》一书第92页。
3. 保罗·W. 蒂贝茨，《"艾诺拉·盖伊"号归来》，第92—96页。
4. J. 坎普·麦克劳克林，《二战中的第八航空队》（列克星敦，肯塔基大学出版社，2000年），第1—7、81页。
5. 《目标，德国：第八航空队轰炸机司令部在欧洲上空作战第一年的官方史》，第35页。
6. 同上。
7. 《二战中的陆军航空队，第二卷》，第221页。
8. 柯蒂斯·E. 李梅、麦金利·坎特，《使命：我的故事》（纽约加登城，双日出版社，1965年），第251页。
9. 引自迈克尔·J. 尼索斯的《投弹手和他的投弹瞄准器》，《空军》杂志（1981年9月），第106页。
10. 查尔斯·H. 弗兰克斯中尉，《投弹手——玻璃座舱内的勇士》，《星条旗报》，1944年4月27日，头版。
11. 约翰·C. 弗拉纳根上校，"对第八、第十二和第十五航空队机组人员的调查报告"，第23页，1944年4月，美国空军历史研究部，141.28B。
12. 同上，第37页。
13. 艾伦·斯蒂芬斯编撰的《空战，1914—1994》，第47页。
14. 作战研究部第3号特别报告，"轰炸精确度的初步报告"，第2页，1943年1月4日，美国空军历史研究部，520.130b 1。
15. 保罗·W. 蒂贝茨，《"艾诺拉·盖伊"号归来》，第99页。

16 《二战中的陆军航空队,第二卷》,第239页。

17 法国平民的伤亡数字来源同上,第221和第239页。

18 同上,第222页;1942年8月31日,埃克的报告,美国空军历史研究部,142.052。

19 1942年8月19日,阿诺德写给斯帕茨的信件,国会图书馆,斯帕茨文件。

20 《美国对纳粹发起高空轰炸》,1942年10月19日,《生活》杂志,第29页。

21 霍斯特·布格等人编撰的《德国与第二次世界大战,第六卷》,第597页。

22 "火炬"行动的详情,可参阅里克·阿特金森的《晨曦中的军队:北非之战,1942—1943》(纽约,亨利·霍尔特出版社,2002年)。

23 引自保罗·W.蒂贝茨的《"艾诺拉·盖伊"号归来》,第108页。

24 《目标,德国:第八航空队轰炸机司令部在欧洲上空作战第一年的官方史》,第45页。

25 引自理查德·G.戴维斯的《卡尔·斯帕茨与欧洲空战》(华盛顿,空军历史中心,1993年),第105页。

26 同上,第105页。

27 同上,第105页。

28 同上,第109页。

29 引自詹姆斯·帕顿的《空军如是说:艾拉·埃克将军和空军指挥部》,第202—203页。

30 引自内森·米勒的《海战:二战海军史》(纽约,牛津大学出版社,1995页),第349页。

31 引自约翰·基根的《第二次世界大战》(纽约,维京出版社,1989年),第104页。

32 杰罗姆·M.奥康纳,《在狼群的巢穴中》,2002年7月的《第二次世界大战》杂志,第34页。

33 《二战中的陆军航空队,第二卷》,第247—248页。

34 同上。

35 同上,第238页。

36 "第八航空队的优先目标",第6页,1945年5月15日,国会图书馆,斯帕茨文件。

37 爱德华·亚布隆斯基,《空战中的美国》(亚历山大市,时代-生活出版

38 《二战中的陆军航空队，第二卷》，第247页；自由法国力量，"1942年10月21日轰炸洛里昂潜艇基地的相关情报"，1942年11月18日，美国空军历史研究部，520.310B 1。

39 《目标，德国：第八航空队轰炸机司令部在欧洲上空作战第一年的官方史》，第47页。

40 诺曼·朗迈特，《美国兵：美国人在英国，1942—1945》，第140页。

41 阿道夫·加兰德，《第一个和最后一个：德国战斗机部队的兴衰，1938—1945》（纽约，巴兰坦出版社，1973年），第140页。

42 科格勒中校，"1945年3月15日的德国空军讲座"，美国驻欧洲战略空中力量，情报主管办公室，1945年4月6日，美国空军历史研究部。

43 阿道夫·加兰德，《第一个和最后一个：德国战斗机部队的兴衰，1938—1945》，第140页。

44 同上。

45 亚瑟·李，《空军首脑戈林》（伦敦，达科沃斯出版社，1992年），第58页。

46 霍斯特·布格等人编撰的《德国与第二次世界大战，第六卷》，第551页。

47 阿道夫·加兰德，《第一个和最后一个：德国战斗机部队的兴衰，1938—1945》，第184、193—195页。

48 霍斯特·布格等人编撰的《德国与第二次世界大战，第六卷》，第551页。

49 《二战中的陆军航空队，第二卷》，第264页。

50 戴尔·范布莱尔，《陆航队中的三年》，未发表的文稿，艾森豪威尔中心。

51 科格勒中校，"1945年3月15日的德国空军讲座"，美国空军历史研究部。

52 第306轰炸机大队的损失，可参见拉塞尔·A.斯特朗的《首次飞越德国：第306轰炸机大队队史》（温斯顿–塞勒姆，猎人出版社，1982年），第53页。

53 诺曼·朗迈特，《美国兵：美国人在英国，1942—1945》，第144页。

54 罗伯特·摩根、朗·鲍尔斯，《"梅菲斯美女"号：一名二战轰炸机驾驶员的回忆录》（纽约，达顿出版社，2001年），第116—117页；2003年7月26日，作者对罗伯特·摩根的采访。

55 同上。

56 同上。

57 罗伯特·摩根、朗·鲍尔斯,《"梅菲斯美女"号：一名二战轰炸机驾驶员的回忆录》,第112—113页。

58 同上。

59 伯纳德·R.雅各布斯,未出版的回忆录,艾森豪威尔中心。

60 罗伯特·摩根、朗·鲍尔斯,《"梅菲斯美女"号：一名二战轰炸机驾驶员的回忆录》,第115—116页。

61 引自约翰·R.麦克拉里和戴维·E.谢尔曼合著的《第一次：与第八航空队的弟兄们共赴战火的日记》（纽约：西蒙&舒斯特出版社,1944年）,第36页。

62 杰克·诺威,《冰冷的蓝天：一名B-17射手经历的二战》（夏律第镇,霍维尔出版社,1997年）,第51—54页。

63 埃尔默·本迪纳,《"空中堡垒"的坠落：二战中最大胆、最致命的空战亲历记》（纽约,普特南出版社,1980年）,第41页。

64 同上。

65 同上。

66 同上。

67 同上。

68 同上。

69 同上。

70 约翰·赫西,《战争狂》（纽约,普特南出版社,1960年）,第169页。

71 引自伊恩·L.霍金斯编撰的《B-17飞越柏林：第95轰炸机大队的个人记述》（华盛顿,布拉希出版社,1990年）第63—64页,戴维·格兰特少将所写的《办公室的一天》。

72 伯纳德·R.雅各布斯,未出版的回忆录,艾森豪威尔中心。

73 同上。

74 2003年7月26日,作者对罗伯特·摩根的采访。

75 2000年10月14日,洛·瑞达影视公司对保罗·W.蒂贝茨的采访。

76 约翰·H.莫里斯,证词,艾森豪威尔中心。

77 引自布兰登·吉尔的《玻璃机鼻罩后的年轻人》,《纽约客》,1944年8月12日,第484页。

78 轰炸布雷斯特,可参阅罗伯特·摩根、朗·鲍尔斯,《"梅菲斯美女"

79 丹顿·斯科特,"空袭洛里昂,一名美国记者的亲历",第9页。
80 同上,第8—9页。
81 同上。
82 《一名轰炸机驾驶员的24小时》,作者不详,《哈波斯杂志》,1944年8月,第290页。
83 伯纳德·R.雅各布斯,未出版的回忆录,艾森豪威尔中心。
84 拉尔夫·纳特,《与负鼠和鹰同在:一名领航员的亲历》(加利福尼亚州诺瓦托,要塞出版社,2002年),第51页。
85 2003年2月12日,作者对乔治·曼弗雷德的采访。
86 奥拉姆·C.霍顿、安迪·鲁尼,《空中射手》(纽约,法勒&莱因哈特出版社,1944年),第69页。
87 同上,第70、72页。
88 《目标,德国:第八航空队轰炸机司令部在欧洲上空作战第一年的官方史》,第50页。
89 厄尼·派尔,"这场战争中甚少出现个人空中英雄",1942年11月10日,剪报,厄尼·派尔文集,印第安纳州布鲁明顿,印第安纳大学利莉图书馆。
90 同上。
91 负责情报的空军助理参谋长,1943年秋季采访马尔科姆·格劳上校,美国空军历史研究部。
92 杰克·诺威,《冰冷的蓝天:一名B-17射手经历的二战》,第135页。
93 约翰·M.雷丁,《通往柏林的航线:与派驻英国的美国飞行员在一起》(纽约,博布斯-梅林出版社,1943年),第284页。
94 厄尼·派尔,"这场战争中甚少出现个人空中英雄"。
95 《二战中的陆军航空队,第二卷》,第233页。
96 奥伦·P.索斯,《空军作战部队的医疗支援:二战中医疗领导的研究》(麦克斯韦空军基地,AFB出版社,1956年),第405页。
97 《二战中的陆军航空队,第七卷》,第311页。
98 美国战略轰炸调查,"轰炸精度,欧洲战区中的美国陆航队重型和中型轰炸机"(华盛顿,美国政府印务局,1945年),第2页。
99 小贝尔尼·莱、赛·巴特莱特,《晴空血战史》(1948;纽约,多德&

米德出版社，1975年再版），第30页。

100 《目标，德国：第八航空队轰炸机司令部在欧洲上空作战第一年的官方史》，第54页。

101 奥伦·P. 索斯，《空军作战部队的医疗支援：二战中医疗领导的研究》，第3页。

102 威廉·F. 希雷，《第八航空队的冻伤》，航空军医会刊第2期（1945年1月），第23页。

103 同上。

104 莫法特的话均引自马歇尔·J. 蒂斯顿、乔治·E. 莫法特和约翰·J. 奥尼尔合著的《第八航空队的"探路者"投下炸弹》（康涅狄格州特兰布尔市，FNP军事部，1999年），第97—100页。

105 对马尔科姆·格劳上校的采访。

106 奥伦·P. 索斯，《空军作战部队的医疗支援：二战中医疗领导的研究》，第22—23页。

107 詹姆斯·S. 南尼，《二战中的美国陆航队医疗服务》，第23页。

108 麦克拉里与谢尔曼合著的《第一次：与第八航空队的弟兄们共赴战火的日记》，第8—9页。

109 威廉·F. 希雷，《第八航空队的冻伤》，第23页。

110 同上。

111 《二战中的陆军航空队，第七卷》，第399—400页。

112 道格拉斯·H. 罗宾逊，《危险的天空：航空医学史》（英国泰晤士河畔亨利，G. T. 弗里斯出版社，1973年），第179页。

113 山姆·哈珀特，《真正的正义之战》，第87页。

114 奥伦·P. 索斯，《空军作战部队的医疗支援：二战中医疗领导的研究》，第22—23页。

115 对马尔科姆·格劳上校的采访。

116 引自蒂斯顿等人所著的《第八航空队的"探路者"投下炸弹》，第74—77页。

117 阿尔伯特·E. 考德利，《挑战生命：二战中的美国军事医学》，第233页。

118 索斯，《空军作战部队的医疗支援：二战中医疗领导的研究》，第44—45页；南尼，《二战中的美国陆航队医疗服务》，第19页。

119 格劳和阿姆斯特朗的工作，引自南尼，《二战中的美国陆航队医疗服务》，第18—19页。

120 1976年4月8、13、20日对哈里·G.阿姆斯特朗少将的采访，美国空军历史研究部，K239.0512-967。

121 索斯，《空军作战部队的医疗支援：二战中医疗领导的研究》，第37、42页。

122 对哈里·G.阿姆斯特朗少将的采访；"第306轰炸机大队外科治疗史，1944年"，美国空军历史研究部，520.7411-4A。

第四章

飞行员坠落！

我们获得了经验，同时也得到了经历，尽管并不都是好的。

——柯蒂斯·E. 李梅

1942年10月9日，北海

那天下午，唐纳德·斯文森中尉遭遇到自己年轻生命中最大的一次麻烦。执行历史性的里尔任务时，他的"空中堡垒"被Fw-190的炮火命中，损失了两具引擎。斯文森奋力操纵着飞机返回英国，但这架"空中堡垒"以每分钟1000英尺的速度从空中坠落。无线电操作员发出求救信号，但海岸台没能接收到。机内的对讲系统已损坏，斯文森将飞机的控制交给副驾驶，爬至飞机后部，告诉几位射手，他打算在海上迫降。除驾驶员和副驾驶留在飞机前部，机组其他人员集中到无线电操作室，这里有个前舱壁，他们可以以此为支撑。无线电操作员先将写有飞机秘密呼号和频率的米纸吞下肚，这才蹲下身，将头贴在双膝间，双手抱住颈部。*

---

* 译注：米纸是一种可供食用的纸张，也可以做成各类食品。

"海水看上去很冷，我记得自己当时还在想，这看上去很困难，"斯文森回忆道，白浪有15—20英尺高，"我曾听说，在海上迫降，撞入一道波浪的话，其效果就像是撞上一堵石墙。"[1]

"确实如此。我们以尽可能慢的速度迫降，机尾先落下。但即便如此，我们还是被撞得很厉害，机组人员被抛入机舱，洒落得到处都是。"

斯文森从他那一侧狭窄的驾驶室舷窗爬了出去。浮上水面喘气时，他看见负伤的副驾驶浮在一只机翼下。他游过去，拉着他向其他组员靠拢。其他人已从无线电操作室的机枪巢爬出，挣扎着赶至飞机上的两只自动充气橡皮筏。其中的一只橡皮筏上布满弹孔，他们大声喊叫着，它已无法充气了。

没用两分钟，这架轰炸机便沉入海中。驾驶员命令三名射手爬上那只完好的橡皮筏，其他人则攀附在尚能部分充气的那只橡皮筏的边缘，脱掉身上沉重的羊皮飞行服。一名射手试图将自己淹死。"他没入水中，随即又冒出来，吐掉海水，然后再次没入水中；但他一直试图让我们放手不管，直到给他下达了命令，他这才放弃。他认为自己妨碍到大家的生存机会。然后便是最糟糕的时刻：等待救援，但我们并不知道是否会有救援到来。"[2]

那一刻，水里的这些人并不知道，他们实际上已经获救了。飞机坠入海中的几秒钟前，皇家空军的海空救援工作已展开行动。一架为轰炸机护航的"喷火"战斗机用无线电通报了坠机的大致方位，距离北福尔兰角1英里左右，位于多佛海峡的顶端。另一架己方战斗机在他们的头顶盘旋，以给出准确位置，这里距离陆地并不太远。"很快，救援人员驾驶着一艘小船赶到我们这里。"[3]

这是第八航空队在海上获救的第一个机组。

一架轰炸机如果在北欧上空遭遇到麻烦，机组人员首选的做法通常是挣扎着飞回英国，而不是在被德国占领的北欧迫降或跳伞。许多轰炸机未能成功返航，而是坠落在北海或英吉利海峡。"除非你曾在电台里听过一个人惊恐时发出的呼叫声,否则,不到他似乎即将发出尖叫时,你不会明白嵌入他声音中的那种尖锐的震动。"一名从事海空救援的飞行员对典型的遇难呼叫做出了描述。[4]这些从事救援的飞行员知道,"没有什么比一个人惊恐的叫声更为可怕"。

斯文森机组非常幸运。投入战斗的第一年,第八航空队既没有海空救援体系,也没有海上迫降的培训计划。对严峻的海上生存来说,轰炸机上的充气橡皮筏和标识器并不充足,信号弹、K级口粮和急救包都缺乏防水保护。另外,轰炸机的设计并未考虑过海上迫降时方便机组人员的逃离。第八航空队完全依赖皇家空军和皇家海军进行海空救援,但又未能与那些深具奉献精神的人员密切合作,结果是:落入海中的飞行员,99%遇难。[5](同一时期,坠海的皇家空军机组人员,近三分之一的人获救,而且,他们执行的都是夜间任务。)一年后,救援行动仍依靠英国人,但双方加强了合作,第八航空队将落海人员的生存率提高至44%,而到战争结束前,这个比例达到了66%。[6]

那些生还者中,超过十分之一的人遭受到心理创伤,不仅需要专业治疗,还使他们丧失了飞行资格。普遍的情况是,这些人不得不在很长一段时间内设法在海上求生,没有食物,没有淡水,死去的同伴经过简单的宗教仪式后,被推入波涛汹涌的海中。"我们聚在一起念着主祷文,我轻轻地把他推出船舷。"尤金·多拉齐克中士回忆起自己最后一次注视着一位朋友的面孔,他轻声说着妻子的名字,死在他的怀中。[7]

脱 险

在北欧紧急降落或跳伞的盟军飞行员,只有一个机会可使自己不被敌人俘获:外国朋友的帮助。荷兰人、比利时人和法国人都为盟军飞行员实施了精心设计、高度保密的逃生行动。大多数逃生路线掌握在普通老百姓,而不是训练有素的地下抵抗组织手中。风险非常大。对藏匿或帮助一名被击落的盟军飞行员的惩罚是：男人，由行刑队执行枪决；女人，关入集中营，通常这也相当于死刑判决。一名英国情报人员估计，被击落的飞行员，每逃脱一名，便有一个法国、比利时或荷兰帮助者被枪杀或死于酷刑。[8]

　　这些英勇的游击队员，大多数与伦敦的英国和美国情报人员保持着密切合作，但逃生路线中最成功的"彗星线"则是完全独立的。[9]战争初期，这条路线由数百名比利时志愿者在布鲁塞尔组建，领导他们的是身材娇小、年方二十五岁的商业艺术家安德蕾·德容，她的代号是"迪迪"。

　　"彗星线"长达1200英里，从布鲁塞尔直至直布罗陀，穿过被纳粹占领的法国以及实行法西斯主义、但正式宣布中立的西班牙，这些地区都在欧洲最残酷的秘密警察的管辖下。迪迪在没有任何财力支援的情况下开创了这条路线，为她提供帮助的只有她当小学教师的父亲弗雷德里克和一名年轻的比利时同胞，阿诺德·德佩。逃离的飞行员隐藏在布鲁塞尔市内及周边的安全屋，他们搭乘火车赶至巴黎，那里是逃生飞行员的中心收容点。在巴黎，这些飞行员被编入一个个小规模、相互间毫无联系的群体，先是坐火车，然后骑自行车，最后靠步行，赶至比利牛斯山脉脚下的一座农舍。吃上一顿耐寒的饭菜，喝完几杯浓浓的西班牙咖啡后，他们便在迪迪招募的经验丰富的巴斯克走私者的带领下，开始艰难的攀登。到达西班牙北部的圣塞巴斯蒂安后，他们被交给英国外交官迈克尔·克雷斯韦尔，随即坐车赶往直布罗陀，再经海路或航空返回英国。

　　迪迪为逃亡者（他们被称作"包裹"[10]）提供了假护照和假身份证，为他们购买了便服和黑市食品，并在通往西班牙的路线上建起一连串投宿地。她的一位合作者，安·布鲁塞尔曼斯，一下子在布鲁塞尔的各个安全屋内隐藏了五十名飞行员。"我们的大家庭里，没有一个人知道我母亲所从事的地下活动，"她的女儿伊冯·黛莉-布鲁塞尔曼斯写道，"在外面，我们只是个经受着沦陷时期艰难生活的普通家庭，不去管别人的闲事。"[11]德国人曾警告过盟国，被俘获的飞行员，如果身穿便装或没有军事标识，将被视作间谍，遭到枪毙或被送往集中营。对被击落的飞行员来说,这是个两难的局面。他们的指挥官曾做出指示,他们的职责是设法逃跑,而他们发现,要想顺利逃生,唯一的可能性是换上便装。*安·布鲁塞尔曼斯试图解决这个问题,她将美国飞行员的"狗牌"缝入他们裤脚的翻边。[12]她为他们提供了街头服装——贝雷帽、长外套和欧洲款式的高帮鞋——并送他们上路,同时警告他们要小心,不要有太过美国化的举动,例如嚼口香糖,或是口袋里摆着叮当作响的零钱。吸烟者则被告知,要像欧洲人那样,用拇指和指尖捏住香烟的末端。

为筹措开办"彗星路线"的资金,迪迪卖掉了她为数不多的珠宝。[13]在三十二次单独的旅程中,她亲自护送过100多位飞行员穿过法国,翻越比利牛斯山。英国情报机构找到她,并要为她提供帮助时,她拒绝了。她告诉他们,这条路线必须完全独立,由她所熟悉的比利时人来操作。她不想让受过训练的情报人员接手,因为后者很可能与从事破坏或间谍活动的抵抗组织一同工作,可能会使这条逃亡路线遭到双重间谍的渗透。为识别"鼹鼠"(装扮成被击落的飞行员的盖世太保特务),她让她那些布鲁塞尔安全屋的房主们盘问跑过来要求得到帮助的飞行员。如果一名飞行员跑到安·布鲁塞尔曼斯的住处,声称自己来自纽约,他就会被问及纽约扬基队现任中外野手的姓名。如果他答错了,布鲁塞尔曼斯便会让比利时地下抵抗军的成员带他"去树林里兜上一大圈"[14]。

盖世太保实现了渗透,却始终无法关闭这条"彗星路线"[15]。1943年1月,迪迪和几名逃亡的飞行员被捕后,"彗星路线"显然遭到了破坏,但在毛特豪森和拉文斯布吕克集中营进行的二十一次单独审讯中,她始终不肯透露她

---

* 译注:对于身穿便装还是军装逃生的问题,有一个有趣的佐证。英国情报机构曾做过测试,让一些人身穿德军军装在伦敦的街头游荡,但没有市民对此有所警觉,甚至有英国士兵朝对方敬礼;还有人拿着签名为"希特勒"的证件大摇大摆地走进英军的基地。不过,曾担任中情局局长的沃尔特斯在他的回忆录中写过,在美国进行的演习中,一些身穿德军军装的"假想敌",遭到拎着锄头的当地农民愤怒的追捕。这些例子说明,在不同的地区,对身穿敌方军装的人员的警惕性并不相同。

那些同伴的身份。在她缺席的情况下，她的父亲接手了这条路线。他和他的重要助手被一个告密者出卖并遭到枪决后，一个新的领导者出现了，这是个充满激情的比利时人，23岁，名叫让–弗朗索瓦·诺东，代号是"弗兰科"。由于疲惫和健康原因，诺东勉强接受了一名受过英国训练的比利时间谍进入到组织中，并在他的帮助下，继续从事撤离飞行员的工作。5000—6000名被击落的盟军飞行员（其中有3000名美国人）中，约有700多人得到"彗星路线"的帮助，最终回到英国。

"彗星路线"在D日发起的两天前关闭。1944年春季，盟军对法国的铁路线发起轰炸，以支援即将到来的诺曼底进攻，这使得帮助飞行员逃生的行动几乎无法进行。于是，被击落的盟军飞行员隐藏在农场和森林中，靠降落伞空投下的补给过活，直到夏季才被推进中的英美盟军所解救。1945年，从拉文斯布吕克集中营获救后，迪迪前往比属刚果的一个麻风病人隔离区工作。一名在她帮助下获救的飞行员谈到她时说："安德蕾·德容是那种罕见的人物之一，他们觉察到这个世界所遭受的苦难，并决心不作壁上观。"[16]

对身处英国的飞行员来说，看见原以为已永远失去的战友平安返回，没什么比这更能激发起他们的士气。归队的飞行员受到热烈欢呼和赞誉，并获得与老朋友们共聚几天的机会，然后才被送回国，接受重新分配。让他们在欧洲战区继续从事飞行被认为太过危险，因为如果被俘并遭到酷刑折磨，他们可能会交待出逃亡路线的存在，而这条路线在北欧获得彻底解放前，仍是其他被击落飞行员所依靠的逃生路径。在自己原基地举办的讲座上，逃亡者给战友们讲述了敌后生存的重要信息。"伙计们被那些逃生飞行员讲述的故事所吸引，"航空队里的一名随军牧师在日记中写道，"他们像救生筏里的人那样，牢记着这些叙述。"[17]这些英勇的故事讲述者是损失的飞行员可以死里逃生的生动证明。

李 梅

　　飞行员并不一定要在自己所执行的数次任务中被击落。他们可以以较小的损失来实施精确轰炸。这便是柯蒂斯·E.李梅少校的信念，他于1942年10月到达英国，改变了美国轰炸机的作战方式。

　　第305轰炸机大队的拉尔夫·H.纳特中尉很崇拜柯蒂斯·李梅，这位前领航员现在是他的大队长。珍珠港事件的第二天，纳特离开哈佛法学院，加入了陆军航空队。赶往英国的飞行途中，他引领着他这个机组所在的"同花顺"号来到纽芬兰的甘德湖，没遇到什么麻烦，但在着陆时，机组获知，他们将飞入一股自北而来的北极风暴中。在甘德机场，一座戒备森严的哨所被一片茂密的常绿林所包围，李梅少校把他那些紧张不已的机组召集起来。他对这条航线非常了解，珍珠港事件前，他曾多次飞过这条线，将新出厂的飞机运给美国未来的欧洲盟国。他告诉他那些机组，结冰可能是个严重的问题，风暴可能会妨碍领航员以天体读数来检查他们的航线。他警告领航员们，如果他们让驾驶员向南偏得太远，要么会在海上耗尽燃油，要么会在法国海岸上空遭遇到纳粹战斗机。"你们不能依赖无线电助航或定向装置。纳粹已架设起一个假发射台，频率与皇家空军在英国的无线电波相同，别被他们愚弄……在国内，你们依靠你们的驾驶员和无线电助航，现在，驾驶员和机组人员依靠的是你们。别让他们失望。"[18]

　　刚满22岁的拉尔夫·纳特，两个月前才第一次坐上飞机，那是在莫哈韦沙漠。当晚晚些时候，在跑道上加速时，"同花顺"号上唯一的救生筏从顶部舱门飞了出去。起初，纳特尚能通过云层中的空隙进行天体定位，但没过一个小时，天空似乎逼近过来，刺眼的雪花覆盖住有机玻璃制机鼻和他那小小的天体观测窗。几分钟后，一具引擎上断断续续的螺旋桨停止了转动。一个小时后，另一具引擎也罢了工，"同花顺"号开始失去高度。纳特要求驾驶员在风暴肆虐的大海上空保持平稳，并将着陆灯打开。如果能看见白色的海浪，他也许能用偏航测量器算出他们的风偏流，并以航位推测法纠正他们的航线，飞一条查尔斯·林白曾以他的"圣路易斯精神"号飞过的罗盘航线。"最后,就在日出前,我透过云层间的空隙捕捉到三颗天体,'我们在正确的航线上',我透过内部对讲装置宣布道。"随后,阴云散去,他们看见了远处爱尔兰的绿色群山。飞过贝尔法斯特后,纳特给驾驶员指引了一条直线航向,赶往普雷斯蒂克机场。爬出飞机时,友好的村民围住他们。"你们怎么花了这么长时间?"一名苏格兰人叫道:"我们等你们这些美国佬等了快两年了!"[19]

第二天,他们飞往格拉夫顿安德伍德。他们不会停留太久,但发现这里的泥泞、雾和严寒将在剩下的航程中陪伴他们。纳特的营房是个瓦楞铁皮构成的圆拱屋,提供取暖的只有一具煤炉。屋里有供军官们使用的二十二张床铺。他们走进营房,倒头便睡。入睡前,纳特对营房环顾了一番。他无法相信他们都成功了。一年后,和他一起在加利福尼亚接受训练的那群人中,只有两个还活着。

第二天早上,李梅召集了一次大队会议。"你们都得待在这个基地,直到获得进一步通知。我们的第一个作战任务是对法国沿岸的德国潜艇基地发起打击。这将是一次在职训练。"[20]

柯蒂斯·李梅是美国军事史上最具争议性的人物之一。他是个严格的纪律执行者,罗西·罗森塔尔说:"他是空军历史上最伟大的领导者。"[21]但在随后的几年中,就连罗森塔尔也觉察到李梅的行为令人不安。他这位航空师的老师长已变成"全炸光"李梅,而在斯坦利·库布里克喧闹的冷战讽刺电影《奇爱博士》中,嚼着雪茄的狂想家杰克·D. 里珀将军便是以李梅为原型。20世纪50年代,作为战略空军司令部能力超群却好斗的司令官,李梅是核威慑的积极倡导者,1962年古巴导弹危机期间,作为美国空军参谋长的他给约翰·F. 肯尼迪总统施压,要求他批准对古巴所有可疑的核设施实施轰炸。危机结束后,他又建议对该岛发起入侵。两年后,他敦促林登·约翰逊总统对北越发起一场毁灭性轰炸战,1968年,他成了乔治·华莱士选举名单上的副总统，但就连阿拉巴马州州长这位极端主义者也对他的强硬言辞感到尴尬。

李梅是与威廉·特库姆塞·谢尔曼、乔治·S. 巴顿将军同一类型的人，他们都是不适应和平时代的战士。李梅这个中西部人来自一个颠沛流离、饱受困苦的家庭，他的成功完全靠他自己的能力。由于缺乏有影响力的人的推荐，他无法进入西点军校，只能就读于家乡哥伦布市的俄亥俄州立大学，主修工程学并参加了后备军官训练团，同时他还在当地一家铸造厂打工，每晚9个小时，一周干6天。"工作很辛苦，"他回忆道，"但我喜欢。"[22]

1929年，作为一名战斗机飞行员，李梅开始了他在陆军中的职业生涯，八年后又转为轰炸机驾驶员，当时派他去兰利机场为第2轰炸机大队负责一所航校，第2大队是陆航军中第一个配备B-17的单位。尽管他曾在麦克斯韦基地参加过航空军战术学校，但他更相信自己所驾驶的飞机，而不是教官传授给他的制空权理论。他在1942年4月接手第305轰炸机大队时，年仅35岁，但他对即将承担起空战初期重任的轰炸机的了解远远超过了世界上的任何人。

他是个高大、健壮的人，乌黑的双眼，方方的面孔上总是皱着眉头。和他共事的人，没有哪个曾见到他绽露过笑容。这并非因为他没有幽默感，他患有轻微的面神经麻痹，这使他嘴角处的肌肉部分瘫痪。他强健的外形掩盖了他对部下们强烈的奉献精神。他对纪律异常狂热，认为这能挽救生命。李梅是个出色的空中战术家、勇士和创新者。他带着他的部下执行了战争期间一些最艰难的飞行任务。他想为他们树立起一个榜样，但更重要的是，他想亲自了解他们所面对的问题。

李梅不需要大呼小叫地催促部下。他的声调很轻，几乎令人无法听清。他还是个喜怒不形于色、自我封闭的人，具有一名善打硬仗者的本能。"与希特勒相比，我们更怕他。"盖尔·克莱文这样说道。[23]坚强的外表和无情的直率使他获得了公正的声誉。"我可以原谅错误，但只能一次，"他告诉他的部下，"如果你欺骗我，那就愿上帝帮你吧。"[24]

在李梅看来，表现决定一切，他提拔部下完全取决于他们的所作所为。

"他不想听到任何废话,"[25]拉尔夫·纳特第一次到第305大队报到时,一名同僚告诉他,"我听说你曾读过法学院。他不喜欢律师,他认为他们都是些夸夸其谈者,而不是实干家。"他们到达英国时,第305大队充其量是一帮"穿着军装的老百姓"[26],纳特回忆道,"要是我们打算在这场对抗纳粹的战争中活下来,那就需要一位像李梅这样的领导"[27]。

李梅知道自己所带的是一群准备工作极不充分的部下。[28]他那些投弹手从未投掷过货真价实的炸弹,在莫哈韦沙漠的训练中,他那些射手对活动靶的唯一经验是用手枪射击响尾蛇。但他不知道他自己是否为迎战德国空军做好了准备。这是他第一次指挥作战,而且没有可供遵循的先例。陆航队轰炸机司令部对高空轰炸有着美妙的理论,却并未开发出能使那些理论生效的战术。作为一名纯粹的实用主义者,李梅比其他人更多地给予了米切尔和杜黑、汉塞尔和埃克极其危险的误导性观点一个急需的事实基础。出于对理论的怀疑,作战才是他的学校。这是他有限的天分中的秘密。安迪·鲁尼写道:"是李梅……改变了轰炸机飞行的方式。"[29]

一起单独事件改变了李梅职业生涯的轨迹。他带着第305大队首次抵达普雷斯特维克机场时,朝房间里望去,刚好看见正要搭乘飞机返回美国的弗兰克·阿姆斯特朗上校。"他一直在从事战斗,一直遭受到射击,"李梅回忆起当时的想法,"也许他可以告诉我们些情况,(他所掌握的知识也许)能影响到我们。握着他的手时,我们甚至觉得自己应该弯腰鞠躬。"[30]

李梅和他那些菜鸟飞行员向阿姆斯特朗提出一个个问题。进入轰炸航路时感觉如何?敌人的抵抗有多激烈?"高射炮火非常致命,"阿姆斯特朗告诉他们,"要是你保持水平沿直线飞入高射炮火中,不超过十秒钟,你就完了。"李梅深信不疑,觉得自己听到了"神谕"。但后来,他对此产生了怀疑。"我对自己说,真见鬼,要是你无法保持水平沿直线飞行超过十秒钟以上,你又如何能对目标实施轰炸呢?"出于对生存可以理解的担心,阿姆斯特朗和他的飞行员进入轰炸航路后经常会采取躲避动作,突然改变方向和高度,以避开敌高射炮火力。在挽救自己生命的同时，他们也挽救了敌人，因为投下的炸弹分散到各个地方；敌人获救意味着日后还要一次次回来。这是对人员和飞机的一种浪费。[31]

李梅在床上辗转反侧，彻夜无眠，终于想出个主意。他"啪"的一声打开电灯，走到自己的军用床脚柜旁，找出一本从后备军官训练团时期一直保存至今、皱巴巴的炮兵手册。他坐在床上，手里拿着纸和笔，做了些粗略的计算。要击中一个B-17般大小、保持水平沿直线飞入的目标，平均算起来需要272发炮弹。这是个"相当不错的概率"。

就是这样！执行大队的首次任务时，他打算让部下们进入轰炸航路后像根台球棍那样保持直线飞行，这将使轰炸航路的距离更长些。这种做法有风险，但如果美国航空队无法将炸弹投向目标，"那我们还不如待在家里"。11月23日早上，李梅对第305大队在战争中的首次轰炸行动做了任务简报。"如果飞往圣纳泽尔，我们就要让一些炸弹击中目标，上帝为证。我认为这是唯一的办法。"[32]他告诉部下们，飞直线，保持稳定，忘记死亡。"胜利伴随着损失。"[33]消灭敌人才是重中之重。"如果你们当中有谁没这个胆量，也许你在步兵中会更愉快。要是你想调职，考虑下当副官……有问题吗？"李梅承认，现场发出了许多"抱怨"[34]，但当他宣布自己将亲自率领这次任务时，屋内平静下来。

第305大队完全按照李梅的计划在圣纳泽尔上空实施了轰炸，保持水平并沿直线飞行，不是10秒，而是420秒。全大队没有因高射炮火损失一架飞机，损失的两架轰炸机是因为埃贡·迈尔发起快速打击的Fw-190所造成。航拍照片表明，第305大队在圣纳泽尔投下的炸弹数量两倍于其他大队。从这以后，在联队长劳伦斯·库特尔的支持下，李梅的轰炸战术成了所有大队的标准操作程序。

11月23日的行动中，李梅的第305大队很幸运。但接下来的三个月，轰炸机的损失迅速从3.7%升至8%，[35]而且，由于地中海战区的行动，也没有补充的轰炸机运送给他们,食堂里出现了更多的空椅子。"每次执行完任务,我去军官俱乐部,通常都会有几张面孔消失不见,"罗伯特·摩根回忆道,"我会将注意力集中在面前的苏格兰威士忌上。它们是我穿越那些夜间航行的仪表盘。"酗酒毁了许多优秀的飞行员,差一点儿也毁了罗伯特·摩根。但他说:"那些凌空爆炸的B-17噩梦般地缠绕着我,威士忌是唯一的解药。"[36]

现在,摩根所在的第91轰炸机大队的队员们开始意识到,他们是"陆航队正在进行的一场伟大实验中的马前卒……队里的成员甚至将自己称为'豚鼠'",该大队的官方历史学家写道。[37]这是一场血淋淋的实验,而不是30年代那种理论上的争论。"有谁害怕吗?"一名指挥官对他的部下们吼道,"如果没有,那你们肯定出问题了。我来给你们点建议该如何打这场战争——假装自己已经死了,剩下的就容易多了。"[38]

尽管李梅的战术提高了轰炸准确度,但结果依然糟糕透顶。落入瞄准点1000英尺范围内的炸弹不超过3%。投弹手未能准确命中目标是因为他们没时间对其加以研究,李梅相信这一点。一名投弹手首次获悉当天目标的位置是在清晨的任务简报会上,而他正"睡眼蒙眬、昏昏沉沉、思家心切"[39]。巨幅地图前的帷幕拉开时,他对自己即将要穿过薄雾和高射炮火实施轰炸的工厂"一无所知"[40]。所有信息都来自简报会结束后,专门为投弹手和领航员举行的一次起飞前简报上播放的一些幻灯片,李梅对此的比喻是,在五分钟内为应付期末考试而进行的死记硬背。

李梅的解决办法是找出大队中最好的投弹手和领航员,对目标进行彻底研究,并将这些"领头机组"布置在编队最前方的飞机中。[41]从现在开始,李梅的大队里,只有打头阵的投弹手拥有"诺顿"瞄准器,其他投弹手看见前方飞机投下炸弹时,才能按下开关,投掷下机上的炸弹。从普通队员到他的最佳人员,李梅一举提高了整个编队的轰炸准确率。[42]拉尔夫·纳特是队里第一批最佳人员之一,李梅命令他为那些打头阵的投弹手开办一所学校。

但在美国人逐步改善其进攻战术时,德国人的防御也变得越来越强大。

1943年1月3日，纳粹的高射炮手将圣纳泽尔上空的第八航空队打得落花流水。此前，他们曾追踪并射击过个别的轰炸机或编队。当天，他们采用了一种"预测式齐射"，一箱箱致命的高爆弹穿过整个美军编队必经的空域。在这个500英尺宽、1000英尺高和深的巨大的高射炮火区域中，3架轰炸机被击落，另外39架中弹受损。航空队的一份报告指出："空中纪律很糟糕，导航也很马虎。"[43]

在这之后，事情发生了变化，最大的变动是战前的轰炸战理论家海伍德·汉塞尔准将。1943年1月1日，劳伦斯·库特尔被斯帕茨调至北非担任自己的助手，汉塞尔接替库特尔出任第1轰炸联队的指挥官。

汉塞尔比李梅大三岁，来自南方一个古老的军人家庭，是个战争史研究者，极其崇拜罗伯特·E. 李将军，与谢尔曼不同，他投身战争仅仅是为了迎战。汉塞尔是个温和、亲切的人，性格平和，由于下凹的鼻子和聪明的头脑，他被他的朋友们称为"负鼠"[44]。与他共事的每个人都认为他是陆航队中最优秀的指挥官之一。这是他第一次担任作战指挥工作，也是他一直渴望的机会，这个机会将测试他曾帮助树立起的制空权理论。

他期望能大干一番，但很快便发现自己与一位野蛮的少校发生了争执，在气质和教养上，后者与他完全相反，而且，这名少校还是他在航空军战术学校的一名学生。李梅像股暴风般杀至，带来一场动荡。汉塞尔的课堂理论被碾为齑粉，李梅通过世界上最好的对空防御直截了当地告诉了他这一点。美国轰炸机无法像汉塞尔和"轰炸机黑手党"曾争辩过的那样，飞越敌人的高射炮火，或是从敌战斗机的攻击下逃脱；他们的投弹也无法做到像在美国西南部沙漠中所进行的训练那般准确。另外，轰炸机迫切需要远程战斗机的护航，而这是汉塞尔和他那些筹划战事的同僚认为既无必要也不可能做到的。

在联队召开的会议上，李梅用一个个尖锐的问题"轰炸"了汉塞尔。是哪个糊涂蛋将点30口径的"玩具枪"安装在轰炸机机鼻上的？是哪个"泡菜坛"理论家说我们能实施精确轰炸的？又是谁断然认为不需要战斗机提供护航的？汉塞尔这个好脾气的和事佬，对李梅咄咄逼人的言辞感到震惊，并试图转换话题。但由于汉塞尔对战术细节不感兴趣，他最终同意将具体战术问题交给各大队指挥官处理，而他则将工作重点放在目标优先顺序上，这个问题，陆航队里没人比他更精通。

最后，这些梦想者和实干家构成了一个颇具效率的团队，尽管欠缺些友好。他们都是深具勇气的人，这一事实减少了彼此间的摩擦。直到汉塞尔亲自跟随第305大队一同飞行，并对圣纳泽尔实施了一次猛烈的打击后，他才将下属的战术推广到整个第1轰炸联队。[45]

第二年夏季到来前，整个第八航空队都采用了"领头机组"轰炸战术。[46]在目标上空的7—10分钟内，为首的投弹手俨然成了整个第八航空队的化身。其他投弹手抱怨说，自己已沦为"按按钮的人"，但轰炸精度——尽管仍不够稳定——却提高了三倍。利用航空队新开发的设备，纳特也帮着建立起一种自动飞行控制系统。这使投弹手在轰炸航路的最后几分钟内，得以通过"诺顿"瞄准器实际控制飞机，这种系统提供了一个稳定的"平台"，甚至比最出色的飞行员所能做到的还要好。飞行员克雷格·哈里斯说："自动飞行控制设备能让你的航线保持得如此平稳，你甚至会以为自己在铁轨上飞行。"[47]

汉塞尔和同样采用这种战术的其他指挥官，跟随着一个楔形"箱式队形"的变体，李梅从格拉夫顿安德伍德发起的首次行动对其进行了实验。他将飞机堆叠起来，于是，一个先头编队（位于楔形的顶端）的身后跟随着另外两个编队，其中一个编队略高于为首的编队，而另一个编队的位置稍低。这种紧凑的编队由18—21架轰炸机构成，与另外1—2个"箱式队形"组成一个作战联队，这样的布置可以集中起点50口径机枪的火力，覆盖住四面八方1000英尺内的空间。但是，对实施"精确轰炸"而言，这种编队太过庞大，轰炸散布面已接近"箱式队形"的宽度，高达2500英尺。[48]单独的飞机所实施的轰炸，精确度远远超过轰炸机编队，但在投弹飞行的过程中，敌战斗机凶猛的打击迫使第八航空队组成轰炸机群，以确保"箱式队形"的完整。这使轰炸机更加暴露于高射炮火下,"但将二者相比,敌战斗机的威胁太过严重,我们不得不承受高射炮火,并保持队形",1943年夏末返回华盛顿后,汉塞尔向他的上级做了这样的解释。

第八航空队永远无法找到一种同时实现最大精度和最大保护的轰炸方式。这造成了一个难题,从而导致了无法取消的地毯式轰炸,一些炸弹命中了目标,而其他炸弹则被丢得到处都是。这是战斗的现实,而不是战前的理论,这使第八航空队无法改变地走向了"轰炸机"哈里斯不分青红皂白实施区域性打击的路子。杜黑和米切尔曾在他们的著作中试图将优势归于进攻方,但只要德国人的高射炮和战斗机继续保持强大,防御者就能破坏轰炸精度。[49]"如果我们重新实施单独轰炸……效果可能会更令人满意,"汉塞尔告诉他的上司,"但代价会很高。"[50]

朱里奥·杜黑预言过的新型战争是基于毁灭,而不是消耗。他未能预见到那种贴身近战、残酷、延续很久的战争,而制空权则是这种战争所必需的。李梅从未读过他的著作。对驻扎在英国的美国航空队来说,这是件幸事。

被部下们称为"老铁驴"的柯蒂斯·李梅对那些空想主义者有所了解。他的父亲就是个无可救药的梦想者,工作换了一个又一个,足迹踏遍全国各地,毫无结果地寻找着令他满意的结果,这种寻找令他心怀不满的儿子做出痛苦的反应,最终变为一个冷眼旁观的实用主义者。李梅的怀疑论,他对作战行动和战术狭隘而又必要的关注,使他成了指挥官的合适人选,而此刻,第八航空队正在输掉这场汉塞尔和其他规划者已在讲坛上赢得的战争。

1942年12月,柯蒂斯·李梅的第305轰炸机大队接到命令,从格拉夫顿安德伍德迁至切尔维斯顿(Chelveston)一座新建的、设施更好的基地,该基地以一个古老的诺曼家族命名,这个家族定居于剑桥与北安普顿之间的地区。此时,他那些获得提高的机组骄傲地称自己为"能做到"的小伙。[51]他们需要这种信心,因为他们的下一个目标是德国。

注释

1. 《目标，德国：第八航空队轰炸机司令部在欧洲上空作战第一年的官方史》，第41—42页；另可参阅罗杰·A.弗里曼、艾伦·克劳奇曼、维克·马斯林合著的《第八航空队战时日志》（伦敦，简氏出版社，1981年），19—20页；罗杰·A.弗里曼的《第八航空队作战手册》（伦敦，卡塞尔出版社，2001年），第110页。

2. 《目标，德国：第八航空队轰炸机司令部在欧洲上空作战第一年的官方史》，第41—42页。

3. 同上。

4. 引自索斯，《空军作战部队的医疗支援：二战中医疗领导的研究》，第12页。

5. 引自索斯，《空军作战部队的医疗支援：二战中医疗领导的研究》，第11页。

6. 对马尔科姆·格劳上校的采访；默尔·奥姆斯特德，《坠海》，美国航空历史学会杂志，1998年秋，第174页。

7. 《星条旗报》，1944年4月10日，第3版。

8. J. M. 兰利，《择日再战》（伦敦，哈珀·柯林斯出版社，1974年），第251页。

9. 谢莉·格林·奥蒂斯，《沉默的英雄：被击落的飞行员与法国地下抵抗组织》（列克星敦，肯塔基大学出版社，2001年），第124—125页。

10. 伊冯·黛莉-布鲁塞尔曼斯，《重访比利时127会合点》（堪萨斯州曼哈顿，向日葵大学出版社，2001年），第68页；2002年1月20日，作者对伊冯·黛莉-布鲁塞尔曼斯的采访。

11. 同上。

12 伊冯·黛莉–布鲁塞尔曼斯，《重访比利时127会合点》，第55页。

13 谢莉·格林·奥蒂斯，《沉默的英雄：被击落的飞行员与法国地下抵抗组织》，第123、129页。

14 伊冯·黛莉–布鲁塞尔曼斯，《重访比利时127会合点》，第50—51页。

15 玛格丽特·罗斯特，《抵抗活动中的女性》（纽约，普雷格出版社，1986年），第23页；奥蒂斯，《沉默的英雄：被击落的飞行员与法国地下抵抗组织》，第2—3、22、120页。

16 W. R. 阿姆斯特朗，《读者文摘》中《大逃亡的真实故事》（纽约普莱森特维尔，读者文摘出版社，1977年），第85页；再版时改为《彗星路线》，《读者文摘》第五卷（1979年6月1日）。

17 詹姆斯·古德·布朗，《第381大队的勇士，都是英雄：一名牧师所揭秘的第381轰炸机大队内幕》（盐湖城，出版者出版社，1994年），第230—231页。

18 拉尔夫·纳特，《与负鼠和鹰同在：一名领航员的亲历》，第18—19页。

19 同上，第21—22页。

20 同上，第22—23页。

21 2002年4月2日，作者对罗伯特·罗森塔尔的采访；另可参阅维克托·戴维斯·汉森的《恰当人选》，《军事历史》杂志第3期（1996年春季），第6页。

22 柯蒂斯·E.李梅、麦金利·坎特，《使命：我的故事》，第37页。

23 2003年4月2日，作者对克莱文的采访。

24 引自小贝尔尼·莱，《冲击：来自空中的毁灭》第七章的《背景》，乔治亚州萨凡纳，第八航空队历史博物馆；柯蒂斯·E.李梅、麦金利·坎特，《使命：我的故事》，第265—266页。

25 拉尔夫·纳特，《与负鼠和鹰同在：一名领航员的亲历》，第9页。

26 同上。

27 同上。

28 柯蒂斯·E.李梅、麦金利·坎特，《使命：我的故事》，第217页；另可参阅托马斯·M.科菲的《钢铁雄鹰：柯蒂斯·李梅将军的坎坷生涯》（纽约，皇冠出版社，1986年），第28页。

29 安迪·鲁尼，《我的战争》（纽约，时代出版公司，1995年），第123页。

30 柯蒂斯·E.李梅、麦金利·坎特，《使命：我的故事》，第229—230页。

31 上述文字均引自柯蒂斯·李梅的《战略空中力量：摧毁敌人的战争资源》，第2章，《指挥部现状》，《航空历史学家》杂志，1980年春季，第9—10页。

32 柯蒂斯·E. 李梅、麦金利·坎特，《使命：我的故事》，第241—242页。

33 拉尔夫·纳特，《与负鼠和鹰同在：一名领航员的亲历》，第33—34页。

34 柯蒂斯·E. 李梅、麦金利·坎特，《使命：我的故事》，第241—242页。

35 霍斯特·布格等人编撰的《德国与第二次世界大战，第六卷》，第595页。

36 2003年7月26日，作者对罗伯特·摩根的采访；摩根，《"梅菲斯美女"号：一名二战轰炸机驾驶员的回忆录》，第132—133页。

37 S. T. 帕克上尉，引自门诺·杜尔克森的《"孟菲斯美女"号：二战中最著名的轰炸机的真实故事》（孟菲斯城堡出版社，1987年），第167页。

38 第367轰炸机大队大队长莫里斯·普雷斯顿上校，引自马丁·米德尔布鲁克的《空袭施韦因富特—雷根斯堡》（纽约，斯克里布纳出版社，1983年），第61页。

39 柯蒂斯·E. 李梅、麦金利·坎特，《使命：我的故事》，第255—256页。

40 同上。

41 李梅，《战略空中力量：摧毁敌人的战争资源》，第12页。

42 同上。

43 "美国的战术"，国会图书馆，斯帕茨文件。

44 詹姆斯·帕顿，《空军如是说：艾拉·埃克将军和空军指挥部》，第179页。

45 李梅与汉塞尔的关系，均引自1943年1月12日，李梅写给罗宾·奥尔兹将军的信件，国会图书馆，李梅文件。

46 斯蒂芬·L. 麦克法兰，《1910—1945，美国对精确轰炸的追求》，第171—172页。

47 2002年10月2日，作者对克雷格·哈里斯的采访。

48 1943年8月9日，负责情报工作的空军助理参谋长办公室采访H. S. 汉塞尔将军，美国空军历史研究部，142.052。

49 "美国的战术"，国会图书馆，斯帕茨文件；"空中作战：训练与组织，1942年12月1日—1943年10月1日"，第1—12页，斯帕茨文件。两个或两个以上的作战联队被派去打击同一个目标时，这股力量便被指定为一个空中特遣队。

50　1943年8月9日，对汉塞尔将军的采访。
51　拉尔夫·纳特，《与负鼠和鹰同在：一名领航员的亲历》，第37页。要了解空战理论与实际作战间的差别，可参阅霍斯特·布格编撰的《第二次世界大战中的空战》第13章，威廉姆森·默里所写的《英美战前学说对第二次世界大战空中战役的影响》。

第五章

勇气的剖析

世上令我最害怕的是恐惧。
　　　　　——蒙田

1943年1月，卡萨布兰卡

1943年1月，罗斯福和丘吉尔在法属摩洛哥的卡萨布兰卡举行会议，会上做出的决定最终使第八航空队变为一个真正的大规模杀伤性武器。英美盟军在北非彻底击败德国军队后，两位世界领导人一致同意，下一场大规模攻势将于当年夏季在地中海地区发起，最有可能的是针对西西里岛。对北欧的进攻又被推后一年，对丘吉尔来说，这是个真正的胜利。预计到这场进攻，罗斯福和丘吉尔宣布了一项联合轰炸机攻势计划。其主要目的是通过空战和粉碎敌生产设施来击败德国空军。英国人继续在夜间实施轰炸，而美国人则在白天。

这可能会带来不同的结局。就在会议即将召开前，艾拉·埃克将军收到阿诺德的一份急电，要他于次日赶至卡萨布兰卡。埃克打电话给司令部，让他们当晚为自己准备一架B-17；12个小时后，这架"空中堡垒"从康沃尔（Cornwall）半岛兰兹角（Land's End）的一座小型机场起飞。到达北非后，埃克和他的助手詹姆斯·帕顿被送往安法酒店。这组沐浴在阳光下的别墅群坐落在一处高耸的峭壁上，俯瞰着碧波荡漾的大海。"艾拉，有个坏消息告诉你，"阿诺德告诉埃克，"罗斯福总统已同意丘吉尔先生的要求，你的第八航空队将停止白昼轰炸，并加入到皇家空军的夜袭中。"[1]

埃克发作了。他告诉阿诺德，这是个"愚蠢"的决定。"我绝不同意，而且我保留告诉我们的人我为何不同意的权利。"[2]没用一个小时，阿诺德便做好安排，让埃克第二天早上去见丘吉尔。埃克只有不到24小时的准备时间来挽救第八航空队被吞并的命运。"只有你能救我们。"阿诺德告诉他。[3]

埃克和帕顿起草了一份简洁的单页备忘录，准备呈交给英国首相，另一份较长的报告，供阿诺德和他的参谋人员在与英国人举行的高级别会谈中使用。第二天上午10点，埃克准时出现在丘吉尔窗户宽大的别墅前。首相走下楼梯，引人注目地穿着一身空军准将制服。"我已被告知，他接见海军人员时便会穿上他的海军军装，会见其他军种的人同样如此，但这是我第一次看见他身穿皇家空军的军装，"埃克回忆道，"这令我吃惊，但马上将之视为一个好兆头。"[4]

丘吉尔直奔主题。"年轻人，我是半个美国人，我的母亲是一名美国公民。我们损失了那么多英勇的机组人员，这令我心碎。"[5]埃克将备忘录递给他，丘吉尔示意埃克在自己身边的沙发上坐下，随即以低不可闻的声音读了起来。备忘录的重点是支持"昼夜不停轰炸"论据。如果皇家空军继续夜间轰炸，而第八航空队加快其在白天的行动，德国人的防御体系将无法得到任何喘息之机。希特勒会被迫将其防空体系的规模扩大至两倍，甚至是三倍，并命令成千上万名工人交出他们的锤子，换上钢盔，从极为重要的战时工厂调至防空炮位中。"要有耐心，给我们机会，你的回报会很丰厚——成功的白昼轰炸妨碍到与皇家空军令人钦佩的夜间轰炸的结合和协作，以破坏德国的工业、交通运输和士气——但为地面进攻和杀戮削弱了德国佬。"[6]埃克的备忘录在结尾处承诺，第八航空队将在月底前开始对德国本土发起打击，并加强空袭行动的规模和频率，因为美国国内工厂和训练设施的扩大，已使第八航空队在飞机和人员上获得极大的加强。

"您的观点并未能完全说服我。"丘吉尔放下备忘录后说道。[7]但首相喜欢"昼夜不停轰炸"这句话的口气和意图。"这几个词在他的舌尖辗转，仿佛是一道美味佳肴。"埃克回忆道。[8]"午餐时，等我见到你们的总统，我会告诉他，我撤回你们停止白天的轰炸行动并加入我们夜间空袭的建议。"[9]盟军将尝试昼夜不停的轰炸行动，但只是"暂时"，丘吉尔强调。[10]

丘吉尔记得，他更为果断地做出了决定。"我决定支持埃克和他的主张，因此我来了个一百八十度大转弯，撤回了自己反对以空中堡垒实施白昼轰炸的所有意见。"他在自己的战争回忆录中这样写道。[11]但是，结束卡萨布兰卡会晤的埃克相信，第八航空队的生存仍是个问题。

这个德克萨斯州佃农的儿子一直有着出色的说服力，而首相的耳朵里也充斥着其他声音。以皇家空军参谋长查尔斯·波特尔爵士为首的空军顾问们，一直在提醒丘吉尔，不要对美国人的轰炸努力大加指责。停止从英国发起的白昼轰炸，可能会使华盛顿的战争规划者们将驻扎在这里的轰炸机重新分派至其他战区。另外，丘吉尔和罗斯福都确信，如果盟军无法获得从英吉利海峡至莱茵河的空中优势，计划中对法国北部的进攻将遭到失败。"削弱德国空军力量最经济的办法，"埃克在他的备忘录中指出，是白昼轰炸，"我们命中他们的重要目标时，敌人不得不迎战我们的轰炸机。"[12]埃克相信，这场德国战斗机与缺乏护航的美国轰炸机之间的战斗，第八航空队将获胜。这是战争中最大的错误之一。

在卡萨布兰卡，英国和美国的空军指挥官们向丘吉尔和罗斯福保证，盟军舰队驶离英国海岸赶往法国北部前，北欧的天空中，德国空军将被肃清。[13]可是，与乔治·马歇尔和艾拉·埃克不同，空军中将阿瑟·哈里斯和卡尔·斯帕茨将军相信，一场全力以赴的轰炸攻势能在地面进攻发起前迫使德国屈膝投降。随着地面进攻被暂定于1944年春季，他们只有一年零几个月的时间来兑现他们夸张的断言：单凭空中力量就能打垮德国。

写作69

接下来的六个月中，联合轰炸机攻势不会正式开始。当年冬季和春季，潜艇的威胁仍是盟军目标规划者最优先考虑的问题。第八航空队对U艇基地的打击依然徒劳无益，因此，他们被要求为"轰炸机哈里斯"提供帮助，全力摧毁敌人的供应来源：德国境内威廉港、不来梅、费格萨克和基尔庞大的潜艇建造厂。1943年1月27日，第八航空队对德国领空实施首次渗透，袭击了位于北海的威廉港内的潜艇建造厂。艾拉·埃克给予第306轰炸机大队及其新任大队长弗兰克·阿姆斯特朗将军"第一个飞越德国"的荣誉。这是对阿姆斯特朗在当月早些时候接掌严重受损的第306大队，并恢复该大队的纪律和士气的奖励，这也是小说《晴空血战史》的基本内容。德国人猝不及防，抵抗很轻微，但云层遮蔽了目标，炸弹造成的破坏微乎其微。尽管如此，随着这个不起眼的开端，美国，以其巨大的生产能力，与英国一同创造出战争史上最大的城市和经济破坏战。

经历了长时间的天气延误后，2月26日，第八航空队又对威廉港发起空袭，这次，美国记者也跟着去了。安迪·鲁尼便是其中的一个。毕业于柯盖德大学后，他成为陆军《星条旗报》派驻伦敦的首席记者。"当时，第八航空队是欧洲战事中的最佳题材，"鲁尼回忆道，"我们已厌倦了赶往空军基地，采访与我们同龄、在战斗中失去朋友的那些小伙子，并于当晚返回到伦敦的舒适生活中。直到第八航空队的头头宣布我们必须参加为期一周的射击训练后，我们才反应过来。我们被告知，如果我们想搭乘一架轰炸机赶赴战场，最好知道该如何操作一挺机枪，以免遇到麻烦。"[14]

八名记者获准参加飞行任务。他们当中包括合众社的沃尔特·克朗凯特、美联社的格拉德温·希尔、陆军周刊《扬基》的丹顿·斯科特、《纽约时报》的鲍勃·波斯特，以及《纽约先驱论坛报》的霍默·比加特——当时最受尊敬的战地记者之一。（斯科特错过了空袭威廉港的任务，但后来他参加了对洛里昂的轰炸。）陆航队的一名公共关系官称他们为"写作69"，这是对第一次世界大战中"战斗69"一个拙劣的模仿。美国记者称他们为"飞行打字机"，而他们则把自己称为"命运已定的军团"。"我对此不太高兴，"克朗凯特的老板哈里森·索尔兹伯里回忆道，"但十二头大象也无法把沃尔特拉出那架B-17。"[15]

学习了如何蒙着双眼拆解机枪，如何在1000码的距离上辨别"福克-沃尔夫"或英国的"飓风"战斗机后（这不是件容易的事），他们被带至靶场，用霰弹枪和汤普森冲锋枪进行了一些射击训练。五天后，他们都通过了笔试。"愿上帝保佑希特勒吧。"拿到自己的成绩时，丹顿·斯科特喊了起来。[16]

到这时，他们分开了。鲁尼被分到瑟莱的第306大队，克朗凯特去了莫尔斯沃斯的第303大队，另外两名记者则被派至李梅的第305大队。发起空袭的当天早上，恐惧感急剧上升，因为在第八航空队先前渗透进德国领空的行动中，罗伯特·摩根所在的大队已成为德国空军新战术的目标：美国轰炸机遭到了轰炸。德国人的双引擎战机飞至轰炸机群上方2000英尺处，将定时引爆的炸弹投入轰炸机编队内。尽管没有轰炸机被击中，但这种空对空攻击标志着纳粹一种新的决心。

空袭威廉港的行动中，安迪·鲁尼被派至比尔·凯西中尉的"女妖"号，这架飞机的机组人员曾目睹了亚利桑那·哈里斯射出最后的子弹，直到被海水淹没为止。尽管是轰炸机基地的常客，但鲁尼从未参加过起飞前的任务简报。"我记得自己正想着这些美国的棒小伙是如何如何出色，那些年轻的飞行员穿着皮夹克，衬衫领敞开着，皮质尖顶帽随随便便地歪戴在头上。还有几个人打着领带，耶鲁生，也许吧。"[17]待任务简报官告诉他们，当天的目标位于德国境内时，鲁尼第一次认真考虑了自己送命的可能性。自己才24岁，妻子还在家等着他，他觉得自己犯了个大错，但现在已无法回头了。

"一切都很平静，平静得几乎有些单调，我们离开英国海岸已有一个小时，"鲁尼在第二天出版的报纸上写道，"然后，麻烦便来了。"银色的战斗机从阳光中俯冲而下，随即又消失进云层中，快得就像它们出现时那样。"它们看上去很小，很难让人相信是一种致命的武器，也是个不可能的目标。"坐在狭窄的机鼻内，领航员转动他的手持式机枪对准一架从他们身边高速飞过的梅塞施密特开火时，鲁尼差一点儿撞上投弹手的膝盖。接下来的两个小时，德国战斗机充斥着射手们的准星，轰炸机尚未进入德国领空，便已开始穿越金属碎片四散飞溅的天空。进入轰炸航路后，传出了震耳欲聋的爆炸声，有机玻璃制机鼻似乎即将从机身处断裂。投弹手震惊地缩回身子，用手捂住眼睛，认为自己已经瞎了。但他并未受伤，而且，"似乎要断裂开的机鼻，实际上只是个拳头大小的弹孔"。投弹手摘下手套，试图用它堵住弹孔时，他的手立即被冻僵，"刚一抓住有机玻璃锯齿状的破裂边缘，手指上的肉便被扯掉"。

投弹飞行时，鲁尼发现领航员的氧气供应遇到了麻烦。他的脸色突然变紫，一头倒在他的机枪上。在投弹手的帮助下，鲁尼将氧气面罩套在领航员的脸上。然后，他爬上驾驶舱寻找应急设备时，错误地解开了自己的氧气面罩，结果，他的双腿开始踉跄起来。"凯西中尉立即意识到我正处在生命的重大危机中。他帮我固定好氧气面罩，于是，我在后面经历了首次简短目睹战争的剩余部分。"[18]

参加当天飞行的六名记者早已商量好，行动结束后在莫尔斯沃斯一间没有窗户的房间会合。他们将在那里撰写报道，通过审查后便将其发回伦敦。他们跟跟跄跄，脸色苍白，筋疲力尽，但都渴望倾诉一番。所有人都来了，只差鲍勃·波斯特。[19]前一天晚上，他告诉朋友们，第二天他会送命。几个小时后，一名航空队代表冲进房间。这可能是个最糟糕的消息。有人会去通知波斯特的妻子,她刚刚从伦敦赶到这里,想和他一起在这里度过战争剩下的时间。

好莱坞加入第八航空队

罗伯特·摩根上尉记得,第一次见到他是在执行空袭威廉港任务一个月前的巴辛伯恩:一个整洁、充满自信的人,穿着件机枪手的飞行夹克,戴着尖顶皮帽,"他挥舞着胳膊,一支点燃的香烟叼在唇间,两名摄影师紧跟在他身后。他佩戴着少校军衔,对身边的每个人都用一种直截了当的命令方式,所以我猜,他肯定是个相当重要的人物。"[20]

这个人是好莱坞导演威廉·惠勒。他在1942年拍摄的电影《忠勇之家》讲述了纳粹闪电战期间,一个英国家庭紧密团结的故事,这部电影仍在英国和美国的电影院里上映,并将获得六项奥斯卡奖,其中包括惠勒的一个"最佳导演"奖。惠勒和他的摄制组已在英国待了五个月,正在为战争部拍摄一部关于战略轰炸的纪录片。*

珍珠港事件后,卡尔·斯帕茨在华盛顿的一次聚会上遇到这位导演,并安排授予他少校军衔和到英国为陆航队做些现场战争报道的机会。一个小时内,惠勒获得了委任状。"没有训练,什么都没有,"惠勒回忆道,"我被送到某个地方买了身军装。然后,我穿上那套不太合身的军服,叼着香烟,拎着公文包走上大街,迎面过来一名将军。哎呀,我该怎么做?把香烟吞下去,把公文包丢掉吗?我扔掉香烟,举手敬礼。将军看着我,笑了起来。"[21]

一艘德国潜艇击沉了携带着惠勒昂贵的35毫米摄影机的船只,摄制组只剩下一些放在行李箱里的16毫米手持摄影机。他们将这些摄影机交给飞行

---

*译注:威廉·惠勒的其他名片还包括《罗马假日》和《宾虚》等。

员，让他们在执行任务时拍摄影片，但惠勒对此不太满意。他坚持跟机组人员一同飞行，他想拍一部有力、真实的电影，而不是一部不费力气的宣传片。他如愿以偿，但先决条件是跟鲁尼、克朗凯特以及"写作69"的其他成员一同参加射击训练。

在巴辛伯恩，他的摄影小组将这部彩色影片的大部分镜头用于拍摄一架名叫"入侵Ⅱ"号的轰炸机。一天，这架轰炸机未能从空袭行动中返航。"于是，我们跳上一辆吉普，"一名摄影师回忆道，"开始在基地四周来回兜圈子，以寻找另一架轰炸机。"[22]惠勒看见某架"空中堡垒"的机头上画着个长腿、红发、身穿泳衣的美女，旁边写着令人印象深刻的名字，"孟菲斯美女"。"惠勒用手指着这个名字，说道：'就是她了。'"

惠勒到达巴辛伯恩后，最先引起他注意的事情之一就是机头艺术。纳粹和英国人都没有类似的做法，美国海军陆战队和海军对此也严令禁止。这似乎是机组小伙子们旺盛精神的一种表现。"在一场庞大、呆板、残酷得令人无法抵抗的战争中，这是一种保持我们的个性或幽默感的方式。"[23]罗伯特·摩根后来这样评述道。这里有卡通图标，例如米老鼠，也有凶猛的喷火龙，但最受这些业余机头艺术家青睐的内容是商业艺术家乔治·佩蒂、吉尔·艾尔夫格雷恩和秘鲁人阿尔贝托·瓦格斯笔下那些摆出妖娆姿势的性感女郎。羞涩的性感，无与伦比的美丽，她们是家中女友更为理想化的版本；她们是前线生活肆无忌惮的标志。在这里，死亡萦绕在每个人的心头。

摩根为他的飞机选择名字时，适逢赶往英国前，他打电话给乔治·佩蒂，问自己是否能将一张他为《君子》杂志创作的封面女郎画在轰炸机上。佩蒂给他寄来一张画作，摩根在自己的中队里找了个画家，将这张作品画了两份，机头两侧各一张。机组人员喜欢这幅画，画上的姑娘与他们年轻的冲劲、思乡情及性渴望完全相符。"对那些追踪美国轰炸机的德国战斗机飞行员来说，有时候看上去就像遭到了一波飞行中的内衣目录的攻击。"摩根后来说道。[24]

摩根与惠勒在军官俱乐部会面后，他告诉惠勒，他的飞机是以现实生活中自己的女朋友来命名的,他打算只要一回家,就在孟菲斯和她结婚。这一刻,惠勒已知道,自己的电影将以"孟菲斯美女"号为蓝本。他告诉摩根,他想和他一起飞。"我告诉他,要是他不会碍事,不会导致我们机组悉数送命的话,那就没问题,"摩根回忆道,"我喜欢这家伙,他有胆量,有激情,但他确实妨碍了我们。"[25]每当"孟菲斯美女"号遭遇炮火时,惠勒便跳起身,在飞机上乱窜,一只手拎着便携式氧气瓶,另一只手端着一台小型摄影机,兴奋地指向高射炮火或冲来的敌战斗机。有一次,他错过了拍摄高射炮弹爆炸的镜头,于是恳求摩根驾驶飞机飞入弹片最密集的空域。

惠勒是来自阿尔萨斯的一名犹太人,他希望为打垮希特勒做出一份贡献。埃克将军命令他停飞,生怕纳粹会把他的被俘当作一场宣传上的重大胜利,可惠勒已登机参加另一场任务了。埃克的助手小贝尔尼·莱告诉他,他会因直接违抗命令而被送上军事法庭,惠勒的回答是:"我必须拍电影。"[26]小贝尔尼·莱始终未将惠勒拒绝停飞一事告诉埃克。"惠勒在玩命,"小贝尔尼·莱后来解释了他的决定,"因为他想拍摄到真实的画面。"[27]

有一次,惠勒的氧气供应突然中断,差点让他送了命。在另一次任务中,为拍摄到一架"空中堡垒"飞离跑道时的壮观场面,他冒着生命危险,在起飞时坐进球形炮塔内,没有哪个射手会被允许这样做。在25000英尺高空,一台摄影机被冻住后,他便将它塞入自己沉重的飞行服内,再掏出另一台已解冻的摄影机继续拍摄。没有什么能阻止他拍摄自己的影片。

克拉克·盖博上尉对自己的工作拥有同样的热情,他所冒的风险和威廉·惠勒一样多。1943年4月,这位"好莱坞之王"来到邻近的波尔布鲁克,在新投入战斗的第351轰炸机大队服役。阿诺德将军亲自招募了他,请他帮助拍摄一部名叫《战斗中的美国》的航空射击训练短片。

盖博在去年夏季便已参军入伍,当时,他的妻子,迷人的女演员卡罗尔·隆巴德刚刚去世没多久。作为一名充满激情的爱国者,她一直催促他从军并寻求获得任命,他对此也很动心。巡游全国并推销战争债券的途中,她发给他一封电报，戏弄他说："嗨，老爹，你最好还是参军。"[28]1942年1月的回家途中，她因飞机失事而遇难。

葬礼后的第二天，偶然结识盖博的阿诺德将军给他发去封电报，要为他提供"一项非常重要的委任"[29]。米高梅公司不愿失去旗下的巨星，于是告诉阿诺德，不能让盖博参军入伍，那封电报始终未被转交出去。但当年8月，克拉克·盖博自作主张地参了军，成为一名列兵。他希望能当一名机枪手，并告诉记者："哪里的战事最激烈就去哪里。"[30]但阿诺德拒绝让他参加常规作战任务。盖博没有失望。他知道，拍摄空战场面与作战同样危险。"那里发生着杀戮，"他告诉一名摄制组成员，"他们从空中坠落，就像死去的飞蛾。"[31]

战友们起初并不接受他，把他视作养尊处优的好莱坞巨星，但盖博证明他们错了。他在国外执行飞行任务，每个月的薪水是320元；而他在《乱世佳人》中饰演白瑞德所获的报酬比这多100倍。他和机组人员执行着某些最艰巨的任务，每个人都对此惊讶不已。他跟随第351大队执行首次作战任务时，他的密友兼首席编剧约翰·李·马欣正待在塔台上。"我听见盖博在飞机里。"他让控制塔上的每个人都来听听。[32]这些人说"这纯属胡说八道，盖博不可能去执行任何任务"。等他平安返回时，他们又说"这是一次轻松简单的任务"。但事实并非如此。盖博差点送命，一发炮弹射穿飞机，撕掉他的靴跟，又从他头上几英尺处钻出机身。"执行完第二次任务后，尽管很艰巨，但那些小伙子们崇拜他，"马欣说道，"他们无法不关注他。"

虽然很困难，但盖博努力融入这个群体。鲍勃·霍普带着他的"联合劳军组织"演出团来到波尔布鲁克，他看了看茫茫人海，寻找着白瑞德，要求他站起身，并让自己确认一下。盖博坐着没动，他身边的那些小伙子也不肯把他指出来。甚至连希特勒也知道盖博在英国。赫尔曼·戈林向他的飞行员承诺，击落克拉克·盖博的人，可以获得相当于5000美元的奖励。盖博担心希特勒会把他关在笼子里，"像头大猩猩"那样在德国各地展览，他告诉马欣，如果遇到麻烦的话，他绝不跳伞。"我怎么能隐藏这张面孔呢？如果飞机坠落，我就跟着这婊子养的一同摔下去！"[33]

从未见过这样的小伙

航空队一名宣传人员告诉《星条旗报》的记者，威廉·惠勒拍摄的是"关于从空中最终摧毁德国"的电影。[34]随着第八航空队的损失急剧上升，其宣传活动的力度也大大加强。5月18日，对不来梅附近威悉河上费格萨克的潜艇制造厂实施精确轰炸后，埃克将军召开记者招待会，宣布实验阶段告一段落。"今天，新的篇章开始了。我们已毋庸置疑地证明，我们的轰炸机可以在白昼渗透至德国境内的任何目标；他们可以单独执行任务，而不需要战斗机护航……不会遭受高昂的损失。对我们来说，剩下要做的是为这个重要任务集中起足够的轰炸机。"[35]最后一句话表明，埃克知道自己没有足够的轰炸机来完成这项任务。

当年冬季，阿诺德一直向埃克承诺，更多的飞机和人员正在途中，同时要求发起更多、更大的空袭行动，埃克的力量已被严重削弱，这些空袭行动将使他们成为牺牲品。对费格萨克的轰炸是一次精确打击，但第八航空队严重夸大了该行动对德国潜艇生产的影响。沿比斯开湾对德国潜艇隐蔽坞的持续空袭同样无效。埃克向记者们展示的空袭照片令人印象深刻。圣纳泽尔和洛里昂作为人类居住区已不复存在。正如海军上将邓尼茨在一份发给德军统帅部的报告中指出的那样："这些城镇里连猫和狗都没剩下，除潜艇坞尚存外，其他一切都已荡然无存。"[36]但这也是海军上将唯一关心的设施。邓尼茨已于近期将维修潜艇必不可少的设备转移到固若金汤的潜艇坞内。

若干年后回顾这些行动，领航员拉尔夫·纳特看出了行动中的一个数字游戏，与华盛顿在越南战争期间所玩的把戏没什么不同。"作为虚假歼敌数的替代，航空队司令部发布的报告严重夸大了纳粹战斗机的损失以及我们命中德国目标的炸弹吨数……空军领导者曾向美国民众保证，通过空中力量便可取得明显的效果和胜利。"[37]出于对结果的绝望，他们歪曲了事实以获得资金和人员来完成这项工作。

记者哈里森·索尔兹伯里在他的回忆录中写道："第八航空队是一支干劲十足的部队。队伍的运作靠的是一帮雄心勃勃的人，而华盛顿一位同样雄心勃勃的指挥官为他们提供支持。他们成立了一个大型公共关系部，其人员来自报纸、宣传和广告公司，甚至还动用了好莱坞名流。"[38]埃克与新闻界的合作非常出色，他邀请诸如专栏作家沃尔特·李普曼、《纽约时报》发行人阿瑟·苏兹伯格这样的名人到第八航空队司令部共进晚餐并在私下里玩些纸牌游戏。第八航空队的公共关系办公室设在伦敦的格罗夫纳广场，由一些深具影响和说服力的人负责，在他们当中包括《纽约镜报》深受欢迎的专栏作家约翰·麦克拉里；好莱坞大亨和花花公子约翰·海·惠特尼，他后来成为美国派驻英国的大使；默片时代的银幕偶像本·里昂。里昂和他的妻子，女演员贝贝·丹尼尔斯，在他们伦敦的别墅中召开盛大的聚会，来宾名单中包括埃克和他的参谋、英国贵族和海军上将、到访的记者以及新闻界有影响力的人员。被安迪·鲁尼称为"这个时代最伟大的公共关系专家和骗子之一"[39]的麦克拉里，带着他魅力四射的妻子金克丝·法尔肯贝格一同现身，以确保没有哪个重要人物在听罢关于"Mighty Eighth"惊人的实力和一连串成功的统计数据前便离去。*

一个关系亲密的媒体——可以理解，他们对纳粹的愤恨远远超过对客观报道的渴望——跟随着对"轰炸机巨头"的乐观评价亦步亦趋。"我们都在同一条战壕内，"沃尔特·克朗凯特后来解释道，"在报道那些小伙子的英雄主义以及令人痛恨的纳粹兽行时，我们这些新闻记者中的大多数人都放弃了一切

＊译注：Mighty Eighth是第八航空队的昵称，可以理解为第八航空队，也可以称作"强大的老八"。

客观公正的念头。"[40]正如安迪·鲁尼指出的那样："最严厉的审查制度始终是新闻从业人员自己施加给自己的那种。"[41]

鲁尼所在的报纸，《星条旗报》，撰写和编辑工作都由穿军装的士兵完成，1943年，他们自己承认这是一份"陆航队报纸"[42]，因为除了空战，没有战事逼近英国。但艾森豪威尔将军曾命令军方审查员，不得将其变成一份极尽谄媚之能事的内部刊物。在古怪但办刊方向明确的上士罗伯特·穆拉（过去曾在《纽约先驱论坛报》供职）和下士巴德·赫顿（曾担任过《布法罗晚报》的编辑）的努力下，《星条旗报》以其扎实的文字、公正的立场成了海外美军士兵的日报。《星条旗报》伦敦办事处派驻了两名军方审查员，但"他们很少阻止我们刊登的任何内容。而且，当他们试图这样做时，我们可以跟他们争辩，经常能说服他们批准发表"，鲁尼回忆道，"和他们一样，我们懂得规矩；这些规矩的目的是让纳粹弄不清即将发起的行动，很有意义"。[43]

作为一名坚定不移的怀疑论者，鲁尼没有理会"对敌人造成破坏"的神奇说法，而是将重点放在轰炸机内的那些小伙子身上。他认为，他的工作就是讲述他们的故事，这些故事"被埋藏于冰冷的统计数据下，而盟军试图将这些数据堆砌得比轴心国的数据更高"[44]。但他后来也承认，有些故事"太令人悲痛"[45]，以至于无法报道，特别是其中的一个，深深地埋藏在他的心中。

鲁尼和其他一些记者待在一座控制塔前，等待着一个轰炸机中队返航，就在这时，消息传开了：一名球形炮塔射手被困于飞机下部的有机玻璃圆罩内。"球形炮塔的转动靠的是齿轮，可以让射手进入射击位置，并能使他回到原先的位置，爬出炮塔回到飞机中，但现在，齿轮中弹后被卡住，球形炮塔内的射手被困在那个有机玻璃笼子里。"[46]

降落前，这架"空中堡垒"的电气系统被打得千疮百孔，已失去作用，驾驶员无法放下机轮。不得不采用机腹迫降。"控制塔、驾驶员和被困在球形炮塔内的那名射手之间进行了八分钟令人心碎的交谈。他知道在没有机轮的情况下迫降首先会发生些什么。我们惊恐地注视着这一切,眼睁睁地看着一个人的生命就此结束,他在混凝土铺砌的跑道与轰炸机机腹间粉身碎骨。"[47]

鲁尼于当晚返回伦敦,他无法撰写自己目睹的这个最具戏剧性、最为可怕的故事。

"在'空中堡垒'内飞越德国的那些小伙子,经历着最为艰难的时刻——能与之相比的可能只有跟随潜艇下潜的那些孩子,"约翰·麦克拉里在给儿子的一封信中这样写道,他的儿子在太平洋的一艘航母上担任战斗机飞行员。"从未见过这样的小伙子。"[48]若干年后,汤姆·布罗考称呼那些抗击轴心国的美国年轻人为"最伟大的一代",但在战争第一年,一些人曾对他们承担的义务有过质疑。1942年,社会批评家菲利普·威利出版了一本讲述他那个年代的青年文化、具有广泛影响的书籍,名叫《奸诈的一代》。威利指责说,20世纪30年代末期,自由世界处处受到希特勒和裕仁天皇的军队的威胁时,美国的年轻人像鸵鸟那样把头埋入沙中,开着大马力汽车,阅读着廉价漫画书,聆听着辛纳特拉的唱片。他们在数学和科学上的表现拙劣,对历史和他们所在的这个世界的认识严重不足,他们当中,59%的人无法在地图上找到中国的位置。[49]但与他们一同飞行了几次任务后,约翰·麦克拉里发现他们是"美国有史以来最棒的小伙子,是美国历史上最为丰硕的收获"。他在一封从英国寄出的战时信件中告诉一位朋友:"我从来不知道他们的存在,或者……他们确实从未存在过,直到全面战争的挑战揭露出一直隐藏在美国人民表面之下那种崇高的品质,重大考验的时刻剥夺了他们的依赖。"[50]在战争期间出版的一本书中,麦克拉里描述了来自德克萨斯州圣安吉洛的马西斯兄弟的故事,作为对威利刻薄指责的一次反击。

马克·马西斯和他的弟弟杰克于1941年加入陆航队,声明要在一起服役。兄弟俩都被分派到投弹手学校,却是不同的地点。杰克成为重型轰炸机的一名投弹手,马克则在双引擎轰炸机上服役。杰克跟随第303轰炸机大队执行美国对德国境内的第一次轰炸行动时，马克仍在国内。没过多久，杰克收到一封哥哥发来的电报，说他已到达英国。杰克找了辆吉普，将马克带到自己的营地。当晚，他们在军官俱乐部召开一场即兴团圆聚会，但这场聚会被一个提醒所打断：明天有行动。出门时，马克问他弟弟的中队长比尔·卡尔霍恩，自己能否一同参加行动。卡尔霍恩告诉他，这不可能，除非他能从罗斯福那里获得批准。

此刻是3月11日，次日的目标是费格萨克。马克陪着他的弟弟来到飞机处。"6点钟再见。"杰克和他的战友们登上"公爵夫人"号时，马克喊道。[51]截止到当时，这是派往德国实施轰炸的最大的一支美国轰炸机编队，"公爵夫人"号是领航机之一。

当天晚些时候，马克站在控制塔上看着"空中堡垒"们返航。"公爵夫人"号率先着陆，但它降落在错误的跑道上，飞机随即起火燃烧，这表明机上有人受伤。马克冲到飞机旁，救护车已将伤员搬上车，并告诉马克，他的弟弟负了伤。在医务室，牧师把他拉到一旁，告诉他，杰克已经死了。

杰克中弹时，领航员杰西·H. 埃利奥特一直和他待在"公爵夫人"号的机头内。他讲述的故事被记录在证词中，伴随着杰克·马西斯获得国会荣誉勋章的嘉奖令，他是第八航空队第一个获得该荣誉的飞行员。

就在到达投弹点前的几秒钟，一发炮弹在"公爵夫人"号的正前方炸开。"一大块弹片撕裂了机鼻的一侧，从右侧打碎玻璃，带着一声巨响钻了进来。我看见杰克朝我撞来，赶紧伸出手臂扶住他。但这使我俩都朝机鼻后部撞去，在这场冲击中，我猜是高射炮弹飞了进来。"[52]他们穿着厚厚的飞行服，卡尔霍恩并不知道马西斯肘部以下的胳膊几乎已断裂，他身体的右侧满是弹片。马西斯竭尽全力爬起身子，回到瞄准器前，俯身于瞄准器上，拉动手柄投下了炸弹。卡尔霍恩听见他在对讲机里喊道："炸弹……"这句话没能说完，杰克便倒在瞄准器上。他的炸弹直接落在瞄准点上，目标区的航拍照片证实了这一点。

在基地医院里，马克·马西斯看着弟弟支离破碎的身体，心如刀绞。他们原本打算在今晚完成兄弟俩的团圆聚会，而现在，他却不得不将这个噩耗告诉父母。转身离去时，他告诉牧师，他要干掉那些杀害他弟弟的凶手。卡尔霍恩以"创纪录的速度"将他调了过来，并批准他在"公爵夫人"号上接替杰克的位置。马克甚至睡在他弟弟的床上。

马克的首次任务是空袭不来梅。钻入机鼻前部自己的位置时，他低头看着被高射炮弹的爆炸炸得伤痕累累的瞄准器，就是这一爆炸要了他兄弟的命。

执行了三次任务后，麦克拉里对他进行了采访：许多飞行员声称，他们发现自己很难对德国人产生仇恨，而更愿意将报复施加到日本人头上，他对此作何感想？"等你受到伤害后就会产生仇恨了，"马克说道，"没错，我就受到了伤害，所以我恨德国人。我希望能对他们的城市发起轰炸，而不仅仅是他们的工厂。"[53]

接下来的一次任务中，马克·马西斯阵亡于自己的瞄准器上。

黑暗的日子

"冬末，我们的士气……陷入了低潮。"柯蒂斯·李梅回忆道。[54]随着对敌领空更深入的渗透，伤亡急剧上升，没有补充人员到来，大家开始将自己的处境看得毫无希望。就算能提供些训练有素的机组人员，恶劣的气候也已将北大西洋的空中航线封闭，另外，也没有足够的船只将他们送至英国。许多飞行员开始对自己的国家产生一种矛盾的心态：他们愿意为她而战，但他们也感到自己被她抛弃了。他们抱怨着，但仍在飞行。疲惫不堪的维修人员彻夜忙碌，从"机库皇后"上拆下可用的零部件，安装到那些在战斗中受损但仍可飞行的轰炸机上。*

---

*译注："机库皇后"指的是受损严重，已无法飞行的飞机。

1943年冬末前，李梅第305大队已损失了近一半人员，另外三个在他之前便投入战斗的"空中堡垒"大队，实力下降至原有人数的20%。[55]这使执行每一次任务都必须做出最大的努力；生病和负伤的人被拽出医院，填补到机组人员中。在洛里昂或威廉港上空执行过一次艰巨的飞行后，那些在六个月里已老了六岁的小伙子会围坐在阅览室和食堂里，"玩一种新的、可怕的游戏"，海伍德·汉塞尔报告道，[56]他们在一张图表上绘制着自己的生存概率。哈里森·索尔兹伯里在他的回忆录中提到："在第八航空队里飞行，然后便获得一张参加葬礼的入场券。那是你自己的葬礼。"[57]

那年冬季，来自航空军医和陆航队精神科医生令人痛心的报告中指出了机组人员中出现的异常行为，像一场看不见的战斗，动摇了飞行员们自我控制的支柱。大批飞行员开始出现一种或多种情绪失常的症状：失眠、烦躁、突然发脾气、难以集中精神、疏远朋友、恶心、体重减轻、头晕、视力模糊、心悸、像帕金森症状那样的颤抖、阳痿、攻击性加强、酗酒和可怕的战斗噩梦，那种噩梦惊人地真实，做梦者浑身颤抖，高声尖叫，有些人还从上铺跌了下来，摔断了手脚。"各作战大队每个月组织的舞会已演变为大量的暴力斗殴事件，"以中央医疗研究所首席精神科医生唐纳德·W. 黑斯廷斯为首的一支研究小组报告道，"有一次，关系很密切的两名中队长，在晚上适量地喝了点酒后驱车返回……他们觉得'需要打一架'，于是……两人爬下汽车，进行了激烈的扭打，直到其中的一个掌骨断裂才作罢，然后，两人友好地爬上车，驱车返回基地。"[58]夜间，关闭宿舍的灯，"用汤普森冲锋枪来一阵扫射，或用手枪在墙壁上射出自己姓名的缩写"[59]，这种情况并不罕见。飞行员们向航空军医和牧师透露，他们"曾勾引过妇女，很多次，不是为了性满足，而是为了征服和攻克"他们无法缓解的焦虑。[60]还有些人担心，他们会慢慢陷入精神错乱的状态中。[61]

中央医疗研究所（CME）后来的一项研究发现，完成一次作战飞行任务的飞行员中，几乎每个人都出现了一种或多种战斗疲劳症的症状。[62]他们中的大多数人抑制着他们的焦虑，继续从事飞行，他们承认内心的恐惧，毫不羞愧地跟组员们谈论这种恐惧，并开玩笑说他们患了"高射炮恐惧症"或是"福克-沃尔夫神经过敏症"……黑斯廷斯的报告中指出："对飞行员来说，这种承认并不带有'怯懦'或'懦夫'的含义。"[63]最为害怕的那些飞行员中，约有25%的人克服了困难，活着实现了对压力的掌控，从而继续进行坚决的战斗，甚至英勇牺牲。但是，症状的积累超过一段时间后，患者可能会对自己及其组员们构成某种危险。

作战飞行中，一些飞行员经历了歇斯底里：震动、颤抖、眩晕、暂时性失明和紧张症。驾驶员克林特·哈蒙德在首次飞行任务飞入敌方猛烈的防空炮火时，他的副驾驶吓得昏了过去，哈蒙德不得不对着他的头来了一拳，以便让他苏醒过来。[64]

一名来自一个杰出军人世家的副驾驶员，每次飞入荷兰境内时都会发生暂时性失明。而当飞机飞越北海返回英国时，他又会突然恢复视力。李梅让他停飞，而拉尔夫·纳特则是跟他进行交谈的军官之一。可当纳特自己的投弹手也在投弹飞行的过程中发生暂时性失明时，纳特不得不抽打他那张充满恐惧的面孔，并强迫他瞄准目标。[65]

还有些人遭遇了一场惨痛的经历后，会出现对极度紧张的情况反应迟钝的症状，这种症状会持续数小时，有时候会是几周。在英国上空进行的一次训练任务中，一架"空中堡垒"的炸弹舱门发生松动，飞出去的一扇舱门切断了飞机的尾部。整个机尾翻滚着向地面坠去，被困在里面的尾部射手疯狂地试图打碎他那挺机枪所在处厚重的玻璃。他设法在机尾的铝皮上踢出个小洞，并试图钻出去，但他的肩膀被卡住。最终，他钻了出去，在没有降落伞的情况下，从数百英尺的高度摔落到地面上。不可思议的是，他居然毫发无损。就在他坠地后，没过几秒钟，那架断裂的飞机坠毁在离他不到100码处，随即发生爆炸，他那些同伴被烧得面目全非。

这名尾部射手说自己一切正常，可以继续参加飞行，但他开始做一些令他崩溃的噩梦,同时,他也无法再忍受呼啸和悲鸣的风声,因为这让他想起断裂的机尾从空中坠落时呼啸的狂风。他没有寻求帮助,不想被看作是"懦夫"或"遇到困难便放弃的家伙",但在接下来的五次任务中,他的状态一塌糊涂,"聆听着飞机发出的嘎吱声,等待着机尾再次发生断裂"。几天后,他崩溃了,中队里的军医命令他停飞。[66]

黑斯廷斯和他的同事在说服各大队指挥官时遇到了相当大的困难:越来越多的飞行员遇到的问题不是疲惫,不是航空队所说的"飞行疲劳",而真的是病了。但那些指挥官坚持认为,这些飞行员需要的是休息,而不是治疗。另一方面,一些中队长对这一小群飞行员也没有表现出同情:这些人只执行了几次任务便崩溃了,而他们的飞机和机组人员遭受的战斗损伤非常小,或根本就没有。这些人被视作懦夫,缺乏英国人所说的那种"道德品质"。他们被认为有一种容易发生崩溃的倾向——这种深层的性格缺陷,在他们获准参加飞行前未能被陆航队的军医们查出。基地指挥官们深信,这种精神障碍的传染性"和麻疹一样"[67],因此,他们试图在这些人"感染"到其他人之前将其摆脱掉。[68]

被指责为"缺乏道德品质"的人受到行政处理,而不是接受医疗程序。[69]军官被送至陆军再分类委员会,在那里,他们可以选择"服役期间表现出色"的评语而辞职,不接受这一选择的人则被指控为"缺乏勇气",然后遭到不光彩的开除。[70]而士兵受到的对待有所不同。他们被降为列兵,解除飞行资格,并被送至补充兵站接受再分配。[71](拒绝飞行的情况很少见,整个战争期间,被交至再分类委员会的人不到100个。)

对那些曾在战斗中表现出勇气,但在接近服役期的最后或在空中遭受到一次惨痛的经历后发生崩溃的飞行员来说,情况有所不同。许多指挥官对CME的医生隐瞒此类问题,他们不想让那些坚强的战士"名声受损",用李梅的话来说就是"受到精神病医生的非难"[72]。

"轰炸机基地是个沉闷的游览地,"安迪·鲁尼回忆道,"死神总是在空中徘徊,尽管这些伙计竭力微笑,并试图忘掉这一点。"[73]他们愿意面对死亡,但没人知道他们将不得不这样做上多少次。他们预料到继续飞行,直到自己阵亡、负伤、被俘或发疯吗?似乎就是如此。

当年冬末,第八航空队军医主任马尔科姆·格劳医生给埃克带去消息,飞行疲劳症和精神崩溃呈现出惊人的增长,73名组员被诊断为"厌战"[74]。他恳请埃克将飞行任务限制在15次。埃克予以拒绝。他坚持认为,这里面没有士气问题,这些士兵不过是筋疲力尽了。但他也承认,必须让参加飞行的机组人员看到希望,他同意将飞行任务的次数设定为25次。完成25次飞行任务后,他们将被送回国重新分配,或是在英国执行地勤工作。(1944年3月,飞行任务被增加至30次,1944年7月,又被增至35次。)完成这一新作战飞行任务的机会,在当时只有五分之一。[75]这很难说令人欢欣鼓舞,但总算是一丝希望。

尽管如此,每次行动都会造成更多的精神创伤患者。其中大多数遭受的是焦躁,陆航队精神科医生将之纳入两个类别。一个是"飞行疲劳症"[76],这是情绪焦躁的一种温和形式,由休息不足和"对飞行神经紧张"而引起。另一个是"作战疲劳症"[77],这是一种情绪上,而不是身体上的疲劳,由累积的压力或在空中的悲惨经历造成,并呈现为"持续性恐惧和持续性心理冲突"[78]。医生们认为,几天的休息可以治愈第一类症状,而第二类症状既需要休息,也需要进行大量的精神治疗,而且,治愈率很低。

格劳医生知道,他说的73名"厌战"者是个保守的数字。已被指挥官暂时解除飞行任务的人,大多数从未出现在陆航队的统计数据上。大队长或中队长让他们停飞,通常是根据航空军医的意见,经过短暂的休息和在基地的治疗而"康复"后,他们再次获得了飞行资格。只有最严重的情况才会被交给CME的精神科医生加以治疗,并进入统计数据中。

整个战争期间,为第八航空队执行作战任务的225000人中,只有一小部分,大约4000—5000人,被视作患有精神创伤;这其中,只有约2100人因神经–精神问题遭到永久性停飞。这个数字并不包括因"缺乏道德品质"而被免除飞行任务或被开除的人,这被看作是品质,而不是精神问题。但这个数据并不完整,并存在很大的问题。除中央医疗研究所外,第八航空队没有保留关于精神创伤的可靠数据,陆航队军医甚至没有为精神创伤确立一个明确、一致的定义。另外,还有许多人因为出现早期精神崩溃的症状而被中队里的航空军医停飞;另一些人被他们的指挥官判断为"缺乏道德品质",从而遭受到无法确诊的精神问题。还有些强有力的间接证据表明,各大队的指挥官隐瞒了与精神崩溃有关的证据。另外,一些个人证词确凿无疑地表明,许多遭受着令人难以忍受的焦虑的飞行员对指挥官和同僚隐瞒了自己的症状,以免遭到惩处或指责,或者是因为他们想尽快完成自己的服役期。航空军医的报告指出,大批飞行员直到完成他们最后的任务后才站出来接受治疗。[79]我们永远不会知道第八航空队中有多少飞行员遭受到足以令他们停飞的精神问题,但这个数字肯定大于官方公布的数目。

勇气的剖析

　　美国步兵在北非和意大利的经历,帮助阿诺德将军和第八航空队的指挥机构对精神创伤采取了更为理解的态度。在地中海战区,稚嫩的美国军队首次遭遇到可怕的德国国防军,精神疾病成为从战地实施医疗后送和因病退伍的首要原因。三分之一的非致命性损失是精神疾病。为更好地了解这种医疗灾难,陆军派出最顶尖的内科医生之一,约翰·W. 阿佩尔,对前线士兵进行了一项研究。他的结论发人深省。

　　阿佩尔坚信,不存在"渐渐习惯于作战"这种事。[80]战斗的每个时刻施加的压力如此之大,以至于士兵的精神崩溃与其强度和他们暴露在战火中的持续时间有着直接的关系。因此,精神创伤和战斗中的枪伤一样,都是不可避免的。步兵中,精神崩溃通常发生于暴露在战火下的一百天后。到那时,身体的

"战斗下去还是逃跑"机制（这种机制是在突发事件下，随着人的本能而产生）会出现危险的扩展。

第八航空队精神科医生进行的初期研究也得出类似的结论。自1943年冬季起，"情绪障碍"便成为飞行员长时间离开飞行最常见的原因，情绪损伤的人数与飞机损失率有着直接关系，每两架未能返航的重型轰炸机中，便有一架是因为实际存在的精神崩溃而造成。真正的危险在空中，而不是个人品质或精神的固有缺陷，"这是迄今为止在本战区内造成精神崩溃的唯一原因"，黑斯廷斯和他的同事在报告中指出。[81]

阿诺德将军明白危险与精神崩溃之间的关系。作为美国陆军最早的试飞员之一，他曾经历过一次差点让他送命的飞行事故，这使他对飞行充满了极度的恐惧。"我的神经系统处于这样一种状态：我不想进入任何一架飞机。"他在给指挥官的信中写道。[82]阿诺德用了四年时间才克服这种根深蒂固的恐惧，可能就是这一经历最终使他对那些在德国上空进行战斗，并遭受到类似创伤的飞行员产生了同情。

在第八航空队，对死亡和伤残无法抗拒的恐惧（作战压力），是造成精神创伤的主要原因，黑斯廷斯对第一年作战行动进行了详尽的医学研究后得出这一结论。在足够的压力下，即便是最出色的人也会崩溃。一名战士所储备的勇气和承受恐惧的能力是有限的。黑斯廷斯不知道，这个结论在早些年便已由第一次世界大战中的外科军医们得出，他们当中最突出的是英国的莫兰勋爵——他后来成了丘吉尔的私人医生。"勇气是如何消耗在战争中的？"[83]莫兰在《勇气的剖析》一书中问道，这是他在该领域的经典专著，直到1967年才付梓出版。"勇气是意志力，对此，没有人拥有取之不尽的储备；战争中，这一储备耗尽后，他也就完了。一个人的勇气就是他的资本，而他一直在进行着消费。"

莫兰研究的主要是步兵，可以肯定，空战与地面战有着巨大的差异。空战中的体力消耗并不像地面战那么强烈，持续得那么久。飞行员所经历的战斗短促而又激烈，而在不飞时，他不必忍受步兵那种动物般的生存环境——战斗、生活在泥泞、雨夹雪和雨水中，不能洗澡或毫无厕所设施。[84]

轰炸机机组人员承受着不同的压力。这是一种间歇性，而不是持续性的压力，因而危害较小。飞行员中，需要长期住院的失能性创伤的发病率较低，士兵发生自我崩溃、陷入恍惚状态、患健忘症或出现疯狂怪异行为的情况较为少见。黑斯廷斯的结论是，第八航空队中"真正的精神病症状显然不多"[85]。但飞行员们承受着战场神经官能症所独有的形式，患病率远较步兵为高。基地内平民般的软安全与空中绝望的危急时刻之间的鲜明对比增加了他们的烦恼，"持有另一种生活方式的想法，是战争中另一个持续性危险"[86]。与步兵不同，飞行员们清楚地知道他们即将进入的险境，这一点危险地刺激了他们的神经。"最好把你的想象抛在脑后，否者，它将伤害到你。"莫兰写道。[87]

重型轰炸机的组员容易遭受到一种特殊恐惧的影响。他们经历了精神科医生所说的恐惧状况，恶劣的天气或是敌战斗机的攻击，只有身处这种特定的情况下，使人丧失战斗力的焦虑方会显现。置身于这种情况下时，一些人的"自恋防卫"[88]，这种自我防御机制才允许他们拒绝自己的生物易感性，并发生崩溃。这些飞行员从坚信"没有什么会发生在我身上"转变为"某些灾难肯定会落在我头上"[89]起初，他们认为自己不过是旁观者，现在，他们知道自己就是容易被击中的目标。除了被敌人的炮火击中，空中最可怕的经历是在目标上空时的那份无助感——完全无法躲避危险。灾难带着可怕的突然性袭来，引擎单调、催眠般的嗡嗡声被剧烈的爆炸打断，鲜血和残肢被炸得四散飞溅。这是技术型战争的一个特点，类似于灾难受害者，或是身处猛烈炮击下的步兵，或是被这些飞行员有意或无意轰炸的平民所承受的打击。而投弹飞行的经历则类似于一名德国母亲和她的孩子蜷缩在他们的煤窖中，空袭警报响彻半空，生与死完全凭运气来决定。这种情况下，轰炸机机组人员所能做的只是蹲下身子，承受这一切，根本无法缓减加剧的紧张。高射炮弹的爆炸中，机组人员独自面对着恐惧。正如弗洛伊德所写的那样："受伤的本质是无助的经历。"[90]

"身处危险中，"莫兰勋爵写道，"人们通常能找到解救的办法。"[91]但在高射炮火覆盖区域，根本找不到什么解救法。"我仍能看见和听见高射炮弹的爆炸，如同我在飞机上时那般清楚，"第八航空队的尾部射手谢尔曼·斯茂在战争结束六十年后承认道，"当时，我假装自己是个演员，正在拍摄一部好莱坞动作片，就这样，成功地阻止了恐惧。随着战争的结束，这个虚构的幻想也落下了帷幕。随后，令人难以忍受的恐怖回忆打垮了我，我不得不被送入陆航队的一所精神病院。"[92]

运气是一名飞行员生命中的决定性力量。[93]它决定了其组员的构成和品质、他的飞机在作战编队中的位置、他的编队所飞入的气候环境、敌人抵抗的强度、最终包括他的生与死。不掌握这些东西或是掌握得很少，一些飞行员便会六神无主，常常不知道是什么原因。"我的后背上有一道黄色的条纹，一码宽，我不知道是如何得来的，"一名飞行员说道，"我从未怯懦过。"[94]

大多数情况下，焦虑症与飞行有着直接关系，飞行员停飞时，这种症状便会消失。陆航队的精神科医生提醒指挥官，不要将精神脆弱者重新投入战场。"迫使那些患有严重焦虑症的人参加飞行并不难，但在大多数情况下，迫使他们有效地飞行则不大可能。"[95]正因如此，饱受焦虑蹂躏的人给自己和其他组员造成了危险，最终导致指挥官将他们停飞。

第八航空队的精神科医生也开始证明，一些精神受到创伤的人可以得到救治，并恢复飞行。接受过复杂训练的飞行员供不应求，这也是指挥官们与CME精神科医生以及他们自己的航空军医保持密切合作的另一个原因。[96]

陆航队医疗指挥链中的关键人物是航空军医，在轰炸机基地，每个中队都配备了一名。一个人在战斗中精神崩溃，或是出现崩溃的危险迹象时，首先为他提供诊断和治疗的是他的航空军医，而这位军医接受过的唯一的精神病学培训，可能是在海威科姆CME总部的短期课程上。航空军医不得不采取一种近乎不可能的协调方法。一方面，他们是受过培训的医生，试图像神父近教徒那样接近他们的患者，使自己可以不分昼夜地为患者提供咨询服务和医疗救治。而另一方面，他们又是军官，主要职责是让士兵们保持足够的健康和理智，以便为国家奋勇杀敌。精神上受到创伤的患者去看医生，是为了暂时或永久性地摆脱战争，但医生的职责是尽可能多地将他们重新投入到恐怖、痛苦、曾令他们丧失作战能力的战场上。

CME寥寥无几的精神科医生疲惫不堪，他们赶往各轰炸机基地，帮助航空军医们解决这种困境。他们还跟随机组人员一同飞行，"以了解空战过程中这些人究竟发生了什么状况"[97]。CME的精神病学专家戴维·G. 赖特中尉，作为一名精神病学现场顾问，与柯蒂斯·李梅的第305轰炸机大队共度了4个月时间。他飞了5次作战任务，这些经历帮助他撰写了一系列开创性报告，而这些报告则成为军事心理学领域中的经典之作。[98]

赖特与陆航队的人一同飞行，也是为了获得他们的信任。"很少有飞行员愿意和那些没有经历过残酷战斗的人进行无拘无束的交流，特别是在他们受到情绪困扰的情况下。"[99]他在一份被陆航队发布下去，要求其航空军医必须阅读的报告中写道。仅仅在1943年，便有53名航空军医参加了91次作战飞行任务，尽管有人负伤，但没有人阵亡。[100]

为了进行"积极的、预防性的精神治疗"，你必须让那些人觉得你"随时随地和他们在一起，为他们着想"，赖特对军医们建议道。[101]但他也提醒，得到尊重比得到爱意更为重要。一名出色的航空军医必须意志坚强，和他所照料的那些人一样，致力于赢得这场战争。这就意味着鼓励和支持他们潜在的患者继续从事飞行，尽管他们不得不忍受创伤和恐怖。

"血腥100"大队的温德尔·C."烟枪"·斯托沃上尉非常符合这一描述。"在国内时他便跟我们在一起，并知道我们所有人的名字，"《星条旗报》记者索尔·莱维特中士这样写道，莱维特也是第100轰炸机大队最早的队员之一，"在索普-阿伯茨，飞行任务首次带回伤员和受到惊吓的射手，红色信号弹窜入机场上空时，'烟枪'就站在那里。"这个身材健壮、说话慢条斯理、33岁的军医来自印第安纳州的布恩维尔，在那里，他的病人主要是矿工,"烟枪"斯托沃没有娇惯他的部下,流传于基地的说法是,"只有在你快死的时候,他才会让你停飞"。尽管如此,遇到麻烦的飞行员还是愿意和他倾心交谈,仿佛他就是基地的牧师,而他也确实让自己被所有人接受,"是军队中最类似于家庭医生的人"[102]。

斯托沃意识到,发现战斗疲劳症的重任主要是落在他的身上,为发现这种症状并诊断其严重程度,他必须了解自己的部下。他将他们置于不明显的监视下,在简报会上,在停机线处,在飞机上,在兵营中,在当地的酒吧里观察着他们的举动。但像斯托沃这样优秀的航空军医,不仅在这样或那样的时刻,成为部下们的"医生、牧师、律师、母亲、父亲、兄弟或朋友"[103],也要受到轰炸机大队指挥官的控制。一名军医可以建议某人停飞,这就带来了一种不受约束的权力。出于这个原因,戴维·赖特忠告军医们与他们的指挥官发展起一种密切的关系,不要被视作软弱或对部下过分宽容。

第八航空队精神科的铁律是在基地内治疗尽可能多的人员(他们熟悉这里的这些患者),而不是将他们送至CME管理下的医院。如果航空军医发现了轻微的情绪困扰症状,他可以打发这位身患战斗疲劳症的飞行员去某座乡村庄园休息一周,陆航队已着手将这些庄园改建为飞行员康复中心。表现出更为严重的精神症状的患者则被留在基地,并获得一定剂量的阿米妥钠,这使他们进入到长达两天的深度睡眠中。黑斯廷斯博士对军队广泛使用的睡眠疗法做出了解释:"与不得不带着最近所有的记忆和印象立即去面对新情况相比,这种做法……更容易将一段可怕的经历调整为'这发生在两天前'的心态。"[104]

伴随睡眠疗法的是极具同情心的谈话治疗。大多数情况下,光是休息(解除作战任务)便足以完成陆航队所谓的"治疗",使患者恢复如初,并重返作战任务中。持续遭受严重焦虑症困扰的飞行员则被送至CME管理下、配有一间特殊麻醉室,或是睡眠治疗室的陆军医院。在这里,患者会进入一场更长时间的睡眠,通常是72小时。在当时,这是民用临床针对躁郁症的标准疗法。

除了阿米妥钠，陆航队还使用硫喷妥钠，即所谓的"吐真药"，从而让患者产生一种梦幻般的半清醒状态，这个过程中，医生在一间昏暗的房间里，积极垂询、刺激患者，试着诱使他再现导致其产生精神问题的创伤经历。这种疗法的原理是，药物作用缓减了患者的抗拒，在这场与压倒性焦虑的斗争中对他自身加以强化，使他敢于面对，并最终克服最令他害怕的恐惧。这种"治疗"只有一个目的：让患者重返战场。

陆航队军医罗伊·格林科和约翰·P. 斯皮格描述了他们在北非倡导的积极疗法："临床医生可以扮演一名机组同伴，喊出敌战斗机和高射炮火所在的各个位置，提醒即将实施海上迫降或要求对受伤的战友加以救治……在这种情况下，一些患者的重现感极为强烈，他可能会在房间里四处乱走，就像是在飞机上，或者，将枕头或床单当作装甲板……可能会畏缩或躲避高射炮和机炮的射击……最危险时刻的恐怖呈现出来，例如，飞机内发生爆炸，一架飞机坠落，一位好友在飞行员眼前致残或身亡，他惊恐地看着。这些事件逼近时，他的身体变得越来越紧张，越来越僵硬；双眼睁大，瞳孔扩张；皮肤上开始出现细密的汗水；双手痉挛地移动着，试图寻找到一种支持、一种保护、一件武器或一位朋友来帮助承担眼前的危险；他的呼吸变得极其迅速而又短促。这种情绪的强烈程度有时会超出可承受范围，经常会达到反应的最高点，会造成崩溃……这种情况下，可能需要不止一次的硫喷妥钠治疗，每次都会带出被压抑在内心的新内容。"[105]

战争后期，道格拉斯·邦德博士接替黑斯廷斯（黑斯廷斯采用与格林科中校和斯皮格少校相同的疗法），成为CME精神科负责人，[106]他停止了硫喷妥钠疗法，并争辩说这种疗法制造出歇斯底里的模拟情形，令患者惊恐万状，反而使他的焦虑症更加恶化。与一名同事进行了进一步的研究后，他还放弃了使用阿米妥钠的深睡疗法，现在，他们成功的标准不再是患者重返战场的数目，就像黑斯廷斯所做的那样，而是重返战场后，至少出色地完成四次任务的患者人数。这种新标准被采用后，药物诱导疗法的成功率从70%暴跌至13%。

一名患者在CME完成他的治疗后，精神科主任会向由陆航队军医组成的"中央医疗委员会"提出建议：让他继续飞行或让他停飞。待委员会做出裁决后，这名飞行员被送回基地，他的命运便落入大队长的掌握中。1943年初期，黑斯廷斯和他的同事使用麻醉法治疗的69名患者中，62人得以康复或症状有所改善。[107]但这62人中只有38人重返蓝天，其他大多数都被分配了地勤工作。对CME任何疗法都没有反应的患者被送回陆航队设在国内的医院，接受长期治疗。这里的治愈率有所提高，但只有在患者得到再也不用重返作战飞行任务的保证后才会奏效。陆航队的军医们最终会发现，真正的疗愈"只能在一种安全的氛围中"获得。[108]

第八航空队的历史中，最突出的并非在战斗中发生精神崩溃的人数，而是没有出现这种问题的压倒性人数。战争中最大的难题是，这些战士是如何坚持到底的。每一个内在的本能要求他们逃跑时，是什么在激励他们继续奋战？是什么让这些有理性的人如此无理性地行事呢？[109]

面对危险时，如果这种令自己免遭崩溃的能力可被称作勇气的话，那么，勇气究竟是什么？莫兰勋爵犀利地指出："勇气是一种道德品质，它不是体育天赋那样得自天赐。它是两种选择间一种冰冷的抉择，下定决心，绝不退缩；自制行为必须通过意志的力量来完成，不是一次，而是多次。勇气就是意志力。"[110]

但支撑意志力的又是什么？对大多数在空中奋战，打击纳粹德国的美国飞行员来说，这并非出自对敌人的深仇大恨。研究表明，大多数飞行员对纳粹国家无处不在的邪恶了解得很少，只有当他们的朋友阵亡时，才会激发起他们强烈的仇恨。"驱动这些人的，更多的是爱，而不是恨，"陆航队精神病学专家赫伯特·斯皮格总结道，他在北非既治疗飞行员，也帮助步兵，"战友间的挚爱使他们共同承担着同样的危险。"[111]群体非常重要，因为一个人战斗面临着可怕的孤独。正如战地记者埃里克·塞瓦赖德所说的那样："战争发生在一个人的内心。它发生在个人的身上。"[112]正因为独自承受着恐惧，所以他需要获得同样进行着内心交战的战友的支持。

四位"空中堡垒"射手在二战中的经历说明了这种纽带的紧密性。参加战斗前，四名中士达成一项协定：如果他们中的某一个身陷困境，"不管是什么情况"，其他人决不丢下他。[113]几周后，他们的飞机被敌人的高射炮火击中。驾驶员命令大家跳伞。顶部炮塔的射手并未参加那四名战友的协定，他跳出了飞机，后来，他讲述了自己跳伞前所发生的事情。弹片卡住了球形炮塔的释放装置，将射手困在圆形有机玻璃罩内。另外三名射手无法将他们的战友救出，尽管他们都没有受伤，但告诉他们被困的朋友，他们会跟他同生共死。他们真的这样做了。

一个"集体人格"，或是"自我群体"在飞机上形成，[114]如果足够强大，每个组员都会感觉到情绪的稳定和保护感。如果太过虚弱，神经症样症状的发病率便会猛增。但这里必须有令人鼓舞的领导者来支撑大家的士气，这是赢得战争最重要的素质。几乎每架飞机上，公认的领导者都是驾驶员，他是机组其他成员"赖以支持和寄托了希望"的木筏。[115]面对绝望的情况，他所做出的反应在机舱内回荡。如果他感到害怕并说了出来，这没什么关系，所有作战人员都知道，这种恐惧并不是怯懦。怯懦是"一个人所做的某些事。在他脑中想的都是他自己的事"，莫兰勋爵写道。[116]

轰炸机大队履行着与驾驶员相同的整合功能，但这种部落般的忠诚很少会延伸至其他大队。"如果驻扎在马路对面的另一个大队遭受到重大损失，大家会说，太糟糕了，但这并不会令他们感到特别的震惊。他们辩称，其他大队所发生的事情不会让他们忘记自己属于哪支队伍。"约翰·C.弗拉纳根中校在报告中写道，[117]这位陆航队军官负责调查派驻英国和其他地区美国航空队的士气情况。一天，弗拉纳根和不知哪个大队的几名成员坐在一起吃午饭时，话题转到联队中另外两个大队最近遭受的巨大损失上。其中一个人猜测，这种损失的影响可能会让自己的球队在第八航空队举办的篮球联赛中获得机会。"如果再有一个大队像这两个大队那样遭到打击，我们就有可能赢得冠军。"[118]

黑色幽默常见于活在危险边缘的那些人中，但它确实表达出现实的残酷。对这些人来说，战争已变得太过个人化，无法以政治演讲或为自由和国家而战的那些鼓舞士气的电影来回应。在轰炸机基地，他们唯一在乎的发言是拂晓时，驾驶员在停机线处对机组成员所说的安慰性话语。他们在那里倾听着，对他们来说，没有比即将到来的空中考验更为重要的事情。

没有任何事，当然，除了回家。你为何而战？陆航队的一位精神科医生问一名飞行员。"这样，我就可以回家了！"他回答道。[119]1943年初，如果不是新确定的服役期，思乡之情可能早已让第八航空队的飞行员们精神失常。对一些飞行员来说，"二十五"是"支持他们神经的唯一因素"，[120]但要让"二十五"真的有什么意义，飞行员们必须先达到这个飞行次数。1943年冬季，他们当中没人做到这一点。

未被兑现的承诺

"对第八航空队来说，去年冬季是个非常关键的时刻，"1943年8月返回华盛顿，海伍德·汉塞尔向陆航队情报官进行情况简介时说道，"有那么一阵子，它似乎将彻底不复存在。"[121]生活条件加剧了这种沮丧。"甚至连空气中也是泥浆，"李梅回忆道，"你呼吸着它，尽管你并不想这样，它在你的指甲缝里，在你双手的指纹中。"[122]煤是唯一的燃料来源，由英国政府配给；由于商船队的损失依然居高不下，食物供应单调得令人生厌，标准的菜谱是球芽甘蓝和干蛋品。

在天色阴暗、细雨蒙蒙的停飞日，一些人整日躺在床上，吸烟、写信、阅读，或是盯着营房的金属屋顶发愣。还有些人骑着自行车来到当地村落的小酒吧，这里的啤酒温温的，威士忌也兑了水，但这里的酒友不错。起初，母亲们让她们的女儿远离这些厚脸皮的美国佬，但在这里，"大地的女孩"随处可见，这些年轻女性被派至英国的各个农场参加劳动。*据柯蒂斯·李梅回忆，他那些部下扒着基地四周的栅栏，试图和那些身穿制服、推着独轮小车穿过田野的姑娘们搭讪。"他们中的很多人，与姑娘们之间建立起的关系不仅仅是交谈。"[123]没多久，基地和周围城镇的性病发病率急剧上升。母亲们举行了抗议游行。

再就是伦敦。灯火管制，轰炸造成的遍地狼藉，物价高昂，出行困难，尽管如此，它依然宏伟壮观，这里就是二战期间的巴黎，挤满了来自世界各地，受到法西斯主义威胁的军人、外交官和记者。被损失和沮丧折腾得筋疲力尽后，大多数在1943年初游历伦敦的飞行员将它视为一种放松，而不是一座需要加以探索的城市。而对在他们之后到来的那些飞行员来说，伦敦是个不同、更多样化的城市，随着美国士兵的数量急剧增加，这座城市变得更为熟悉，更具魅力。而1943年的那些人既没有时间也没有四下游览的愿望，他们到这里来就是为了喝酒和遗忘，身边总是陪伴着女人。

"要是没有伦敦，我们肯定都已疯了。"罗伯特·摩根说道。[124]摩根和机组里的另外几名军官同行，而机组里的士兵则各走各的。"这跟我们的军衔以及彼此间的感情无关，完全是因为被安排的住处不同。"[125]第八航空队的军官们在伦敦的大酒店里度过他们的大多数时间，其中最豪华的当属"萨沃伊"酒店，诺埃尔·科沃德和伊夫林·沃喜爱的酒吧就在这里。"下午举行舞会是萨沃伊的一项传统，酒店管理层在战争期间依然保持了这一传统，尽管男士与女士的人数不够均衡。我们竭尽所能，拉平了这个比例。"摩根说道。*[126]

---

* 译注：《大地的女孩》是1998年英国拍摄的一部电影，讲述的是二战期间英国年轻女子被派至全国各地的农场参加劳动的故事。
* 译注：诺埃尔·科沃德是一名英国演员、剧作家、流行音乐作曲家，因影片《与祖国同在》而获得1943年奥斯卡荣誉奖；伊夫林·沃则是英国20世纪上半叶最出色的讽刺小说家。萨沃伊酒店的酒吧是世界上最著名的酒吧之一。

他们也去一些小型饮酒俱乐部，那里的顾客需要自带烈酒。烈酒在战时的英国很难搞到，但摩根想出个办法。"我们中的一名军官跟可口可乐公司有关系，每当可口可乐运抵巴辛伯恩时，他便会留意夹杂在里面的威士忌。烈酒轻而易举地到手，也让你得到了姑娘们。当然，我们的钱也能得到她们。我们当时的军饷是英国士兵的三倍，他们对此怨恨不已，特别是因为我们用这些多出来的钱偷走了他们的女人。"[127]

埃里克·韦斯特曼是战争期间的一名英国军人，他还记得美国人"侵入"伦敦的第一次浪潮。"最令英国女人高兴的便是这些美国佬。他们什么都有——魅力、大胆、香烟、巧克力、尼龙丝袜、吉普车和生殖器，但主要是钱。美国佬都是些性欲狂，不谙此道的无数英国女人完全拜服于他们的脚下（我想我应该加上'拜伏在他们身下'这一句）……几乎每个上班女郎都想'搭上个美国佬'。"[128]

"二战期间，美军在英国赢得了女人们的芳心，我认为历史中从未有过这种征服史。"

在伦敦，跟摩根上床的女人很多，在家里等他的孟菲斯美女丝毫未令他感到烦恼。这是战争时期，而且，"躺在另一个姑娘怀中过几夜并不是世界上最严重的罪行"[129]。

去伦敦的途中，摩根和他的同事偶遇了克拉克·盖博上尉，于是同行。"我们走到哪里都被大群女人围住，但盖博丝毫不动声色，他试着让自己的举止更像是一名休假中的飞行员，而不是个好莱坞巨星。这当然是不可能的。我们走进一间俱乐部，乐队指挥认出了盖博，便开始演奏《无垠的蓝天》，那些漂亮的英国、法国、比利时姑娘围到我们桌旁。跟着盖博混真是太棒了——我们尽情地沾着他的光。"*[130]

有些女人的容貌比盖博追求的那些更漂亮。"（盖博喜欢漂亮女人，）

---

*译注：《无垠的蓝天》是美国陆航军乃至独立后的空军的军歌。

但他来者不拒，"他的朋友杰克·马欣说道，"他似乎认为，跟相貌平平的姑娘在一起会少点麻烦。"[131]

不跟盖博同行时，摩根和他的三名组员便自己游览伦敦，尽管小小的电车车厢内挤满了其他士兵。"我们不想结交朋友。太多的朋友是一种风险。那么多战友身亡，你会试图控制自己不得不承受的痛苦。我们从来不对家里人谈这个，哪怕是自己的妻子或爱人。我们谈论飞机和引擎可能会遇到的问题，而不是我们在战斗中遭遇的情况。在一旁听到我们谈话的人会认为我们是一帮卡车司机。"[132]

记者们也有同样的规矩。带着哈里森·索尔兹伯里首次来到一个轰炸机基地时，沃尔特·克朗凯特告诉他："别跟那些小伙子交朋友……他们牺牲时，你会感到这一切太残酷了，你知道，他们中的大多数都会牺牲。"[133]

第八航空队深入德国领空，进入到防御严密的鲁尔河河谷时，遭遇到德军战斗机更为猛烈的抵御。[134]戈林终于意识到美国人的威胁，开始将战斗机和飞行员从东线调至西线，1942年秋季，德国空军在北欧的战斗机数量为260架，到1943年春季，这个数字翻了一番。4月17日，不来梅上空，第八航空队打了一场到当时为止最激烈的空战，被敌战斗机击落15架轰炸机，这个数字两倍于以往任何一次任务。执行不来梅任务前状态很好的人，现在会无缘无故地笑起来。饮酒至深夜增加了飞行的危险性，指挥官们对关闭基地俱乐部有些犹豫，因为这可能引发暴乱。就连偶尔参加飞行任务的克拉克·盖博也几近崩溃的边缘。他会让自己喝得酩酊大醉，不时从基地里消失一两天，跑到温莎城堡附近的一座小别墅躲上一阵子，那座别墅属于他的一个朋友，英国演员大卫·尼文。*

---

* 译注：大卫·尼文是英国著名演员，中国观众较为熟悉的他的作品是《尼罗河上的惨案》、《海狼》、《逃往雅典娜》等。

盖博赶到航空队医院探望一名身负重伤的战友时失去了控制，差点让自己被送上军事法庭。那名球形炮塔射手，身上几乎每一处都负了伤，绷带把他包裹得像具木乃伊。主治医生是一名上校，他告诉盖博，这个小伙子的生命只剩几个小时，大剂量吗啡使他无法认出房间里的盖博。随即，这位外科医生指着每一处伤势做了详细的描述：肺没了，脊柱断裂，肋骨断裂。盖博发现，那位射手的眼中流出了泪水。他一把抓住医生的胳膊，把他拉到外面，抵在墙上："要是你胆敢再这样，我要了你的命！"[135]

当年春季晚些时候，艾拉·埃克给阿诺德发去一份紧急报告。埃克曾得到保证，他将获得新的机组人员和飞机，可他到现在也没得到，他的焦急演变为一份有可能断送他职业生涯的公报。"第八航空队目前的状况是因美国陆军不讲信用而造成的。经历了十六个月的战斗，我们居然无法对敌人的目标派出123架以上的轰炸机。兵力少得可怜，许多机组人员已在战场上奋战了八个月之久。他们懂得平均律，他们已看着它发生在战友们身上。"[136]他总结说，第八航空队仍是个"未被兑现的承诺"。

他告诉阿诺德，不分昼夜地轰炸纯属虚构。第八航空队与皇家空军的任务分工依据的是地域，而不是时间顺序。除了少数例外，"他们轰炸德国，我们轰炸法国"。这是因为第八航空队没有足够的力量"在德国上空进行持续的轰炸行动"。这就给了德国人构建起战斗机防御的时间。他警告说，敌人可能已经获得北欧上空的制空权，而这正是盟军成功实施进攻所需要的。

埃克还为他那些部下担心，这1500名左右的人是第八航空队的"烈血精英"。四个"空中堡垒"大队自1942年11月起便承担着轰炸战的重任，第91、第303、第305和第306大队的这些"先锋"急需获得接替。"他们经历了战斗的考验……他们犯过错，并克服了错误……现在应该把他们调回来，传授经验，并将我们用鲜血换来的教训带回到各中队的训练中。但相反，他们不得不留下，人数越来越少，直到跟他们当初同样稚嫩的补充兵到来后替换他们。

这是我们未能获得承诺中的补充人员最为严重的必然结果。"

阿诺德有他自己的问题。他告诉一名返回华盛顿的同事，这并非他的错，那些轰炸机被转调到了北非。在给埃克的正式回应中，阿诺德提醒他，自己"有八张嘴要养活，新飞机一准备好便被派往八个战区"[137]。每个战区指挥官都认为自己面临着最大的困难。但他承诺，英国的情况很快会得到好转。

随着士气的严重下降，航空队的公共关系官请求派驻伦敦的记者到基地来，更多地报道这些小伙子的故事。"机组人员希望人们知道他们正在奋战，正在牺牲，这是公共关系官的工作，"鲁尼说道，"让他们的名字出现在报纸上的某处，任何地方。"[138]这很对鲁尼的胃口，他早就想从撰写将士们在战斗中身亡这类令人郁闷的故事中摆脱出来。当年春天，第八航空队最激动人心的生存故事是关于第306大队一名身材矮小，爱捣蛋的中士，他被称为"讨厌鬼"史密斯。

梅纳德·哈里森·史密斯是当年春季第一批到达的补充兵，32岁的他是这群补充兵中年纪最大者之一。作为一名小镇法官的儿子，史密斯自称为一名辩论家，频繁出入基地周围的酒吧，与当地人讨论政治话题。在基地内，他总是麻烦不断，被室友们称作"一个真正的蠢货"[139]。

1943年5月1日，史密斯参加了他的第一次空袭任务。他的驾驶员是老资格的刘易斯·佩奇·约翰逊中尉，史密斯代替另一名战友，被分派到球形炮塔，尽管他以前从未在那个圆形玻璃罩内飞行过。从圣纳泽尔返航后，机群发现了陆地，并开始下降。"能见度很糟糕，但我们还是很高兴，"副驾驶后来描述了机上的情形，"突然，一阵可怕的高射炮交叉火力，砰砰砰砰，我们正处于火力中。"[140]他们到达的不是英国上空。领航员错误地将他们带至布雷斯特德国潜艇基地的上方。片刻后，一大群Fw-190从阴霾中钻出，对他们发起了攻击。

顶部炮塔射手威廉·法伦霍尔德走下来说"机身后部起了很大的

火"[141]。内部通话装置被打坏，于是，约翰逊命令他到后面去，对机损情况做出评估。约翰逊打开无线电操作室向前的舱门时，一堵坚实的火墙挡住了他的去路。"弹药的殉爆中，我看见史密斯穿过烈火，弹壳从他降落伞的背带上弹开。"[142]

在此之前，史密斯已爬出球形炮塔，并发现自己跨在两团烈火之间，火势正向他逼近。火苗窜出无线电操作室，后方还有另一团大火。"突然，无线电操作员跌跌撞撞地冲出火海，"史密斯后来告诉鲁尼，"他选了个捷径，冲向射手舱口，跳了出去。我向外望去，看见他撞上飞机尾部的水平尾翼后弹开，随即，他的降落伞打开了。"[143]几秒钟后，两名腰部射手也跳了伞。在后来的采访中，驾驶员表示，他不明白"为何史密斯留了下来"[144]。

浓烟和烟气几乎使人无法呼吸，史密斯将一件毛衣裹在脸上，抓起灭火器，开始对付无线电操作室里的大火。"我转头向机尾处的火焰瞥了一眼，看见有个人朝这里而来，于是我跑了过去。原来是机尾射手吉布森，他负了伤，正痛苦地爬动着。他的身上满是鲜血，检查一番后，我发现他后背中弹，子弹可能已射穿他的左肺。我将他的身子向左翻去，以免鲜血流入他的右肺，并给他注射了一针吗啡。"[145]美军轰炸机上的急救包内都配有一次性吗啡注射瓶，机组人员都学过如何掰断玻璃瓶颈，并挤压细管，将吗啡注射进伤者的神经系统。对史密斯来说，做到这一点很困难，因为机舱内充满火焰和刺骨的寒风，伤员还穿着厚厚的衣服。

安顿好吉布森，史密斯"又冲入火中"。就在这时，一架福克-沃尔夫返回身来试图彻底击落这架"空中堡垒"。"我跳起身，跑到机腰处的一挺机枪后，对着它开火射击……然后又跑回无线电操作室继续灭火。这次，我冲进操作室内，开始将燃烧的物品扔出去。大火在机身上烧出个很大的洞，所以我把那些燃烧着的东西通过这个洞丢了出去。灭火器喷出的气体令我窒息，于是我又向起火的机尾跑去。我脱掉身上的降落伞，以便让自己的动作更快些。我很高兴没有太早脱掉身上的伞包，因为我后来发现上面卡着颗点30口径的子弹。"[146]

最后一具灭火器用完后,史密斯又对着火焰撒尿,并试图用双手和双脚将火扑灭,直到他的手套和靴子开始阴燃起来。"那架福克-沃尔夫又兜了回来,我得教训它。这次,它永远地离开了我们。机内的火势多少得到些控制,我们已能看见陆地。"[147]

史密斯跪下身,试着安慰受伤的机尾射手。他告诉他,他们已经到家了,但他知道飞机的尾轮已被打飞,他担心着陆时的冲击会令飞机断为两截。这位矮小粗壮的射手独自与烈火和敌人奋战了1小时15分钟。他扔出飞机的弹药箱重达100磅,仅比他的体重轻30磅。

轰炸机编队排列得很密,在约翰逊这架飞机的左侧,是雷蒙德·J. 切克上尉驾驶的一架"空中堡垒",机组人员目睹了当时的场景。"我们看见史密斯穿过火焰,经过敞开的机腰,去救助负伤的机尾射手。我们能看见机内殉爆的弹药窜出无线电操作室上方和侧面的开口。我们看着他扑救着火焰,随即又停下,击退敌机的攻击。这一切都是在狂风裹挟着火焰在他身边肆虐的情况下完成的。这些举动没有让他送命,完全是拜他的造物者所赐。"[148]

这架饱受战火摧残的"空中堡垒"在兰兹角附近的一座紧急起落场着陆时,机身保住了。"她没有断为两截真是个奇迹,"史密斯告诉航空队调查人员,"我真希望能跟那些建造她的人握握手。"

第306轰炸机大队的战史作者写道,史密斯的故事"令公共关系官们如获至宝,他的壮举也让记者们全力以赴地投入其中"[149]。通常说来,荣誉勋章的获得者会被送回国,从总统手里接受他的勋章,但正在巡视各陆航队基地的战争部长史汀生认为,士兵们看见一名中士因作战英勇而获得国家最高等级勋章,士气肯定会为之而振奋。

史汀生八辆汽车组成的车队到达时,史密斯却不见了踪影。经过一番迅速的寻找,他被发现正在厨房里削土豆。原来,他因为晚归而被打发到厨房当炊事兵,而且忘记了参加颁奖仪式的时间。给他的嘉奖令中写道:"他是对美国武装力量的一种鼓舞。"[150]但鲁尼说，认识他的那些小伙子从未改变过"他是个蠢货"的看法。也许是这样，但这位来自密歇根州卡罗市，倔强、常犯错的小伙子，做出了被他的驾驶员称为"彻底自我牺牲"的举动。

最 终

当年5月，更多的机组人员从美国赶到，士气开始有所提高。补充人员到来得非常及时，适逢第八航空队的损失已到达峰值，该航空队对德国北部进行了一次最深的渗透，行动半径约为460英里，这是对基尔的空袭，马克·马西斯就是在这次行动中阵亡的。5月13日，随着一批补充兵的到来，第八航空队的作战实力增加了一倍多，从100个扩大至215个机组。为保持第八航空队的正常行动，为首的几个大队遭受到严重损失。最初十个月的行动中，第八航空队损失了188架重型轰炸机，近1900名机组人员，这个数字还不包括那些驾驶着严重受损的飞机返回英国后负伤和阵亡的人。1942年夏季和秋季赶至英国的作战飞行员中，近73%的人未能完成他们的服役期。57%的人在战斗中身亡或失踪，另有16%的人不是在英国的坠机事故中重伤或身亡，就是因严重的精神或身体障碍被永久性停飞。[151]

5月29日，第八航空队执行其第61次作战任务，投入了279架重型轰炸机。这一行动结束了埃克所称的"第八航空队的实验期"。他认为，自己现在有实力承担起曾在卡萨布兰卡向丘吉尔许诺的"昼夜不停轰炸"中他那份任务。他仍认为，无须远程战斗机护航，自己便能完成这个任务，这也许是为证明他对战前空战学说坚定不移的信仰。这其中还有一份出自必然的自信，因为目前尚没有远程护航战斗机，它们也不会很快投入部署。

但至少陆航队终于开始意识到远程战斗机的必要性。现在，就连海伍德·汉塞尔也在争取远程护航战斗机的研发。战后，汉塞尔承认，他和麦克斯韦基地其他一些空战规划者一直错误地坚持，开发一款有效的远程战斗机在技术上是无法做到的。"像我这种对技术一知半解的人，却对本不该关心的技术参数忧心忡忡。但后来，工程师向我们解释说，这是可以做到的，听上去合情合理。"[152]负责航空队事务的战争部助理部长罗伯特·洛维特于1943年6月到英国的各个基地巡视一番返回后，督促阿诺德（阿诺德在5月份时心脏病发作，这是当年的第二次，此时刚刚重返工作岗位），立即对远程护航战斗机的生产工作加以关注。[153]阿诺德随即写了份被一名历史学家称为整个战争期间最为重要的备忘录。[154]备忘录发给他的参谋长巴尼·贾尔斯少将。阿诺德写道："（洛维特的指示强调了）开发一款能掩护轰炸机往返的战斗机的绝对必要性。另外，这种战斗机必须能进入德国……在对德国实施纵深渗透前还剩下六个月。接下来的六个月中，你必须弄到一款能为我们的轰炸机提供掩护的战斗机。至于是利用现有机型还是重新设计，那是你的问题。立即着手行事。"[155]

阿诺德的催促值得赞扬，但他规定的时间太过糟糕。当年夏季，埃克将让他那些没有获得保护的轰炸机深入到德国各个城市的上空。

在备忘录中，阿诺德甚至没有提及P-51"野马"，这款开发中的战斗机将改变空战的局面，另外，他也没有严厉督促负责战斗机护航项目的研发小组。开始催促那些工程师和飞机设计师着手解决问题的是贾尔斯。但贾尔斯被告知，"野马"战斗机要到年底才能做好准备。在那之前，轰炸机不得不依靠新型的P-47"雷电"，当年5月，"雷电"取代"喷火"式战斗机，为他们提供护航。当年10月，休伯特·"胡伯"·泽姆克上校率领的第56战斗机大队将为从明斯特返航的轰炸机提供护航，这是一支精锐部队，训练有素，斗志昂扬。可是，该大队全副武装的"雷电"战斗机，每架飞机上配有8挺点50口径机枪，只能护送轰炸机群到达德国边境。

早在20世纪30年代，轰炸战的首席理论家哈罗德·乔治就曾告诉他那些将参与下一场空战的学生们："庞大的空中力量在空中相遇，这种壮观场面纯属门外汉的凭空想象。"[156]但从1943年夏初起，美国的重型轰炸机将在大规模空战中遭遇到获得极大加强的德国空军，这种规模的空战"前所未有，而且，以后很可能也不会再有"[157]。

1943年4月，就在这种新型空战初现端倪之际，20岁的无线电操作员兼射手迈克尔·罗斯科维奇成为第一个完成25次飞行任务的飞行员，他曾跟数架飞机的机组人员飞行过。他本打算在基地上空跳伞而出，但当日的大风和来自塔台愤怒的命令阻止了他。飞机在跑道上停下后，机组人员扒掉他的外套，在他后背上写下"二十五次任务"几个大字。随后，迈克尔跨上靠他最近的一辆自行车，穿着内衣在基地里兜了几圈。[158]

到5月初，一些"空中堡垒"及其组员也逼近了他们的"二十五次任务"。"地狱天使"号、"三角洲反叛者2号"号、"杰西·伯恩"号、"康涅狄格州的美国佬"号和"孟菲斯美女"号。5月14日，"地狱天使"号在这些机组中第一个完成25次飞行任务。但威廉·惠勒凭借他与上层的关系，确保三天后才完成服役期的"孟菲斯美女"号机组获得了最大程度的关注。

摩根机组执行的最后一次任务是空袭洛里昂，飞行过程中，每个人都表现得"不过是例行公事而已"，但当他们到达英吉利海峡，看见多佛的白色峭壁时，所有人"都疯狂起来"。[159]他们在机内乱跑，相互拥抱，拍打彼此的后背，高声喊叫，唱着歌。大队长斯坦利·雷上校用电台通知其他飞机先行降落，以便让"孟菲斯美女"号给好莱坞导演惠勒来个他想要的结局。摩根的飞机轰鸣着进入机场，"我做了个你不可能从某个草坪男孩那里看到的'剪草'动作"[160]。

"'孟菲斯美女'号滑行至停机线，我关闭引擎时，整个基地爆发开来。人们欢呼雀跃，把他们的帽子抛入空中，向着我们冲来。扛着摄影机的某个人拍下了腰部射手比尔·温切尔从舷窗探头出来的精彩画面，他那瘦削的脸上满是笑容，伸手做了个小小的螺旋动作，示意他击落了一架敌战斗机。"[161]一名组员跳出飞机，亲吻着地面，摩根则被举了起来，以便让他亲吻画在机鼻上的性感女郎。惠勒挤入人群祝贺摩根。摩根转过身来问他，要是

"孟菲斯美女"号坠毁的话,他会怎么做?"没问题,"惠勒说道,"我们已拍了'地狱天使'号足够的胶片。"[162]

接下来的一个月,摩根和另外九名机组人员——不是原先的那个机组,而是第八航空队从曾在"孟菲斯美女"号上飞行过的组员中挑选出来的人——返回美国,在三十一个城市进行一次巡回之旅。埃克和阿诺德将这次巡游看作是激励国内人民支持第八航空队即将在夏季发起的强化轰炸战的一个机会。在一份进行巧妙欺骗的宣传资料中,航空队负责公共关系的写手没有明确说明"孟菲斯美女"号并非第八航空队第一架完成25次飞行任务的轰炸机,而参加巡游的成员,也并非都完成了25次飞行任务。第八航空队中,在同一架飞机上完成飞行任务的机组人员寥寥无几。

当年12月,这趟巡回之旅结束时,摩根结婚了,但新娘却不是他的孟菲斯美女玛格丽特·波尔克。他们之间的关系被航空队公共关系之旅的迫切要求所撕裂。摩根的新婚娇妻是多蒂·约翰逊,是他在战时债券推销之旅上结识的一个家乡女孩。婚后,摩根被派往堪萨斯的普拉特陆航队基地,接受新式B-29"超级堡垒"的训练,陆航队计划在来年将这种飞机部署至太平洋地区。1944年秋季,转调至马里亚纳群岛后,摩根的首任指挥官是海伍德·汉塞尔,继任者则是柯蒂斯·李梅。而他从塞班岛起飞,用B-29对东京实施首次轰炸时,所驾的飞机是"无畏的多蒂"号。

在巴辛伯恩完成影片的拍摄后,威廉·惠勒又飞了一次作战任务,这是他的第五次。他需要这个来获得一枚航空勋章。"我差点回不来,"他告诉一名采访者,"再干下去就是件蠢事。"[163]朋友们说,这枚勋章带给他的自豪,远远超过他所获得的任何一个电影奖项。

当年夏天,克拉克·盖博继续着他的飞行任务,并为他的纪录片拍摄镜头。10月下旬,他返回美国剪辑他拍摄的5000英尺胶片。航空队欣慰地看着他离开。"他把我们都吓坏了,"他的一名指挥官曾这样告诉在伦敦拍摄电影的导演弗兰克·卡普拉,"他想让自己送命。"[164]盖博回到华盛顿后,阿诺德告诉他，这部纪录片已不必完成。陆航队所需要的机枪射手已经足够，这多亏了盖博以身作则所进行的大规模招募宣传。盖博继续进行剪辑工作，不管怎样都要完成这部纪录片。他在自己不断志愿参加的战时债券募集会上放映这部影片，诺曼底登陆后，他被陆军解除现役，但仍对自己没有被赋予另一项前线任务而感到失望。《战斗中的美国》的剪接很拙劣，但是第八航空队唯一的一部纪录片，影片中，那些担任射手的中士自己扮演自己，一些空战场面非常出色。

而威廉·惠勒却完成了一部战争纪实和宣传的杰出之作。1944年4月，这部41分钟的纪录片完成后，他受邀为白宫放映一场。放映时，身坐轮椅的罗斯福总统就坐在他身边。放映室的灯光亮起时，罗斯福俯身过来，对惠勒说："这部电影必须立刻在各个地方公映。"[165]派拉蒙电影公司将拷贝分发至全国各地的影院，获得了轰动性好评。其中一条评论出现在《纽约时报》的头版，对报纸来说，这还是首次。《纽约时报》的影评人博斯利·克劳瑟称其为"这是每一个美国人都该知道的故事"[166]。

惠勒的影片并非完全准确。片中描述了5月15日对威廉港的空袭，但实际上，"孟菲斯美女"号当天的目标是黑尔戈兰岛，那是远离德国北部海岸的一座小岛；另外，也不像惠勒的解说员声称的那样，当日投入了上千架盟军轰炸机。但在其他任何一个方面，这部电影对轰炸战的描绘绝对真实无误。

由于痛揍了一名在他面前大放反犹厥词的侍应生而差点被陆军除名后，惠勒又拍摄了另一部关于陆航队的影片《雷电》。1946年，他以他的杰作《黄金年代》完成了他对战争所做的电影报道，这部影片描绘了三名军人与和平时期的美国所发生的令人不快的冲突。三名军人中的一个是退伍的投弹手，由达纳·安德鲁斯饰演。如果没有在欧洲上空近距离目睹到那些战斗，惠勒不可能拍摄出这部电影。在他看来，战争，就如他曾说过的那样，"是对现实的一种逃避"[167]。在英国的某个陆航队基地，"最重要的是人际关系，而不是金钱，不是地位，甚至不是家庭。只有跟那些可能明天就会阵亡的战友之间的关系至关重要。这是一种奇妙的心境。但这种关系需要一场战争来创造，实在太过糟糕"。

1943年夏初，航空队先行返家的那些人坐船驶过已清除德国潜艇威胁的海洋，而这种威胁曾是他们试图消灭的。当年春季，德国潜艇被二战中最突然、最戏剧性的转折之一所击败。5月，盟军在大西洋上获得优势，击沉41艘德国潜艇，这个数字超过战争前三年他们击沉德国潜艇的总数，纳粹们称之为"黑色五月"。月底，邓尼茨将他的潜艇从北大西洋调回，部署在安全水域。他在私下里承认："我们已输掉了大西洋战役。"[168]

接下来的几个月，62支商船队横渡大西洋，没有损失一艘船。这一点，再加上美国商船产量的激增，对空中战争产生了巨大的影响。轰炸机机组人员继续飞越大西洋，他们中的许多人在隆冬时采用了一条新的南部路线，这条航线带着他们飞越巴西和亚速尔群岛的顶端，但船只携带着机枪手、维修人员、控制塔操作员、情报专家以及成千上万名其他人员通过海上航线平安到达，就在当年早些时候，这条海路还是极其危险的。自由轮上塞满航空燃油、飞机零部件和战斗机，每周都进入英国的港口。* 丘吉尔和罗斯福稍稍松了口气，因为对一场两栖进攻战来说，两个最大威胁中的一个已被彻底消除。现在，盟军空中力量可以将全部注意力集中于德国空军以及为其提供支持的工业设施上。

德国潜艇被击败，并非因为其船坞和组装厂遭到轰炸，而是由于科技的进步和反潜战术的发展，其中包括对德国海军通讯信息的拦截和破译，以及为庞大的商船队提供保护的快速驱逐舰所配备的水下探测和猎杀设备。但是，

---

* 译注：自由轮是美国在二战期间大量制造的一种货轮，设施简陋，结构粗糙，但造价低廉，建造时间短，是现代工业化大规模生产的一个奇迹，排水量7000多吨的货轮，建造时间平均为42天，最快的一艘竟然只用了4天。1941—1945年，美国总共建造了2751艘。

德国潜艇最致命的对手是飞机。B-24"解放者"对远离海岸的"狼群"穷追不舍，较轻型的飞机则从护航航母上起飞，将对方干掉。

对潜艇坞的轰炸一直是个无谓的浪费。1943年第一季度，第八航空队投下的炸弹，超过63%，而皇家空军则达到30%，都是投向德国潜艇设施的。[169] 盟国空军指挥官们知道，他们无法摧毁那些混凝土船坞，但不完整的情报导致他们严重高估了对潜艇坞外的辅助设施以及德国国内潜艇建造厂的破坏效果。这使美国海军作战部长，海军上将欧内斯特·金继续对马歇尔和罗斯福施以重压，以保持对比斯开湾潜艇基地的打击。

艾拉·埃克试图对这些被误导的任务装出若无其事的样子，他争辩说，第八航空队在洛里昂和圣纳泽尔上空首次学会了如何打一场高空轰炸战，后续到来的机组人员将从这些人的经验中获益。"也许是这样，"数年后，罗伯特·摩根评论道，"但我们也可以轰炸其他目标，并获得同样的经验。"[170]

在战后的采访中，1942年末曾指挥这些行动的劳伦斯·库特尔将军称之为"对战略空中力量一个不可原谅的浪费……我们消耗了人员，大批优秀人员，大量人才，最终却一无所获。我们将炸弹丢得到处都是……在布列斯特半岛，被我们炸死的法国人比德国人还多"。"（德国空军）围绕着这些潜艇坞进行了他们的战斗机训练。他们投入一个又一个战斗机中队，还有一百多个炮兵连。对德国人来说，这就像射击训练，而我们就是靶子……"[171]

"我指出过这些事实，并试图纠正对第1轰炸联队的这种滥用，但未获成功。我敢肯定是因为海军上将金地位的说服力以及我们可能会输掉对潜艇的这场战争这一冰冷的事实。"回想起来，库特尔觉得他可以进行更努力的尝试来阻止这些空袭，将轰炸目标改为汉堡，那是个重要的潜艇生产中心。"我被告知我'哭了'。我本该（对那里）发起一次行动。"

在离开英国赶赴北非前的最后一份报告中，库特尔指出，第八航空队"没有选择可赢得战争的目标"[172]，但当第八航空队集中起远比1942年末所能集中起的更大力量，将轰炸重点放在汉堡时，德国人又在一段极短的时间内重建了他们的潜艇坞。事实是，第八航空队在其作战行动的第一年，没有足够的轰炸机给德国造成严重损失，无论他们对哪里发起打击。

可能有这样一种观点，第八航空队应该在他们拥有发起一场有力打击的实力后再展开行动，在德国人的防空体系得以从最初的措手不及中恢复过来前，将其彻底打垮。但1942年秋季，几乎每一个第八航空队的指挥官都会反对这种策略，他们担心这样的延误会威胁到实力严重受损的第八航空队的存在。毕竟，这些人是军人，他们所受过的训练使他们相信，等待将输掉这场战争。

劳伦斯·库特尔对机组人员也充满同情。"这是个令人心碎的活儿。他们知道这些飞行任务会失败。他们无法命中那些该死的目标。即便他们击中目标，也无法对其造成伤害。尽管如此，他们仍在为每次任务而起飞。这是领导能力最好的范例，我认为这种品质属于任何时期的任何军事组织。"[173]

第一批人归国返乡，作为补充的新兵们赶到，但在那些完成了25次飞行任务的人中，有些人从未有过与家人相见的机会。由于不满意自己从事射击教练的工作，来自宾夕法尼亚州费耶特的迈克尔·罗斯科维奇加入了另一个机组，并在一次迫降中身亡。随后又是第306轰炸机大队，来自北达科他州迈诺特的雷蒙德·切克上尉，这位驾驶员曾目睹了"讨厌鬼"史密斯在"空中堡垒"内灭火的情形。他的故事进一步证明，正如安迪·鲁尼所写的那样，派驻英国的陆航队基地中，"快乐的结局很少见"[174]。

1943年6月26日，切克上尉驾驶着"陈纳德的老爹Ⅲ"号起飞，去执行他的第25次任务。这是一次没什么危险性的飞行，他们将迅速越过海峡，赶往法国的机场，中队里的战友们已计划好在当晚为他举办一场盛大的聚会。在这个特殊的日子里，切克担任副驾驶，他原先的中队长詹姆斯·W.威尔逊中校坐在左侧。威尔逊特地赶回瑟莱，和他的朋友一同飞最后一次任务。而切克的副驾驶兼好伙伴威廉·卡塞迪中尉,这次则担任腰部射手。

投弹飞行的最后几秒钟,德军战斗机突然从阳光中出现,机组人员发现他们时已为时过晚。一发20毫米口径的炮弹击中切克的颈部,他当场阵亡。驾驶室内燃起火焰,威尔逊试图用手将火扑灭,却未能做到。就在他们中弹前,威尔逊发现引擎有些问题,于是脱掉手套进行调整。随着氧气罐被刺破而造成的氧气泄漏,火势愈发猛烈起来。另一名组员用灭火器控制住火势。威尔逊试图"用他胳膊肘的上端"来控制这架"空中堡垒"。[175]他正处于极度的疼痛中,氧气面罩上的橡胶被烧融在他严重烧焦的面孔上,他的双手几乎已没有一块完好的皮肤。

就在这时,一颗机枪子弹击中驾驶员座位下的一个盒子,盒子里摆放着信号弹。信号弹发生爆炸,冲击波掀开炸弹舱舱门,并引发了另一场大火。有人按响警铃,发出跳伞的信号。投弹手莱昂内尔·德鲁中尉跳了出去,但卡塞迪让身后的人等等,先让他查看下情况。飞机保持着高度,也没有出现发动机故障。卡塞迪爬入驾驶舱,看见切克的头仅靠几根血淋淋的肌腱挂在脖子上,而威尔逊正用他的双肘操控着飞机,他惊恐地退了出去。威尔逊从严重烧伤的脸上摘下氧气面罩,走到下面去寻求医疗救治。航空军医乔治·L. 佩克少校刚好在机上,他搭这趟"顺风车"是为了获得些实战经验。

此刻,机上没有人操控机枪。除了卡塞迪和佩克,所有人都负了伤。机身上布满高射炮弹弹孔,背鳍上也有个洞。就连投弹手也负了伤。

佩克少校为威尔逊的双手进行包扎后,威尔逊回到驾驶室内,但他疼得厉害,无法提供帮助。在领航员米尔顿·P. 布兰切特中尉(这也是他的第25次任务)的协助下,卡塞迪中尉操纵着飞机返航。他目不转睛地盯着前方,尽量不去看切克头部血淋淋的残余部分。

没有了信号弹,机上的电台也被打坏,他们无法发出信号,示意机上有人阵亡和负伤。

卡塞迪本该逆风将飞机着陆,但相反,他顺着风反道降落,这是个危险的举动，完全出自他个人的决定。他知道，切克的女友（一名美国女护士）会坐在主跑道末端的一辆吉普车上等待。他们俩将于明天举行婚礼。"我们不能让她看见他的头被炸断了，"布兰切特后来告诉安迪·鲁尼，"所以我们顺着风势降落。她一直没有看见他，这是件好事。"[176]

注释

1. 引自艾拉·C. 埃克,"对战争和战士的几点看法",美国空军历史研究部。
2. 同上。
3. 詹姆斯·帕顿,《空军如是说:艾拉·埃克将军和空军指挥部》,第33页。
4. 艾拉·C. 埃克,《对温斯顿·丘吉尔的一些记忆》,《航空历史学家》第19期(1972年9月),第112页;美国陆军战史研究所对埃克的采访;詹姆斯·帕顿,《空军如是说:艾拉·埃克将军和空军指挥部》,第221页。
5. 同上。
6. 埃克,"白昼轰炸方案",国会图书馆,斯帕茨文件;理查德·G. 戴维斯,《卡尔·斯帕茨与欧洲空战》,第162页。
7. 埃克,"对战争和战士的几点看法",美国空军历史研究部。
8. 埃克,《对温斯顿·丘吉尔的一些记忆》,第123页。
9. 美国陆军战史研究所对埃克的采访;埃克,《对温斯顿·丘吉尔的一些记忆》,第124页;英国伦敦帝国战争博物馆对艾拉·C. 埃克将军的采访。
10. 同上。
11. 温斯顿·丘吉尔,《二战回忆录,第四卷,命运的关键》(波士顿,霍顿·米弗林出版公司,1950年),第679页。
12. 埃克,"白昼轰炸方案",国会图书馆,斯帕茨文件。
13. 1943年1月21日,卡萨布兰卡指令,国会图书馆,斯帕茨文件。
14. 2002年8月20日,作者对安迪·鲁尼的采访。

15 索尔兹伯里，《我们时代的旅程：回忆录》，第193页；哈里森·E.索尔兹伯里，《我们时代的英雄》（纽约，沃克出版社，1993年），第95页。

16 丹顿·斯科特，《射击训练》，《扬基》（1943年2月2日），第6—7页；另可参阅安迪·鲁尼的《轰炸预演》，《星条旗报》，1943年1月9日，第2版。

17 安迪·鲁尼，《我的战争》，第124页。

18 上述文字均引自安迪·鲁尼的《轰炸德国亲历记》，《星条旗报》，1943年2月27日；鲁尼，《我的战争》，第130页；鲁尼的《轰炸预演》；格拉德温·希，《记者参与的空袭行动》，《纽约时报》，1943年2月27日。

19 《纽约时报》，1943年2月2日；沃尔特·克朗凯特，《一名记者的一生》（纽约，诺普夫书局，1996年），第99页；吉姆·汉密尔顿，《写作69：二战中平民战地记者亲身参与的美国轰炸行动》（马萨诸塞州马什菲尔德，自费出版，1999年），第13页。波斯特是欧洲空战中丧生的仅有的两名记者之一。

20 摩根，《"梅菲斯美女"号：一名二战轰炸机驾驶员的回忆录》，第173页。

21 引自阿克塞尔·麦德森的《威廉·惠勒：授权传记》（纽约，托马斯·Y.克罗威尔出版社，1973年），第228页。

22 引自扬·赫尔曼的《麻烦天才：好莱坞最负盛名的导演威廉·惠勒的一生》（纽约·普特南出版社，1995年），第259页。

23 摩根，《"梅菲斯美女"号：一名二战轰炸机驾驶员的回忆录》，第97—98页。

24 同上。

25 2003年7月26日，对摩根的采访。

26 麦德森，《威廉·惠勒：授权传记》，第236页。

27 同上。

28 引自林恩·托纳本的《国王万岁：克拉克·盖博传》（纽约·普特南出版社，1976年），第267页。

29 同上，第276页；亦可参阅史蒂芬·阿戈拉图斯的《克拉克·盖博在第八航空队》，《空中力量史》第46期（1999年春季第1期），第6页。

30. 《星条旗报》，1943年4月19日。
31. 引自托纳本的《国王万岁：克拉克·盖博传》，第290页。
32. 同上。
33. 同上。
34. 《星条旗报》，1943年1月6日。
35. "轰炸机司令部对1943年的回顾"，国会图书馆，斯帕茨文件；雷丁，《通往柏林的航线：与派驻英国的美国飞行员在一起》，第19页。
36. 《二战中的陆军航空队，第二卷》，第316页。
37. 拉尔夫·纳特，《与负鼠和鹰同在：一名领航员的亲历》，第61页。
38. 索尔兹伯里，《我们时代的旅程：回忆录》，第195页；詹姆斯·帕顿，《空军如是说：艾拉·埃克将军和空军指挥部》，第294—295页。
39. 安迪·鲁尼，《我的战争》，第141页。
40. 沃尔特·克朗凯特，《一名记者的一生》，第289页。
41. 安迪·鲁尼，《我的战争》，第99页。
42. 奥拉姆·C. 霍顿、安迪·鲁尼，《星条旗报的故事》，第26页。
43. 2002年8月20日，对鲁尼的采访。
44. 安迪·鲁尼，《这就是第八航空队》，《星条旗报》，1943年8月17日。
45. 安迪·鲁尼，《我的战争》，第99—100页。
46. 同上。
47. 同上。
48. 麦克拉里与谢尔曼合著的《第一次：与第八航空队的弟兄们共赴战火的日记》，第8页。
49. 菲利普·威利，《奸诈的一代》（纽约，霍尔特、赖因哈特&温斯顿出版社，1942年）；迈克尔·C. C. 亚当斯，《有史以来最正义的战争：美国与二战》（巴尔的摩，约翰·霍普金斯大学出版社，1994年），第8—9页。
50. 麦克拉里与谢尔曼合著的《第一次：与第八航空队的弟兄们共赴战火的日记》，第107页。
51. 吉姆·达根，《兄弟》，《扬基》，1943年8月8日，第2—3页。
52. 同上。
53. 麦克拉里与谢尔曼合著的《第一次：与第八航空队的弟兄们共赴战火的日记》，第86页。

54 柯蒂斯·E.李梅、麦金利·坎特，《使命：我的故事》，第277页。

55 1943年8月9日，对汉塞尔将军的采访，美国空军历史研究部。

56 汉塞尔，《回忆录：对德国和日本的战略轰炸》，第83页。

57 索尔兹伯里，《我们时代的旅程：回忆录》，第196页。

58 唐纳德·W.黑斯廷斯、戴维·G.赖特、伯纳德·C.克鲁克，《1942年7月4日—1943年7月4日，作战第一年，第八航空队的精神病治疗》（纽约，梅西基金会，1944年），第138—139页。

59 同上。

60 同上。

61 同上，第72页。

62 霍华德·B.伯切尔少校、道格拉斯·B.邦德少校，"对100名深受尊重的出色飞行员之动机及其对抗作战压力的研究"，1944年12月，美国空军历史研究部，520.7411-1。

63 黑斯廷斯等编著的《第八航空队的精神病治疗》，第6—7页；罗伊·R.格林科、约翰·P.斯皮格，《压力下的人》（费城，布莱基斯顿出版社，1945年），第85、313页。

64 2002年4月7日，作者对克林特·哈蒙德的采访。

65 拉尔夫·纳特，《与负鼠和鹰同在：一名领航员的亲历》，第74页。

66 黑斯廷斯等编著的《第八航空队的精神病治疗》，第42页、241—247页；索斯，《空军作战部队的医疗支援》，第91页；道格拉斯·B.邦德，《对飞行的热爱与恐惧》（纽约，国际大学出版社，1952年），第52页。

67 黑斯廷斯等编著的《第八航空队的精神病治疗》，第203页。

68 1943年7月1日，负责情报的空军助理参谋长采访航空军医戴维·格兰特准将，美国空军历史研究部，142.052。

69 邦德，《对飞行的热爱与恐惧》，第156页；"医疗设施，管理和供应"，第21页，美国空军历史研究部。

70 同上。

71 黑斯廷斯等编著的《第八航空队的精神病治疗》，第111页；弗拉纳根上校，"对第八、第十二和第十五航空队机组人员的调查报告"。

72 小哈尔·B.詹宁斯中将编撰的《二战中的神经精神病学，第二卷，海外战场》（华盛顿，陆军部军医局，1973年）中，第853页，道格拉斯·B.

邦德所写的《普通精神病学史》；纳特，《与负鼠和鹰同在：一名领航员的亲历》，第74页。

73 对鲁尼的采访；鲁尼，《我的战争》，第139页；1943年3月19日，航空队情报处与第91轰炸机大队第324中队机组人员的会谈，美国空军历史研究部。

74 《二战中的陆军航空队，第二卷》，第309、396页。

75 汉塞尔，《回忆录：对德国和日本的战略轰炸》，第85页。

76 黑斯廷斯等编著的《第八航空队的精神病治疗》，第28、34页；索斯，《空军作战部队的医疗支援》，第85页。

77 同上。

78 同上。

79 225000人、缺乏道德品质等，引自道格拉斯·B.邦德少校，"1945年5月25日，第八航空队机组人员精神损伤的统计调查"，美国空军历史研究部，520.7421。中央医疗研究所只接受航空军医和战地指挥官提交的病例，对1716起精神损伤病例进行检查后，1230人被永久性停飞；弗拉纳根上校，"对第八、第十二和第十五航空队机组人员的调查报告"；第八航空队，"对遭受精神紊乱的作战机组人员的诊断和处理"，1944年1月1日，美国空军历史研究部，520.7411-2。

80 约翰·W.阿佩尔，"精神疾病造成减员之预防"，非保密性文件，心理卫生处，医疗队约翰·E.斯隆文件，美国陆军战史研究所；约翰·W.阿佩尔、G.W.毕比，《预防精神病学》，《美国医疗协会杂志》第131期（1946年），1469—1476页。关于作战崩溃症的经典论文之一是阿尔伯特·J.格拉斯的《战斗疲劳症》，《美国军队医学杂志》第10期（1951年），第1471—1478页。

81 邦德，"1945年5月25日，第八航空队机组人员精神损伤的统计调查"；黑斯廷斯等编著的《第八航空队的精神病治疗》。

82 引自托马斯·M.科菲，《哈普：美国空军及其创建者亨利·H.阿诺德将军的故事》，第63页。

83 查尔斯·M.W.莫兰，《勇气的剖析》（波士顿，霍顿·米弗林出版公司，1967年），第XII页；黑斯廷斯等编著的《第八航空队的精神病治疗》，第6页；格林科、斯皮格，《压力下的人》，第33页。

84 格林科、斯皮格，《压力下的人》，第25、95、97页。

85 黑斯廷斯等编著的《第八航空队的精神病治疗》，第28页。
86 莫兰，《勇气的剖析》，第101页。
87 同上。
88 乔恩·A. 肖，《对战斗疲劳症中个人心理的评论》，《军事医学》第148期（1983年3月），第223页。
89 邦德，《对飞行的热爱与恐惧》，第81页；莫兰，《勇气的剖析》，第32页。
90 西格蒙德·弗洛伊德，《抑制、症状和焦虑》（伦敦，霍格斯出版社，1948年），第81页。
91 莫兰，《勇气的剖析》，第38页。
92 2002年9月27日，作者对谢尔曼·斯茂的采访。
93 邦德，《对飞行的热爱与恐惧》，第131页；戴维·G. 赖特中校，《战斗压力下的人员和群体之纪要：供作战部队中的航空军医使用》（纽约，梅西基金会，1945年），第12—15页。
94 邦德，《对飞行的热爱与恐惧》，第11页。
95 第一中央医疗研究所总部，"真实数据"，1945年3月8日，国会图书馆，斯帕茨文件。
96 梅·米尔斯·琳克、休伯特·A. 科尔曼，《陆航队在二战中的医疗支持》（华盛顿，陆军部军医局，1973年），第671页。
97 安迪·鲁尼，《"空中堡垒"带着一名精神科医生飞赴洛里昂》，《星条旗报》，1943年5月19日。
98 赖特，《战斗压力下的人员和群体之纪要》；梅西基金会还出版了另外四卷战斗疲劳症的诊断和治疗专著；参见小戴维·R. 琼斯的《梅西报告：二战中飞行员的战斗疲劳症》，《航天、航空和环境医学》，第58期（1987年7月），第807—811页。
99 戴维·G. 赖特，"观察轰炸行动的报告"，1943年6月14日，美国空军历史研究部，520.7421。
100 索斯，《空军作战部队的医疗支援》，第72页。
101 赖特，"观察轰炸行动的报告"；赖特，《战斗压力下的人员和群体之纪要》，第18页；赖特的《纪要》中，第20页，道格拉斯·B. 邦德撰写的《航空军医该如何更好地治疗焦虑症？》。
102 索尔·莱维特，《航空军医》，《星条旗报》，1944年1月2日。

103 《老兵们对航空军医的评判》,《航空军医会刊》第2期（1945年9月）,第276—277页；"航空军医活动的非正式报告",1944年5月23日,美国空军历史研究部,520.C58-1。

104 黑斯廷斯等编著的《第八航空队的精神病治疗》,第180—181页。

105 格林科、斯皮格,《压力下的人》,第170—172页。

106 霍华德·厄尔布、道格拉斯·邦德,"作战机组人员精神问题的治疗中,阿米妥钠麻醉的使用",1944年10月,美国空军历史研究部,520.7421；邦德,《对飞行的热爱与恐惧》,第116页。1944年5月前,共计311名患者在CME中心接受阿米妥钠麻醉法治疗。邦德继续使用温和剂量的硫喷妥钠,以此为工具,测量患者抑制焦虑的程度,而在佛罗里达州圣彼德斯堡,陆航队新建的唐塞萨尔医院,格林科和斯皮格则将其作为一种治疗手段,从1944年起,有精神问题的飞行员都被送至这所医院。参见邦德,《对飞行的热爱与恐惧》,第113页。

107 黑斯廷斯等编著的《第八航空队的精神病治疗》,第28页。

108 邦德,《对飞行的热爱与恐惧》,第109页；马克·K.威尔斯,《勇气与空战：盟军机组人员在二战中的经历》（俄勒冈州波特兰,F.卡斯出版社,1995年）,第81页。

109 格林科、斯皮格,《压力下的人》,第28页；格里戈里·贝伦基《战斗精神病学之当代研究》（韦斯特波特,格林伍德出版社,1987年）中,第117页,乔恩·A.肖,《适应作战中的精神动力考虑》；莫兰,《勇气的剖析》,第ⅰ页。

110 莫兰,《勇气的剖析》,第61页。

111 詹宁斯编撰的《二战中的神经精神病学,第二卷,海外战场》中,第115页,赫伯特·斯皮格所写的《北非某步兵营的精神病治疗法》；格林科、斯皮格,《压力下的人》,第39、第45页。

112 埃里克·塞瓦赖德,《并非非分之想》（纽约,诺普夫书局,1946年）,第494—495页。另可参阅克里斯·赫奇斯的《战争是赋予我们意义的一种力量》（纽约,公共事务出版社,2002年）,这是一本描述战争之恐怖及悲剧性吸引力的出色之作。

113 格林科、斯皮格,《压力下的人》,第113页。

114 戴维·赖特编撰的《对作战飞行人员之观察》中（纽约,梅西基金会,1945年）,第21页,约翰·P.斯皮格所写的《作战飞行压力的影响》；

格林科、斯皮格,《压力下的人》,第25页。
115 莫兰,《勇气的剖析》,第16页。
116 同上。
117 约翰·C.弗拉纳根上校,"对第八、第十二和第十五航空队机组人员的调查报告",第86页。
118 同上。
119 格林科、斯皮格,《压力下的人》,第181—182页;莫里斯·费什拜因编撰的《战争中的医生》(纽约,达顿出版社,1945年),第291页。
120 索斯,《空军作战部队的医疗支援》,第76页。
121 1943年8月9日,对汉塞尔将军的采访,美国空军历史研究部。
122 柯蒂斯·E.李梅、麦金利·坎特,《使命:我的故事》,第247页。
123 同上,第251页。
124 2003年7月26日,对摩根的采访;摩根,《"梅菲斯美女"号:一名二战轰炸机驾驶员的回忆录》,第135页。
125 2003年7月26日,对摩根的采访。
126 摩根,《"梅菲斯美女"号:一名二战轰炸机驾驶员的回忆录》,第138页。
127 2003年7月26日,对摩根的采访。
128 引自朱丽叶·加德纳的《军饷过高、性欲过旺、到处都是:美国大兵在二战中的英国》(纽约,阿布维尔出版社,1992年),第108页。
129 2003年7月26日,对摩根的采访。摩根在伦敦的情况,还可参阅杜尔克森的《"孟菲斯美女"号:二战中最著名的轰炸机的真实故事》一书。
130 2003年7月26日,对摩根的采访。
131 托纳本的《国王万岁:克拉克·盖博传》,第291页。
132 2003年7月26日,对摩根的采访。
133 索尔兹伯里,《我们时代的旅程:回忆录》,第193页。
134 《二战中的陆军航空队,第二卷》,第311、333—334页。
135 托纳本的《国王万岁:克拉克·盖博传》,第292页。
136 此处和下处,埃克的这些话均引自德维特·S.科普的《在战火中成长》一书,第372—377页。
137 德维特·S.科普,《在战火中成长》,第376—377页。
138 安迪·鲁尼,《我的战争》,第136页。

139 同上，第108页。

140 麦克拉里与谢尔曼合著的《第一次：与第八航空队的弟兄们共赴战火的日记》，第54—55页。

141 雷丁，《通往柏林的航线：与派驻英国的美国飞行员在一起》，第267页。

142 同上。

143 安迪·鲁尼，《B-17上的射手》，《星条旗报》，1943年7月16日。

144 雷丁，《通往柏林的航线：与派驻英国的美国飞行员在一起》，第266页。

145 安迪·鲁尼，《B-17上的射手》，《星条旗报》，1943年7月16日。

146 同上。

147 同上。

148 雷丁，《通往柏林的航线：与派驻英国的美国飞行员在一起》，第268、273页。

149 拉塞尔·A.斯特朗，《首次飞越德国：第306轰炸机大队队史》，第53页。

150 雷丁，《通往柏林的航线：与派驻英国的美国飞行员在一起》，第266页。

151 第八航空队的作战损失，取自"1943年的战斗伤亡"，美国空军历史研究部。

152 1967年1月1日，对汉塞尔将军的采访，美国空军历史研究部，K239.0512-629 C.l；1942年8月9日，对汉塞尔将军的采访，美国空军历史研究部。

153 1943年6月18、19日，洛维特写给亨利·阿诺德的信件，罗伯特·洛维特文件。

154 德维特·S.科普，《在战火中成长》，第413页。

155 1943年6月22日，阿诺德写给巴尼·贾尔斯的信件，阿诺德文件。

156 引自乔·格雷·泰勒的《他们学会了战术！》，第69页。

157 巴德·J.皮斯利，《勇气的传承：二战中的第八航空队》，第110页。

158 安迪·鲁尼，《25次》，1943年4月16日，《星条旗报》。

159 2003年7月26日，对摩根的采访。

160 摩根，《"梅菲斯美女"号：一名二战轰炸机驾驶员的回忆录》，第210页。

161 2003年7月26日，对摩根的采访。

162 扬·赫尔曼，《麻烦天才：好莱坞最负盛名的导演威廉·惠勒的一生》，第259页。

163　同上。

164　托纳本的《国王万岁：克拉克·盖博传》，第293页。

165　扬·赫尔曼，《麻烦天才：好莱坞最负盛名的导演威廉·惠勒的一生》，第265页。

166　《纽约时报》，1944年4月14日。

167　麦德森，《威廉·惠勒：授权传记》，第258页。

168　R. H. 斯蒂文斯与戴维·伍德沃德翻译的邓尼茨回忆录《十年与二十天》（纽约，勒布热出版社，1959年），第341页。

169　美国战略轰炸调查，"德国潜艇行业调查报告"（华盛顿，美国政府印务局，1945年），第31页。

170　2003年7月26日，对摩根的采访。

171　1974年10月13日，对库特尔将军的采访，美国空军历史研究部。

172　同上。

173　同上。

174　安迪·鲁尼，《我的战争》，第136页。

175　同上，第116页。

176　同上，第118—119页。

第六章

教会他们杀戮

"所有战争……都是由小伙子们打的。"
——赫尔曼·梅尔维尔,《进军弗吉尼亚》

1942年8月17日,克莱德湾

北方,明媚的清晨,保罗·蒂贝茨和他的机组在格拉夫顿安德伍德准备发起第八航空队在这场战争中的第一次轰炸行动时,一支庞大的运兵船队冒着蒸汽穿过爱尔兰海,向克莱德湾驶去,那是通往格拉斯哥港的入口。在暴风雨肆虐、德国潜艇频繁出没的北大西洋上经历了十二个紧张、拥挤的昼夜后,他们终于进入到这片平静、受到保护的海域。现在,马拉松式的扑克和骰子游戏已经结束,目的地是格陵兰还是冰岛、是俄国还是北非的争论也告一段落。当天早上他们被告知,目的地是英国。

为首的船只之一是"蒙特利"号,这艘经过改装的旅游邮轮上,奢华的设备已被去除,船身也被涂成单调的军用灰。到达克莱德湾时,小罗伯特·S.阿比布中士,悄无声息地溜上只对军官开放的上层甲板。就在船只向着通入格拉斯哥市中心的狭窄水域驶去时,阿比布趴在栏杆上,目瞪口呆。在他眼前,巨大的拦阻气球高挂在半空，细长的缆绳系在河中的驳船上，远处停着一艘生锈的货轮，吃水线上有一个鱼雷造成的大洞。港口内的一切都以斑驳的绿色加以伪装——工厂、车间、排列在河内的水箱，甚至包括驻锚停泊的军舰。到处都是轰炸造成的破坏，被炸毁和熏黑的建筑，破碎的砖块和铺路石堆积得足有房子那么高。美国人已进入一片战区。突然间，"蒙特利"号的露天甲板上出现一阵奇怪的寂静，4000人试图在这片陌生的北方土地上，在这场他们知之甚少的庞大战争中，一窥自己未卜的前景。

经过格陵诺克海港镇附近一排红砖构成的工厂时，汽笛声响了起来，工人们涌出厂房，向他们挥手致意。甲板上和从舷窗探出身来的美国人，将橘子、苹果和香烟抛向站在下面的英国士兵。

"我们这是在哪儿？"一名美国兵朝一名英国中士喊道。[1]

"格拉斯哥。"当地人回答道。

"下一班返回美国的船什么时候起航？"阿比布的朋友约翰尼·路德维希喊道。

"不知道，"另一个苏格兰人将手拢在嘴边喊道，"不过我可以告诉你……你回不去了。"

这时，上岸的命令下达了，美国兵排着队，背着他们重达80磅的背包走下跳板，穿过鹅卵石铺就的街道，向一座宽敞的公园走去，今晚，他们将在那里搭帐篷过夜。几个营散散漫漫地列队穿过城市时，向人行道上的年轻姑娘们挥着手。一群兴奋的孩子跟在他们身后，做出"V"手势，并讨要糖果和口香糖："朋友，有口香糖吗？"

队伍转过一个拐角时，阿比布绊了一下，身上背的大包跌落在地，里面装着一些香烟和几袋烟丝。他决定不能失去这些美国香烟，因为下次配发可能要等上一阵子。于是他将散落在地上的几个盒子踢到路边，自己也走出队列。就在他蹲在路边收拾他那些宝贝时，他的装备——步枪、防毒面具、包裹、毛毯和大衣——散落得到处都是。"一旁的苏格兰观众，"他回忆道，"都很有礼貌，但还是被逗乐了。"拯救世界的美国人来了，可他们的模样和行为就像是一帮大男孩。

他们中的大多数人都是正规军，其中的数千人将于11月被运往北非，参加"火炬"行动。但阿比布所在的第820航空工兵营到英国的目的不是为了作战，而是为即将于1943年春末大批到达的轰炸机机组修建机场。就是在那时，美国陆航队开始了惊人的集结，他们把近50万人（这个数字是其全球作战力量的三分之二）在进攻诺曼底前夕调至英国。届时将有40个重型轰炸机大队出现在英国，这是一支拥有3000架"空中堡垒"和"解放者"的作战力量，他们中的大多数驻扎于毗邻东英吉利亚的诺福克和萨福克县。

第八航空队的第一批补充兵于1943年5月和6月开始到达——这几个月里，罗伯特·摩根和雷蒙德·切克正在执行他们最后的飞行任务——几乎所有人都将驻扎在由英国劳工部雇佣的民工所修建的新基地。但随着罗伯特·阿比布这支单位的到来，美国工兵营将开始修建另外十座空军基地，这项工作将于当年晚些时候完成。其中一座基地位于德比希（Debach），距离北海很近。罗伯特·阿比布所在的营到达格拉斯哥的第二天早上，就将搭乘火车赶至那里，准备加入英国历史上规模最大的建筑工程项目。这个项目没有空战的荣耀和暴力，但有助于在战争中扭转战事的进程，并彻底改变了英国这个基本不受打扰的角落的生活和地貌——这里的乡村风韵以及热情的酒吧，曾深受济慈的喜爱。*

"到达英国的正式欢迎会要等我们来到德比希的第三晚才召开……于是，我们违反了严格的规定，决定到村子里逛逛，看看英国究竟是什么样。"在战争期间完成的一本观察细致的回忆录中，罗伯特·阿比布写道。[2]当时，他所在的营露宿于帐篷中，就在派他们来修建的这座机场的基址上——这是一

＊译注：济慈是18世纪末期英国著名的诗人。

片平坦、圆润的山顶，几条狭窄的道路从山上往下，延伸至各个方向。蜿蜒的车道切开高高的灌木篱墙，穿过小麦、甜菜和马铃薯地，完美地划分出以树篱和栅栏为界线的一个个正方形。隐藏在灌木篱墙后的是覆盖着玫瑰藤的茅草顶小屋。阿比布和他的六名同伴下山来到格兰兹堡村时，当地的农夫和他们的妻子站在低矮的前门处（前门也由树篱构成）向他们点头致意。村中心围绕着一片漂亮的三角形绿地。他们走过一座木桥，这座木桥通向一间酒吧的大门，酒吧的名字是"犬"。

走进幽暗、木横梁结构的酒吧，他们发现里面几乎空无一人。寥寥无几的顾客是一些看上去年纪很大的常客，他们在里屋抽着烟斗，慢吞吞地说着难懂的当地方言。对罗伯特·阿比布这个说话很快的纽约人来说，"这种交谈几乎令社交停顿下来"。阿比布的一个朋友低声说道："我觉得他们说的应该是英语。"

对四下迅速环顾一番后，这些士兵走近吧台，点了些啤酒。"这些美国钱能用吗？"红面孔的酒店老板是个讨人喜欢的家伙，名叫沃森，他这样问道。他们就此讨论起来，沃森跟他的妻子商量一番后，为他们提供了4先令换1美元的汇率，并承诺，要是他们能兑换到更高的价格，他在日后会做出补偿。将沉甸甸的硬币放入口袋时，他们觉得自己似乎吃了亏。

在解决晚上喝什么之前，他们试了试苦苦的棕啤和黑啤，还有种淡啤酒，是玻璃柜里唯一摆放的品种。"喝起来都差不多，"沃森冷淡地评论道，"战时品质，你们知道，很糟糕。"

这是个周六的夜晚，7点钟左右，酒吧里开始人头攒动。一个名叫莫莉的姑娘弹奏着一台陈旧的立式钢琴，啤酒"几乎不假思索"地迅速消失。几个美国人来到酒吧的消息传遍了全村，8点钟前，这里已被挤得满满当当，空气中弥漫着烟斗发出的浓浓的烟雾。"每个人都在喊叫，每个人都在放声高歌，每个人都在四下乱窜，挤过人群时，啤酒杯被高举过头顶。'美国佬'这个词挂在每个人的唇间。"阿比布回忆道。大部分话题是关于机场，这座机场会把更多的美国人带到格兰兹堡村，而驾驶轰炸机的那些小伙子将为南面几英里的港口中心伊普斯维奇（Ipswich）遭受的破坏，教训那些德国佬。

深夜时，约翰尼·路德维希这个来自费城的野小子开始向坐在对面的一个身材高挑、有点对眼的姑娘咧嘴而笑，她也向他报以动人的微笑。坐在约翰尼身旁的一名老妇注意到他们之间的眼神交流，凑到他耳边说道："离那个荡妇远点……她名声不好。她的丈夫刚刚去中东，她就学坏了。我知道这个，因为我是她的婆婆。"

约翰尼和他的伙伴们请在场的人喝一杯。于是，最后一轮酒是四十七杯，沃森宣布，这个数字是本酒吧的新纪录。这时，营里的首席测量员，又高又瘦的汤姆·斯廷森爬上一张橡木桌，请大家安静，随即发表了一通醉醺醺的演讲，令人难以置信的开场白是："朋友们，英国人，同胞们！"他踉踉跄跄，摇摇晃晃，撞翻了几个被沃森小心看护着的啤酒杯，但总算完成了他的演说。就在他讲话时，一个洪亮的声音划破屋内的喧嚣。"时间，拜托，先生们，"沃森宣布道，"抓紧时间，拜托，时间到了。"[*3]

站在酒吧门前，阿比布和他的伙伴们跟那些新结识的朋友攀谈了许久。第二天早上，他们当中没人知道自己是如何穿过漆黑的乡村小路回到山上的帐篷中的。

接下来的周二，他们再次来到"犬"酒吧，却发现门上写着"啤酒售罄"。酒吧当晚不营业，这是其450年历史中的第一次。

吉卜赛式的建造者

修建机场是一项浩大的工程。它涉及构建数英里的跑道，大批砖制和木制建筑物，数以百计的瓦楞铁皮半圆形活动屋，以及橄榄球场大小的钢制飞

---

* 译注：从一战时期开始，英国政府规定，酒吧营业时间不得超过晚上11点，周日不得超过10点30分。这项规定一直延续至20世纪90年代。

机棚。正如该地区一名历史学家指出的那样，建造一座重型轰炸机基地通常意味着"清除8英里的树篱和1500棵树木，挖掘40万立方码土壤，然后再铺设10英里道路、20英里排水渠、10英里导管、6英里水管和4英里污水管。跑道需要175000立方码混凝土，建筑物需要450万块砖，交通区需要32000平方码柏油路面"[4]。美国工兵为战争的需要而从事的项目使德比希付出了沉重的代价：乡村美丽的延伸被破坏，过去曾是一名生物学学生的阿比布，最喜欢步行探索那里的美景。现在无暇顾及大自然的问题，对该地区的一切调研和划界不得不屈从于平地机，它们将为把城市夷为平地的轰炸机清理出道路。混凝土道路缓缓前伸，出现在道路中的百年老屋被铁链拉倒，并被轰鸣的机器碾为齑粉，美国人的这些机器，比当地人过去曾见过的任何车辆更为庞大，发出的噪音也更响亮。"就像是一场洪水吞没了一片美丽的地面，待它消退后，只剩下苍凉的荒地，没有生命，也没有任何动静。"阿比布在日记中写道。[5]

农民们对此表示抗议，一些人用霰弹枪赶跑了军方的测量人员，但他们无法阻止美国佬强大的破坏力，他们赖以为生的土地被铺上8英寸厚的混凝土。"他们并不愿意让我们这些美国人进来，将他们的乡村破坏殆尽。"第862工兵营的比尔·翁评论道，[6]他当时在与亨廷登郡相邻的格拉顿（Glatton）修建一座基地。阿比布想告诉（尽管他从未成功过）德比希那些发出抗议的村民，工兵营所从事的破坏工作是为了帮助盟军将战争态势从防御转为进攻，击败德国，把他们的孩子从远方的战场带回家。

潮湿、阴冷的冬季，德比希机场的建造工作继续进行。这里，以及伦敦北部和东部一百多个与战争有关的建筑工地上，进行着一场与泥泞的战斗。航空队的历史学家们写道："英国的泥泞，形式多种多样，从水淋淋的泥浆到带有速凝水泥一切特性的黏稠泥团，范围极广。"[7]随着树叶逐渐凋落，地面愈见荒芜，白昼开始缩短，天色阴郁，一些人不禁纳闷："德国人为何想要夺取英国？"[8]

美国报纸将基地的建造工作称赞为一场赢得战争出色的演练。"跨过英国的绿色田野,从拂晓至深夜,美国工兵将混凝土、钢筋和汗水浇筑进有史以来最为浩大的建筑项目中。"《星条旗报》这样写道。[9]但在艰苦、令人沮丧的工作中毫无浪漫可言,士气难以为继。美国人住在帐篷或活动房屋中,靠煤取暖,而煤炭供应总是不足。他们分为两班,每班的工作时间为10小时,为抓紧时间,饭菜给他们送到工地。每天的工作在"出现足够的光线"前便已开始,这一整天,"由老百姓驾驶的卡车络绎不绝,运载着碎石、沙土、水泥以及遭到轰炸的城市中的残砖碎瓦……沿着狭窄的车道隆隆驶来,并将车上搭载的东西卸下,堆得像小山那么高。"[10]起重机高得像当地教堂的尖塔,帮助营里的卡车将搭载的材料倒入一台庞大的铺路机内。他们每天能铺设半英里跑道。到D日前,派驻英国的任何一个工兵单位,浇筑的混凝土都足以建造跨越海峡的一条双车道高速公路,铺设的砖块也可以建成世界上最高的摩天大楼。[11]

任务最艰难的当属水泥工。他们要在一个木制平台上站一整天,并将一袋袋重达100磅的水泥倒入卡车中,这些依次驶过的卡车每分钟一辆,单调无比。腾起的水泥灰吹在他们的脸上,侵入他们的衣服,甚至深深地渗入他们的皮肤,把他们变成"灰绿色、幽灵般的机器人"[12]。有些士兵蓄起又长又密的胡须,以阻止灰尘侵入他们的面孔。《扬基》杂志的一位记者请士兵们描述自己的工作时,一名士兵脱口而出:"把我们叫作骡子,你就会明白了。"[13]

在格拉顿,某天下午,一群脏兮兮的工兵正在铺设跑道时,一架中弹的"空中堡垒",仅凭一具引擎飞入他们的视野,寻找着迫降地点。"我们看着他飞入树梢后,随即,所有人朝他消失的地方跑去。"比尔·翁回忆道。他赶到冒着烟的飞机残骸处时,所有机组人员都倒在血泊中。"救护车和消防车赶来了……这些可怜的家伙被送去急救站时,四下里一片寂静。突然间,我们不得不忍受的泥泞、寒冷、雨水和潮湿似乎都变得不值一提。"[14]

截止到1943年6月——就在这个月,"孟菲斯美女"号机组离开巴辛伯恩回国——英国东部的各个建筑工地上共有13500名美国士兵。和他们一同工作的是从远至威尔士、苏格兰和北爱尔兰招募来的32000名平民,其中还有些妇女。他们居住在特别营地中,而妇女则是从当地住户中招募而来的。

与世界各地的军人们一样,工兵营的士兵也期盼假期的到来。每逢周六,他们便脱掉沾满泥泞的工作服,换上一身干净军装,搭乘一长列卡车蜂拥至伊普斯维奇消磨一晚。[15]即便在较为平静的德比希,对当地警长(大家称他为穆迪先生)来说,他们也是一群不好对付的人,这帮吵吵闹闹的家伙约有700人,其中大多数是军方从美国最危险的行业中招募而来。他们当中有曾为曼哈顿"银塔"吊装钢筋的钢铁工,也有曾在密歇根荒原上砍伐松树的伐木工。"这里有一些夜间发生在草地上或干草堆后的事件,气愤的父母和伤心的姑娘不知何故便息事宁人了,"阿比布回忆道,"有些高速行驶的美国卡车冲入了狭窄的单行道,这就意味着事故。还有些家伙下山后来到'犬'、'皇冠'或'突厥王'酒吧,结果却找不到回去的路。但穆迪先生恪尽职守,并伴以轻声细语和礼貌的态度,不知何故,事情就变得顺当起来。"[16]

终于,社区里的大多数居民接受了山上的这些小伙子。许多家庭邀请他们周六时来家中吃晚饭,还有几位父亲批准自己未婚的女儿跟他们约会。反过来,一些美国佬也开始喜欢上英国。"我们是情不自禁。"阿比布说道。[17]

其他建筑工地上,一些特殊姿态对安抚当地人起到了帮助。比尔·翁所在的单位为村里的孩子举办了一场大型圣诞庆典,而他们的大姐姐则作为特邀来宾。两间屋子拼起一个舞厅,航空队派来一支乐队,降落伞挂在屋顶,炊事班的小伙子们制作了冰激凌,并从补给中心订购了一箱箱糖果。就是在这场聚会上,当地的姑娘们发现,在田地里见到的那些脏兮兮的工兵,居然能像她们在电影中看过的美国人那样翩翩起舞。"这些农村姑娘对吉特巴舞感到惊异,"比尔·翁回忆道,"可是,天哪,她们很快就学会了旋转、转身和跳跃,不比任何人跳得差。一开始,我们跟两百个孩子坐在一起,他们得到了一个真正的圣诞晚会——圣诞老人搭乘着一辆临时装饰过的推土机赶到。每个孩子都获得了礼物。感人的场面出现在那些已婚士兵身上,战争使他们跟自己的孩子天各一方，他们蹲下身，帮这些英国孩子拆开他们的礼物。友谊从这一天开始，直到战争结束后，它仍将持续很久。卡车在屋外列队，准备将客人们送回家时的情形就像以前的厌恶感从未存在过似的。"[18]

但这也带来了更多的问题，主要跟性有关，其中的一些问题被军官们处理得非常拙劣。圣诞聚会后几周，在格拉顿，几名当地姑娘出现在指挥部的办公室中。她们在聚会上喝醉了，还怀了孕，最糟糕的是，她们不记得"发生了什么事，或是跟谁"[19]。指挥官建立起一项救助基金，责令营区内的士兵每人每周贡献10美元，直到罪魁祸首出来认账为止。几个人最终向营地的牧师自首，不知道牧师采用了什么法子说服他们，几个人同意娶那几个姑娘为妻。"不行！"指挥官宣布，"这些家伙喝醉了，根本不知道自己将成为父亲——最好的办法是让他们消失。"[20]几个涉案人被调至另一处，而那些姑娘，其中的一个还不到16岁，再也没能见到他们。

《扬基》杂志记者索尔·莱维特写道："陆军工程兵就是吉卜赛式的建造者，他们修建，然后，他们离去。"[21]1943年4月，冬季的脚步终于渐行渐远时，罗伯特·阿比布所在的营被调至沃蒂沙姆附近，负责将皇家空军的一处设施改建为美国战斗机基地。另一支非裔美国人组成的工兵营被调来完成德比希的工作。截止到此刻，第八航空队拥有近50个机场，足以容纳正涌入英国的轰炸机大队、侦察部队和补给单位。6月中旬，派驻英国的美国飞行员已从去年12月的30000人增加至100000多人。到D日发起前，在东英吉利亚，平均每隔八英里便有一座空军基地。这种大批外国人友好的"入侵"，是英国此前从未经历过的；除伦敦和像利物浦这样的大型港口外，英国的其他地区并未大批出现外国移民。[22]

"我们去当地一家名叫'绿人'的酒吧，那儿全是外国人，"一位英国妇女回忆道，"就算他们是从火星上掉下来的，我们也不会更加吃惊了。"[23]一些体面的英国人对他们的打扮感到震惊。"这帮乌合之众，非得亲眼看见才能相信。"一名英国士兵描述了一群到达巴特伍德（Buttonwood）的美国飞行员，这里是个大型补给维修中心。"他们穿着各式各样的衣服……戴着形形色色的帽子……令我们震惊的是，他们还带着大量运动装备，有高尔夫球杆、棒球棒、钓具、橄榄球以及能让任何一个运动员感到高兴的一切。大家不禁纳闷，他们跑到我们这座缺乏娱乐的岛上来，是帮助我们打仗还是来参加一场世界性体育赛事？"[24]

他们的人数具有压倒性。东英吉利亚作为一个独立省份只有170万人，仅有的四个城市中心是诺维奇、伊普斯维奇、剑桥以及英国最古老的城市科尔切斯特（Colchester）。很快，美国人的数量超过了居住在基地附近的村民，其比例高达100：1，迅速改变了这些曾经从容不迫的城镇的个性和色彩。"他们的生活中，没有什么会令他们审视自己既定的习惯和信仰。"战前一名观察员这样描述东英吉利亚人的内向性格。[25]随着建筑营离开，成千上万名美国飞行员的到来，既有的生活方式受到了威胁。火车、酒吧、电影院里挤满美国人，生活节奏也开始加快，人们的期望已不再像他们的收入那般微薄。"就连天空也不再安宁了。"罗杰·A. 弗里曼写道，当时他还是一个小男孩，在之后的人生中，他花了许多时间撰写关于第八航空队的著作。[26]

直瞄射击

1943年6月10日，欧洲的空战进入到一个新阶段。这是"联合轰炸机攻势"（CBO）的正式开始，代号为"直瞄射击"。[27]这是为了履行罗斯福和丘吉尔在卡萨布兰卡做出的承诺，发起一场"夜以继日"的英美轰炸机联合攻势，为日后的大规模地面进攻铺平道路。1943年5月，在华盛顿召开的"三叉戟"会议上，联合参谋部（由英国和美国高级军事将领组成）已将跨越海峡进攻希特勒"欧洲堡垒"的日期暂定为1944年5月1日，并将盟军的轰炸战与这场代号为"霸王"的进攻行动直接相连。"直瞄射击"的指令使德国空军（包括其作战飞机以及生产这些飞机的工厂）成为联合轰炸机攻势最重要的一个目标。只有德国空军被削弱到不再对盟军的地面进攻构成威胁后，英美空中力量才会对德国其他重要工业设施发起系统性轰炸。

但一些轰炸机巨头却有他们自己的小算盘。对英国空军部来说，阿瑟·哈里斯是个不好对付的人，因为他实施了那么多明显对敌人造成伤害，并饱受赞誉的行动，他将继续自己的"城市轰炸战"，却几乎被"直瞄射击"所忽略，直到D日发起的几个月前，艾森豪威尔才最终把他拉了进来。因此，哈里斯不会跟第八航空队密切配合，就像CBO这个术语无意中表明的那样，这是一场联合的，但并非协调一致的轰炸攻势。

斯帕茨也有自己的想法，但并未对此太过坚持。尽管他身处地中海战区，但阿诺德为他通风报信，因而仍能对欧洲各地的空中作战发挥影响。他依然相信，如果盟军轰炸机能集中力量，对德国战时经济所依赖的重要行业（例如石油和钢铁）发起打击，那么，地面进攻是可以避免的。但与哈里斯不同，他觉得自己别无选择，因而同意联合参谋部的决定，没有公开抱怨。但艾拉·埃克却对"直瞄射击"的新指令热衷不已。它符合他的信念：只有联合空中、地面和海上攻击才能打垮纳粹政权。他还进一步确信，旨在摧毁德国经济的大规模白昼轰炸战是难以为继的，除非重创并击败德国空军。他从比利·米切尔那里学到，摧毁敌人的空中力量是一场成功轰炸战的先决条件。不过，在"直瞄射击"的指令下达时，他已拥有额外的重型轰炸机和机组人员，因而他依然相信，不需要远程战斗机为轰炸机提供护航，他仍能夺得制空权。

但他首先要和阿诺德将军解决一些问题，阿诺德已开始给埃克施压，要求他将更多的战斗机投入护航任务中。第八航空队战斗机司令部的指挥官是英俊、神气活现的弗兰克·亨特将军，他把他的"雷电"战机派过海峡游荡，试图引诱德国空军来一场战斗机对战斗机的决斗，但戈林命令他那些战斗机飞行员，将重点集中在敌人的轰炸机上。因此，阿诺德认为，只有在护航任务中，而不是在游荡中，才能发现、打击并消灭德国空军。

阿诺德的看法没错，但他没有意识到他自己就是问题之一，甚至远远大于战术问题。阿诺德对B-17的作战能力有一种不切实际的乐观。根据罗伯特·洛维特后来的证词，身处华盛顿的阿诺德"对B-17的能力表达了一些太过狂妄的看法"[28]。即便在同意推动生产远程护航战斗机的项目后，他对此也没有抓得太紧。在洛维特看来，"他的双手被他的嘴绑住了。他说我们唯一需要的是'空中堡垒'，仅此而已；很少有战斗机能跟上它们"。但正如洛维特酸溜溜地补充的那样："梅塞施密特就能毫不费力地追上它们。"

阿诺德告诉华盛顿他那些工作人员，第八航空队可能需要远程护航，但埃克未获得战果是因为他没有将足够的轰炸机投入行动，甚至在春季获得加强后。阿诺德对第八航空队承担的维修问题并不太重视。埃克，这位鲁莽、积极的指挥官，没有足够的保养和维修人员来确保他的空中力量保持最大强度，原因之一就是华盛顿草率的规划。阿诺德冲动、急躁、饱受心脏问题的困扰，对英国的实地状况缺乏了解，尽管如此，他毕竟是个坚强的人。他督促埃克解除战斗机和轰炸机指挥官的职务，他指责这两人"太过求稳"，担心遭到严重的损失而不愿派出大规模轰炸机编队和护航战斗机去打击敌人。[29]无节制的电报在大西洋上空来来回回。"现在看起来，"埃克的副手詹姆斯·帕顿回忆道，"阿诺德和埃克将军似乎将更多的时间投入到争执中，而不是如何击败德国。"[30]

7月1日，埃克解除了纽顿·朗费罗第八航空队轰炸机指挥官的职务，接替他的是37岁的弗雷德里克·安德森少将，一名积极进取的领导者。接下来的一个月，埃克任试飞员时的战友兼老朋友，威廉·E. 凯普纳少将，接掌了第八航空队的战斗机司令部。埃克向他的老板屈服了，但他在一份满怀怨言的信中警告道："我可不是一匹需要马刺来激励的马匹。"[31]二十年前铸成的友谊和专业纽带在全面战争的压力下土崩瓦解。

埃克还有其他考虑。他担心自己获得加强的部队遭受到更大的损失，这将引来公众和官方要求拆解第八航空队的压力——他们消耗了美国越来越多的战争资源,却没有获得与之相应的战果。"现在我最担心的问题是,"他向阿诺德透露,"我们在高层的支持者,以及支持我们的民众,可能无法忍受我们在战斗中的损失。"[32]随后他做出个中肯的预言:"我们不妨坦率地承认,这将会是一场血战。谁能弥补损失,谁就将获得胜利。换句话说,拥有预备力量的一方将赢得胜利。"

伤亡者的数量会比他想象的更高。1943年夏季和秋季,第八航空队蒙受的损失将严重消耗其人员和飞机,生还者的士气受到严重动摇,并使埃克丧失了他的指挥权,从空中击败德国的可行性遭到质疑。这将是美国空军历史上最暗淡的几个月。这几个月里,重型轰炸机中的美国飞行员飞越德国,其生存概率几乎与"癌症晚期患者"的存活率相同。[33]

训 练

赶至英国参加埃克大规模夏季攻势的部队之一是第381轰炸机大队。三十九年后,约翰·科莫来到剑桥东南方里奇维尔(Ridgewell),第381大队曾驻扎过,现已杂草丛生的基地时,他觉得宛如时光倒流。"我能听见英国潮湿阴冷的黎明前,引擎加速旋转准备起飞时发出的刺耳轰鸣。我能闻到引擎噗噗作响并启动时混合着机油和汽油的味道充斥在空中。"[34]但他最清晰的记忆是关于他那些战友,在美国接受训练的期间,他和他们结下了牢不可破的友情。

珍珠港事件的11个月后,约翰·科莫的英国战时之旅开始于11月份一个寒风凛冽的日子。德克萨斯州一座偏远的机场,一位面貌严肃的少校,裤缝犹如刀刃般锋利,大步走到高高架起的麦克风前,停顿片刻,查看着他的听众——阅兵场上一群剃着平头的新兵。几秒钟后,少校开始了一场激昂的演说,描述起空中射手紧张刺激的生活。演讲结束后,他要有胆量从事这一工作的人自愿走出队列。50个人站了出来,其中包括32岁的约翰·科莫。

一个小时后，科莫坐在基地医院里，等待接受体检。十年前，他曾被陆航军以"缺乏深度知觉"的理由所拒绝。这次，体检人员告诉他，他的体检结果"差不多够了"。航空队急需航空机械师，而机械师的另一个任务是操控重型轰炸机的顶部炮塔。医生问他，愿意成为一名航空机械师吗？9个月后，约翰·科莫，这位刚刚完婚，持有德克萨斯大学文凭的机床销售员，开始在一架"空中堡垒"的炮塔内为了自己的生命而战。

1938年时，陆军航空军只有21000名官兵。在其最大扩充期内，从珍珠港事件爆发后的第二天，到"直瞄射击"开始时，其兵力从35.4万增至210万人，扩充了520%。[35]分类、委派和训练这么一大批人——18个月时间，180万人——是个惊人的任务。为完成这个任务，陆航队采用了亨利·福特的流水线生产法。阅读过陆航队招募说明的新兵知道摆在他们面前的是什么。说明中指出："陆军航空队的训练可以比作流水线生产。"[36]

像约翰·科莫这种分配到轰炸机上的小伙子，首先接受个人训练，然后再作为一个紧密协调的团队中的一分子接受训练，整个训练过程中，最大的敌人是时间。为尽快将这些人派至海外，陆航队降低了战前严格的要求。1942年1月，候补军官的最低年龄从20岁降至18岁，新兵也不再需要经过两年大学学习，能通过一场严格的书面考试即可。战争的头两年，这些机组人员待在仓促建立起的训练中心内，其中有一些完全是用帐篷搭成；他们起飞时所用的机场处在半完工状态，飞机也是危险的过时货。体检和身体要求——尽管仍高于陆军的标准——也被降低。[37]陆航队引以为豪的是，他们是一支完全由志愿者组成的部队，但在1942年12月，罗斯福总统终止了自愿参军入伍的举动后，这一点也宣告结束。不过，即便这样，被征入陆军的人也可以提出申请，自愿加入陆航队。这就使陆航队那些霸道的征兵人员得以挑走被小说家约翰·斯坦贝克称作"这个国家出产的身心俱佳的人才"[38]。

这些人自愿参加陆航队的原因多种多样，从高尚的爱国主义到希望摆脱步兵都有。稳定的工作、可观的收入，对那些依然失业、被大萧条搞得身心俱疲的年轻人来说，是个不小的诱惑。初出茅庐的少尉每年能拿到1800美元，外加50%的飞行津贴，看上去很微薄，但那可不是一名四星将军的基本工资为8000美元的年代。大批出色的志愿者被吸引至陆航队，是年轻人飞行梦想的结果。他们成长于飞行的黄金时代，[39]他们用轻质木材削制飞机模型，他们追随着查尔斯·林白的传奇生涯，并为那些特级飞行员出现在当地机场，进行巡回表演时的空中壮举而激动。保罗·蒂贝茨12岁时，被一个名叫道格·戴维斯的马戏团飞行员首次带上天空，戴维斯驾驶的是一架敞开式座舱的双翼机，配以木制螺旋桨和织物蒙皮的机翼。他为寇蒂斯糖果公司工作，于是交给飞机后座上的蒂贝茨一项任务：将绑在一顶顶微型降落伞上的"露丝宝贝"牌糖果盒投下去。蒂贝茨后来说，经过那番经历，他知道，"再也没有别的东西能令我满足"[40]。

对那些希望成为飞官的申请者来说，训练通常开始于由军医和心理学家组成的航空队分类中心。[41]其目的是为了确定这个申请者是否应该被允许进入一架作战飞机并以怎样的身份进入。新兵们会接受一连串测试以检查视力、心理适应性、动作协调性以及心理稳定性。他们的成绩，再加上他们的个人选择和陆航队的需要，决定了分配他们去的培训学校：飞行员、领航员或投弹手。他们必须通过考试。半数以上的人惨遭淘汰。这些被不公正地贴上"失败者"标签的人，要么自愿参加空中射手的训练，要么转调到步兵单位。

毕业生被称为"长官"，而且，"每当我们发奋时，他们都会告诉我们，我们是国家的精英"，一名学员写信告诉他的母亲。[42]他们的培训通常是以1—2个月的军事定向训练为开始，这些准飞行员以此学会"如何成为一名军人"[43]。这其中包括体能训练和密集队形操练，并伴以射击、化学战、军事程序和地图识别方面的指导。体能训练的强度很大：越野跑、障碍训练、健身操和举重。这些学员列队行军时，唱着有节奏的歌曲和陆军航空军军歌，这里还举行全体学员的正式阅兵式，举起军刀敬礼，近距离检阅，练习那种"戏剧感和共同使命感"的传递。[44]

这是美国军方智力要求最高的训练项目的开始。特别是驾驶员，选拔和培训非常严格。他们要操作的不是步枪，而是一架庞大、复杂的武器，成本高昂，破坏力巨大。一名驾驶员得到他的飞行徽章并被任命为少尉前，必须经历三个飞行学校的培训（初级、基础和高级），三所学校分别位于三个独立的基地，培训课历时约九周（十周后投入战斗）。这一切都完成后，他们便参加第十周的进修课程。在这最后的阶段，这些驾驶员学习他们将在战斗中操作的飞机，并被教会"不带情感地从事杀戮、残害、焚烧、摧毁"[45]。

在初级培训阶段，学员们飞一款被称作"斯蒂尔曼"的双座双翼机，一位平民教官坐在后座（因为没有足够的军方飞行员从事教练工作）。对来自宾夕法尼亚州曼斯菲尔德的理查德·C. 贝恩斯这位高中体育明星来说，由于此前从未坐过飞机，这是他迄今为止最紧张的时刻。但他轻而易举地驾驶着飞机飞上蓝天，而且很快便"玩起了杂技，懒八字飞行、翻圈和快滚……这一切使他得到了极大的乐趣"[46]。与这种第三维中的新体验相比，课堂教学就不那么激动人心了。学员们参加莫尔斯电码、导航、气象学、飞机发动机和零部件、燃油和润滑程序、保养和维修等课程。他们还要在"林克"式模拟飞行器上花费些时间，模拟飞行座舱的目的是教会驾驶员借助仪表实现盲飞。

接下来便是基础飞行学校，在经验丰富的军方飞行员的指导下，学员们学习操作战前使用的较大、较慢的战斗机。经过70个小时的飞行时间以及更多的课堂教学后，学员们被分配至单引擎战斗教练机或是双引擎轰炸教练机上。理查德·贝恩斯回忆说，这里的气氛"更加轻松"[47]。学员们仍要进行操练，并列队上课，但这里的理论学习较少，而且"被淘汰的概率较小，我们可以专注于飞行和导航的细节问题"。他们进行越野飞行，并学会如何以一具引擎操纵轰炸机降落。这令情况变得更加危险。1943年，美国国内的陆军航空队基地发生了20000多起重大事故，5603名飞行员丧生。整个战争期间，在国内和国外的训练基地，约有15000名飞行员送命。在佛罗里达州的麦克迪尔空军基地，参加训练的轰炸机机组人员想出一句冷酷的话语来描述当时的情

况:"每天一次,飞入坦帕湾。"⁴⁸

1943年感恩节过后一周,理查德·贝恩斯完成了他的培训,并被授予陆军航空队少尉军衔。获得银色的飞行徽章时,贝恩斯少尉完全有权感到幸运和自豪。战争期间进入飞行培训项目的学员中,约有40%(超过124000人)在受训过程中被淘汰或丧生。贝恩斯成了正迅速成为世界上最训练有素的空中力量中的一分子。

从导航员和投弹手学校毕业出来的学员与那些刚刚成为驾驶员的人同样自豪。埃尔默·本迪纳是来自纽约布鲁克林的一个犹太小伙,为庆祝自己从领航员学校毕业,他买了件时髦的褐色风衣和一条"粉红色"、看上去很潇洒的长裤。"我还准备了一盒名片,上面写有我的姓名和军衔……我为参战做好了准备。"⁴⁹

本迪纳比贝恩斯早毕业一年,已于1943年初冬被派至爱荷华州的苏城,在那里,他填补了刚刚组建的第379轰炸机大队最后一个机组中的最后一个空缺,该大队正进行着赶赴海外前的匆匆准备。他被分配到一架名叫"童德蕾奥"号的飞机上,这个名字来自迷人的海蒂·拉玛在电影《蛮荒妖妇》中饰演的一个角色。出发赶赴英国时,他与机组的其他人员已亲如一家。本迪纳写道:"我们的忠诚围绕在'童德蕾奥'号周围。"⁵⁰

一年后,理查德·贝恩斯投身于战场。1943年夏季和秋季,由于损失急剧上升,越来越多的机组人员开始涌入英国,不是作为在国内组建的轰炸机大队的成员,而是作为补充兵进入本迪纳第379大队那种实力锐减的单位中,这些大队与第八航空队里的其他大队相比,执行了更多的飞行任务,投下的炸弹也更多。来到英国西部后,这些人向补充兵中心报到,然后被分配至各个遭受损失的大队中。

像本迪纳所在的那种轰炸机大队,作为一个整体(地勤人员和飞行人员),一同在国内经历了最后的培训期,抵达英国后进驻专门为他们准备的基地。1943年5月末,第379大队的轰炸机开始降落在剑桥的金博尔顿

（Kimbolton）机场，一个月前，另一个新组建的大队，第100轰炸机大队，降落在索普-阿伯茨机场，这是第八航空队派至英国的第八个轰炸机大队。陆航队已将第100大队视为一支粗野、散漫的部队，它将给柯蒂斯·李梅上校造成麻烦，而李梅刚刚晋升为新组建的第4轰炸联队的指挥官，第100大队便隶属于该联队麾下。

第100轰炸机大队

日本偷袭珍珠港的一个星期后，哈里·克罗斯比离开爱荷华大学的文学硕士写作课程，丢下一个他深爱着的姑娘（尽管对方对他并不太感兴趣），加入到陆军航空队中。几周后，克罗斯比被驾驶员培训课淘汰，于是改行成了一名领航员。获得飞行徽章和任命后，他被分配到第100轰炸机大队，并被告知，他将飞的是B-17。他第一次看见这种飞机着陆时，那架B-17坠毁了，机组人员无一幸免。

他的驾驶员是约翰·布雷迪和约翰·霍尔，投弹手是霍华德·"滑稽演员"·汉密尔顿——这位长着一张椭圆形面孔的农村小伙来自堪萨斯的奥古斯塔。位于轰炸机后部的则是操着世界各地语言的一群人。来自纽约北部的机械师阿道夫·布鲁姆是一位农民，说话时带有浓重的德国口音。球形炮塔射手罗兰·冈维尔是个信奉天主教的波兰人。腰部射手哈罗德·克兰顿是个美国印第安人，而另一名腰部射手乔治·佩特罗霍洛斯则是来自芝加哥的一名希腊人。无线电操作员索尔·莱维特是一名来自纽约的犹太人，这位前记者曾撰写过托马斯·杜威著名的反黑调查的报道。而机尾射手，据克罗斯比回忆，似乎每周都要换个新人。[51]

清晨的黑暗中，约翰·布雷迪首次看见他的机组时，不禁笑了起来，他告诉他们自己并没什么了不起的。"说着，他又笑了起来，我们立刻便喜欢上了他，"克罗斯比回忆道，"战前，他在巴尼·伯利根的一支乐队中担任萨克斯手。"[52]

第100大队由达尔·"老爹"·阿尔凯尔上校指挥，他是驾驶B-17的老手，曾在爱达荷州的博伊西和华盛顿的瓦拉瓦拉接受过短期培训，1942年12月，他被派至犹他州温多弗荒芜的盐碱地上。他带着4架破烂不堪、几乎已被停用的B-17和几名接受了仓促训练的地勤人员到达那里。"他们带着热切的无知凑近那些庞然大物。"该大队的一名战史作者这样写道。[53]他们中的一些人此前从未见过B-17，幸运的是，有几个人曾干过机械师。肯尼斯·莱蒙斯，这名19岁的志愿者来自阿肯色州的波卡洪特斯，九年级时便辍学，以帮助父亲操持自家的农场。"整个农场的机械作业都由我们自己完成……所以很自然，我学会了机械修理。"[54]莱蒙斯中士，这位负责管理15个人的地勤主管，帮助他那些没什么经验的组员们维持着第100大队寥寥无几的飞机的正常飞行。"地勤人员是这支队伍的骨干，"阿尔凯尔上校对他那些新兵们讲话时说道，"没有他们，那些神气活现的飞行员一文不值。"[55]

一周内，更多的飞机和机组人员到达这里，很快，各个中队在空中展开例行训练。每位组员必须参加，因为他们在犹他州温多弗的训练严重不足，以至于第100大队几乎无法将他们投入战斗。

元旦那天，第100大队从温多弗迁至爱荷华州的苏城。[56]地勤人员搭乘军用列车，在飞行员之前到达，而那些飞行员被他们所称的"机场之旅"所耽误，因为许多机场位于离机组人员家乡很近的地方。飞过明尼阿波利斯的老家时，一名射手决定给父母写张便条，于是将纸条绑在一把活动扳手上，从10000英尺高空扔了下去。军方审查人员将扳手和纸条交给阿尔凯尔上校，并评论道，第100大队去欧洲后，这个国家会更安全些。

对第100大队来说，苏城是国内训练的最后阶段，但他们接到一个坏消息，说该大队尚未证明已为出国作战做好了准备。陆军航空队干脆将第100大队打散，将机组人员派至遍布美国西部的八个基地，进行额外的训练，他们将保持分散状态三个月，而地勤人员则派至内布拉斯加西部的卡尼基地。

3月底，阿尔凯尔上校收到了他为之期盼的命令，指示他将大队重新集结，准备部署至海外。4月20日，所有机组人员都已到达卡尼基地，期盼着飞赴旧金山进行最后的检查工作。结果却是一场灾难。37架飞机中的14架未能到达目的地。一些飞行员声称引擎出了问题，将飞机降落在女友们的家中。还有个机组兴奋地出现在田纳西州的士麦那。这场飞行令阿尔凯尔丢了官，约翰·伊根少校也从大队执行官降为中队长。阿诺德将军的一名助理，霍华德·特纳上校，成为第100大队的临时指挥官。他唯一的任务是将该大队平平安安地带至英国。

特纳麾下的机组获得了新式的B-17F，这是最新型的"空中堡垒"，他们被送回犹他州温多弗，进行额外的训练工作。回到卡尼基地后，一个消息传播开来，所有外出活动均被取消，直到指挥官们允许他们买来酒，在营房里喝个酩酊大醉后，他们才意识到，这次将"飞去参战"了。[57]各项记录加以检查，新的飞行服也已配发下来，5月27日，特纳坐在引航机内，第100大队的四个中队（其中的一个由盖尔·克莱文指挥），起飞赶往缅因州的班戈，那是飞越大西洋的中转站。

一些小伙子丢下了他们的新娘。哈里·克罗斯比在爱荷华市追过的那个姑娘，写信向他表达爱意后，克罗斯比娶了她。他在英国期间，她将与克罗斯比两位中队战友的新娘同住一套公寓，这两位战友是霍华德·汉密尔顿中尉和埃弗雷特·布莱克利上尉。最后一次休假时，肯尼斯·莱蒙斯中士返回阿肯色州波卡洪特斯的家中，迎娶了未婚妻芳达，并把她带回卡尼，安排在基地附近的一座旅馆，以便共度剩下不多的时间。接到远赴海外的命令后，他把她打发回阿肯色州，接下来两年半的时间里，她将和她的父母住在一起。"对新婚夫妇来说，这是个艰难的告别时刻。"莱蒙斯这样说道。[58]

1500名左右的地面人员已在月初离开卡尼基地，搭乘火车赶往新泽西州的基尔默基地，那里位于曼哈顿摩天大楼的视野内。随后，5月末一个细雨蒙蒙的清晨，基地大门关闭了，整个世界被摒弃在外，经历了七个月的训练后，第100大队的地勤人员登上气味陈腐的军用列车，赶往新泽西州的霍博肯。在那里，渡轮将他们带过哈德逊河，经过一长列驻锚的军舰，来到一个长长的码头，这座码头覆盖着一个巨大的拱形屋顶。默默等待着他们的是丘纳德白星航运公司壮丽的"伊丽莎白女王"号，现在是国王陛下的船只之一，这艘豪华邮轮身披单调的战时装束。"这艘船非常大，"一名地勤人员回忆道，"你所能看到的仅仅是她灰色的船身。"[59]

第二天下午，港口的拖船将"伊丽莎白女王"号拖出船坞，她搭载着相当于一座小型城市般大小的货物转了个身，雄伟的船头指向大海。但船上近15000名士兵却体验了这艘巨轮强有力的移动。这些士兵被限制在甲板下散发着霉味的舱室内，完全不知道他们的目的地将是何处。

驶入公海后，为防止被德国潜艇发现，水手们开始将舷窗和窗户覆盖上，这艘庞大的邮轮"与身边的黑夜融为一体"，第100大队的勤务兵杰克·谢里登这样写道。[60]"伊丽莎白女王"号用了八天时间横渡大西洋，每隔三分钟便改变航向，警卫人员的双眼紧贴在望远镜上，搜索着潜望镜形成的黑色波浪。邮轮的曲折行进在下方拥挤、臭烘烘的舱室内造成晕船症的爆发，在那里，普通士兵每两人分到一张吊床，于是，两人轮流，每人享用12个小时。军官们睡在三层高低床上，每张床铺贴得很近，本应住两个人的舱室被塞进去十八个人。由于无事可做，这些人玩起了二十一点、掷骰子和法罗牌。谢里登写道："很快，整艘船上掀起了赌博的热潮。在船上四下走动是不可能做到的，每一条过道，每一个房间，你都会遇到正在进行某种赌博的人。"[61]

1943年6月3日上午，"伊丽莎白女王"号到达苏格兰布满石块的海岸，并停泊于格陵诺克。走下跳板来到岸上时，士兵们受到岸边一支满面愁容的乐队的迎接，他们演奏着《带我回纽约》。享用过苏格兰女士们提供的茶水和甜甜圈后，第100大队的地勤人员搭火车赶往一个名叫"迪斯"的车站。该大队的官方史学家写道："这些人以特有的智慧不失时机地喊出了'Dis is Diss'

的口号，这句话很快将变成从伦敦返回的那些人的口头禅。"*⁶²

在火车站，他们挤上等候着的卡车，驶过一间名叫"国王头像"的酒吧，赶往位于基地后方的一个小村庄，那座前皇家空军基地仍在修建中。短短几周内，从内布拉斯加的玉米地来到"纳粹的家门口"，谢里登说，这是个"极大的跨越"⁶³。

到达索普–阿伯茨的第一晚，莱蒙斯宿舍里的几个人打开收音机，想听听来自柏林的广播。收音机里出现的是臭名昭著的纳粹宣传员"轴心莎莉"，她直接对第100大队的人说，欢迎来到英国。"你们犯了个错误。这不是你们的战争。干嘛要为英国送命？回家吧。"⁶⁴

6月9日，各轰炸机机组赶到了，他们在机场上空盘旋、轰鸣着。"整个大家庭又聚到了一起，"谢里登说道，"这次要投入战斗了。"⁶⁵

轰炸机的到来给当地社区造成了轰动。"一天，我正骑着自行车从学校回家，他们来了，降落得又快又密，间隔得极短。"戈登·E. 德本回忆道，当时他才12岁，住在跑道旁的一个农场里。"我离主跑道末端很近，浑身直起鸡皮疙瘩，我想回家，可又害怕从那些飞机下穿过，他们离地面实在太近了。"⁶⁶

第100大队的飞机都平安着陆，除了约翰·布雷迪所驾驶的那架"空中堡垒"。跨越大西洋的最后一段航程中，哈里·克罗斯比犯了个导航的错误，他们错过了英国。就在几乎要飞到被纳粹占领的法国的上空时，他们才改变航向，并发现了一个很大的岛屿，由于起落架被冻住，他们不得不在英国崎岖的西部海岸的一条跑道上迫降。没有人受伤，甚至包括他们机组的新吉祥物"肉球"——他们从冰岛"绑架"来的一条哈士奇犬。"这片乡村看上去一派平和的景象，"无线电操作员索尔·莱维特回忆道，"但我们知道，这里是通往一片多灾多难的大陆的门户。"⁶⁷

---

*译注：这句话的意思是"迪斯车站就是黄泉末路"。

他们没有浪费时间，立即搭乘火车赶往迪斯。随后又坐在一辆卡车的后厢内赶往基地，卡车带着他们来到一座看上去像是养牛场的大门前，这里由两名戴着白色钢盔的宪兵看守。哨兵向他们敬礼，并要求他们出示证件。克罗斯比环顾四周，发现他们正身处一片农场上，一个奇怪的家伙带着一队马匹出现在田野里。他认为肯定是跑错了地方，直到他看见一群美国兵在一长排活动房屋前玩接球游戏才反应过来：就是这里，他们已身处战争中。

他们的宿舍是标准的"尼生"式活动房——波纹铁皮预制板构成，用螺栓固定成半圆柱形，再漆上单调的橄榄绿。地上铺着混凝土板，屋内使用一个小煤炉取暖，向上延伸的烟囱穿出屋顶。天花板上挂着些低瓦数的灯泡。小屋按中队分组，散落在一片小小的宿舍区内，这些圆形屋顶使整个基地看上去像是"一群印第安人"的居住地。[68]每间军官宿舍入住两个机组中的八名军官，每个军官都有他自己的简易床铺；担任射手的中士们睡高低床，所住的宿舍也较大，能容纳多达三十来人。所以，军官和士兵宿舍中的拥挤程度跟潜艇组员们的寝室差不多。在这个半圆形的屋子里，充斥着烟味、汗味和未洗衣物的气味。

克罗斯比的机组与领航员弗兰克·D. 墨菲机组里的几名军官同住一间宿舍，墨菲机组的头头是查尔斯·B. 克鲁克香克上尉，是个身材修长、直率坦诚的新英格兰人，从不说空话。[69]

这些宿舍中没有水管设施。每个中队的生活区都有一座建筑，内设厕所和洗脸盆，但一些供机械师使用的卫生设施中没有热水。这一点在一些中队长试图检查士兵营房时引发了怨气。正如肯尼斯·莱蒙斯回忆的那样："我们这些二级军士长聚在一起，告诉他们别进我们的宿舍。无论白天还是晚上我们都要干活，我们经常不得不干个通宵……所以我们不允许其他人进入我们的宿舍。要是你有睡上一会儿的机会，最好抓住它，那些军官很识相，没有追究这些问题……军官和士兵亲如手足，在战区内……没有'军衔高低'这种事。"[70]

索普-阿伯茨有三条交叉的跑道,一旁设有许多混凝土停机坪,都停着飞机。机械师们在停机坪旁搭设起帆布帐篷,这些没有取暖设施的住处供他们在清晨,在机组人员起床前维修飞机时使用。在一条排水沟的末端,莱蒙斯和其他机械师在炸弹箱上开个孔,以解决上厕所的问题。作为五名地勤主管之一,莱蒙斯需要负责五架轰炸机,这些飞机停在盒状控制塔右侧,一块块8×11米的停机坪上。"在索普-阿伯茨,这些停机坪就是我们的办公室、我们的重点和我们的工作。"[71]

这些停机坪距离机械师们的宿舍有数英里之遥,对基地和飞机来说,分散得如此广阔是为了将德国空军偶尔空袭所造成的损失降至最低。很快,这些人开始骑上从当地买来的自行车。在索普-阿伯茨,几乎做任何事(从洗澡到吃饭),你都不得不骑上你的自行车。

基地从未设置过围墙,而在基地外的上比灵福德(Upper Billingford),有一个完整的小型社区。第一个星期日,数百名当地农民,或步行或骑自行车,母亲们推着婴儿车,赶来观看这些庞大的"空中堡垒",许多飞机所停的位置距离通往基地的一条车道仅有几英尺之遥,高耸的机尾伸向道路上方。村里的一些孩子钻进路边的一条水沟,刚好位于一架"空中堡垒"的下部,仔细打量着机腹处的机枪。一名地勤人员发现了他们,便让这些孩子坐进飞机的驾驶舱内。从这以后,这些孩子每天放学后都会骑着自行车来到基地,在那些不飞的飞机上玩耍。遇到有冰激凌作为甜点供应的日子,机械师们便带这些孩子溜进食堂,让他们坐在长条桌前跟美国人一起吃。

大多数当地农户都是鲁珀特·曼爵士的佃农,这个贵族家族在该地区拥有大片土地已有几个世纪。当地人很快便跟基地里的美国人打成一片,他们邀请自己喜欢的美国人来到灯光昏暗的小屋,尝尝家里的汤和炖菜。某些夜晚,一些戴着飞行帽、孤独的小伙子会敲响农民们的房门,要求进屋说说话,并与屋主在厨房里分享一袋烟。

雨停后,雾色消散,这些美国人会在闲暇时骑上自行车漫游基地,寻找酒吧和姑娘。这可能会有危险,因为美国小伙子们不熟悉英国自行车的手刹。正如安迪·鲁尼评述的那样:"试图踩下脚底并不存在的刹车的美国飞行员的数量……与来到英国的美国飞行员的数量相等。"[72]住在基地附近的肯·埃弗雷特发誓说,在索普-阿伯茨,骑自行车受伤的飞行员跟在战机中负伤的一样多。"他们把车骑得像疯子,结果,惊人的事故发生了。似乎每天都有救护车把他们中的某一个送去医院。你在酒吧里看见他们,一整帮人,绑着绷带和夹板,你还以为他们经历了一场作战行动呢。"[73]

这些飞行员在约会并赢得当地农场姑娘的欢心上毫无困难,而村里的年轻小伙则发现很难跟美国人展开竞争。约翰·戈德史密斯当时是饭店的一名小门童,他回忆道:"他们有大把的钞票,再加上潇洒、精心剪裁的军装,这使他们脱颖而出。而我们的父辈穿着沾满泥泞的系带靴,松松垮垮的长裤,戴着陈旧的圆顶礼帽,他们最好的衣服被小心叠放在床旁边的箱子里,以待出席婚礼或葬礼时穿。就算是我们的士兵,穿着沉重、不合身的羊毛制服,与美国人相比,看上去很寒酸。当然,最漂亮的姑娘都被美国佬赢走了。"[74]

美国人随随便便的军人举止令一些英国人感到不快,他们的军事制度等级森严,很少看见英国军官跟他们的部下们交往。"幻想着去打仗,并把你们的军官视作'哥们'。"一个英国人挖苦地评论道。[75]

"令我们许多人感到不解的是,"约翰·戈德史密斯回忆道,"大多数美国佬都用爽身粉,这让我们觉得有些娘娘腔。他们太过花哨了。但一段时间后,你不可能不喜欢上他们。他们非常友好,总是准备跟你聊天,令我们印象深刻的是,他们从不谈及他们的任务。"[76]

"不过,从某种程度上说,直到他们开始付出牺牲后,我们才真正地接受了他们。我们想念那些没能回来的小伙子,并为他们的队友感到难过,因为我们知道他们的生存机会是如此渺茫。你不得不对他们心生同情。1943年时,我才十五岁,许多美国人只比我大三四岁,他们中的有些人看上去甚至还没我大。"

第100大队的这些人几乎每天都要训练，而他们中的一些人几乎每晚都要喝酒。像盖尔·克莱文这些不去酒吧的人，则会在灯光昏暗的宿舍里谈论家乡的女友以及摆在他们面前的战争。所有人都不知道情况会怎样。"我听说德国佬会把降落伞打得满是窟窿，"布雷迪机组里的一个人说道，"就算你跳伞，他们也会对着降落伞射击，这样你就毫无机会了。"[77]

在贴满好莱坞梦中情人照片的天花板下，他们吸着烟，聊着天，而跑道上那些战机"像大群野兽般"等待着首次行动的到来。[78]

注释

1 小罗伯特·S. 阿比布,《我们在这里:一名美国士兵在英国的笔记》(伦敦,朗曼/格林出版社,1946年),第1—5、9—13、21页。

2 同上。

3 同上。

4 R. 道格拉斯·布朗,《东英吉利亚,1941》(拉文纳姆,特伦斯·道尔顿出版社,1986年),第85页。

5 阿比布,《我们在这里:一名美国士兵在英国的笔记》,第18—19页。

6 埃德温·R. W. 霍尔、约翰·弗莱恩·特纳,《美国佬来了》(英国坦布里奇韦尔斯,富豪出版社,1983年),第79页。

7 《目标,德国:第八航空队轰炸机司令部在欧洲上空作战第一年的官方史》,第78页。

8 埃德温·R. W. 霍尔、约翰·弗莱恩·特纳,《美国佬来了》,第79页。

9 奥拉姆·C. 霍顿,《美国工兵赶来为遍布英国的轰炸机修建基地》,《星条旗报》,1942年9月5日。

10 阿比布,《我们在这里:一名美国士兵在英国的笔记》,第50—51页。

11 索尔·莱维特,《陆军的吉卜赛式建造者》,《扬基》,1944年3月19日。

12 阿比布,《我们在这里:一名美国士兵在英国的笔记》,第50页。

13 索尔·莱维特,《陆军的吉卜赛式建造者》,《扬基》,1944年3月19日。

14 《美国佬来了》,第81—82页。

15 阿比布,《我们在这里:一名美国士兵在英国的笔记》,第53页;美国人在日记中写下的对英国的印象,现保存于英国萨塞克斯大学的公众观察档案馆内。

16 阿比布,《我们在这里:一名美国士兵在英国的笔记》,第26—27页。

17 同上，第21页。

18 《美国佬来了》，第80页。

19 同上。

20 同上。

21 索尔·莱维特，《陆军的吉卜赛式建造者》。

22 加德纳，《军饷过高、性欲过旺、到处都是：美国大兵在二战中的英国》，第67页。

23 朗迈特，《美国兵：美国人在英国，1942—1945》，第91页。

24 同上，第88页。

25 R.道格拉斯·布朗，《东英吉利亚，1939》（拉文纳姆，特伦斯·道尔顿出版社，1980年），第7页。

26 朗迈特，《美国兵：美国人在英国，1942—1945》，第149页。

27 "联合轰炸机攻势计划"，阿诺德文件；《二战中的陆军航空队，第二卷》，第665页。

28 帕顿《空军如是说：艾拉·埃克将军和空军指挥部》，第279页。

29 1943年4月26日，阿诺德写给弗兰克·安德鲁斯的信件，国会图书馆，阿诺德文件。

30 帕顿，《空军如是说：艾拉·埃克将军和空军指挥部》，第277页。

31 1943年6月19日，埃克写给阿诺德的信件，埃克文件。

32 同上。

33 皮斯利，《勇气的传承：二战中的第八航空队》，第151页。

34 约翰·科莫，《作战机组》（自费出版，1986年；纽约，袖珍书出版社1989年再版），第IX—XII页。

35 陆航队的增长，引自《陆军航空队指南：目录、年鉴和成就》（纽约：西蒙&舒斯特出版社，1944年），第42页。

36 同上，第116页。

37 《二战中的陆军航空队，第七卷》，第516页。

38 约翰·斯坦贝克，《投弹：一个轰炸机机组的故事》，第32页。

39 戈登·W.威尔，《一名领航员经历的二战》（第八航空队博物馆，未出版的手稿，第7页）；大卫·麦卡锡，《无畏：一名B-17领航员的二战历程》（匹茨堡，小屋文豪出版社，1991年），第60—66页。

40 小保罗·W.蒂贝茨，《"艾诺拉·盖伊"号归来》，第82页。

41 理查德·C. 贝恩斯，"补充机组"（第八航空队博物馆，未出版的手稿，第4页）。

42 未注明日期的信件，"肯尼斯·O. 什鲁斯伯里少尉的军事生涯"，（第八航空队博物馆文稿）。

43 《陆军航空队指南：目录、年鉴和成就》（纽约：西蒙&舒斯特出版社，1944年），第103页。

44 引自斯蒂芬·E. 安布罗斯《空军战士：驾驶B-24飞越德国的那些小伙子》（纽约：西蒙&舒斯特出版社，2001年），第61页。

45 皮斯利，《勇气的传承：二战中的第八航空队》，第28、36页。

46 理查德·C. 贝恩斯，"补充机组"，第10页。

47 同上，第18页。

48 威廉姆森·默里，《德国空军》（巴尔的摩，航海与航空出版社，1985年），第177页。

49 埃尔默·本迪纳，《"空中堡垒"的坠落：二战中最大胆、最致命的空战亲历记》，第38页。

50 同上，第56、59页。

51 克罗斯比机组人员的情况，引自哈里·H. 克罗斯比，《逆境求生》第33页。

52 同上。

53 卡拉汉，《凝迹，我的战时记录：英国诺福克郡迪斯附近，索普–阿伯茨，美国陆军航空队第139号基地的二战历史记录》，第6页。

54 1988年7月28日对肯尼斯·莱蒙斯的采访，德克萨斯州米德兰，空中力量历史博物馆。

55 卡拉汉，《凝迹，我的战时记录：英国诺福克郡迪斯附近，索普–阿伯茨，美国陆军航空队第139号基地的二战历史记录》，第6页。

56 理查德·勒·斯特兰奇、詹姆斯·R. 布朗，《世纪轰炸机：血腥100的故事》（英国索普–阿伯茨，第100轰炸机大队纪念馆，1998年），第3页。

57 皮斯利，《勇气的传承：二战中的第八航空队》，第41页。

58 肯·莱蒙斯、辛迪·古德曼、扬·雷丁，《机械师，被遗忘的人：肯尼斯·A. 莱蒙斯的故事》（小岩城，辛扬出版社，1999年），第23页。

59 谢里登，《他们从未如此出色过：1942—1945，美国陆航队第100轰炸机大队第350中队的非官方史》，第39—40页；皮斯利，《勇气的传承：二战中的第八航空队》，第39页。

60　谢里登，《他们从未如此出色过：1942—1945，美国陆航队第100轰炸机大队第350中队的非官方史》，第42页。

61　同上，第43页。

62　卡拉汉，《凝迹，我的战时记录：英国诺福克郡迪斯附近，索普–阿伯茨，美国陆军航空队第139号基地的二战历史记录》，第14页。

63　谢里登，《他们从未如此出色过：1942—1945，美国陆航队第100轰炸机大队第350中队的非官方史》，第46页。

64　莱蒙斯，《机械师，被遗忘的人：肯尼斯·A. 莱蒙斯的故事》，第27页。

65　谢里登，《他们从未如此出色过：1942—1945，美国陆航队第100轰炸机大队第350中队的非官方史》，第50页。

66　2002年7月11日，在普–阿博茨，作者对戈登·E. 德本的采访。

67　索尔·莱维特，《一名B–17无线电操作员的日记》，《扬基》，1943年11月21日。

68　索尔·莱维特，《沉默的太阳》（纽约，哈珀&兄弟出版社，1951年），第86页。

69　弗兰克·D. 墨菲《运气至上：对欧洲空战的反思》，第54、83页。

70　对莱蒙斯的采访，空中力量历史博物馆；莱蒙斯，《机械师，被遗忘的人：肯尼斯·A. 莱蒙斯的故事》，第28页。

71　莱蒙斯，《机械师，被遗忘的人：肯尼斯·A. 莱蒙斯的故事》，第32页。

72　霍顿、鲁尼，《空中射手》，第23页。

73　2002年7月10日，在普–阿博茨，作者对肯·埃弗雷特的采访。

74　2002年7月10日，在普–阿博茨，作者对约翰·戈德史密斯的采访。

75　R. 道格拉斯·布朗，《东英吉利亚，1942》（拉文纳姆，特伦斯·道尔顿出版社，1988年），第161页。

76　作者对约翰·戈德史密斯的采访。

77　索尔·莱维特，《沉默的太阳》，第87、88、94页。

78　同上。

第七章

地狱的钟声

今天不会出现太阳；
天空对我们的军队蹙起眉头，露出怒容。
——威廉·莎士比亚，《理查三世》（第五幕，第三场）

1943年6月25日，索普-阿伯茨

午夜刚过，肯尼斯·莱蒙斯获悉：就在今天，第100大队将发起他们的首次打击。

凌晨3点，机组人员被唤醒前，机械师们便已待在停机坪处。而负责准备炸弹和武器的人员，甚至更早便开始了工作。命令下达后没过几分钟，他们便在床铺上被唤醒，随即来到炸弹仓库，开始装载当天任务配发的500和1000磅炸弹，这些炸弹整齐地堆成三角形，摆放在由围墙封闭的一片区域内，这里被他们称作"炸弹城"。这些炸弹被放上长而低矮的拖车，送至飞机旁，再用手动绞盘吊入空空的机腹内，挂在弹仓的水平支架上。军械士塞入引信后，他们会在每颗炸弹的保险装置上插入一根开口销，以防止炸弹尾部的螺旋桨发生旋转——螺旋桨开始旋转，炸弹便处于击发状态。这种做法是防止搬运炸弹时发生爆炸。

这是项危险的工作，特别是处理炸弹的人如果在炸弹送上飞机前便装上引信的话。里奇维尔，第381轰炸机大队的驻地（该大队与第100大队同时到达英国），11颗炸弹在一架"空中堡垒"下发生爆炸。"听见爆炸声，我匆匆赶至现场，顿时被惊呆了。"大队的牧师詹姆斯·古德·布朗在他的日记中写道。[1]一架"空中堡垒"和23个人只剩下金属和骨头碎片。

炸弹在索普-阿伯茨被装载时，军械专家们将装满点50子弹弹链的木箱拖入飞机，每挺机枪旁都放上一箱子弹。然后，他们会检查动力操纵的炮塔，将其分解开，确保一切正常。机组人员的性命依赖于他们的检查。

等他们的工作完成后，地勤人员（每架飞机三个人，一名地勤组长和他的两名助手）便开始接手，对飞机进行最后的机械检查：发动机、液压装置、制动、轮胎和供氧系统。最费体力的工作是用手转动螺旋桨叶片以启动发动机，并排除积存在气缸内的任何油品。然后，地勤主管会钻入驾驶舱，启动发动机，对其加以测试，同时检查飞机敏感的电气和液压功能。如果一切合格，他便关闭引擎，将油箱加满。地勤人员从未被告知这些飞机将飞往何处。但他们知道满满的油箱对机组人员而言，意味着漫长而又危险的一天。

射手们到达时，地勤人员刚刚完成他们的工作，此时离起飞还有一个小时左右。他们将自己的机枪装好，这些机枪通常存放在停机坪旁的武器库内，裹着浸了油的布，以防生锈。这层厚厚的油必须去除，在高海拔区域，它可能会吸收水分，造成机枪被冻结。

四名飞官结束任务简报赶到时，机长会给大家分发急救包，并在地勤主管的陪同下"绕机一周"，进行起飞前最后的目测检查。他们按照长长的检查清单环绕飞机时，射手们从带至停机坪、装有拉链的装备袋中取出他们的电加热飞行服穿上。

大多数射手已在飞行装备室将笨重的飞行服穿好，但也有些人喜欢到飞机旁再穿上。他们穿戴着可脱式降落伞背带、充气式救生衣、羊毛里衬的皮夹克和裤子、沉重的皮飞行靴和带里衬的皮手套。射手们还戴着内衬羊毛的飞行帽,一些机组人员还拥有钢盔和防弹衣,进入敌方领空后,他们便会穿戴上。每个军官配有一支点45口径的柯尔特自动手枪,大多数人都带着护身符:圣克里斯托弗徽章、妻子或女友的来信、好运袜或幸运围巾,总之是能抵御战争恶魔的一切。

大多数机组成员通过机身后部舱门进入轰炸机内,这扇舱门位于腰部射手一个敞开的舷窗后。一些军官更喜欢从机头处的舱门钻进去,这个较为运动化、类似引体向上的动作把他们带入各自的岗位。整个机组登机后,驾驶员便打开他那侧的舷窗,喊道:"一切就绪。"随即启动一号引擎的螺旋桨。"伴随着巨大的噗噗声,'莱特旋风'引擎启动了,"肯尼斯·莱蒙斯回忆起第100大队执行首次作战任务的那个早晨,"从左侧的外部引擎开始,一台接一台,它们轰鸣起来,向后方喷吐出滚滚浓烟。这些引擎喷出的反向气流能轻而易举地把人吹翻。"[2]

飞行员示意地勤人员将轮挡移开,以便让飞机滑向环形道。地勤人员就像警惕的母亲,陪着他们的"宝宝"走上主跑道。飞行员身处高高的机鼻部上方,无法看见前方的地面,所以需要地勤人员的引导。停在跑道末端的一辆厢式货车上射出一发绿色信号弹,几分钟内,第100大队起飞赶往不来梅。轰炸机消失进低矮、浓密的云层时,基地上悄无声息。将停机坪上的工具收拾干净后,地勤人员赶去食堂,吃罢早饭便一头倒在宿舍的床上。但由于自己照料的那些飞机正处在危险中,所以他们很难入睡。在床上翻来覆去几个小时后,一些人玩起了纸牌或骰子,另一些人给家里写信,还有些人溜到村里喝上一品脱啤酒,或是找个年轻的英国战争寡妇调调情。肯尼斯·莱蒙斯说:"直到他们平安返回,我们才会彻底放松下来。"[3]

临近中午前一个小时,消息传来:他们正在返航。基地里的人涌出厨房和办公室、维修间和宿舍,几分钟内,所有地勤人员都来到停机线处,准备"数一数返航的飞机"。大约11点15分,返航的飞机出现在索普-阿伯茨上空,开始一次一架地降落。14架轰炸机返回,可应该是17架。失踪飞机的地勤人员等候在跑道旁，期盼着奇迹的出现。待他们获悉三架轰炸机已被正式列入失踪名单后，他们收拾好自己的设备，默默地走回散布在四周的帐篷里。在这个充满希望的清晨，他们曾与之握手的30个人，就此消失了。

现在没时间哀悼。作为一名地勤主管，肯尼斯·莱蒙斯管理着5架轰炸机和15名机械师，他们必须让这些飞机为次日的行动做好准备。机械师将堵塞的油底壳清理干净，检查火花塞、汽缸、增压器和电力线路。待"供油者"驾驶着巨大的油罐车到来后，机械师便爬上机翼，打开注油盖，将燃油注入自动密封式油箱，每架"空中堡垒"上有六个这样的油箱。后期型号的B-17上，这些油箱能容纳2800加仑汽油，几乎是飞机起飞重量的四分之一。这群机械人员忙碌时，不忘进行友好的调侃，钣金人员修补着飞机的作战损伤，用有嘈杂声的气枪射出的铆钉给破损处打上补丁。主结构损坏通常会交由航空队的特殊维修厂加以修理，但在繁忙的战斗中，肯尼斯·莱蒙斯的组员们有时会自行更换螺旋桨或拆下机翼更换被射穿的油箱。这种工作往往会持续至深夜。

机械师们工作在一个永远是泥泞和油污的环境中。衣服被弄得污秽不堪后，一些人便用一大盆汽油清洗他们的工作服和A类军装常服，并在宿舍外拉起的衣绳上晾干。航空队人员离开基地外出必须穿上军礼服，但如果一名士兵在自己的A类常服晾干前便得到外出许可，他情愿身穿湿军装出去，也不愿独自在基地里消磨一晚。[*]莱蒙斯说："这些人点烟时居然没发生爆炸，这可真是个奇迹。"[4]

他们的工作毫无荣耀可言，几乎得不到什么赞誉；没人会为更换了火花塞而发你枚勋章。机械师们也没有紧张刺激的故事可供他们在酒吧内吹嘘。但基地里的每个人都知道，他们以自己对飞机的维护来帮助打赢这场战争。纳粹开始这场机械化战争（快速行动的坦克和飞机）时，他们忘记了美国是"一个

---

[*] 译注：A类常服指的是美军士兵的上衣、长裤和衬衫，而B类常服不包括外套，C类则指工作服。

机械化国家",这个国家的孩子是"玩着机械拼装玩具长大的",[5]而像莱蒙斯这样的农场孩子,16岁前就会修理家里的雪佛兰汽车。《扬基》杂志的一名记者写道,就是这些修理轰炸机的"机械战士",将把那些"纳粹超人"打回到他们的啤酒窖里。

机组人员在他们的25次作战飞行任务中经常更换,许多人在战斗中牺牲,地勤人员(他们的服役期是整场战争)不可能认识他们中的每一个。但是,莱蒙斯说:"我们喜欢他们,他们是为我们去打这场战争的。"[6]

战斗和疯狂

带着军纪不佳的名声来到英国后,第100轰炸机大队便处于柯蒂斯·李梅上校冷淡的监督下。李梅来到索普-阿伯茨基地进行视察时,一名粗暴的下士驾驶着卡车,拖着一辆装炸弹的拖车,从李梅身旁高速驶过,差点撞上他。几分钟后,一名地勤组长驾驶的吉普车从侧面撞上了上校的指挥车。李梅还发现该大队的宿舍脏乱不堪,床铺没有收拾,空酒瓶胡乱扔在地上,未洗的衣服堆在一起,散发出难闻的气味。他让盖尔·克莱文来见自己,因为他曾听说克莱文和约翰·伊根是整个大队"军纪不整"的根源[7],但一名中士却告诉他,中队长克莱文不知道到哪里去了。

好脾气的大队长尼尔·哈丁上校曾是西点军校橄榄球队的教练,他跟那些飞行员一起喝酒,并未在基地内严肃军纪。[8]随着任务日渐艰巨,他认为酗酒和斗殴是可接受的宣泄方式。他会说,他的部下都是"血肉之躯",[9]而不是毫无感情的钢铁。目睹了朋友在爆炸的飞机中牺牲后,他们应该被允许偶尔疯狂一下。

但是,疯狂也带来意想不到的结果,至少有一次促成了一个出色的决定。当年夏末,哈里·克罗斯比在混战中无法透过厚厚的云层瞄准他的主目标,两个备选目标同样如此。于是,中队打算轰炸一个"临时目标",这是航空队对随便轰炸某个地方的委婉说法。透过云层中的空隙,克罗斯比发现了一座大型德国城市,他向驾驶员打了个OK的手势。就在炸弹舱门的开启声传来之际,他低头看看航图,发现这座城市是波恩。

他立即按下麦克风按钮:"来自领航员的报告,我有另一个目标。我们不能轰炸波恩。"[10]

"机长问领航员,为什么不能?"

"那是贝多芬上学的地方。"

克罗斯比碰巧知道这一点是因为发起空袭的前一天夜间,他在宿舍里播放贝多芬的第五交响曲,从唱片的封套上看来的。伴随着交响曲的前奏,他思索着深入德国的空袭任务。唱片封套还告诉他,波恩是一座大学城,是欧洲最美丽的城市之一。

机组人员爆发出一阵"噢,妈的"的叫声,驾驶员在克罗斯比的引导下飞离,另外63架"空中堡垒"也从波恩上空飞过,其中有些飞机的炸弹舱门还敞开着。几分钟后,他们在鲁尔发现了一个铁路编组场,随即将其摧毁。

汉 堡

汉堡就没这么幸运了。这座港口城市有近200万人口,几乎被历史上首次人为大火夷为平地。"轰炸机"哈里斯的部下负责实施破坏,但第八航空队也功不可没。这是持续的美国轰炸攻势首次越过莱茵河展开行动的一部分,是艾拉·埃克筹划近半年的夏季攻势的开端。它开始于1943年7月的最后一周,航空队称之为"突袭周"。

"突袭周"是因天气的突然转变而促成的。第八航空队的行动被笼罩在德国目标区上空长达三个月之久的多云气候所阻。7月24日,天空突然放晴,第八航空队加入皇家空军,参与到被航空队官方史学家称为"截止到当时,空战史上最猛烈、最连续的进攻"[11]中。这是"直瞄射击"真正的开始。

这一周,哈里斯的"兰开斯特"、"哈利法克斯"、"斯特林"和"惠灵顿"向德国投下了数量创纪录的炸弹，第八航空队也在白昼空袭中创造出自己的投弹吨数记录，他们的轰炸机比过去更深地进入到德国境内。这一周开始的时候，第八航空队轰炸了挪威的经济目标，这是迄今为止他们飞行时间最长的任务。接下来的两天，7月25和26日，埃克的轰炸机与皇家空军联手，协调一致地对汉堡实施了白天和夜间轰炸，汉堡是欧洲最大的港口，也是德国的第二大城市。

第八航空队将目标集中于汉堡的飞机发动机厂以及巨大的潜艇制造坞，而哈里斯的人则以一连串可怕的夜间空袭将市中心夷为平地。7月24/25日的夜间，皇家空军令汉堡燃起猛烈的大火，第二天，第八航空队飞赴汉堡上空时，火焰仍在燃烧。"烟雾像一片巨大的雷雨云那样笼罩着城市，透过硝烟能看见红盘子似的太阳，"一名德国目击者写道，"现在是早上8点，可这里几乎漆黑一片，就像深夜。"[12]两天后，更糟糕的情况出现了。

7月27日，汉堡，一个美丽的夏夜。整座城市一片寂静，没有高射炮声，也没有警报声。乐观的猜测认为，也许这场灾难已经结束。随后，凌晨1点，人们听见英国轰炸机（有700多架）逼近了。"突然间，一阵火雨从天而降，"汉堡的一名消防队员回忆道，"空气中实实在在地充满了火焰……然后，一场风暴开始了，街上发出一种凄厉的咆哮。它变为一股飓风，所以我们不得不放弃了救火的所有希望。"[13]汉堡已被皇家空军轰炸过无数次，它拥有高射炮和战斗机构成的强大的防空网，但英国人这次使用了一种巧妙的防御战术，代号"窗口"。成千上万束类似于圣诞树上金属丝的铝箔条，从飞机上投下，在空中和地面防御者的雷达屏幕上形成一片暴风雪似的虚假回波。

德国这片地区天气异常的炎热、干燥，为这座城市掀起一场猛烈的火焰飓风提供了近乎完美的大气条件。空袭开始后，20分钟内，一股湍急、滚热的气流窜入夜空2.5英里之高。滚烫的空气以每小时150多英里的速度冲过城市，令惊恐的市民仓促逃入防空洞中，他们的衬衫和裙子像火把那样燃烧着。贪婪的火焰吸食着空气中的氧气，防空洞内，数千人窒息身亡。其他遇难者的尸体在辐射热的烘烤下化为灰烬。"这就像他们被放置在一个火葬场，这的确是每个防空洞所证实的，"一份德国的秘密报告中这样写道，"幸运的是那些跳入运河和水渠，保持游动或站立在没至脖颈的水中一连几个小时，直到炙热渐渐消退的人。"[14]但一名目击者说，当晚晚些时候，工业运河中含油的河水也燃烧起来，因在水里的人"精神失控"了。[15]

被火棒（这是一种小型、极具杀伤力的燃烧弹）击中的防空洞内，孩子们"像动物那样叫喊着"，一名目击者报告道，"我身边的一位妇女掏出一把刀，将她孩子的手腕割开，随后又切了自己的手腕，她滑倒在孩子的身上，喊叫着：'宝贝，亲爱的，我们很快就能见到爸爸了。'"[16]

火灾遇难者的脑浆从他们爆裂的太阳穴中流出，瘦小的孩子"像油炸鳗鱼似的倒在人行道上"，一名目击者说，"即便在死后，他们仍表露出他们是如何遭受这一切的迹象——他们的手和胳膊向外伸出，仿佛要在这无情的热浪中保护自己"。幸存者发现了死去的家人，也发现他们的一切都已消失——家、照片以及所有的财产。"没有任何可供他们记忆的东西。"[17]

皇家空军的最后一次空袭于8月2日结束后，救援人员被召来，以清理散落着烧焦的尸体的街道。"我们将30—35具尸体逐一堆砌起来，"当地一名希特勒青年团成员汇报道，"我们把所有的尸体堆起来，如果你在两三天后从那里经过，必须用玻璃纸挡在眼前，因为所有的一切都在冒烟。空气凝滞不动。在那三四天里，我们这里没有一丝阳光，完全是一片黑暗……尸体被堆在房屋的入口处。你从一旁经过时，只能看见一堆脚，有些死者光着脚，还有些死者的鞋底已被烧焦。这些尸体根本无法辨认。我们会从地下室中挖出全家人的尸体……这些尸体可被放入一个浴缸里。就连成年人的尸体也很小，他们已被热量彻底木乃伊化、烧毁并融合在一起。"[18]

在废墟周围捡东西的劫掠者被警察和盖世太保的密探就地枪毙。幸存者逃离倒塌的掩体，身上仍冒着火，他们"冲入相邻的防空洞，结果却被射杀，以免将火焰传播至别处"，汉堡的一名妇女报告说。[19]

首次由轰炸造成的火焰风暴，是个故意行为，由高爆弹和燃烧弹这种致命的组合来实现。随后，4000磅炸弹又被投入这片地狱中，在道路上炸出弹坑，以阻止消防人员采取行动。"一股恐怖浪潮从这座遭受苦难的城市辐射而出，迅速蔓延了整个德国。火灾骇人听闻的详情被四处传播，一连数日，那里的火光在120英里外都能看见，"德国空军的一名指挥官报告道，"来自汉堡的恐怖消息迅速蔓延至帝国最偏远的乡村。"[20]逃离汉堡的100多万居民携带着可怕的详情，他们中的许多人惊慌失措。

一名德国家庭主妇跟随其他幸存者搭乘火车赶往柏林时，目睹了超出人类信仰的一幕。一名年轻女子，她的脸被烟灰熏黑，双眼凝视着窗外，在一种恍惚状态下一动不动。她的膝盖上放着个小小的手提箱。另一名失去所有家当的妇女转过身，冷冷地对她说道："嗯，不管怎样，您还设法抢救出一些东西，已经比我们这些人幸运多了，不是吗？"[21]

年轻女子承认确实如此，她说："我抢救出的是对我来说最宝贵的东西，您想看看吗？"

她打开手提箱，里面摆着一具烧焦的孩子的尸体。她发出歇斯底里的大笑："这是我的女儿。她是不是很可爱，长长的卷发，蓝色的眼睛，不是吗……去年她长大了许多，她才12岁。可现在，她萎缩成这么一点点，我甚至能把她放在手提箱里。"

这种苦难和伤亡在轰炸战中前所未见。废墟中发现了45000具尸体，大多数是妇女、儿童和老人，据汉堡消防部门统计，至少还有10000多具尸体被深埋在废墟下，或是在烈火中被烧毁。这座城市的60%（这片区域大约为13平方英里）被彻底焚毁，留下成千上万名无家可归者。[22]十天内，在汉堡身亡的平民，数量超过整个闪电战期间英国国内的平民伤亡数。皇家空军的损失也很惨重：87架飞机。但"轰炸机"哈里斯对"蛾摩拉城行动"（这是本次空袭行动非常贴切的代号）深感满意，他的部下几乎摧毁了整座城市。*

---

*译注：《圣经》中，因其居民罪恶深重而被神毁灭的古城，一座是索多玛，另一座是蛾摩拉。

弗里茨·雷克，这位对纳粹口诛笔伐的德国作家最终会被关入达豪集中营，在那里，他彻底沉默了。汉堡遭遇轰炸后，他在日记中绝望地写道："没有可能……回到昨天的世界中。"[23]德国自食其果，将承受其历史上从未遭受过的苦难。

皇家空军深深地震动了纳粹领导层，这在战争中还是首次。"心理战……已到达最为关键的时刻，"德国战斗机总监阿道夫·加兰德写道，"斯大林格勒很糟糕，但汉堡并非位于数百英里外的伏尔加河，而是在易北河上，就在德国的腹地。"[24]

"汉堡……令我万分惊恐，"希特勒的军备部长阿尔贝特·施佩尔写道，"我曾在7月29日召开的中央计划局会议上指出：'如果轰炸以现在的规模继续进行下去，三个月内，我们目前仍在讨论的许多问题就将不复存在……我们可能就得召开中央计划局的结束会议了。'"[25]三天后，施佩尔警告希特勒（他拒绝去汉堡视察，甚至不肯接见在受灾城市中表现英勇的救灾人员所组成的代表团）："如果一系列这种规模的空袭扩大到另外六个大城市，德国的军备生产就将彻底停止。"希特勒不为所动，他对施佩尔说："您会使一切恢复正常的。"[26]

实际上，哈里斯大大低估了德国经济的恢复能力。五个月内，汉堡恢复了80%的生产能力。作为一名组织天才，施佩尔领导了这场复苏，但汉堡之所以再次成为纳粹战时生产中心，主要是因为它再也未遭受到如此猛烈的空袭。哈里斯将重点转向其他城市，尤其是柏林。未来的几个月里，英国人的轰炸"采用了几乎是漫无目的的方式，巨大的瓦砾堆积如山，但由于时间和空间太过分散，以至于无法对德国人的士气或生产形成决定性打击"，历史学家迈克尔·谢里写道。"这些轰炸轻而易举地证明，有些人将空中力量的破坏性与其决定性等同起来。"[27]出于对德国空军大规模报复的担心，哈里斯发现了一种更好的方式，就像历史学家马克斯·黑斯廷斯所说的那样："间隔几周后再对同一个目标发起打击，而不是立即回来。"[28]

对汉堡的空袭暴露出昼夜不停轰炸的欺诈性，这是"直瞄射击"的中心思想。第八航空队独自策划的空袭行动太过微小，无法对汉堡的码头、飞机制造厂以及潜艇生产设施造成永久性破坏。皇家空军在这片地狱上制造出翻滚的浓烟，妨碍了美军机组人员确定其精确目标的尝试。

7月28日，第八航空队的机枪手杰克·诺威，他的"空中堡垒"从汉堡上空飞过，恶劣的天气使他们无法找到当天的主要目标。"即便在17000英尺（1英尺约等于0.305米）高度，热浪依然相当强烈，我的脸发出阵阵刺痛，仿佛正站在一个敞开式壁炉前。"[29]汉堡遇难的46000人中，死于美国炸弹的受害者只占很小的比例，但诺威和第96轰炸机大队其他一些机组人员仍对第八航空队参与进这场被他们视作滥杀无辜的行动而深感震惊。诺威后来写道："我忍不住想象起下方的孩子们倒下的情形。"[30]但即便是诺威这种沉默的反对者，依然坚信其事业的正确性。"疯狂的独裁者"纯属自作自受，[31]另外，对支持他的德国民众来说，将不得不接受甚至包括无辜者丧生的后果。而这些飞行员从未认为自己是无辜者，他们同样遭受着苦难。

"瑞德"摩根

对"瑞德"摩根及其机组人员来说，"突袭周"期间轰炸汉诺威的行动是任何一个十人机组都能承担的任务。第92轰炸机大队的约翰·摩根中尉是一架B-17的副驾驶，来自德克萨斯州的阿马里洛。急于投身战争的他在日本偷袭珍珠港前便加入到加拿大皇家空军中。这需要鼓起勇气。而1943年7月26日在汉诺威上空的行为，使他成了第八航空队的一个传奇。

飞往目标的途中，他们那架"空中堡垒"遭到重创，驾驶员罗伯特·坎贝尔身负重伤。神志不清的坎贝尔，后脑勺被一发20毫米炮弹切掉，瘫倒在控制杆上，胳膊死死地搂着它。摩根接手后的两个小时里，坎贝尔本能地殴打着摩根，试图控制这架摇摆不定的飞机。摩根很容易结束坎贝尔的性命，只需摘掉他的氧气面罩即可，但他想把自己的朋友活着带回去。飞机上的通讯系统被打坏，他无法呼叫援助。实际上，他也很难得到帮助。顶部炮塔射手，泰尔·C. 韦弗上士的胳膊刚刚被炮弹炸断，此刻倒在机舱冰冷的地板上昏迷不醒。领航员基斯·考斯科中尉从脖子上扯下白色的围巾，将韦弗的断臂包扎起来，但由于断臂处太靠近肩膀，考斯科必须用上很大的气力来为他止血。"我想给他注射吗啡，"考斯科后来告诉安迪·鲁尼，"但针头弯了，我无法将吗啡注射进去。"[32]

轰炸机离英国足有四小时航程，考斯科知道韦弗无法支撑那么久。于是，他将一具降落伞挂在韦弗的背带上，又把开伞的拉索塞入他尚存的那只手中，然后压低他的身子，让他钻出了逃生舱门。考斯科希望零度以下的严寒能为他的伤口止血，但愿德国医生能及时发现他，并挽救他的性命。就在考斯科照料韦弗之际，摩根不认识的尾部射手，忽然间不省人事。氧气管被炮火切断了。

摩根，这位6英尺2英寸的壮汉，一只手操纵着飞机，另一只手抵挡着垂死的飞行员的攻击，就这样驾驶着"露丝Ⅱ"号飞往目标区，并轰炸了汉诺威的一个橡胶厂。后来，在考斯科和另一名恢复过来的射手的帮助下，摩根将坎贝尔从座椅上拉开，把他放在驾驶舱的地上，又给他盖上一条毛毯。要是有时间的话，他们会为他祈祷的。

摩根驾驶着这架"空中堡垒"在诺福克一个皇家空军的基地紧急降落，此时，机上的油量表已近零点，前挡风玻璃破裂得太过严重，他不得不依靠侧面的舷窗引导飞机着陆。过了一个小时左右，驾驶员坎贝尔伤重不治。当年12月，来自阿拉巴马州江景的泰尔·韦弗上士从奥地利的17B战俘营给他的一位朋友写了封信，告诉他自己"没事"。[33]几天后，摩根获得了荣誉勋章。他觉得这枚勋章应该属于考斯科。*

---

* 译注：摩根获得荣誉勋章后，埃克将军指示他不必再参加作战飞行，但摩根认为，既然战争没有结束，自己就不能停止飞行。终于，1944年3月6日，他的B-17被击落，摩根进入德军战俘营，一直待到欧洲战事结束。朝鲜战争期间，摩根担任美国空军部长副助理，并被召回现役。在美国，他被视作一个真正的英雄。

低空突袭者

尽管天气不错,但艾拉·埃克将军还是于7月31日下令暂停行动。在近两个星期的时间里,第八航空队不会恢复其全面攻势。"突袭周"期间,他们损失了97架"空中堡垒",占投入行动的飞机总数的10%,飞行员也已疲惫不堪,他们需要时间来恢复。埃克还需要获得轰炸机的补充,以执行一次绝密突袭,该行动已筹划了近半年时间。

这个行动是对施韦因富特滚珠轴承厂的空袭,而这些工厂被德国空军的一名指挥官称为"德国工业的致命要害"[34]。没有哪部战争机器离得开减少摩擦的轴承,而施韦因富特,这座处在法兰克福东南方,位于美因河畔,拥有43000名居民的漂亮小镇,设有三座轴承厂,其产量占到德国滚珠轴承总产量的57%。这将是一场双管齐下的袭击,另一支轰炸机编队将对雷根斯堡(也在巴伐利亚)的一个梅塞斯密特组装厂实施空袭,那座工厂生产了德国30%的单引擎战斗机。突袭雷根斯堡的轰炸机编队随后将飞往北非的美军基地,而轰炸施韦因富特的编队则返回英国。这场"穿梭"行动将是第八航空队到目前为止对德国领空最深的一次渗透,这些轰炸机在跨越德国边境时便不再有己方战斗机护航。但通过对敌防空体系的分散和混淆,这场双重打击将使两支编队得以实施猛烈的轰炸,而不至于遭受到过大的损失。计划就是这样。

埃克不得不在三个"解放者"大队缺席的情况下执行这一任务。6月份时,这三个大队已被派往刚刚被征服的利比亚沙漠,为另一项绝密行动进行训练,该行动针对的是纳粹的另一处"要害":位于罗马尼亚普洛耶什蒂庞大的炼油厂,希特勒获得的原油,60%来源于此。这场针对被丘吉尔称为"德国力量核心"[35]的突袭计划于1943年8月1日发起,就在埃克将他那些"空中堡垒"停飞的一天后。

这两场行动都将承担实施致命一击的重任,表明阿诺德将军对欧洲空战的进展越来越不耐烦。正如柯蒂斯·李梅后来所说的那样:"(这些行动是)计划与情报部门的那些知识分子苦思冥想,设法找到一种赢得欧洲战事的简单办法的结果。这就像是在寻找不老泉——没有这种东西,从来就没有。"[36]1942年12月,阿诺德召集起的一个文职专家组提出建议,将三个主要目标定为:石油、滚珠轴承和飞机制造厂。任务分析委员会(COA)中,成员们的身份个个引人注目。其中包括J. P. 摩根公司的华尔街金融家托马斯·W. 拉蒙特;小伊莱休·鲁特,他是西奥多·罗斯福总统的国务卿的儿子;律师乔治·W. 波尔;普林斯顿大学的军事历史学家爱德华·米德·厄尔;法官约翰·马歇尔·哈伦,后来他成为最高法院大法官;另外还有吉多·R. 佩雷拉上校,他离开自己声望卓著的波士顿律师事务所,来到华盛顿为阿诺德效力。次年3月,经过对德国经济的仔细研究,委员会敦促第八航空队将重点放在一系列经过选择的目标体系上。"给少数几个真正必要的产业或服务项目造成高度破坏,其效果要好于给许多行业造成轻微破坏。""以无情的决心"对那些"薄弱环节"实施反复打击,美国航空队便能如其所愿地"瘫痪轴心国在西线付出的战争努力",特别是德国空军,他们是石油和滚珠轴承的大用户。[37]

对施韦因富特和雷根斯堡的空袭是一场冒险,而突袭普洛耶什蒂则是自杀行为。

德国是一个没有石油重要来源的国家,他们带着航空和车用汽油微薄的储备投入战争,从未从这种危险的状态中恢复过来。但他们通过征服和创造这两种方式来弥补其自然资源的缺乏。到1943年,德国已拥有世界上最大的合成油工业,以及从仆从国(主要是罗马尼亚)进口来的大量石油。罗马尼亚的炼油厂对德国的战争努力至关重要,因为德军未能夺取高加索地区俄国人的油田,而这正是德国入侵苏联的主要目标之一。[38]

德国的合成油厂坐落在帝国腹地,不仅被加以巧妙的伪装,还得到严密的防卫。但盟军征服北非后,从沙漠中起飞的远程轰炸机已经能到达位于南喀尔巴阡山脚下一片广阔平原上,首都布达佩斯北面35英里处的普洛耶什蒂,这些轰炸机曾将埃尔温·隆美尔逐出利比亚的沙海。盟军获得的地面情报表明，普洛耶什蒂的防御并不严密，主要由罗马尼亚人守卫，他们藐视他们的德国主子，不太可能实施顽强的抵抗。据一名被俘的罗马尼亚飞行员交待，普洛耶什蒂是欧洲防御最森严的目标之一。但盟军没有对该目标实施侦察飞行，他们担心引起敌人的警觉。这是战争期间最大的情报失误之一。

空袭普洛耶什蒂的行动代号为"海啸"，[39]这是阿诺德身边的一名顾问，雅各布·E. 斯玛特上校想出的名字。行动的关键在于出其不意和准确的时机。德国人知道，美国航空队完全致力于高空精确轰炸，美国人在1942年春季实施了一场小规模、不太成功的高空轰炸后，出于这个考虑的德国人便在普洛耶什蒂构建起他们的防御。斯玛特上校提议低空进入，在树梢的高度上，以高达200英里的时速强行突破。实施空袭的飞机将保持无线电静默，飞越宽阔的地中海以及阿尔巴尼亚和南斯拉夫崎岖的山脉，径直赶往目标区。翻越过9000英尺高的品都斯山脉后，他们将下降至超低空，在多瑙河平原上呼啸而过，同时到达并在目标上空集结，彻底打垮对方措手不及的防御，将普洛耶什蒂变成一片沸腾的火海。

在敌雷达探测范围外实施低空飞行，轰炸机能在200—800英尺的高度上以极高的精确度命中目标，并使敌高射炮手和战斗机难以发现并命中目标。这种方式还能减少平民的伤亡，并使受损的轰炸机获得更好的迫降机会。

执行这次任务，"空中堡垒"的航程不够——往返行程达到前所未有的2400英里，所以斯玛特不得不使用"解放者"，他知道，这将使此次行动更加危险。操作B-24非常困难（光是移动操纵杆便需要付出极大的体力），对这次任务所要求的密集编队飞行和近乎残忍的空中敏捷性而言，B-24的弱点难以克服。另外，这款轰炸机在空气动力性上更为先进的机翼，也就是所谓的"戴维斯机翼"，其弹性也不如B-17。这次行动中的另一个严重问题是，这些轰炸机将直接飞入敌地面炮兵的瞄准器射程中。

五个轰炸机大队被选中执行此次行动。两个大队来自刘易斯·布里列顿中将的第九航空队，这支小型战术部队驻扎在利比亚沿海城市班加西附近的沙漠中，另外三个大队则从第八航空队抽调。其中的两个，第44"飞行中的八号球"和第93大队，曾在对法国沿岸纳粹潜艇坞的轰炸行动中获得过实战经验，而第93大队刚刚完成支援"火炬"行动的北非冬季之旅。从非洲返回后，他们将自己戏称为"泰德的巡回马戏团"，这个名字得自他们脾气暴躁的大队长，爱德华·"泰德"·汀布莱克上校，他曾是西点军校的一名橄榄球明星。而第三个大队，第389"天蝎"大队，刚刚结束国内的训练。

艾拉·埃克反对这项任务。这将夺走他急需的轰炸机和机组人员。但当年5月，在阿诺德的支持下，斯玛特上校获得了联合参谋部的批准，联合参谋部希望缓解俄国人遭受的压力，俄国人仍在跟严重依赖于罗马尼亚石油资源的德国军队拼死搏杀。

来自肯塔基州波旁县的菲利普·阿德里于1943年6月到达英国时，被告知"不要解开包裹"。有传言说，他所在的部队，"天蝎"，将被派往北非执行一项高度危险的秘密任务。没过两个星期，"天蝎"已身处利比亚的沙漠中，跟另外四个大队，在布里列顿将军的指导下练习低空编队飞行。这里的生活和飞行条件糟糕至极。猛烈的沙尘暴阻碍了行动，成群的蜥蜴和跳鼠侵入他们的帐篷，大多数飞行员患上了痢疾。机组人员未被告知他们在沙漠中接受训练的目的。不进行演练时，他们便跟随第九航空队为进攻西西里岛提供支援。7月19日对罗马实施轰炸后，他们开始强化低空轰炸训练，将木炸弹投向普洛耶什蒂炼油厂的一个全尺寸实物模型，工兵们在沙漠中用白色涂料和油桶搭设起这个模型。"这种类型的飞行，是每个技高胆大的飞行员一生的梦想，"阿德里写道，当时的他刚刚从哈佛法学院毕业，"你在800英尺的高度上以200英里的时速飞过时，你就真的知道你正以200英里的速度在飞行。"[40]

任务简报会上，飞行员们被告知，预计的损失可能会高达50%，布里列顿坚称,对一场可将战争缩短六个月的行动来说,这种程度的伤亡是可以接受的。射手们获悉,此次行动的飞行高度非常低,他们将与敌人的炮兵连发生近距离交火。副驾驶配发了冲锋枪,并被告知该如何透过驾驶室的舷窗开火射击。"我们走出简报室时,每个人都知道,安全返航在此次任务中是次要的。"一名飞行员说道。[41]

任务发起的前夜,"天蝎"的天主教牧师杰拉德·贝克,从一个帐篷走到另一个帐篷,聆听告解并试着安抚大家的神经。[42]贝克是个令人敬畏的高个子爱尔兰人,一双蓝色的眼睛,一头铁灰色的头发,是大队中最受爱戴的人。在不履行牧师职务时,他便跟大家一起玩扑克。如果他赢了——他总是赢——便把赢来的钱送给有需要的人。

当晚,每个飞行员都被告知,写一封家信,第二天早上放在自己的床头。如果他没能回来,这封信便会被寄出去。大多数飞行员不知道的是,他们的指挥官对此次突袭的看法并不一致。行动的领导者,第九航空队的乌萨·恩特少将,起草了一份请愿书交给布里列顿将军,并希望所有大队长都在上面签名,请愿书中要求此次行动从高空实施轰炸。第98轰炸机大队的大队长约翰·"杀手"·凯恩上校,不仅加入到恩特少将的反对阵营中,还抱怨说是"华盛顿某些纸上谈兵的白痴"制订了这样一场突袭。[43]恩特的请愿书差点让他丢掉乌纱帽后,凯恩也撤回了自己的反对意见。

8月1日拂晓,经过12天的艰苦训练后,178架"解放者"组成了一支特遣编队,他们配备着机翼副油箱,并添加了额外的前部装甲以及引擎上方的机枪火力。贝克牧师出现在跑道上,为这些轰炸机祈福。一名副驾驶向他喊道:"伙计,你跟上天有良好的关系吗?"透过螺旋桨的轰鸣,贝克回答道:"我通过各种渠道为你们祈祷。"轰炸机内的机组人员向他竖起大拇指,开始滑向跑道末端,旋转的螺旋桨卷起巨大的尘云。一名长着娃娃脸的中士从他的机枪舱门探出身,向贝克牧师道别:"牧师,为我们取得与上天的联络。"[44]

这群"低空突袭者"花了一个小时在空中集结，以便在接下来的七个小时内飞赴目标区，但他们遭受到第一个损失的时间要少得多。一架名叫"基卡普人"号的"解放者"起飞后没几分钟便发生坠落，并起火燃烧。三小时后，又一架轰炸机发生翻转，坠入爱奥尼亚海中。如果飞行员们知道德国设在希腊的一个信号站已破译了美国人的密码，保持无线电静默已毫无必要的话，他们可能会更加紧张。普洛耶什蒂的预警系统已启动，他们将追踪这些"解放者"直至布加勒斯特。

靠近阿尔巴尼亚的山区时，轰炸机飞入一片高耸的云层，将高度上升至17000英尺。"我们的成功和获救不仅取决于突然性，还要靠同时席卷过我们的各个目标，"第八航空队的飞行员威廉·R. 卡梅伦后来写道，"我们必须同时到达，同时发起攻击，同时撤离。"[45]可当轰炸机在云层中走散后，这种协调变得不复可能。

问题接踵而至。接近目标时，先头编队由基思·康普顿上校驾驶的引航机（恩特将军坐在副驾驶的位置上），做了个错误的转向，带着第376轰炸机大队（"巡回马戏团"的飞机紧跟在他们身后）向南面的布加勒斯特飞去。其他领航员纷纷打破无线电静默，发出紧急警告："航向出错！航向出错！"布加勒斯特教堂的圆顶出现在视野中时，康普顿突然改变航向，但他的领航错误粉碎了发起一场密集攻击的最后希望。

行动前，每个大队都被分得炼油厂的一个特定目标，并规定了发起打击的确切时间。可现在，康普顿编队中的飞行员却接到从一切便捷的方向飞入并自由投弹的命令。这就导致了一场混乱。

距普洛耶什蒂还有35分钟航程时，轰炸机下降至树梢高度，飞向目标区。"天蝎"大队到达炼油厂时，普洛耶什蒂之战已经打响。巨大的储油罐，其顶棚已被重达1000磅的炸弹炸飞，火舌腾空而起，导致许多"解放者"被点燃。空中充斥着高射炮弹和曳光弹的爆炸，笨重的轰炸机在它们前方的"解放者"所形成的螺旋桨扰流中摇曳，几乎是直接撞到普洛耶什蒂防御者的炮口上。

阿尔弗雷德·格斯滕贝格上校是一名德国空军指挥官，曾与戈林一同参加过第一次世界大战，已将普洛耶什蒂（炼油厂以及拥有10万名居民的镇子）变为"世界上第一座空中要塞"。[46]布设在炼油厂四周的高射炮甚至多过柏林，工厂的屋顶和水塔上，干草垛和教堂的塔顶内还安排了机枪和速射炮。普洛耶什蒂的保护措施还包括炼油厂附近机场上的250多架战斗机，另外还有2000具用于隐蔽工厂的发烟器。在主炼油厂周围，他还布设了数百个配有粗钢缆的防空气球，旨在撕裂轰炸机的轻型铝制机翼。他的计划是给美国佬来个出其不意，普洛耶什蒂之战变成了纳粹的一场伏击。

"飞行中的八号球"大队长莱昂·W. 约翰逊回忆道："我们飞入层层火焰中，到处都是飞机，其中的一些起火燃烧，还有些发生了爆炸。"[47]由约翰逊和约翰·"杀手"·凯恩（他是一名浸信会牧师的儿子）率领的轰炸机大队，不得不穿越在他们之前到达的"解放者"投下的延时炸弹所引发的爆炸。稍稍升高并投下炸弹后，"解放者"继续保持低空飞行，并排成三个V形编队，这些编队如此紧密，以至于威廉·卡梅伦上尉甚至能看见身旁两架轰炸机上的铆钉。[48]石油产生的浓密、油腻的烟雾遮蔽了炼油厂高达200英尺的烟囱。飞行员约瑟夫·塔特看见一个人从一架燃烧着的"解放者"机头部翻滚而出，身后挂着降落伞。"他从我们上方飘过，离得非常近，我们甚至能看见他燃烧着的双脚。"[49]

阿德里所在的中队最后一个飞入这片火海。进入时，他向右望去，看见中队队友劳埃德·休斯中尉所驾的飞机正发生大面积漏油。休斯肯定知道这个情况，但他似乎决心要赶到一堵火墙后的目标处。没过几秒，他的飞机变为一具空中喷灯，随即向下坠去。

炼油厂上空的战斗只持续了27分钟。轰炸结束后，被火焰烧焦的轰炸机又遭到成群战斗机的袭击，敌战斗机像"树干上的蜗牛"那样纠缠着他们。[50]空中一片混乱，轰炸机群很快便在多瑙河平原上空延伸出去100多英里，每架

"解放者"都在为自己的生存而孤身奋战。超过半数的B-24开火还击，另一些飞机则已耗尽弹药。一些轰炸机受损相当严重，看上去只剩下一副钢骨架，坚固的框架是这些飞机尚能存在的唯一支撑。浑身是血的伤员躺在机舱内，机组人员照料着他们，希望他们再坚持6—7个小时。阿德里的飞机"掠过树梢和林木线，保持着贴地飞行，以减少地面防御的影响"。[51]就在掠过一片巨大的麦田时，一个草垛的顶部被移开，两名巧妙地隐蔽在其中的纳粹射手朝他们开火射击。阿德里压低机头，从驾驶室内用机上专门配备的自动武器向他们扫射起来。"也许他们都被打死了，我希望如此。"[52]

阿德里的"解放者"在班加西降落时已是夜间，此时距离他们起飞已过去十三个半小时。这群低空突袭者摧毁了普洛耶什蒂60%以上的生产能力，但这座庞大的炼油厂一直仅以其半数生产力运转。1万名劳工被带入，没过几周，炼油厂每日生产的石油便超过了袭击前。[53]盟军缺乏后续打击，使得纳粹得以重建炼油厂。直到1944年4月，盟军从被占领的意大利南部机场所发起的高空轰炸行动能够到达炼油厂时，才再次对普洛耶什蒂发起空袭。

对普洛耶什蒂的这场突袭，310名飞行员阵亡，约占从班加西起飞的总人数的五分之一。另有130名飞行员负伤，100多人在罗马尼亚和保加利亚成为战俘。被派往普洛耶什蒂的178架"解放者"中，只有33架完好，或者说，尚能执行第二天的飞行任务。如果将这个任务交给"轰炸机"哈里斯，损失可能会小些，但普洛耶什蒂的平民将付出沉重的代价。而现在的结果是，只有116名罗马尼亚士兵和平民死于这个"黑色星期日"，这使得普洛耶什蒂成为唯一一场飞行员阵亡数超过平民的空袭。这也是美国唯一一场颁发出五枚荣誉勋章的轰炸战。约翰逊和凯恩获得了荣誉勋章，劳埃德·休斯也得到追授。菲利普·阿德里推荐休斯获得这项荣誉，他写了证明，做了幅大大的海报，并将休斯的照片贴在上面。几周后，他和他的机组因为痢疾和体重下降而返回英国时，他将这幅海报贴在中队的房间里。

双重打击

第八航空队的部分力量被调至非洲沙漠时，空袭雷根斯堡和施韦因富特的行动仍在筹划，尽管艾拉·埃克将军一直持反对意见。这是华盛顿安排的任务。"我们还未准备好便被推入其中，"埃克在晚年告诉一名采访者，"我表达了严重抗议。"[54]就像他的一名指挥官解释的那样："这就好比让骑兵列队，杀开血路冲进去，再杀开血路冲出来。"[55]埃克并不害怕这样的战斗，但他缺乏从事这一进攻的骑兵。

与普洛耶什蒂的行动一样，一切都取决于保密和时机，但空袭雷根斯堡和施韦因富特的行动将付出最大的努力，驻扎在英国几乎所有可用的"空中堡垒"都将投入。7月下旬，第八航空队辖内的第1和第4轰炸联队中，每个大队里都有一个领队机组（包括驾驶员、副驾驶、投弹手和领航员）被召至他们各自的联队长（罗伯特·威廉斯准将和柯蒂斯·李梅上校）所在的指挥部。在房门紧锁并由哨兵把守的会议室中获悉任务简报后，这些领队机组奉命撤出作战任务，并发誓严守秘密。

第100大队的长机领航员是哈里·克罗斯比，现在跟随埃弗雷特·布莱克利上尉一同飞行，布莱克利是他最亲密的朋友之一，他们驾驶着第100大队的引航机。在这次任务中负责指挥该大队的是杰克·基德少校，这位第100大队的作战参谋自从儿时看见吉米·杜立特尔在伊利诺斯州温内特卡，他家附近的一块草地上空赢得某项航空赛事后便立志成为一名飞行员。他聪明、沉着，面对压力也能保持冷静。他将跟布莱克利一同飞。当年8月，他刚刚24岁。

1943年8月17日，任务发起的当天，凌晨1点30分，熟睡中的机组人员被唤醒。他们立刻知道，"出大事了"[56]。他们奉命收拾好毛毯、灌满水壶并带上洗漱用品。当天的早餐都是新鲜货，而不是那些粉状食物，有鸡蛋和额外的熏肉供应，这顿特殊的伙食被大家称作"最后的晚餐"。[57]哈丁上校走到一个黑板架旁，上面摆着一张勾勒出编队形式的图表，开始了任务简报。所有人都专注聆听着，漏掉任何一个字都可能造成致命的后果。

第100大队将派出三个中队，总共21架"空中堡垒"。克罗斯比注意到布雷迪飞在他的左侧，而查尔斯·"曲轴"·克鲁克香克率领第二组轰炸机，弗兰克·墨菲担任领航员，他们的中队长约翰·伊根则坐在副驾驶的座位上。第4联队的轰炸机编队中，第100大队处在最后、最低的位置，这个位置被称为"紫心勋章角"。三个中队里，位于最低处的是他们最棒的飞行员，盖尔·克莱文，副驾驶诺曼·斯科特坐在他身旁。如果德国人对该大队发起打击，充当第100大队盾牌的克莱文将第一个遭受到最猛烈的攻击。

随即，谜底被揭开。"你们的目标是雷根斯堡。你们的瞄准点是梅塞施密特109G的飞机和发动机装配中心。这是我们执行过的最重要的任务。如果你们将它摧毁，你们就消灭了德国空军单引擎战斗机30%的产量。"[58]

他们被告知，另一支特遣队的目标是施韦因富特。"他们的目标，"一名情报官继续说道，"生产了德国绝大多数的滚珠轴承。如果他们将目标炸毁，三个月后，整个国家将不再有一台能启动的发动机。"屋内的飞行员，没一个相信这番话。

现在，所有的目光投向墙上的大幅地图，240人俯身向前，仔细研究起来，他们的沉默被几声低低的口哨打破。"你甚至能听见一具氧气面罩脱落的声音。"一根细细的红线从索普-阿伯茨延伸至多瑙河畔，位于纽伦堡西南面的一座德国城市。但取代曲折返航路线的是一条继续深入奥地利阿尔卑斯山，进入意大利的山脊，跨越地中海直至北非沙漠的航线。[59]大队中没有哪个曾深入德国这么远，但他们的新型轰炸机专门在翼尖处配备了额外的油箱。这些"东京油箱"将他们的航程增加了近一千英里，能让他们飞往另一块大陆。*待情报官提到，他们将在没有战斗机护航的情况下穿越希特勒最强大的战斗机

---

*译注："东京油箱"是一种夸大的称谓，意思是能让飞机一直飞往东京，实际上，从未有B-17轰炸过日本。

防区时，一些人的脸色变得苍白起来。

　　清晨5点30分，各个机组将他们的轰炸机滑至跑道顶端等待。目标区的天气非常好，但索普-阿伯茨和英国东部每一个机场的上空，都被浓浓的夏雾所笼罩。金博尔顿是第379轰炸机大队的驻地，他们也将参加今天早上对施韦因富特的空袭。埃尔默·本迪纳和他的组员们站在"童德蕾奥"号的机翼下，"试图看穿跑道尽头的雾气……我们知道我们当中会有许多人阵亡，但我们仍希望作战行动尽快开始"[60]。最好是赶紧把任务完成，以免在次日再度经历准备工作的痛苦。

　　控制塔传来消息，起飞时间推迟，接着又是第二次推迟，等待着的机组人员越来越焦虑、烦躁。"频频需要到飞机后面去'方便一下'，"另一个大队的一名飞行员说道，"由于紧张，有些人甚至无法将香烟塞进嘴里。"[61]

　　在巴辛伯恩，航空队的王牌宣传员约翰·麦克拉里，打算跟随一架名叫"小顽童"的B-17一同飞行。"我想去比赛的前台。我想弄清楚自己是否能克服恐惧。"[62]但战争期间他唯一参加的这次任务，恐惧便将他压垮。

　　"德国佬知道我们在搞什么名堂，我敢肯定，他们正等着我们。"一名机组人员说道。接着，驾驶员的声音从内部对讲机中传来：行动发起时间推迟两小时。对机组人员来说，这就是个信号，他们走出飞机，在跑道上等待着。就在这时，麦克拉里的一个朋友获知他在"小顽童"号上后，立即驱车赶来"拯救"他。没费太多口舌，麦克拉里便放弃了这项他并不特别想从事的工作。

　　在索普-阿伯茨，小贝尔尼·莱中校坐在"皮卡迪利大街的莉莉"号的副驾驶座位上，这架"空中堡垒"是地勤主管肯尼斯·莱蒙斯负责的飞机之一。坐在莱身旁的是一名肌肉发达的爱尔兰人，名叫托马斯·墨菲。莱是最大的司令部中的指挥官之一，也是最初跟随埃克赶赴英国组建第八航空队的七名成员之一。他对坐在办公桌后观看这场战争感到厌烦，于是向埃克申请参加作战任务，过去的十天里，他一直跟随第100大队参加飞行，以便为自己日后率领一个重型轰炸机大队做好准备，埃克最终批准他参加此次行动。作为观察员，他原本被分配至克莱文处在下方的中队中一架名叫"来自达拉斯的爱丽丝"的B-17上，但就在飞行员走向他们的飞机时，克莱文说服基德少校，将莱派至墨菲的飞机上，该中队所处的位置更加安全些。

坐在"皮卡迪利大街的莉莉"号上，莱紧张地调整着表带，他想起去年8月，他曾看着保罗·蒂贝茨那支弱小的B-17编队起飞赶赴鲁昂。当时，那就是航空队最大的力量了。而一年后的今天，第八航空队投入作战行动的飞机数量，是当初空袭鲁昂的30倍。

按照计划，李梅空袭雷根斯堡的146架轰炸机将率先起飞，并获得战斗机护航的优势。而威廉斯突袭施韦因富特的队伍要大得多，由230架轰炸机组成，他们将在几分钟后起飞。这两股部队将沿一条相同的航线飞行，看上去似乎是奔向同一个目标，随后，他们将在德国境内分开，混乱并分散敌人的防空力量。估计李梅的编队会在德国人的反扑中首当其冲，这就能使突袭施韦因富特的编队在遭遇较小抵抗的情况下继续飞往目标。李梅的部队逃过阿尔卑斯山时，袭击施韦因富特的部队也将甩掉来势汹汹的德国空军，返回英国。计划极其简单：李梅的任务是冲进去，而威廉斯则是杀出来。

这两人是第八航空队最出色的作战指挥官。没有人比柯蒂斯·李梅更成功地将第八航空队变为一支高效的作战力量，而威廉斯则是一名经验丰富、英勇无畏的空军指挥官，这位潇洒的独眼飞行员走路时挂着一根轻便手杖，第一架"空中堡垒"在波音公司下线时，他便进行了试飞。埃克依赖于他们，但现在，天气构成了破坏一切的威胁。

位于海威科姆的轰炸机司令部，第八航空队新任轰炸机指挥官，38岁的弗雷德里克·安德森不得不做出他这一生中最艰难的决定。*他有三个选择：

---

*译注：前一章称安德森37岁。

1、取消行动和遭受损失的风险，也许只要两周，从荷兰海岸一直到非洲，理想的天气条件便会出现。

2、诅咒英国的天气，同时派出两支编队，但要承担在空中发生碰撞而损失大量飞机的风险。

3、派出突袭雷根斯堡的编队，他们必须在一个小时内起飞，以便在夜幕降临前到达非洲。空袭施韦因富特的编队则继续等待，待基地上空的天气放晴后再发起行动。

安德森选择了第三个方案，事后看来，这是个最糟糕的选择。突袭施韦因富特的编队又等了三个半小时。这就使德国空军得以全力对付空袭雷根斯堡的轰炸机编队，然后进行重组，再对空袭施韦因富特的编队实施两次打击——进入德国和离开德国时。为了给威廉斯的部队提供更多的保护，原先为李梅编队担任护航的大批"雷电"战斗机被抽调回来，为威廉斯护航，直至战斗机航程的极限。这一航程已获得机腹油箱的改善，几乎已能到达轰炸机进入德国的地方。

安德森明知整个行动计划将被拆散，为何还要选择投入轰炸机？因为第八航空队司令部处在极大的压力下，华盛顿那些制空权倡导者竭力促成此次行动，试图以此来证明，尽管经历了长达一年连续的失败和小胜，白昼轰炸在没有护航的情况下依然可以奏效。美国战略轰炸的前途似乎完全取决于这次行动。如果安德森的轰炸机命中他们的目标，而华盛顿那些战争规划者对滚珠轴承重要性的预测也正确的话，第八航空队也许能给德国造成难以恢复的打击。傲慢自大的轰炸机巨头们，在对战斗力做出站不住脚的假设的情况下，依然采取了行动。[63]

任务开始时，顺利得出乎意料。整个夏季，李梅一直在训练他那些机组依靠仪表起飞，他的第4轰炸联队在空中编组时没有损失一架飞机，要知道，当时的雾气非常浓，以至于各架飞机不得不在闪光灯和手提灯的指引下滑上跑道。7点30分，空袭雷根斯堡的轰炸机升至云顶，柯蒂斯·李梅坐在第96轰炸机大队为首的引航机上。4英里的上方，太阳正冉冉升起，天空呈现出一片壮丽的湛蓝色。"我们知道我们即将忙碌起来，因为当天的天气实在是太好了。"[64]来自内布拉斯加的一名机尾射手回忆道。对猎杀轰炸机的纳粹们来说，这将是"收获的日子"。空中的猎物非常多，轰炸机编队在天空中延伸出去15英里。

引航机报告前方出现敌战斗机时，小贝尔尼·莱的嘴巴发干，他觉得自己的屁股阵阵发紧。这只是一次试探性攻击，但双方都遭受到损失。在下方，莱看见一架"空中堡垒"发生了爆炸，随即消失进一团橙色的火球中。是"来自达拉斯的爱丽丝"号。盖尔·克莱文关键时刻的干预救了莱的性命。

接近比利时的欧本镇时——距离德国边境还有10英里，距离雷根斯堡还有300英里——泽姆克上校第56战斗机大队提供护航的"雷电"转身返回英国。就在这时，一群敌战斗机飓风般冲入轰炸机编队中，俯冲、旋转，并用机翼上的火炮"不停地开火射击"。德国人追上轰炸机后方编队（第95和第100大队），很快，六架"空中堡垒"被击落。"眼前梦幻般的景象，远远超过了小说中的描绘，"莱在他的行动报告中写道，"我与闭上双眼的冲动做着斗争，并将其克服。"[65]

这是敌战斗机"冰雹般"攻击的第一阶段，这种攻击将一直伴随轰炸机飞赴目标区的整段航程。"我知道我会送命，还包括其他许多人。"莱后来写道。[66]而德军飞行员和他一样惊恐。"我们爬升，与那些'波音'取得了完美的接触，"阿尔弗雷德·格里斯拉夫斯基中尉回忆道，"空中有他们那么多飞机，我们都慌了手脚。"[67]但他们"猎杀的本能"被美国人正赶往他们祖国腹地的现实所唤醒。"这帮德国佬肯定有家人在汉堡，所以对我们无比痛恨。"盖尔·克莱文后来说道。[68]很多人的行为是为了报复。

德国空军投入了比以往更多的战斗机。他们在西线的白昼防御，已从1943年3月的250架战斗机增加至400多架，大多数是从地中海和俄国前线紧急抽调而来的。战斗在他们自己的地盘上展开，德军飞行员可以一直攻击至燃料和弹药耗尽,然后便降落,重新加油并补充弹药。[69]

战斗的大多数时间里,克莱文的老搭档约翰·伊根待在克鲁克香克上尉那架B-17狭窄的机鼻中,用一挺点50口径机枪猛烈射击,领航员弗兰克·墨菲操纵着左侧的一挺机枪,投弹手奥吉·加斯帕中尉则控制着有机玻璃机鼻罩中间的一挺机枪。很快,他们都跪在齐踝深的弹壳中,祈祷着自己的枪管不要因持续射击造成的高温而融化。应急舱门、未打开的降落伞包、爆炸的引擎以及残肢断臂,跟随着向后的气流从他们身边掠过。莱看见一名德国飞行员跳出他那架起火的飞机,蜷缩着身子向下坠去,翻滚了三圈才穿过第100大队的编队。"他显然做了个延迟跳跃,因为我没有看见他的降落伞打开。"[70]

李梅这支编队的后部,在近30分钟的时间里一直遭受着不间断的攻击,已损失了14架轰炸机,而此刻他们距离雷根斯堡仍有100多英里。就在这时,在这场似乎是冲向毁灭的航程中,莱低头看见盖尔·克莱文那架下方中队的引航机,机头部位中弹,一具引擎起火燃烧。正如他后来获悉的那样,克莱文的"空中堡垒"被20毫米的炮弹六次击中,投弹手负伤,而刚刚获知妻子已怀孕的无线电操作员,双腿在膝盖上端被切断,在一摊冰冻的呕吐物中血流不止而死。"他的机组人员,有一些是相对缺乏经验的年轻人,他们已准备跳离飞机,"莱在推荐克莱文获得荣誉勋章的报告中写道,"副驾驶……多次恳求克莱文少校弃机。克莱文的回答是:'你这个蠢货,给我坐在那儿,撑住!'"[71]克莱文的话通过机内对讲装置传出,对机组人员起到了镇定效果。

遭遇敌战斗机第一轮攻击的一个半小时后,李梅的轰炸机到达了目标上空。"我知道,我们的投弹手百折不挠,他们紧盯着下方沿蓝色多瑙河蜿蜒的曲线排列的大型Me-109工厂,这些工厂靠近雷根斯堡的郊区。"莱写道。[72]过了片刻,"皮卡迪利大街的莉莉"号仪表盘上的一盏红灯闪烁起来。"机上的炸弹投了下去,我们离开目标区,向白雪皑皑的阿尔卑斯山飞去。"

从雷根斯堡到阿尔卑斯山有70英里，从那里到北非还要再飞行五个小时。德军战斗机并不具备跟随他们进入山区的航程，但有些下定决心的德国飞行员追逐了他们一段。"通过聆听内部对讲装置中传来的祈祷声，你就会知道飞入阿尔卑斯山是多么重要，"一名射手对《扬基》杂志的记者说道，"听上去就像是个飞行中的教会。"[73]

经历了11个小时的飞行后，托马斯·墨菲的飞机在阿尔及利亚的沙漠中着陆，机上的燃油表已降至零，机上的十名组员在行动中生还，而此次行动导致240名美军飞行员丧生。当晚，小贝尔尼·莱睡在满天星斗的露天下，就在他那架飞机的不远处。"我的耳机已放回机舱内，可我仍能听见那些出色的音乐的旋律。"[74]

当晚，这些在沙漠中说服自己睡上一会的机组人员并不知道空袭施韦因富特的编队的遭遇。中午时刻，就在"雷根斯堡突袭者"赶往他们的目标时，阳光终于驱散了英国机场上的浓雾，空袭施韦因富特的编队升空。他们于下午2点10分到达欧本镇时，并不知道自己已来到第八航空队与德国空军交手的一个历史性时刻。"我认为P-47战斗机转身离去，我们继续前行去承受那些伤亡的时刻，是这场空战中的重大转折点，"四十年后，第91轰炸机大队的一名飞行员，威廉·H.惠勒这样说道，"陆航队证明了他们派B-17在没有护航的前提下实施纵深渗透的构想并不正确。"[75]

几分钟后，威廉斯将军便看见地平线处出现了敌领队战斗机黄色的机头，这是德国空军有史以来对美国轰炸机编队发起攻击的最大的一股力量，估计有300架战斗机，是李梅先前不得不对抗的敌机数量的两倍。这场空战以意想不到的规模和激烈度拉开了帷幕。许多人从飞机上跳伞逃生，以至于看上去"像是一场伞降入侵"，一名飞行员说道。[76]埃尔默·本迪纳记得自己向下看去，"数着地面上阵阵发出的橙黄色火球"[77]他立即意识到，那不是房屋或城镇，而是起火的"空中堡垒"。"我们赶往目标的途中，不断有'空中堡垒'起火燃烧，"第303轰炸机大队的刘易斯·E. 莱尔中校回忆道，"战争期间我执行过69次飞行任务，没有哪次比这次更糟糕。"[78]

飞越莱茵河时，威廉·惠勒的"空中堡垒"被敌战斗机打成一支燃烧着的火炬。起火的飞机旋转着向地面坠去，惠勒头朝下脚朝上被困在机内，但不知怎么回事，他设法来到前部逃生舱门，跳出了飞机，就在这时，伴随着一声爆炸，飞机的左翼从机身上被扯掉。

离开飞机时，他最后的念头是他在英国的女朋友。一个小时后，他坐在一个德国小镇"地牢般的"监狱中的铁床上，吃着黑面包和香肠做成的三明治。他吃的上一餐还是在16个小时前。[79]

在许多生还者看来，这场来往于施韦因富特的战斗是一场持续的噩梦，没人能将其清晰地与其他战斗相区别，除了救兵——"在海峡上空幸运地看见了翱翔着的'雷电'战斗机"[80]。泽姆克上校的"雷电"执行了当天的第二次任务，他们冒着被敌人歼灭的危险，带着他们薄如纸片、极易燃烧的可弃式油箱，一直飞至比利时与德国的边境附近。额外的燃料使他们赶至欧本镇以东15英里处，他们的出现令德国空军的一股精锐攻击群大吃一惊，后者正准备对撤离的轰炸机群发起最后的攻击。德国空军倒了霉。泽姆克的P-47击落了至少11架德国战斗机，而自身的损失只有3架。

夜里6点左右，美国轰炸机开始着陆，许多轰炸机降落在他们能找到的第一座英国机场上。36架轰炸机未能平安返回，10架属于第91轰炸机大队。"小顽童"号也在其中。当晚，看见约翰·麦克拉里走进作战指挥室，他的一个朋友从案牍中抬起头来，干巴巴地评论道："你好，幸运儿！"[81]

"童德蕾奥"号的机组人员在空中飞行了8小时40分钟，身处战火中的时间将近6个小时。任务报告结束后，大家跟跟跄跄地回到自己的床铺前。倒在枕头上时，埃尔默·本迪纳很想知道：己方"是赢了还是输了"？[82]

第二天早上，他们从英国报纸上获知，他们摧毁了目标，赢得了一场恶战的胜利。《伦敦每日先驱报》报道说，只损失了两架"空中堡垒"，而且这两架飞机都降落在中立国瑞士。雷根斯堡"已从地图上不折不扣地抹去",[83]哈罗德·乔治中将愉快地说道,他也是"轰炸机黑手党"的一员,此番到英国是进行考察;德国空军遭受到可怕的重创,估计他们损失了288架战斗机。

"德国佬现在无处藏身了。"安德森给身处北非的李梅发去贺电。[84]

在雷根斯堡这座拥有80000名居民、保存完好的中世纪城市,美国人的轰炸非常精确。目标被高爆弹和燃烧弹摧毁,只有少数居民被炸死。"这些该死的炸弹的精确度给我留下了深刻的印象,"德国战斗机飞行员海因茨·克诺克在他的日记中写道,"太神奇了!"[85]

"我们确实认为达到了预期的目的,也许那里再也不会有梅塞斯密特飞机……被生产出来,"李梅后来写道,"简言之,工厂……已彻底失去作用——暂时性的。"[86]李梅正确地强调了最后这几个字。工厂以破纪录的速度得以重建,阿尔贝特·施佩尔加大努力,疏散了其他战斗机组装厂,将它们隐蔽至偏远的山区和林地中。

对施韦因富特的轰炸也很准确。三座分隔得很远的工厂必须被命中,而威廉斯的领航员们在定位这些工厂时遇到些麻烦,编队的解体以及环绕在城市四周的人工烟雾发生器制造的浓烟,给他们造成了妨碍。分不清方向的投弹手将三分之一的炸弹投入市内的居民区,造成200名平民丧生,而命中工厂的炸弹却没有足够的威力摧毁车间内重要的机床设施。美国人在施韦因富特投下的是1000磅炸弹,而英国人通常会使用重达4000磅的炸弹,有时候甚至是8000磅的巨型炸弹。轰炸造成厂房屋顶的坍塌,实际上保护了生产滚珠轴承的机器免遭严重损坏。尽管产量立即下降了38%,但施佩尔有足够的储备让德国度过这场暂时性的生产倒退。[87]不过,没人意识到,美国人的轰炸摧毁了希特勒秘密武器之一的零部件生产厂,这种武器就是梅塞施密特262,这款喷气式战斗机本来可以拖延空战的进程,但它的生产遭到了延误。

阿尔贝特·施佩尔在回忆录中写道,逃脱了"一场灾难性打击"[88]。如果美国人返回施韦因富特,以最大的力量对其实施"反复"打击,而不是将时间浪费在其他不太重要的目标上，他们可能已令德国的军工生产"经过四个月后……陷入停顿"。历史学家们抓住施佩尔的说法，批评盟军轰炸的优先顺序，但施佩尔只是重复了阿诺德将军任务分析委员会的建议，该委员会曾提出，集中打击施佩尔最担心的项目。"敌人的经济太过庞大……无法将其彻底摧毁，"小伊莱休·鲁特解释了委员会的想法，"我们不得不选择那些较小的物理破坏便能造成很大工业损失的目标为重点。"[89]委员会同意，轰炸行动"应该……以不可阻挡的力量奋力向前"，"因为这注定是一场一方面是破坏，而另一方面是维修和逃避的比赛"。可如何能在遭受到这般损失后毫不拖延地奋力前行呢？

1943年8月时，施佩尔并不知道第八航空队在这场双重打击中遭受了多么大的损失，在伦敦举行的新闻发布会上，麦克斯韦基地"轰炸机黑手党"最初的成员之一，哈罗德·乔治将军，声称损失的60架轰炸机与给敌人造成的破坏相比，完全值得。但他没有提及，这一损失近乎整个进攻力量的五分之一，另有100架轰炸机因战斗损伤而彻底报废，总损失达到从英国派出的轰炸力量的40%。[90]仅仅一个下午，第八航空队便损失了与前六个月作战行动几乎同样多的飞机。在数周内，让这支实力严重受损的部队"反复"空袭施韦因富特，这种想法无异于痴人说梦。

第八航空队原本打算对施韦因富特来一场双重打击，请皇家空军于8月17日夜间对这座城市展开轰炸。根据施韦因富特一些工厂经理在战后所作的证词，如果这场袭击被发起，"可能会对德国前线力量的许多方面造成一种过早而又严重的影响"[91]。但当晚的气候条件非常适合于攻击纳粹的一个秘密研究设施，该设施位于波罗的海沿岸的佩内明德，盟军情报机构最近刚刚发现。对佩内明德实施轰炸后，阿瑟·哈里斯爵士将目标对准了柏林。"如果美国陆航队参与进来的话，我们可以将柏林从头至尾地加以破坏。这需要400—500架飞机。这将让德国输掉这场战争。"[92]直到次年2月，美国人对施韦因富特实施过三次空袭后，皇家空军才对施韦因富特发起夜间打击，而且是在空军参谋长查尔斯·波特尔爵士的一再施压下。哈里斯本人坚持认为,以专家们建议的滚珠轴承厂为目标,"完全是发疯"[93]。

从战术层面上看,8月17日的这场战斗对实施防御的德国人来说是一场决定性胜利。美国人夸大地声称击落了对方288架战斗机,这个数字几乎是德国人当天对第八航空队发起攻击的全部力量。德国人的实际损失是47架战斗机。[94]但希特勒并未为此而庆祝。德国受到的伤害远比美国人意识到的大。希特勒被汉堡、雷根斯堡、施韦因富特和佩内明德所遭受的夏季攻击所激怒,并迁怒于空军参谋长汉斯·耶顺内克。8月18日,绝望的耶顺内克饮弹自尽。

1943年是对德战争的转折点。在斯大林格勒、在北非、在西西里、在北大西洋海上遭受的失败,使希特勒的地面和海上力量全线后撤。空袭普洛耶什蒂的一个星期前,意大利独裁者墨索里尼被一场宫廷政变推翻,已过度延伸的德军被迫将其精锐部队调入意大利南部,以应对预期中盟军的入侵,这场进攻将在9月初发起。届时,德国将两线作战——在施佩尔看来,实际上是三条战线。他认为,空中战争是德国最难以承受其损失的战线之一。1943年夏季,这条战线仍在僵持中,但盟军正加大压力。正如罗斯福对记者们说的那样:"希特勒围绕着他的'欧洲堡垒'筑起高墙,但他忘了给它砌上屋顶。"[95]

1943年夏末前,对德国空军来说,除不列颠之战外,西欧一直是次要战区。现在,随着祖国遭受到来自空中的双重攻击,次要战区成了空中战场的中心,其他战区必须为其输血,结果,德军士兵的军事行动很少再能获得充足的空中支援,战斗力严重下降。

尽管如此,希特勒仍拒绝对美国日趋严重的威胁加以足够的重视,施佩尔对此沮丧不已。他盲目崇拜的领袖未能对哈里斯的城市破坏战与美国人看似不甚壮观,实际上潜在威胁更为致命的战略轰炸加以区分,而是固执地将这二者视为紧密相连的协作,旨在摧毁德国人民的士气。在希特勒看来,美国人

1943年的空袭，与哈里斯对德国人口密集的城市发起的毁灭性打击相比，危害较小，他担心后者的空袭会破坏民众对其政权的支持。他没有按照战斗机总监阿道夫·加兰德和负责空军装备的埃哈德·米尔希元帅的要求，订购压倒性数量的战斗机来实施防御，而是将重点集中于在大型城市四周构设高射炮——以这种方式击落的轰炸机数量不及战斗机击落的一半，但能以蔚为壮观的"烟火表演"来鼓舞士气——以及生产造价高昂的复仇武器上。[96]复仇武器中最主要的是V-2火箭，这种短程弹道导弹由韦恩赫尔·冯·布劳恩博士和他的团队研发而成。冯·布劳恩通过一部彩色影片展示了火箭的超音速速度和破坏力后，希特勒告诉他的将领们："这将是对英国的报复。"[97]就连最初持怀疑态度的施佩尔也不得不屈从于希特勒的要求，给予V-2和陆军的V-1飞弹项目（这是比布劳恩势不可挡的火箭更原始些的一种武器）最优先考虑。汉堡遭到空袭后，希特勒执着于"恐怖只能被恐怖所打破"的想法，他对身边的助手们怒吼道："德国人民要求报复。"[98]通过对英国城市的破坏，他将迫使皇家空军停止其夜间空袭。"如果我摧毁敌人的城市多过他们摧毁我们的，我就能赢得这场战争。"他告诉自己的一名将领。[99]但由于没有一支四引擎轰炸机组成的战略力量对英国城市进行持续、深入有效的空袭，他不得不等待报复性火箭的出现。（20世纪30年代末，德国曾想组建这样一支力量，以配合其强有力的重型轰炸机，但设计者一直未能对德国空军寄予厚望的远程战略轰炸机He-177的引擎问题加以解决。[100]）

与此同时，更为理智的想法集中于帝国防御的组建上。完全是靠偷偷地违背和回避希特勒的意愿，米尔希才得以在1943年生产出足够的战斗机用于本土防御，加兰德用这些战斗机对付"白昼突袭者"，在他看来，后者的精确轰炸，"给军工业造成的后果远比皇家空军的区域轰炸为大"。[101]很大程度上依靠米尔希的努力，1943年德国战斗机产量增加了125%，次年再度上升。但他和施佩尔与英美工业强国所进行的这场竞赛必败无疑。盟国1943年梦幻般的生产数字出来后——151000架飞机对德国的43000架——希特勒拒绝相信。[102]1943年，元首的观点变得更加重要，这一年，作为一名军人，他几乎完全接管了空中作战的控制权，懒惰而又对技术一无所知的戈林对空军的掌控权被彻底剥夺，除了形式上的一些礼仪。完全是因为希特勒对戈林的个人承诺——他谈及他的眼界和想象力犹如"瓦格纳第二"——才使吗啡成瘾的帝国元帅留在了权力中心。[103]

对德国空军而言，同样不祥的是，各条战线的空战造成大量消耗，其实力被严重削弱，尽管飞机的产量在增加。至1943年8月底，德国空军在西欧上空损失了334架单引擎战斗机。"各条战线的损失，"德国空军史专家威廉姆森·默里写道，"吞噬了军工业的生产。"[104]

雷根斯堡—施韦因富特的行动给盟军高层同样造成了令人沮丧的影响，双方似乎都输掉了这场战斗。当年8月，在商讨进攻诺曼底的魁北克会议上，丘吉尔在马歇尔的支持下，否决了轰炸机巨头们过度奢侈的主张，并再次对白昼轰炸是否应该继续下去提出质疑。阿诺德挺身维护埃克的指挥，但私下里，他向罗伯特·洛维特表达了越来越大的担心。"阿诺德当时的日子很不好过，"洛维特回忆道，"我无法将其准确记录下来，但我认为，他开始对进一步的白昼轰炸产生担心，因为损失率实在太高。"[105]过了一个月，去英国简短巡视后，这位"轰炸机实施自我防御"思想的拥护者写信给马歇尔："过去几周针对德国的空袭行动清楚地表明，我们必须提供远程战斗机，为白昼轰炸任务担任护航。"[106]

数年后，被问及他认为欧洲空战的主要教训是什么时，"泰德巡回马戏团"的前任指挥官泰德·汀布莱克做出了迅速的回答：第八航空队"高估"了他们的主要武器，B-17轰炸机。[107]"二战前，要是你告诉陆航军的任何一名军官，消灭一个特定目标需要动用1000—1500架重型轰炸机实施反复空袭……他们肯定会嘲笑你。"当时没人相信"轰炸机无法存活于拥有出色防空体系的环境中"。[108]空袭普洛耶什蒂、雷根斯堡以及施韦因富特的行动彻底改变了阿诺德将军的观点。但远程战斗机和千架轰炸机仍是将来的事，他和埃克不得不以现有条件施加压力。所以,阿诺德敦促埃克重返施韦因富特,尽快完成任务。

"8月17日后,生活完全变了样。"里奇维尔基地,教堂旁的一间小屋内,詹姆斯·古德·布朗牧师在日记中写道。[109]他所在的第381大队是施韦因富特行动中损失最大的一个大队,基地的气氛犹如一个"停尸房"。从德克萨斯州派奥特(Pyote)的基础训练起,布朗一直跟381大队待在一起,那时,他们信心高涨,全大队都认为他们绝不会损失哪怕是一个人。他离开马萨诸塞州的妻子和教会,跟这些他觉得比自己亲兄弟还亲的战友们待在一起。第381大队就是他的"教区和会众"。他认为自己了解这些人,但施韦因富特的行动改变了他们。他意识到这一点是因为那些无法入睡的飞行员,在午夜时带着恐惧找到他倾诉。有些人说,他们在梦中真的能感觉到阵亡战友冰冷的拥抱。"他们默默地吃饭。他们默默地出现在餐桌旁,又默默地离开。如果他们在餐桌上需要什么,一定是低低的声音。或者干脆不要,以免开口说话。在路上,他们错身而过,相互间不打招呼。如果他们发出微笑,那一定是被迫的。"

在索普-阿伯茨,情况同样如此。大队的9架轰炸机和90名机组人员失踪,第100大队"霉运部队"的名声由此开始。[110]从非洲返回的几天后,领航员弗兰克·墨菲写信给亚特兰大的母亲,告诉她,战争对自己而言已变为"一场噩梦"。"我没事,身体健康,但不知道这种情况还能维持多久……只要保持通信,偶尔再为我祷告一番——我确实很需要。"[111]

许多步兵对毁容或残废的担心更甚于阵亡。飞行员不是这样。如果运气不济,他们会送命,而不是受伤。地面战中,阵亡一名士兵的同时会有3—4人负伤。而二战期间的陆军航空队,阵亡者的数量是受伤者的三倍。[112]

将这些人从绝望中拯救出来的是生命的本能,在年轻人身上,这种本能总是非常强烈,另外,还有他们强大的刀枪不入感。当年同月,在另一个战区采访的约翰·斯坦贝克写道，每一个年轻而又稚嫩的士兵，打量着战友们惊恐的面孔，"从中看到了死亡"。[113]但在内心，他相信自己会是个例外。正是这种梦幻般的错觉使他免遭精神崩溃。半个世纪后撰写雷根斯堡的故事时，弗兰克·墨菲回忆起萦绕在心中，一战时期的英国诗句：

地狱的钟声叮铃叮铃叮

为你，而非为我而鸣[114]

注释

1. 詹姆斯·古德·布朗，《第381大队的勇士，都是英雄：一名牧师所揭秘的第381轰炸机大队内幕》，第50—51页。
2. 莱蒙斯，《机械师，被遗忘的人：肯尼斯·A.莱蒙斯的故事》，第36页。
3. 同上，第37页。
4. 同上，第29—30页。
5. 伯特·埃文斯，《空军机械师》，《扬基》，1944年2月27日。
6. 莱蒙斯，《机械师，被遗忘的人：肯尼斯·A.莱蒙斯的故事》，第42页。
7. 哈里·H.克罗斯比，《逆境求生》，第62页。
8. 1943年7月1日，哈丁接替哈罗德·赫格林上校，由于胃溃疡，赫格林大队长的职务只干了不到一个月。
9. 尼尔森，《世纪故事》，第10页。
10. 哈里·H.克罗斯比，《逆境求生》，第100—101页。
11. 《二战中的陆军航空队，第二卷》，第674页。
12. 赫克特·霍顿，《夜间轰炸》（伦敦，托马斯·纳尔逊出版社，1944年），数处。
13. 引自马丁·米德尔布鲁克的《空袭汉堡：1943年盟军轰炸机对德国城市的打击》（伦敦，艾伦·拉恩出版社，1980年），第258页。
14. 引自德斯蒙德·弗劳沃、詹姆斯·里夫斯编撰的《战争1939—1945：一部文件史》（纽约，大卡波出版社，1997年），第564—565页。
15. 引自马丁·米德尔布鲁克的《空袭汉堡：1943年盟军轰炸机对德国城市的打击》，第268页。
16. 引自艾尔瑟·文德尔的《战争中的主妇：一名德国妇女在希特勒帝国的

生活记录》（伦敦，奥当斯出版社，1957年），第188页。

17 引自马丁·米德尔布鲁克的《空袭汉堡：1943年盟军轰炸机对德国城市的打击》，第276页。

18 乌韦·科斯特尔在约翰内斯·施泰因霍夫的《来自第三帝国的声音》中所述（纽约，大卡波出版社，1994年），第212页。

19 马蒂尔德·沃尔夫-门克贝格，《另一方面，给我的孩子：来自德国，1940—1945》（伦敦，五月花出版社，1979年），第71页。

20 引自弗劳沃、里夫斯编撰的《战争1939—1945：一部文件史》，第564—565页；马克斯·赛德维茨，《战时德国的平民生活》（纽约，维京出版社，1945年），第305页。

21 文德尔，《战争中的主妇：一名德国妇女在希特勒帝国的生活记录》，第189—190页。孩子烧焦的尸体，类似的事件还可参阅弗雷德里希·佩西瓦尔·雷克-马列策文的《一个绝望者的日记》（纽约，麦克米伦出版社，保罗·鲁本斯翻译，1947年在德国首次出版），第189页。

22 美国战略轰炸调查，"汉堡现场报告，第一卷，文本"（华盛顿，美国政府印务局，1945年），第32页；美国战略轰炸调查，"全面报告"（欧洲战事）（华盛顿，美国政府印务局，1945年），第92页。

23 弗雷德里希·佩西瓦尔·雷克-马列策文，《一个绝望者的日记》，第189页。

24 阿道夫·加兰德，《第一个和最后一个：德国战斗机部队的兴衰，1938—1945》，第159—160页。

25 阿尔贝特·施佩尔，《第三帝国内幕》（1970年；纽约，西蒙&舒斯特出版社，1977年再版），第284页；亦可参阅伊恩·克肖的《希特勒，1936—1945：报应》（纽约，W. W. 诺顿出版社，2000年），第598页。

26 同上。

27 迈克尔·谢里，《美国空中力量的崛起：创造毁灭》，第155页。

28 马克斯·黑斯廷斯，《轰炸机司令部》，第208页。

29 杰克·诺威，《冰冷的蓝天：一名B-17射手经历的二战》，第47—48页。

30 同上。

31 约翰·科莫，《作战机组》，第5页。

32 霍顿、鲁尼，《空中射手》，第217页。

33 安迪·鲁尼，《荣誉勋章颁发给来自德州的飞行员》，《星条旗报》，

1943年12月20日；鲁尼，《失去一条胳膊的飞行员在德国获救》，《星条旗报》，1943年12月7日。

34 美国战略轰炸调查，"与库格尔菲舍公司人员的谈话"，1945年5月2日，美国空军历史研究部，137.315-4。

35 引自詹姆斯·杜根、卡罗尔·斯图尔特的《普洛耶什蒂，1943年8月1日庞大的地空战》（1962年出版；华盛顿，布拉希出版社，2002年修订版），第3页。

36 柯蒂斯·E.李梅、麦金利·坎特，《使命：我的故事》，第289页。

37 这些引文均来自《二战中的陆军航空队，第二卷》，第355页。

38 美国战略轰炸调查，"石油分部的最终报告"（华盛顿，美国政府印务局，1947年），第1页。

39 AC/AS情报中心，"普洛耶什蒂行动"，第151—156页，美国空军历史研究部。

40 菲利普·阿德里，《一名轰炸机飞行员的二战回忆录》（列克星敦，肯塔基大学出版社，1978年），第97页。

41 麦克拉里与谢尔曼合著的《第一次：与第八航空队的弟兄们共赴战火的日记》，第200页。

42 阿德里，《一名轰炸机飞行员的二战回忆录》，第93—94页。

43 引自弗兰克·韦、罗伯特·斯坦费尔斯的《烧毁希特勒的黑色黄金》（自费出版，2000年），第23页；另可参阅杰伊·A.斯托特的《普洛耶什蒂堡垒：摧毁希特勒石油供应之战》（宾州哈弗敦，炮台出版社，2003年），第34页。

44 杜根、斯图尔特的《普洛耶什蒂，1943年8月1日庞大的地空战》，第82页。

45 威廉·R.卡梅伦，《普洛耶什蒂》，《空军杂志》第54期（1971年8月），第59页。

46 杜根、斯图尔特的《普洛耶什蒂，1943年8月1日庞大的地空战》，第33页。

47 亚布隆斯基，《空战中的美国》，第73页。

48 卡梅伦，《普洛耶什蒂》，第61页。

49 杜根、斯图尔特的《普洛耶什蒂，1943年8月1日庞大的地空战》，第47页；安迪·鲁尼，《他获得了美国最高勋章》，《星条旗报》，1943年

11月23日。

50 引自罗纳德·H.贝利的《欧洲空战》（亚历山大市，时代-生活出版社，1979年），第130页。

51 菲利普·阿德里，《一名轰炸机飞行员的二战回忆录》，第106页。

52 同上。

53 普洛耶什蒂的恢复，参见杜根、斯图尔特的《普洛耶什蒂，1943年8月1日庞大的地空战》，第222页。

54 马丁·米德尔布鲁克的《空袭施韦因富特—雷根斯堡》，第28页。

55 同上。

56 弗兰克·D.墨菲，《运气至上：对欧洲空战的反思》，第114页。

57 2003年4月2日，对克莱文的采访。

58 小贝尔尼·莱，《轰炸雷根斯堡目击记》。

59 理查德·勒·斯特兰奇、詹姆斯·R.布朗，《世纪轰炸机：血腥100的故事》，第20页。

60 埃尔默·本迪纳，《"空中堡垒"的坠落：二战中最大胆、最致命的空战亲历记》，第14—15页。

61 布莱恩·D.奥尼尔，《折断的机翼、三具引擎和一个祈祷者：德国上空的B-17》（纽约，麦格劳·希尔出版社，1999年），第40页。

62 麦克拉里与谢尔曼合著的《第一次：与第八航空队的弟兄们共赴战火的日记》，第100—110页。

63 安德森将军的决定：弗雷德里克·L.安德森准将，"1943年8月17日的作战报告"，埃克文件。

64 引自查尔斯·布兰德的《空袭雷根斯堡》，《扬基》，1943年9月12日；小贝尔尼·莱上校的"雷根斯堡行动中的个人报告"，1943年8月17日，美国空军历史研究部，GP-100-SU-RE。

65 小贝尔尼·莱上校的"雷根斯堡行动中的个人报告"。

66 马丁·米德尔布鲁克的《空袭施韦因富特—雷根斯堡》，第106页。

67 同上。

68 2003年4月2日，对克莱文的采访。

69 德国空军的实力，引自威廉姆森·默里，《德国空军》，第174—175页；卡尤斯·贝克尔，《德国空军战时日志》（纽约加登城，双日出版社，1968年），第319页；令人怀疑的更高的数字，可参阅"给国会预算局的报告",1943年10月12日,美国空军历史研究部,520.310B IV;还可参阅美国战略轰炸调查,"与库尔特·汤克博士的谈话",1945年4月17和24日,美国空军历史研究部。

70 小贝尔尼·莱,《轰炸雷根斯堡目击记》,几处;小贝尔尼·莱上校的"雷根斯堡行动中的个人报告"。

71 小贝尔尼·莱,《轰炸雷根斯堡目击记》,几处;小贝尔尼·莱上校的"雷根斯堡行动中的个人报告"。任务结束后的汇报会,以及战后生涯中,克莱文都不肯对此事再做任何评述。"我只是设法稳定住我的副驾驶,他需要些帮助。"副驾驶诺曼·斯科特极力否认自己在任务中惊慌失措,他被调至另一个基地,从事地勤工作。2003年4月2日,对克莱文的采访。

72 小贝尔尼·莱,《轰炸雷根斯堡目击记》;小贝尔尼·莱上校的"雷根斯堡行动中的个人报告"。

73 引自查尔斯·布兰德的《空袭雷根斯堡》。

74 小贝尔尼·莱,《轰炸雷根斯堡目击记》。

75 马丁·米德尔布鲁克的《空袭施韦因富特—雷根斯堡》,第192页。

76 奥尼尔,《折断的机翼、三具引擎和一个祈祷者:德国上空的B-17》,第43页。

77 本迪纳,《"空中堡垒"的坠落:二战中最大胆、最致命的空战亲历记》,第172页。

78 2001年1月27日,作者对刘易斯·E.莱尔的采访。

79 威廉·H.惠勒,《坠机:一名轰炸机飞行员在德国身陷囹圄的经历》(宾州希彭斯堡,毕街出版社,2002年),第1—11页。

80 本迪纳,《"空中堡垒"的坠落:二战中最大胆、最致命的空战亲历记》,第174页。

81 麦克拉里与谢尔曼合著的《第一次:与第八航空队的弟兄们共赴战火的日记》,第110页。

82 本迪纳,《"空中堡垒"的坠落:二战中最大胆、最致命的空战亲历记》,第174—175页。

83 《星条旗报》,1943年8月26日;《二战中的陆军航空队,第二卷》,第683页。

84 1943年8月18日,安德森发给李梅的电报,国会图书馆,柯蒂斯·李梅文件。

85　海因茨·克诺克，《为元首而飞》（1953年；宾州麦坎尼斯堡，斯塔克波尔出版社，1997年再版），第98页。

86　柯蒂斯·E. 李梅、麦金利·坎特，《使命：我的故事》，第295页。

87　美国战略轰炸调查，"与库尔特·汤克博士的谈话"，1945年5月19，美国空军历史研究部。

88　施佩尔，《第三帝国内幕》，第284—285页。

89　吉多·R. 佩雷拉的《人生点滴》（波士顿，斯泰恩奥尔出版社，1974年）中，小伊莱休·鲁特对吉多·R. 佩雷拉所说的话，第151页。

90　弗里曼等人合著的《第八航空队战时日志》，第89—90页。

91　吉多·R. 佩雷拉，《人生点滴》，第139页。

92　黑斯廷斯，《轰炸机司令部》，第257页。

93　吉多·R. 佩雷拉，《人生点滴》，第157页。

94　马丁·米德尔布鲁克的《空袭施韦因富特—雷根斯堡》，第286页。

95　未注明日期的新闻稿，斯帕茨文件。

96　霍斯特·布格等人编撰的《德国与第二次世界大战，第六卷》，第616页。

97　阿尔贝特·施佩尔，《奴隶国家：希姆莱为党卫队获得霸权的整体规划》（伦敦，韦登菲尔德&尼克尔森出版社，1981年），第208页。

98　威廉姆森·默里，《德国空军》，第174页。

99　R. J. 奥维，《希特勒与空军战略》，《现代史杂志》第15期（1980年7月，第3期），第411页。

100　詹姆斯·S. 克鲁姆，《德国空军：空战的创建，1918—1940年》（劳伦斯市，堪萨斯大学出版社，1997年），第267—268页；德国远程轰炸机的生产也因恩斯特·乌德特大将对俯冲轰炸机的偏爱而受阻。战争结束后，英国空军部出版了一本可靠的德国空军史，可参见《1933—1945，德国空军的兴衰》（伦敦，1948年；纽约，圣马丁出版社，1983年再版）。

101　阿道夫·加兰德，《第一个和最后一个：德国战斗机部队的兴衰，1938—1945》，第178页。

102　生产数字来自R. J. 奥维的《戈林："铁人"》（伦敦，劳特利奇&基根·保罗出版社，1984年），第193页。

103　R. J. 奥维，《希特勒与空军战略》，第417页。

104　威廉姆森·默里，《德国空军》，第180页。

105 托马斯·M. 科菲，《哈普：美国空军及其创建者亨利·H. 阿诺德将军的故事》，第321页。
106 1943年9月3日，阿诺德写给乔治·马歇尔将军的信件，阿诺德文件。
107 采访E. J. 汀布莱克将军，美国空军历史研究部，L239.0512-792。
108 同上。
109 詹姆斯·古德·布朗，《第381大队的勇士，都是英雄：一名牧师所揭秘的第381轰炸机大队内幕》，第112—113、117—119页。
110 哈里·H. 克罗斯比，《逆境求生》，第122页。
111 弗兰克·D. 墨菲，《运气至上：对欧洲空战的反思》，第125页。
112 约翰·C. 麦克马纳斯，《致命的天空：二战中的美国飞行员》（加州诺瓦托，要塞出版社，2000年），第190页。
113 《纽约先驱论坛报》，1943年10月3日。
114 弗兰克·D. 墨菲，《运气至上：对欧洲空战的反思》，第130页。

第八章

战斗者

战斗者与居家者不同。
无论是在美国本土，或是更多在英国的人。
无论他们身上的优点变得更优秀，或是缺点变得更糟糕。

——赫哈里·克罗斯比，《逆境求生》

1943年9月6日，东英吉利亚

艾拉·埃克的夏季攻势结束时，似乎是敌人赢得了德国上空的战斗。突袭雷根斯堡和施韦因富特后的三个星期内，遭受重创、实力严重下降的第八航空队没有冒险冲出其战斗机的保护伞外。但他们最终还是冲了出去，9月6日的空袭是该航空队历史上最严重的的惨败之一。

厚厚的云层遮蔽着目标，那是斯图加特的一个滚珠轴承厂，轰炸机开始在城市上空漫无目的地盘旋，浪费着宝贵的燃料，击退德国空军的同时搜寻着云层中的空隙。[1]执行任务的338架"空中堡垒"中，230多架带着满满的弹仓飞离斯图加特。沮丧的投弹手们将这些炸弹胡乱投向返回英国途中的"随机目标"。接近巴黎时，一些B-17的红色燃油警示灯开始发出闪烁，几分钟后，轰炸机开始落入英吉利海峡，"童德蕾奥"号便是其中之一。

"冲入汹涌的海浪，与撞上一堵石墙非常相似。"埃尔默·本迪纳回忆道。[2] 几秒钟后，灰绿色的海水涌入机舱，飞机开始下沉，但机组人员保持着镇定，他们设法爬上轰炸机提供的两具橡皮艇。九个小时后，一艘英国救生艇从海上将脸色苍白的十名组员救起。

另外11架"空中堡垒"也沉入海中，夜幕降临前，英国人已将所有机组人员救起。返回金博尔顿的途中，本迪纳获悉，此次空袭损失了45架"空中堡垒"，这些飞机本应被及时召回，因为欧洲大陆上空的恶劣气候根本无法让轰炸机命中目标，而此刻，已有76架轰炸机中途折返。这些任务的代价相当高昂，但并未在机组人员中引起更大的怨恨。一些飞行员觉得，为了给阿诺德将军演一场好戏，他们的生命已经被牺牲掉。这个星期，阿诺德正在英国给埃克施压，要他再次"扛着大旗深入德国"。[3]

我们的天父

斯图加特的行动后，埃克开始尝试夜间轰炸。[4] 丘吉尔仍在给阿诺德施加压力，让他把第八航空队调入轰炸机司令部，如果被迫实施夜间轰炸，埃克希望自己能做好准备。当年9月，第305轰炸机大队的一个中队跟随皇家空军执行了八次夜间任务，其中一次远至慕尼黑，损失非常小，一些机组人员深信，美国人完全能在夜间轰炸中获得成功。10月初，慕尼黑行动中的领队领航员拉尔夫·纳特，准备向他的师长建议，让第八航空队继续夜间轰炸行动，直到获得远程战斗机为止。但令埃克感到欣慰的是，阿诺德仍决心继续执行白昼轰炸。（当年9月，第八航空队实施重组，第1、第2和第4轰炸联队分别改编为第1、第2和第3航空师。第2航空师配备的是"解放者"式轰炸机。"作战联队"这个术语继续适用于由三个轰炸机大队组成的作战编队。）

10月8日，德国上空的天气放晴后，埃克发起一连串倾尽全力的行动，这是第二次"突袭周"。这场行动结束后，大家给它起了个更贴切的称谓——"黑色的一周"。

首先空袭的是防御严密的不来梅—费格萨克地区。次日，轰炸了柏林北部安克拉姆以及维斯瓦河畔马林堡的飞机制造厂，马林堡位于但泽港南面，到目前为止，这是第八航空队行程最远的一次任务。10月10日，空袭明斯特。这些行动令第八航空队遭受到惊人的损失——88架重型轰炸机。第100大队元气大伤，损失了近200人，几乎是其半数的飞行员。罗西·罗森塔尔的机组从明斯特独自返回的那天——在明斯特上空，第100大队的13架飞机在12分钟内损失了12架——大队中的五名指挥官，约翰·伊根、盖尔·克莱文、弗兰克·墨菲、霍华德·汉密尔顿和约翰·布雷迪都被关进了德国战俘营。另外三人，哈里·克罗斯比、约翰·基德和埃弗雷特·布莱克利，10月8日在英国诺维奇附近发生坠机，但他们都生还了。[5]

空袭明斯特的四个月前，第100大队带着140名中尉到达英国。经历了明斯特的行动后，他们当中只剩下三人仍在飞行。一周后，他们中的一个告诉朋友，他过去以为"世界上最凄厉的声音"是货运列车在午夜时发出的汽笛声。[6]但现在他认为不是。而是在黎明前的黑暗中，"停机线处引擎发出的嗡嗡声"。

里奇维尔基地的各个机组，这一周也遭受到重创。在安克拉姆，沿着北海，第381大队仍留在队中的老成员几乎损失殆尽，新兵们曾从这些"老人"身上得到过许多鼓舞。"我们现在是一支全新的队伍，"布朗牧师在他的日记中写道，"不再是……一个大家庭了。"[7]五天后的10月14日，拂晓时刻，任务简报官拉开墙壁上地图前的帷幕，指向施韦因富特，里奇维尔基地的这些小伙子惊讶得说不出话来。任务简报结束后，一些人走到房间后面，跪在天主教神父面前，请求他的赐福；其他人则挤在布朗牧师身边，随后才返回各自的宿舍去书写最后的家信。

第八航空队的第115次作战任务，领队机组的飞行员是来自西弗吉尼亚州查尔斯顿的J. 坎普·麦克劳克林。一年前，麦克劳克林执行了自己的首次作战任务，空袭里尔，在那次战斗中，他的指挥官在飞机上成了个懦夫。这次，与麦克劳克林同飞的是一名坚毅的老兵，巴德·皮斯利上校，他担任整个施韦因富特行动的空中指挥官。他们将率领300多架重型轰炸机飞往法兰克尼亚，太多的战友已阵亡于那片地区。

当天早上，空中出现了比第一次空袭施韦因富特时更多的德国战斗机，其中的几十架能发射火箭弹：这些飞机由双引擎夜间战斗机改装而成，主要是容克-88型，能通过挂接在机翼下的发射管发射重达250磅的火箭弹——德国人将其称作"烟囱管"。就是这些火箭弹在明斯特令第100大队遭受到惨重的损失——装有引信的火箭弹扑向轰炸机，在一片预定范围内炸开，其爆炸强度四倍于普通高射炮弹。机枪和机炮火力，消灭轰炸机的速度比较缓慢，而火箭弹与它们不同，一旦被其击中机身中部，轰炸机会立即被摧毁。这些容克战机在轰炸机机枪的火力射程外发射火箭。爆炸迫使美军飞行员采取规避动作，这就打破了战斗队形。随后，德国人的单引擎战斗机猛扑过来，每次集中力量打击一个编队，将致命的注意力集中在那些掉队的轰炸机上。

这种战术的目的是在美军机组人员中制造恐怖和绝望。距离目标还有一半路程时，通常都很镇定的皮斯利对麦克劳克林说道："上尉，我觉得够我们受的。"[8]但不知何故，他们居然到达了目标区。在起始点，麦克劳克林将飞机的操控交给投弹手，后者通过构设在"诺顿"瞄准器里的自动驾驶系统操纵着飞机。"我觉得投弹飞行就是人们所说的投弹手的梦想，"投弹手爱德华·奥格雷迪后来说道，"皮斯利上校不停地催我，'瞄准目标，瞄准！'"[9]

他这样做了。这些B-17造成了可怕的破坏，但他们在德国上空损失了60架，另有17架在英国迫降。这些深入德国的轰炸机，近30%未能返回。恶劣的天气阻止了"雷电"战斗机与重型轰炸机的会合，于是，德国战斗机的攻击持续深入至法国北部。"这似乎是在一个可怕的迷宫中所进行的一场永无尽头的奔跑。"埃尔默·本迪纳写道,[10]他和他的老机组驾驶着一架新式的B-17G,这种型号的"空中堡垒"配有一个装着双联装机枪、可遥控的机头炮塔。这个炮塔直接安装在机鼻下端,目的是阻止敌人的正面攻击。但本迪纳他们从斯图加特返航时,这种炮塔并未发挥作用,因为大部分攻击来自后方。

在一架名叫"虎妞"的"空中堡垒"的尾部射手舱内,19岁的尤金·T.卡森,带着一个死期将至者特有的绝望,坐在他那挺双联装点50口径机枪所射出的一堆弹壳中。他知道,要是飞机被击中,他就完了,他甚至忘了背上降落伞。"我们被击中了……我看不出我们如何能将这架飞机飞回去。"[11]敌战斗机突然停止攻击时,卡森,这位来自宾夕法尼亚州安维尔一家面包店的面包师,俯身向前,把头靠在机枪伸出的舷窗上,"浑身发颤,失声痛哭起来"。[12]

德国人在空中消失后,麦克劳克林上尉的飞机内陷入死一般的沉寂。这架"空中堡垒"的机轮在英国土地上触地时,奥格雷迪从机鼻上方的舱门伸出一幅美国国旗。在他出征海外前,他的姑姑将这面国旗交给他,教区神父也为之做了祝福。国旗伸出后,皮斯利上校"发出了欢呼"。[13]他们的飞机沿着跑道滑行时,地勤人员纷纷立正,向奥格雷迪的国旗敬礼。奥格雷迪知道,他们的敬礼不仅仅是向国旗,也是向"当天付出最大牺牲的这些人"。[14]

"黑色星期四"是截止到当时规模最大的一场空战[15]——不仅是一场空袭,还是一场发生在两支庞大、杀气腾腾的空中大军之间的血战,一方拥有229架轰炸机,另一方则是300多架战斗机。战线长达800多英里,战斗持续了3小时14分钟。美军轰炸机中,只有33架毫发无损地降落,2900名机组人员中,642人伤亡,[16]其比例超过18%[17]。*

---

*译注:原文如此。

德国人的损失同样惨重：100多架战斗机被击落或遭到重创。[18]这场战斗过后，德国空军指挥官要求获得更多的战斗机，但戈林和希特勒的回复与过去一样——要将更多的资金投入到报复性武器上。但这次，他们还对德军飞行员的勇气提出了质疑。在与戈林发生的一场激烈争论中，怒不可遏的阿道夫·加兰德扯下自己的骑士铁十字勋章，砰的一声扔在桌上。"气氛一片紧张、沉寂，"加兰德后来写道，"帝国元帅一时间说不出话来。我紧紧地盯着他的双眼，准备他发作。但什么也没发生，戈林平静地说了几句他不得不说的话。此后的半年，我一直没有佩戴自己的勋章。"[19]

空军装备主任米尔希告诉戈林，面对美国和英国更大规模的空袭，他担心德国战斗机保卫祖国城市的能力。戈林回答说："没有城市前，这个民族便已居住在这里。"[20]1943年年底，德国战斗机的产量有所增加，但远远落后于美国庞大的工业生产能力，第八航空队因而比德国空军更能承受巨大的损失。

赢得一场消耗战，即便对胜利方来说也是件可怕的事。经历了"黑色星期四"后，第八航空队的士气猛跌至一个新低点，指挥官们甚至担心机组人员会发生兵变。"我绝不再飞了，无论付出怎样的代价。"一名射手私下告诉他的朋友，[21]他们的宿舍中，20张床铺空了12张。

"黑色星期四"后，一个故事传遍了第八航空队，尽管其细节不一定真实，但表达出一种新情绪。故事说的是一架孤零零的、受损的B-17跌跌撞撞地返回英国。机上的某人用无线电呼叫塔台："你好，'懒狐狸'，这里是'乔治的G'，呼叫'懒狐狸'。请求给予着陆指示。正副驾驶已阵亡，两台发动机顺桨，无线电操作室起火，垂直尾翼被打飞，没有襟翼，没有刹车，机组人员已跳伞，操纵飞机的是投弹手，请给我着陆指示。"

几秒钟后，传出了回复：

"'乔治的G'，我已听到。现在给你着陆指示，请跟着我慢慢重复，慢慢地重复。我们的天父……"[22]

神 话

阿尔贝特·施佩尔打电话给施韦因富特的一名工厂经理,这才获悉,这里遭受的破坏远远大于8月份的空袭。[23]德国人损失了67%的滚珠轴承产量。甚至在获知这场破坏的完整程度前,阿诺德将军已经兴高采烈。"这次我们干掉施韦因富特了。"他告诉记者们。[24]单凭轰炸便能最终击败德国,"这很有可能",他令人怀疑地补充道,[25]在他看来,将地面部队派入满目疮痍的战败国,仅仅是"发挥警察的作用"。(不知何故,他忘记了俄国人,他们将在完全没有可能仅以空中力量获取胜利的情况下攻入德国,将阿诺德的"警察部队"推至一旁,并接管整个国家。)就连沉默寡言的柯蒂斯·李梅也充满了热情。"对德国来说,冬季防御毫无希望可言。"他告诉一名美联社记者。[26]

这些轰炸机巨头不可能相信他们自己过度乐观的说辞。截获的情报以及来自德国境内情报人员的报告使他们对德国的恢复力有了一个清醒的评估。据悉,施佩尔已任命他最信任的同事保罗·凯斯勒为滚珠轴承生产专员,凯斯勒制定了一个应急计划,将滚珠轴承的生产分散到一些规模较小的工厂,并从中立国瑞士和瑞典购买额外的轴承。即便当地纳粹领导反对将军工产业引入他们的城镇(因为这是轰炸的目标),从而导致疏散计划失败,足智多谋的施佩尔也已准备好滑动轴承,以代替滚珠轴承。[27]

被记者问及对施韦因富特的追加轰炸时,弗雷德里克·安德森将军提醒美国公众,不要指望在轰炸战中获得立竿见影和"轰动性"的进展。"每天都期盼上演一场大规模空中行动,"他说道,"就如同期盼陆地和海上力量每天都夺取西西里岛一样。"但他指出:"除了空中力量,现在没有别的什么能打击德国的腹地。"[28]盟军地面部队深陷于意大利中部山区的泥泞和困苦中,俄国人承受着战争的重负,在他们祖国的土地上抗击着德国军队,目前,英美盟军直接打击纳粹德国的唯一方式是从空中。

欧洲空战最大的神话也许是这样一种想法，"黑色星期四"后，美国陆航队下令停止在未获得护航的情况下执行深入德国的任务，直到远程战斗机面世为止，按航空队官方史学家的说法，这是因为第八航空队暂时失去了德国上空的制空权。[29]实际上，1943年秋季，德国人和盟军都未能获得北欧的制空权，所以并不存在"丧失"一说。战事处于胶着状态。当年10月，德国空军击落盟军轰炸机的数目深具毁灭性——每次任务平均损失28架，[30]但第八航空队的空袭没有一次被击退，而德国本土战斗机指挥部为其战术胜利付出了高昂的代价，单是10月份便损失了248架战斗机。[31]这个数字约占德国在西线战斗机总数的17%。德国空军指挥官还很担心美国战斗机扩大其护航航程。到10月份前，配备着副油箱的"雷电"战机已出现在德国边境城镇的上空，可顽固的戈林却拒绝相信。11月初，与那些疲惫的飞行员会谈时，加兰德告诉他们，对波音机的战斗尚未获得"决定性胜利"。[32]

在这场势均力敌的消耗战中，双方有时候都认为，他们正在输掉这场战事。随着"霸王行动"被定于1944年夏季发起，盟军领导层越来越担心他们的空中力量没有足够的时间和实力来获得空中优势，以及艾森豪威尔认为这场历史上规模最大的两栖进攻获得成功所必需的制空权。单是出于这个原因，轰炸攻势就不能在"黑色星期四"后正式暂停，整个进攻行动依赖于它的成功。面对整体战的严峻形势，损失几百架未获得护航的轰炸机被认为远比一个个师在法国北部的海滩上惨遭屠戮更合算些。

与上述神话相反的是，盟军从未下达过取消轰炸机在没有获得护航的情况下深入德国实施空袭的指令。"一些作家在这个问题上有许多糊涂的想法，"柯蒂斯·李梅在战后告诉詹姆斯·帕顿，"我不认为曾有过等待战斗机的明确指令……我们不得不只依靠现有的战斗机。"[33]不可否认，"黑色星期四"后，埃克对他那支遭受到严重损失的部队的使用更加谨慎，但尽管如此，在11月获得加强前，他和他的参谋人员已开始制订"以最大的力量"打击敌飞机制造业的计划，这个行动的代号是"论据"。[34]10月22日，他告诉阿诺德："纳粹宣传说，他们给我们造成了难以承受的损失，这将是对他们的一个回答。"

"黑色星期四"本应粉碎轰炸机能实现自我防御的想法，但没有。埃克顽固地坚持这一点。"我们必须带着无情的怒火继续战斗，"[35]空袭施韦因富特的第二天，他发电报给阿诺德，"这就是我们要做的。"据帕顿说，埃克数年后说过，即便没有远程战斗机护航，他和安德森"也将重新深入德国腹地，只要气候条件允许"。[36]但天气却拒绝合作。从10月中旬起，厚厚的云层笼罩了德国境内的目标，这种情况一直延续至1月初，这使得精确轰炸无从执行。帕顿恰如其分地指出："对施韦因富特的第二次空袭后，两个半月的时间里，云层控制了天空。"

但焦急的阿诺德不会以天气为借口。他继续催促埃克，让他用自己派给他的额外的飞机和机组实施进一步冒险。阿诺德的无情是因为他自己也处在持续的压力下，他必须证明数十亿预算和几乎占陆军总兵力三分之一的陆航队没有被白费。在这背后是他长期以来的一种决心：要让美国陆军航空队成为一支完全独立自主的作战力量。无论有没有远程战斗机护航，第八航空队必须尽快证明白昼轰炸行之有效，他的梦想才能实现。[37]谈到为完成这种实验而付出代价的人员，埃尔默·本迪纳曾写道，"遗憾的是"，美国在战前的制空权理论无法在实验室里用"会飞的豚鼠"试验一下。[38]

避弹农庄

"黑色星期四"的一周后，J. 坎普·麦克劳克林和他机组中的军官被派到一个疗养院，放松并休整一个星期。自1942年起，航空队便开始为那些疲惫不堪的飞行员设立疗养院——飞行员们称之为"避弹农庄"。那些在服役期中途产生作战疲劳症，或是于近期在空中遭遇到恐怖经历的飞行员，会被中队的航空军医打发到那里。大多数"避弹农庄"是业主捐赠给皇家空军的庄园，后者又将其租赁给第八航空队。截止战争结束前，总共出现了15处"避弹农庄"。航空队的军医会定期走访这些疗养院，但日常管理权逐渐转交给美国红十字会的妇女，其目的是为了使它们"尽可能非军事化"[39]。起初，这些设施只对军官和军士开放，后来，整个机组有时候会被派至同一个疗养院休整，搞军衔区别对士气没什么好处。这些不执勤的飞行员穿着宽松的毛衣、休闲裤和运动鞋在四下里闲逛，很容易被误认为是休假中的运动员。

麦克劳克林和机组里的几名中尉在斯坦布里奇尼斯度过了为期一周的休整，南安普顿的这座庄园是国王艾特尔沃尔夫的住所，他是阿尔弗雷德大帝的父亲。这座灰色墙面的房屋，镶嵌着雕花玻璃的窗户，配有雉堞的塔楼，外加18间布设精美的卧室。每天早上9点30分，一丝不苟的管家托着装有橙汁的托盘，叫醒这些飞行员，面颊红润的红十字会女护士与他们在早餐桌上碰面，并为他们安排当日的活动，这些活动可能包括牵着猎狗去打猎，或是在宽阔的后草坪来一场飞碟射击赛。

机尾射手尤金·卡森，执行完施韦因富特的任务后，飞至英国南部的一座疗养院，他对打羽毛球或是骑自行车没太大的兴趣。但他注意到负责他那间卧室、相貌清秀的年轻女仆"非常亲切"，[40]于是，他跟她度过了愉快的一周，并认为这是对自己作战疲劳症"最有效的治疗"。

根据一份红十字会手册的说法，"避弹农庄"的任务是提醒他们"令他们选择飞行和战斗的那些事。强化他们的求生欲，以更大的努力去面对自己的任务"。换句话说，其目的就是避免这些人发疯，以便让他们继续飞行。但这种想法有时会事与愿违。[41]有一件事可能已被约瑟夫·海勒写入《第22条军规》中，一个曾在空中遭遇过恐怖经历的机组从"避弹农庄"返回，在农庄里，他们有足够的时间细想最近的可怕遭遇以及毫无希望的前景，于是宣布，他们一致决定，再也不爬进任何一架四引擎轰炸机中。于是，他们遭到降级，被调至另一个基地担任地勤人员。

《星条旗报》记者安迪·鲁尼首次参观为军士们准备的"避难所"时，

他发现这是个"士兵的天堂"[42]。泰晤士河畔的小精灵山墙酒店中，阳光充裕的休息室，铺着草坪的网球场，码头上停泊着平底船和独木舟。到了晚上，他们躺在铺垫得又软又厚的躺椅上，如果喜欢的话，他们还可以将烟灰弹在地毯上。但在这片宁静的环境中，他们谈论得最多的是把他们带至这里的"有组织的杀戮"。在休息室的一个角落，鲁尼看见三名中士躺在一台电唱机前的地毯上，重温着一场空中战斗。"……这家伙冲过来的时候，我在1000码的距离上朝他开火。"[43]当天晚些时候，一群机枪手分成两组，爬上两艘小船，撑着船向上游一座深受欢迎的酒吧而去，并在途中来了场模拟空战。"敌机从三点钟方向而来。"靠近对方的小船时，一名射手喊道。"九点钟方向，敌机，打掉它！"几秒钟后，战斗打响了，这些调皮的机枪手相互泼着水。

河边的草地上，三名航空队精神科军医像溺爱孩子的父母那样看着这一切。"这些孩子来到这里时，正处于紧张的边缘，他们的神经一直绷得紧紧的，"一名军医评论道，"他们在这里已待了四天，现在再看看，他们又活过来了，不光是现在。"[44]但医生们应该知道，生活并不仅仅是忘掉战争。红十字会负责疗养院事务的主任芭芭拉·格拉芙明白这一点。这些飞行员被投入一个不真实的世界中，"他会认为他的飞机、他的战友、他的技能或他的忍耐力是他所拥有的唯一熟悉的东西"，在一份写给第八航空队司令部的报告中，她这样写道，"他对此非常重视，并为所发生的一切而感到痛苦"。彻底忘掉战争，实际上就是忘记你已变为怎样的人以及在关键时刻你可依赖的人。这里指的并非泰晤士河畔豪华别墅里那些对此深感理解的人，而是战火中，"空中堡垒"内另外九名惊恐的机组人员。

当晚，在泰晤士河畔的小精灵山墙酒店，吃罢配有挺括的餐桌布和百年历史银餐具的晚餐，鲁尼陪着一群机枪手来到一间酒吧的花园中。他们喝着淡啤酒，谈论着棒球和姑娘，直到一架英国轰炸机隆隆地划过夜空，赶往附近的一座机场着陆时才停下。长时间的沉默，这些飞行员以炽热的目光盯着那架飞机，直到它消失在一片杨树林后。一名飞行员手托下巴，双手撑在膝盖上，似乎被那架"兰开斯特"惊呆了。"很好，"他说道，"像这样，他们降落得挺好。这也是另一个有时会让我困惑的问题。这些大家伙中的一架着陆时，开始一圈又一圈地盘旋……这种情况不太好……"[45]

"没错，我明白你的意思，"站在门口处的一名机枪手打断了大家的思绪，"就像是个被杀死的巨人，有点像。"

就是这样，他们从未忘记自己很快将重返战斗中。

皮卡迪利广场

"黑色星期四"后的几周，恶劣的天气萦绕在欧洲上空，出于对士气的担心，大批被战斗折腾得筋疲力尽的机组人员获得了三至七天的休假批准。大多数小伙子赶往伦敦，那里的情形与罗伯特·摩根上尉和他的"孟菲斯美女"号机组在1943年初游历时已完全不同。那时，全英国只有47000名美国飞行员，也没有即将到来的补充兵，他们很少获得休假，这使得美国飞行员成了那座战时拥挤的城市中一个罕见的景象。可到了当年年底，岛上的陆航队人数激增，已超过28.6万人。但这些飞行员的数量仅占一支庞大的美国军队的四分之一，美军不断增加兵力，准备发起一场跨越海峡的进攻。[46]1943年最后三个月中，41.3万多名美军士兵在英国港口上岸，同时还带来77.3万多名后勤人员。D日到来前，在英国将有150万美军士兵，其中的28%（近42.7万名男女）是陆航队成员。

成千上万名后勤人员常驻伦敦，但这个城市中的身穿军装者，最多的是来自分散在这个岛国上各军事基地的休假者，这个突然间拥挤起来的国家，面积还比不上明尼苏达州。大多数军人是英国或美国人，但也有法国、挪威、波兰和捷克的士兵、水手、护士和飞行员，伦敦已成为他们流亡期间的新首都。

"又脏又乱，混乱不堪，伦敦挤满了身穿不同军装的人，说着上百种不同的语言。"[47]罗伯特·阿比布中士写道，这位建筑工兵每隔一段时间便到伦敦游历一番，他的新驻地离这里不远，只需要坐很短时间的火车。还有些飞行员胳膊上挎着女人来到伦敦。尤金·卡森第一次来到这座大城市时带着第八航空队司令部的一名女兵，他是在施韦因富特的行动刚刚结束后在基地结识她的；哈里·克罗斯比是个已婚男人，到伦敦休假时却带着多特，这个来自爱荷华州的姑娘是他结识自己的妻子前一直深爱着的。她驻扎在剑桥的一个红十字会俱乐部。克罗斯比和卡森属于幸运儿，大多数美军飞行员走出车厢踏上伦敦车站的拱顶站台时是独身一人，或是跟机组同伴在一起。正如安迪·鲁尼所写的那样，"他们一直处在频繁的战斗中"，需要"解决自己的生理需求"。[48]

战时的伦敦是世界上最非同一般的城市之一。死亡和痛苦释放了情感的阻力，到处都有人在寻找食物、朋友、烈酒和性。街头拥挤得令人难以置信。乞丐们拉着陈旧的小提琴，一群群喝得酩酊大醉的水手，衣冠楚楚的女人倚在上校们的怀中，她们的高跟鞋咔咔作响，口红也恰到好处。屋顶上，男人和女人们搂在一起御寒，执行着防火员的任务，等待着令他们投入行动的警报和炸弹。

伴随着盟军在几乎所有战场上的推进，以及进攻欧洲大陆的传闻，对那些将战火烧至希特勒家门口的年轻飞行员来说，伦敦是个最热情好客的去处。这些美国飞行员到达伦敦后的第一站通常是最靠近的红十字会俱乐部，在那里，乐于助人的志愿者帮他们预定免费的商务酒店或是属于红十字会的宿舍式住处。登记入住并放下行李后，大多数人直奔彩虹角，那里位于沙夫茨伯里大街与皮卡迪利广场的拐角处，是美国兵在整个英国所能找到的最接近于家的地方。

在美国红十字会的管理下，彩虹角的目的始终是"创造一种实实在在的美国气氛"[49]。俱乐部的地下室里，有一个精确复制的美国小镇一角的杂货铺，里面的冰冻可乐只卖5分钱，一毛钱则可以买到一个烤汉堡。楼上的大舞厅内，军人们跟由志愿者担当的女招待在军乐队的伴奏下翩翩起舞，乐队成员来自"空中堡垒"部队，来自"雷电"战斗机部队，也有的来自"天空开拓者"乐队。这里还有间休息室，配有一台点唱机和一个小舞池，四周摆放着桌椅。孤独的美国兵将甜甜圈泡在新鲜咖啡里，聆听着最新的美国歌曲，消磨上一段时间。彩虹角永不打烊，1942年11月，这里举行盛大开业式时，钥匙被象征性地丢掉了。

杂货铺对面的一张写字台上，女志愿者帮着思家心切的军人写信给他们的妻子、恋人或是母亲。小伙子们最喜爱的帮助者是德莉夫人，这位目光炽热的美貌女人是弗雷德·阿斯泰尔*的姐姐和舞伴，也是查尔斯·卡文迪什勋爵的妻子。"阿黛尔像只咯咯叫的母鸡，将我庇护在她的羽翼下，"尤金·卡森回忆道，[50]他再次来到伦敦时遇到了她，这次，他没有带上自己的美国女伴，"她提醒我那些可能会让我遇到麻烦的地方。"这些提醒被卡森当作寻欢作乐时的指路明灯。

俱乐部总是人满为患。1943年末的一天，70000多名美国兵踏入这里的大门。美国士兵可以在这里得到一间便宜的住房，洗把热水澡，理个发，擦擦皮鞋，还有免费的止头痛药片。他还可以在这里将美元兑换成英镑，将支票兑现，玩玩台球和乒乓球，看场职业拳击或摔跤赛，读读美国报纸，再获得些关于这座城市及其景点的有用信息。当时的伦敦没有观光巴士，所以这里提供预订服务，让十来个诚实可靠的英国出租车司机带这些美国兵游览市内的名胜古迹，当然，这需要支付一些费用。一个美国小伙告诉一名工作人员："除了不给这些士兵擤鼻涕，你们几乎包办一切。"[51]

手头阔绰的飞行员会住在巴克莱、萨沃伊、格罗夫纳饭店，或是伦敦其他的豪华酒店，沉溺于时下流行的下午舞会中。卡森则省了钱，他跟他的陆航队情人吉娜维芙在巴克莱住了三晚。在床上，依偎在他的怀中，她告诉他此前从未跟男人亲热过。受到一种意外的良心谴责，卡森没有碰她，两人失望地离

---

* 译注：弗雷德·阿斯泰尔是美国著名的电影演员和舞蹈家，曾被美国电影学会选为百年来最伟大的男演员第五名。

开了伦敦。后来,由于吉娜维芙无法获得休假批准,卡森随后的两次休假都住在一位前芭蕾舞女演员的寓所,她是德莉夫人在"彩虹角"介绍他认识的。两人在一起的第一晚,"她为我跳了舞",他深情地回忆道。[52]

美国飞行员对这座城市的游历通常开始于夜间。灯火管制的街道上挤满了人,许多人携带着"火炬"(手电筒),出租车缓缓驶过,车灯被蒙住,只留条窄缝,射出细细的光线。尽管1943年秋很少出现敌人的轰炸机,但探照灯光束仍在夜空中纵横交错,几乎每晚都发生防空警报误报的现象:凄厉的汽笛声,伴随着高射炮火的轰鸣,这些高射炮布设在市内的各十字路口,甚至包括公交站台。防空警报响起时,没人对此多加注意,从俱乐部旁走过的行人能听见摇摆乐队伴随着高射炮火的节拍进行着演奏。浓雾从泰晤士河上升起,混合着上百万具烟囱中冒出的煤烟,给这座城市增添了一份诡异的气氛。

18岁的陆航队机枪手杰克·诺威宁愿自行摸索这座城市,于是晃入小巷中的一个酒吧,里面没有一个美国人。皇家空军的一帮小伙子围在钢琴旁。他们看见诺威胸前佩戴着银色的飞行徽章,便邀请他加入他们,一场大声歌唱和豪饮的漫长夜晚就此开始。[53]

美国和英国飞行员在一起觥筹交错的情况非常罕见。"主要的原因是,"战争期间居住在伦敦的乔治·奥威尔*猜测,"薪水不同。你不可能跟某个薪水比你高五倍的人结成亲密、友好的关系。"[54]另外,英国士兵中还有一种感觉,那就是美国人明显占有身体上的优势。"(他们)与我们相比,普遍更高、更魁梧、更帅。他们中的许多人纯粹是金发巨人,头发剪得短短的……他们的军装和徽章引人注目,又漂亮又合身,面料时髦而又挺括……就外观形象而言,他们比我们更胜一筹。"[55]

---

*译注:乔治·奥威尔是英国著名作家,著作包括《一九八四》和《动物庄园》等。

英国的酒吧打烊很早,对那些精力充沛的人来说,下一站通常是私人俱乐部,那里可以购买整瓶的酒。好的杜松子酒和威士忌在战时的伦敦依然是稀缺品,劣酒则很容易搞到,罗伯特·阿比布评论道:"就像沉积在鞣制皮革的大染缸底部的玩意儿。"[56]但位于西区的各个俱乐部热闹而又嘈杂,一些女人坐在桌子旁,放荡地穿着薄薄的礼服,操着浓郁的外乡口音,不少人是从事"八美元谈情说爱一次"的专业人士。"中尉,我能让你欲仙欲死,享受到你从未体验过的乐子。"[57]

当然,这里也有"本地人才"[58],伦敦人称她们为"欲火中烧"[59]的姑娘。她们中的一些人才十五六岁,但大多数是二十岁出头的职业女性,战前,这种类型的姑娘大多会远离西区,因为她们没有合适的衣服,也没有钱。尽管不是"专业人士",但要跟她们在拥挤的住处(通常是两三个姑娘同居一室)过上一夜,她们也期望能获得些礼物——尼龙丝袜和糖果。

对那些愿意尝试的男人来说,这里也有许多街头妓女。最容易找到她们的地方是皮卡迪利广场周围店铺黑黢黢的门口。哪怕有警察在四周游荡,这些女人也敢明目张胆地揽客;大家都称她们为"皮卡迪利突击队"。许多人自愿或勉强地光顾了那里。"我们几个男人顺着皮卡迪利大街走入黑暗中时,"记者沃尔特·克朗凯特回忆道,"高跟鞋的咔咔声向我们宣布了一位夜女郎的到来。她的身上洒着廉价香水,她的手会沿着我们的裤腿摸索。"[60]克朗凯特指出,这是一种"经济活动",而不是"性行为的前戏"。"通过触摸裤子的面料,经验丰富的女人便能知道面前的这个男人是美国还是英国军人,是军官还是士兵。她会根据这一判断开出自己的价码。"

皮卡迪利广场艰难的讨价还价中,打火机的闪烁——这让那些士兵得以看清面前女人的面容——可以促成或破坏一笔街头交易。如果某个小伙子太过粗鲁,那些"突击队员"也有能力保护自己。法国姑娘通常会用皮带牵着一条咆哮的斑点狗,而大多数站街女都带着弹簧刀。靠着墙壁,站立着发生性关系,众所周知的价格是2英镑,折合8美元;而到一个破旧的酒店房间里来场"速战",其价格根据服务对象的军衔有所不同。[61]大多数"突击队员"喜欢靠着墙壁解决问题,她们对此的专业术语是"大理石拱门式"。这是一种经济合算、流水线式的性交,许多幼稚的女孩认为,这种方式不会使她们怀孕。

站街女们鼓励,但并不要求他们的顾客使用保险套。对那些忘记携带或已将配发的保险套用完的男人来说,广场四周有许多脏兮兮的供货者,他们会装成卖报纸的样子。1943年年底前,性病在英国流传开来。[62]《纽约时报》的一名记者报道说,驻英美军中的性病发生率比他们在国内高25%,其中的半数可能都是在皮卡迪利大街感染上的。[63]很快,美国红十字会在其俱乐部内设立起预防站,军方也终于提供了充足的保险套。最初的一批由英国提供,却被发现"尺寸太小"。[64]直到1944年春季,一种有效的性病治疗法才被广泛采用。这种治疗方式结合了磺胺和甘汞,被称作"加强疗法"。另外,性病发生率在当时出现下降,与新疗法无关的原因是:军方大幅度收缩其休假政策,以便为跨海峡登陆做好准备。[65]

对航空队的小伙子们来说,在伦敦的两天休假常常会以不体面的结局收场。出生于德克萨斯州的机顶射手杰克·科诺,经历了一场他所描述的"超级狂欢"后,从一张桌子旁站起身,踉踉跄跄地走了几步,一头跌倒在地上。[66]几名队友扶起他,把他塞入一辆出租车,带他来到滑铁卢车站,又把他送上开往里奇维尔的列车。醒酒需要的时间估计长过他的假期。

他在这里

回到驻地,酒醒后,丈夫和儿子们纷纷写信给妻子或父母,描述他们最近在伦敦老城的经历——漫长、令人厌倦的几天,游览了这座城市的博物馆和泰晤士河上的景观:大本钟、伦敦塔以及国会大厦。行程如此仓促,几乎没时间喝顿啤酒。约翰·科莫大队里的一名领航员,大卫·麦卡锡,在写给父母的一封信中塞了张照片，这是他和他的一个朋友狂灌了一通阿尔及利亚烈酒后，在一间临街摄影室里拍的照片。麦卡锡的妻子去看望他父母时见到了这张照片，她评论说，这两人看上去怎么那么疲惫，并断定他们肯定患了战斗疲劳症。麦卡锡的父亲对喝酒比较了解，他看看她，说道："不是，诺玛……这两个小子喝醉了。"[67]

1943年秋季，随着第八航空队的人数迅速增多，艾拉·埃克面临着一个重大的军民关系问题。这个问题在夏季实施集结，准备发起"突袭周"时便已显现出来。7月份时，埃克曾警告他的指挥官们，美国飞行员与英国百姓（当然，深具吸引力的英国女性不在其中）之间的关系，"不像几个月前我们的力量还很弱小时那么融洽"。[68]快到年底时，美国记者们注意到这一点。"近几个月来，事情变得越来越明显，英国人被挥金如土、四处留情、口出狂言的美国士兵折腾得不胜其烦。"《时代》杂志于当年12月做出了这样的报道。[69]该杂志声称，许多英国人认为美国大兵"马马虎虎、骄傲自大、迟钝、缺乏鉴别力、吵吵闹闹"。

"公众观察"所进行的民意调查证实了这一点，这个成立于1937年的独立机构专门记录"英国公众的想法、看法和做法"。[70]整个战争期间，"公众观察"的调查者小组在全英国进行了民意调查，并赢得1500名"特约通讯员"撰写"他们日常生活的日记"，[71]以记录他们社区的文化变化。1942年，问及对美国人印象如何时，47%的受调查者说他们对美国人"印象良好"。[72]第二年，这个数字下降至34%——与此同时，以傲慢出名的"自由法国"军队却获得了52%的好评。[73]被要求详细说明他们不喜欢美国人的主要原因时，"大言不惭"、"不成熟"和"追求物质享受"位居榜首。"他们把我气得难以用语言来形容，"一名受访的英国家庭主妇说道，"吵闹、夸夸其谈、不知天高地厚、自以为是。"[74]另一位"特约通讯员"则抱怨他们"傲慢、日耳曼似的魁梧、缺乏礼貌和最起码的礼仪"，还厚颜无耻地想靠他们自己来打赢这场战争。"这些吃饱喝足、养尊处优、嚼着口香糖，大摇大摆跑到我们国家来的家伙,怎么会不招人怨恨呢?"露丝玛丽·布莱克在她的日记中写道。

英国人有种根深蒂固的看法,遍及几乎每一个调查,他们觉得美国人就是"长不大的孩子"。[75] "奇怪的是,他们在科学发明领域有着成年人的能力,但他们的思维却像11岁大的孩子。"一位化学家告诉"公众观察"的调查员。[76] 就连英国人善意地向美国人表示出他们发现对方性格中最具魅力的部分,通常也跟儿童有关:他们那"孩子般的倾诉欲",他们的活力和冲动,他们慷慨的宽宏大度和友善,以及他们百无禁忌的"搞笑"。[77] "我喜欢他们,""公众观察"一位年轻的特约通讯员表示,"但跟我喜欢法国人不同,不一样,是那种慈爱的父母喜爱他们的孩子的那种喜欢。"

这个问题越来越引起埃克和斯帕茨的关注,当然也包括艾森豪威尔将军,他正准备于12月返回英国,出任"霸王"行动的最高统帅。对他们来说,还有几件事比美国人与英国主人之间亲密的关系更加重要。在一份1943年9月发自北非的报告中,斯帕茨强调了这一点。他说:"(在这里)陆航队成员可能会犯下三种罪行,谋杀、强奸和破坏英美关系。前两种罪行也许还能获得宽恕,但第三种,决不允许。"[78]

伦敦比其他任何地方更多地使美国士兵背负上坏名声,但没有美军指挥官(陆军和陆军航空队)愿意减少进入这座城市的士兵人数。在伦敦,数以百计的、戴着白色钢盔的美国宪兵在街道上巡逻,这里的美国兵也远比警力较少的乡镇里的美国士兵更容易控制,当然,那些乡镇里的女人和酒精供应也较少。将军们意识到,一个喝得大醉,跟女人厮混的士兵,肯定不比清醒并性饥渴的士兵更容易卷入斗殴中。就像约翰·科莫注意到的那样,随着夏季和初秋遭受到的可怕损失,航空队司令部非常清楚在大城市内发生"一场大爆发"的精神需要。[79]

首次对施韦因富特实施空袭后,科莫所在的第381轰炸机大队,飞行员们聚在作战室内,每个人都认为会等来更糟糕的消息。屋内"一片抑郁的沉寂",但他们随后听到了令他们难以相信的通告。"我们给予每个参战人员四天休假,卡车将在1点30分出发。我们将把你们送至伦敦郊外,你们可以在那里搭乘地铁进城……这次休假将是强制性的,除非获得航空军医的批准方可免除。"[80]

第八航空队的指挥官们知道,他们的部下会激怒那些伦敦人,而伦敦人同样也会招惹他们。一些不法出租车司机和商家会利用美国人对当地货币的无知来欺骗他们,一些妓女(或者跟皮条客串通)干着扒手的兴旺勾当,简直就是彻头彻尾的贼。某个妓女的惯用伎俩是将美国佬引入廉价酒店的客房,将麻醉药滴入他们的饮料中,等他们昏倒在地后,将他们的钱包洗劫一空。

一些英国人(更准确地说,是那些来自社会底层的女性)已开始为不检点的行为而公开自责,而这些行为曾被不公正地归罪于美国佬。面对那些"舒舒服服"的年轻美国男人,"大批妓女、丑姑娘以及她们的阿姨和母亲们从贫民窟蜂拥而出,跨过桥梁,过去在梅菲尔和贝尔格拉维亚广场从未见过她们,"小说家伊夫林·沃写道,毫不遮掩对保守主义的蔑视,"在那里,他们热烈而又公然拥抱,无论是在灯火管制下还是在大中午,并被回报了口香糖、剃须刀片或其他的罕见物品。"[81]

大批无人陪同的女性流连于酒吧,她们也引起越来越多的怨恨。她们中的大多数是工厂女工和在部队中服役的女性,结束了十个小时甚至更长时间的工作后,出来放松一下。调查表明,大多数酒吧老板对自己所看见的,不可避免的战时出生趋势持宽容态度。"通常她们是单身进来,出去时却成双成对,可我算老几,哪有资格去批评她们?"[82]这些勤劳的女性"和她们的同事一样,偶尔需要喝上一杯","公众观察"的一名调查员说。整个国家有一种普遍的看法:"战争在继续,所以,有条件的时候,为什么人们不能让自己放松一下呢?"[83]甚至就连年长的妇女也对"独饮的女孩子没什么偏见",就像一位妇女所说的那样:"为什么要求她们有人陪同?许多好男人都成了护花使者!不管怎么说,我情愿带上一条狗。"[84]

这是个机会，美国人像对待公爵夫人那样关心他们的约会对象。"他们为我们开门，非常礼貌，把我们照顾得无微不至，"一名英国妇女回忆道，"可我们的男人却把我们丢在桌旁，跑去跟同伴玩飞镖。"85

　　英国男人对此做出了幽默的回应："听说过新功能的短裤吗？就是一拉（Yank）就掉的那种。"*86但怨恨一直持续到美国士兵最终离开为止。

　　陌生的两个人既相互吸引又相互排斥，这就是战时的英国人和美国人，他们对对方的了解少得惊人。"友好"的美国人"入侵"前，大多数居住于英伦三岛和美国的人从未结识过其他国家的人。为弥补知识上的这个缺口，美国陆军编辑了《英国指南》，这本小册子中轻松活泼的主题涵盖了从岛屿地理到诸如飞镖游戏和喝啤酒这类"室内娱乐"。87英国军队也印发了他们沉闷枯燥的指南——《与美国人接触》，以确保大西洋两岸的和谐。88实际上，这些指南对读者们了解大洋彼岸的表兄弟帮助甚少。由于两个国家之间的广播电台较少，而新闻短片呈现的只是轰动性消息的片段，因此，见识狭隘的英国人和美国人（包括大多数美国兵）更倾向于从他们自己国家大规模出产的新闻和娱乐中获得对对方的了解，这些来源包括报纸和杂志，广播和电影。

　　电影在战时的英国广受欢迎。即便在小城镇，到电影院消磨夜间时光也是人们最喜爱的休闲方式。许多村民每周去当地的电影院两至三次，这使得拥挤的影院成了结识当地姑娘的绝佳去处。一对对情侣坐在后面，单身姑娘和美国佬在包厢内结识，年长的女士则带着三明治坐在前排。管风琴演奏（伴随着热烈的掌声和喊叫）开始了当晚的节目，接下来便是一部新闻纪录片和两部电影。英国人知道所有的好莱坞明星，但对许多观众来说，美国本身便是主角：庞大、富有、有进取心、充满活力以及令人恼人的孤立，这个乐观进取的国家

---

* 译注：Yank的意思可以是"拽、拉"，也等同于"美国人"Yankee。这个笑话是讽刺美国佬所做的一切完全是为性欲所驱使，同时也是对那些跟美国人搞在一起的英国女性的讥讽。

体现出一种全新的价值。"公众观察"的调查淡化了好莱坞电影在英国人形成对美国人的看法中所起的作用。"人们觉得这些电影太过虚幻，不够真实。他们并不认为它们能代表美国，而是代表着一种来自美国的老套梦想。"[89]但这似乎是错的。英国人从好莱坞电影中所见到的民族性，与他们在战争期间遇到的美国人的个人品质相同，时而可憎，时而可爱。"公众观察"的调查结果表明了这一点。所以，一个英国人遇到一个美国人时，他确实知道该期待些什么。但通常是错的。

将美军调入英国是个史无前例的迁移计划，但无论是被派往英国的美国人，还是美国人到来时留在本土的英国人，都无法代表他们的国家。这些美国移民主要由18—28岁之间的年轻人组成，他们远离自己的家庭和社区（这些机构对人有着软化的影响），驻扎在管理严格的军营中，并被派到飞机上实施杀戮和破坏。而另一方面，战争中的英国人也不完全是他们自己。伦敦从来就不是美军士兵游历过的那座城市，以后也不会如此。这个国家的其他部分也是这样，国内身强体壮的年轻人几乎悉数消失，正常的家庭生活因此而彻底中断：妻子们失去了丈夫，孩子们失去了父亲，父亲们失去了可帮助他们经营自家农场或小店的儿子。

对英国人和美国人来说，要打破那种先入为主的印象，需要时间和彼此间的熟悉。这种情况发生得最为频繁的地方是美国空军基地周围的村落和城镇，战争期间的英国，这些基地里驻扎着成千上万名不同于飞行员或步兵的地勤人员。在那些小城镇，"我们发现英国除了傲慢的贵族阶层，被称作'伦敦佬'的无知而又可笑的群体，以及无处不在的英国管家外，还有另外一群人"，罗伯特·阿比布写道。[90]这些小城镇位于英国中部和东部，这里的英国人也了解到，并非每个美国男人都像公爵那样趾高气扬，或说起话来像卡车那般吵闹。

对美国人的憎恶从未消失，即便是在东英吉利亚那些最具包容性的城镇。"公众观察"的特约通讯员萨拉·威廉斯到诺维奇拜望老朋友时抱怨："整个地方看上去邋里邋遢。都是美国人干的。我走进一家战前很不错的餐厅，可现在这里却令人恶心……几个美国佬带着姑娘待在里面，他们都醉得几乎要吐出来……许多英国姑娘一头扎进美国人的怀中，因为他们有大把的钞票。"[91]镇内居民对他们的年轻女性委身于美国人反感不已，但他们却没明白，这通常是一个供给和需求的问题。"有什么东西是他有而我没有的？"一个从海外休假归来的英国士兵问几个当地姑娘，她们似乎迷上了一个美国佬。"他并不比你多什么，"一个姑娘开导他，"可他在这里。"[92]

萨德伯里

第八航空队的指挥官们与美国红十字会通力协作，试图将休假间隔中的士兵们留在基地内。1943年年底前，几乎每个轰炸机基地都设立起红十字会的航空俱乐部。俱乐部内有游戏室、休息室、图书馆，周六晚上还举办舞会。"出席我们舞会的人非常多，"凯·布雷纳德·哈金丝回忆道，两个兄弟在欧洲上空的轰炸行动中被宣布失踪后，她便与红十字会签署了赴海外工作的协议，"我们派出大卡车去接那些英国姑娘，把她们带至俱乐部……这些在工厂里干活的姑娘都喜欢美国兵，也喜欢吉特巴。"[93]这种舞会有贴身陪护，没有哪个姑娘被允许离开舞厅。舞会结束后的早上，一辆红十字会的俱乐部专车（用一辆伦敦的单层巴士改装而成）会赶来提供甜甜圈和咖啡。这些甜甜圈在车上厨房和休息区中的设备上做出，饥饿的小伙子们（他们居住在一个没有甜甜圈的国度）将它们吞噬一空。

小伙子们非常感激红十字会姑娘们的工作，用安迪·鲁尼的话来说，这些居住在基地里的姑娘试图成为"丽塔·海华丝与你好朋友的姐姐的一种组合"。[94]她们是第一个将飞行员生病或阵亡的消息通知其家人的人，她们会在他们生日时端出自制的蛋糕，给他们一个惊喜。每当有任务时，这些红十字会的姑娘们便站在简报室外，穿着她们时髦的蓝灰色制服，戴着帽子，送上咖啡和甜甜圈。对许多轰炸机机组里的小伙子来说，她们是他们最后见到的美国女性。

而那些平安返回的飞行员，会在任务报告室里的桌子上看见整齐摆放着的三明治和一个大咖啡壶。但在任务之间的几个小时或几天里，凯·哈金丝和她的同事为这些小伙子做了她们所能做的一切。烈酒在基地是免费提供的，但对宾果游戏以及航空俱乐部举办的那种很难与工作人员约会，又没有酒类提供的联谊活动而言，来自萨德伯里舞厅的竞争太过激烈。

罗伯特·阿比布曾在萨德伯里结交过一个英国朋友，当时他的工兵营正在德比希修建机场。那时候，镇内很少能看见美国士兵，可当阿比布在1944年初回到这里时，他发现斯陶尔河畔（River Stour）的这座城镇已因建造在附近的四座机场彻底变了样。弯弯曲曲的中世纪街道上挤满了军用卡车和吉普，每个酒吧人满为患。阿比布原以为镇里的居民会盼望他们离开，但他却发现整个镇子因这些外来者的存在而显得生机勃勃。村民们建起一个英美俱乐部，飞行员被邀请来参加舞会和晚会，一些美国人还在镇内古老的石教堂内迎娶了萨德伯里的姑娘。萨德伯里的住户，周日没有美国客人的情况很少见。飞行员赶来做客时满载着从基地厨房搞来的物品——桃子和菠萝罐头、鲜鸡蛋、面包、咸牛肉和红薯。要是这个来访的美国佬恰巧去过营区的小卖部，他可能还会给这户人家的父亲带去一条骆驼烟，再将几盒巧克力分给母亲和孩子。

这里和其他地方一样，美国佬对孩子们非常好。"这些高大健壮、嚼着口香糖、满世界追姑娘、狂喝滥饮的美国兵，只要遇到一个小孩子，马上就晕头转向了，"一位妇女说道，"你们这些美国佬总是为孩子着迷。"[95]遇到感恩节、圣诞节和七月四日国庆节，飞行员们都会为当地的孩子们举办晚会。这些孩子坐上吉普车兜风，每个人还能获得杜丝巧克力、碳酸饮料和蛋糕。这些飞行员刚刚或是即将成为父亲，面对英国孩子，他们心生愧疚。这些孩子中，就连最幸运者也没什么玩具，很少有游戏可玩，他们中的许多人是战争孤儿，或是好几年没见到自己当兵的爸爸了。在瑟莱，第306轰炸机大队"收养"了一个战争孤儿，这个脸颊胖乎乎的孩子才3岁，名叫莫琳。队里的人称她为"香豌豆"，他们在她的手上涂满颜料，把手掌印在机鼻处，并用她的名字为这架轰炸机命名。

注释

1 弗里曼等人合著的《第八航空队战时日志》，第106页。

2 本迪纳，《"空中堡垒"的坠落：二战中最大胆、最致命的空战亲历记》，第198、200页。

3 同上，第188页。

4 纳特，《与负鼠和鹰同在：一名领航员的亲历》，第131—137页。

5 哈里·克罗斯比，《就是这样发生的》，《扬基》，1943年12月26日。

6 谢里登，《他们从未如此出色过：1942—1945，美国陆航队第100轰炸机大队第350中队的非官方史》，第98页。

7 詹姆斯·古德·布朗，《第381大队的勇士，都是英雄：一名牧师所揭秘的第381轰炸机大队内幕》，第214—215页。

8 J. 坎普·麦克劳克林，《二战中的第八航空队》，第105页；皮斯利，《勇气的传承：二战中的第八航空队》，第221页。

9 同上。

10 本迪纳，《"空中堡垒"的坠落：二战中最大胆、最致命的空战亲历记》，第223页。

11 尤金·T. 卡森，《一名尾部射手的回忆》（自费出版，2000年），第83—84页。

12 同上。

13 麦克劳克林，《二战中的第八航空队》，第109页。

14 同上。

15 哈里·R. 博罗夫斯基编撰的《哈蒙纪念讲座，军事史，1959—1987：哈蒙讲座在美国空军学院最初的30场讲座集》（华盛顿，空军战史局，1988年）中，第445页，威廉·埃莫森的《直瞄行动：轰炸机和战斗机的

16　陆航队的伤亡，参见《二战中的陆军航空队，第二卷》，第702页。

17　艾拉·C. 埃克中将、阿瑟·G. B. 梅特卡夫，《与阿尔贝特·施佩尔的谈话》，《空军杂志》（1977年4月），第54页。

18　德国人的损失可参见1949年6月28日的陆航队备忘录，美国空军历史研究部，K 110.8-22。

19　引自德斯蒙德·弗劳沃、詹姆斯·里夫斯编撰的《战争1939—1945：一部文件史》，第571页。

20　引自威廉姆森·默里的《德国空军》，第218页。

21　引自肯尼斯·N. 奈尔编撰的《密西西比州人和第八航空队》（图珀洛，第八航空队历史学会，密西西比州分会，1999年）中，第20页，乔治·G. 罗伯茨所写的《黑色星期四》。

22　《美国佬：美军士兵在战争中的故事》，陆军周刊《扬基》编辑部，德布斯·迈尔斯、乔纳森·基尔伯恩、理查德·哈里迪编辑（纽约，迪尤尔、斯隆&皮尔斯出版社，1947年），第71页。

23　施佩尔，《第三帝国内幕》，第286页。

24　《二战中的陆军航空队，第二卷》，第704页。

25　《星条旗报》，1943年10月21日；《纽约时报》，1943年10月16日。

26　《星条旗报》，1943年10月16日。

27　施佩尔，《第三帝国内幕》，第286页；美国战略轰炸调查，"德国的减摩轴承业"（华盛顿，美国政府印务局，1945年），第2、40—45、103—120页；马丁·弗里茨，《瑞典的轴承与德国战时经济》，《斯堪的纳维亚经济评论》（1975年），第15—35页，弗里茨估计，瑞典为德国提供的滚珠轴承，不到德国总量的10%。

28　《星条旗报》，1943年10月18日。

29　《二战中的陆军航空队，第二卷》，第705页。我在我的上一本书《第二次世界大战的故事》（纽约，西蒙&舒斯特出版社，2001年）中也犯了同样的错误。

30　28架轰炸机这个数字来自"第八航空队战术发展，1942年8月至1945年5月"，第92页，美国空军历史研究部。这份内容翔实的报告是战争刚刚结束后，在第八航空队前作战副司令奥维尔·A. 安德森将军的指导下完成。

31 德国空军的损失，参见威廉姆森·默里的《德国空军》，第215页；斯蒂芬·L. 麦克法兰、韦斯利·菲利普斯·纽顿的《德国制空权之战》（华盛顿，史密森学会出版社，1991年），第134—136页。

32 威廉姆森·默里，《德国空军》，第216页。

33 摘自詹姆斯·帕顿对李梅的采访，1985年4月16日；帕顿，《空军如是说：艾拉·埃克将军和空军指挥部》，第517页。

34 1943年10月22日，埃克写给阿诺德的信件，阿诺德文件。

35 1943年10月15日，埃克发给阿诺德的电报，埃克文件。

36 帕顿，《空军如是说：艾拉·埃克将军和空军指挥部》，第325、328页；1943年11月16日，埃克发给阿诺德的电报，斯帕茨文件；施韦因富特行动后，对情况不同的解释，可参见麦克法兰和纽顿的《德国制空权之战》，第133—134页。

37 阿诺德的压力可参见《二战中的陆军航空队，第二卷》，第735页；《空军击败德国的计划》，1943年11月1日，阿诺德的备忘录，阿诺德文件。

38 本迪纳，《"空中堡垒"的坠落：二战中最大胆、最致命的空战亲历记》，第236页。

39 安·纽戴克，《峡谷宾馆是一座避弹农场》，1944年1月27日，再版于《第八航空队新闻4》（1978年2月），第1页。

40 尤金·T. 卡森，《一名尾部射手的回忆》，第105—106页。

41 本迪纳，《"空中堡垒"的坠落：二战中最大胆、最致命的空战亲历记》，第206页。

42 霍顿、鲁尼，《空中射手》，第97—104页。

43 同上。

44 同上。

45 霍顿、鲁尼，《空中射手》，第97—106页。另可参见欧洲战区司令部，"研究成果及建议"，1944年7月11日，斯帕茨文件。

46 雷诺兹，《昂贵的关系：美国人进驻英国，1942—1945》，第102—103页。派至英国的美军人员中，40%是地面部队，30%隶属于后勤服务机构。

47 阿比布，《我们在这里：一名美国士兵在英国的笔记》，第85、203页。

48 霍顿、鲁尼，《空中射手》，第133页。

49 雷诺兹《昂贵的关系：美国人进驻英国，1942—1945》，第160页。

50 尤金·T. 卡森，《一名尾部射手的回忆》，第101页。

51. 引自弗本·F. 盖伊的《彩虹角的故事：靠近皮卡迪利广场的美国红十字会俱乐部》（伦敦，号角出版社，1944年），第16、23—24页。
52. 尤金·T. 卡森，《一名尾部射手的回忆》，第116页。
53. 杰克·诺威，《冰冷的蓝天：一名B-17射手经历的二战》，第82页。
54. 加德纳，《军饷过高、性欲过旺、到处都是：美国大兵在二战中的英国》，第56页。
55. 同上，第110—111页。
56. 阿比布，《我们在这里：一名美国士兵在英国的笔记》，第88页。
57. 哈里·H. 克罗斯比，《逆境求生》，第207页。
58. 《公共住房中的妇女的行为》，2—5页，公众观察研究。
59. 同上。
60. 沃尔特·克朗凯特，《一名记者的一生》，第91页。
61. 朗迈特，《美国兵：美国人在英国，1942—1945》，第231页。
62. 雷诺兹，《昂贵的关系：美国人进驻英国，1942—1945》，第205页。
63. 《纽约时报》，1943年6月2日。
64. 雷诺兹，《昂贵的关系：美国人进驻英国，1942—1945》，第207页。
65. 皮格西·J. 威尔逊，"消灭性病"，公众观察研究；雷诺兹，《昂贵的关系：美国人进驻英国，1942—1945》，第208页。
66. 约翰·科莫，《作战机组》，第54页。
67. 大卫·麦卡锡，《无畏：一名B-17领航员的二战历程》，第78页。
68. 埃克发给指挥官们的命令，1943年7月14日，埃克文件。
69. 《时代周刊》，1943年12月6日，第36、39页。
70. 《英国人对美国人的看法》，1942年11月，公众观察研究。
71. 同上。
72. 同上。
73. "反美情绪"，第1—12页，1947年1月，公众观察研究；菲利普·齐格勒，《战时伦敦，1939—1945》（纽约，诺普夫书局，1995年），第217页。
74. 同上。
75. 同上。
76. "公众观察小组对美国人的看法"，1945年，第7页，公众观察研究。
77. 公众观察公报，"一个美国人的肖像"，1947年4月，第7期，第1—2页；"对美国人的看法"，1943年，第11—12页；"公众观察小组对美国人的看法",1945年2—3月的指示。均来自公众观察研究。

78 "报告",1943年9月20日,斯帕茨文件。

79 约翰·科莫,《作战机组》,第51页。

80 同上。

81 菲利普·齐格勒,《战时伦敦,1939—1945》,第220页。

82 1943年,公众观察研究。

83 同上。

84 同上。

85 2002年7月11日,作者对佩吉·格兰汉姆的采访。

86 朗迈特,《美国兵:美国人在英国,1942—1945》,第271页。"公众观察小组对美国人的看法",1945年,第1页,公众观察研究。

87 《大不列颠简明指南》(华盛顿,陆军和海军部,1942年),第5页。

88 《街上的人,与美国人接触》(伦敦,马丁·希克&沃伯格出版社,1943年)。

89 "对美国的意见",1942年2月,第11—13页,公众观察研究。

90 阿比布,《我们在这里:一名美国士兵在英国的笔记》,第91页。

91 萨拉·威廉斯日记,公众观察研究。

92 加德纳,《军饷过高、性欲过旺、到处都是:美国大兵在二战中的英国》,第130页。

93 1996年9月7日,对凯·布雷纳德·哈金丝的采访,空中力量历史博物馆。

94 霍顿、鲁尼,《空中射手》,第21页。

95 布朗,《东英吉利亚,1943》,第41页;阿比布,《我们在这里:一名美国士兵在英国的笔记》,第75—77、173页。

第九章

转折

出于对自由的热情，
我们将以我们能做到的任何方式来保卫自己。

——希罗多德

1943年10月下旬，英国

在伦敦狂欢一番后，大卫·麦卡锡回到里奇维尔才发现第381大队已经获得了新的轰炸机和机组人员，以弥补他们在月初空袭施韦因富特中蒙受的严重损失。"补充兵们的新面孔，振作了我们的士气，但我们还是很疲惫，对沉重的损失感到沮丧，情绪低落，心中的恐惧难以言述。"[1]

10月份的损失产生了一种深远的连锁反应。麦卡锡的妻子诺玛回到纽约的乔治湖，早在第381大队的各个中队赶赴英国后，她便跟麦卡锡战友们的家属保持着通信联系。到10月中旬，她已接到潮水般的信件、电报和电话，那些对自己亲人挂念不已的家属们从报上获悉了第八航空队近期的行动，他们想问问她是否知道些新消息。阵亡者的姓名从未被刊登在报纸上。"那些悲痛欲绝和焦虑不已的家庭想了解情况，这些要求潮水般涌来，对诺玛造成了可怕的影响，"麦卡锡后来获知，"我的岳父不得不保护她，不让她接电话，也不让她去应门。"[2]

在第八航空队的飞行员们看来，11月1日是个重要的日子。被麦卡锡称为"杀戮月"[3]的黑10月已经过去，11月也许会带来些好日子。

仪表轰炸

11月的首次任务是3日对威廉港的空袭，这是第八航空队自"黑色星期四"后的首次大规模行动。威廉港是个熟悉的目标，位于护航战斗机的航程内，轰炸机只会遭遇到轻微的抵抗。但这却是一次具有里程碑意义的任务，他们将与陌生的"小朋友"们合作，并在厚厚的云层中展开行动，而这样的云层在一个月前会令如此规模的轰炸机编队停飞。从今天起，美国的战略轰炸发生了根本性改变。

清晨的任务简报会上，中尉们获悉为他们提供护航的战斗机，部分是洛克希德公司的P-38"闪电"式。一年前，一些"闪电"便被配属给第八航空队，但它们还没来得及证明自己，便被调至地中海。已知的情况表明，这种飞机在极高的海拔上不太可靠，酷寒影响了发动机的性能，但这是一种快速而又可怕的战争武器，航程比"雷电"稍大，对轰炸机机组人员的生死来说，这一点非常重要。当天早上，约翰·科莫的机长来到停机线，告诉大家他们将在50架"闪电"战斗机的护送下赶赴海岸时，爆发出"一片欢呼声！"[4]他们指望这些战斗机去对付那些携带着大口径火箭弹，在"黑色星期四"痛击轰炸机编队的德国战斗机。威廉港上空并未出现容克88战斗机，但在日后的战斗中，双引擎的"闪电"将消灭他们。

德国人更加担心的是11月3日美军轰炸机编队的规模，而不是"闪电"式战斗机。[5]为这次空袭，美军派出了566架重型轰炸机和378架战斗机，这是美国航空队恢复力的可怕证明。令德国空军指挥官同样感到震惊的是，配备着大型副油箱的"雷电"战斗机居然在云层密布的情况下越界进入荷兰，并渗透进德国领空，这种天气，阿道夫·加兰德麾下的防御力量大多被停飞。德国空军司令部惊讶的是，第八航空队竟然能在这种天气派出飞机赶至德国上空。过去，类似的气候会令美国战机停在基地。

率领编队的引航机上，一个硕大的半圆形设备挂在机头炮塔的后部，这种新科技对德国空军意味着长远的麻烦。这种伸缩式圆球上安装着一个新型空对地雷达的扫描器，H2X，代号为"米老鼠"（后来被简称为"米奇"），这是H2S系统的美国改进版，而H2S则是英国于1940年开发出的一种设备，可以透过厚厚的云层确定目标。

美国新型的"探路者"部队（第482轰炸机大队），已于当年8月在亨廷顿郡的奥尔肯伯里服役，并在随后的一个月中执行了首次任务，作为第八航空队的引航机对德国港口城市埃姆登发起打击。9月27日的那次行动中，四架引航机配备了H2S。而空袭威廉港则是对H2X的首次测试。

这种设备并不特别复杂。一个高频电脉冲通过轰炸机下部的旋转天线向下发送，这股能量束对地面加以扫描。天线接收到的反射信号，在轰炸机内的阴极射线管或示波器上形成粗糙的、地图状的图像：黑色区域代表水，明亮区域代表地面，更亮的部分则是城市（机载雷达无法区分工厂和铁路编组站这类较小的目标）。目标被发现后，"探路者"引航机便向编队内的其他轰炸机发出伞投照明弹。"到达目标区上空后，所有的眼睛都盯着'米奇'，"一位领航员描述了这个过程，"'米奇'投下炸弹后，我们也跟着投弹。"[6]

11月3日的轰炸很难说是一次精确轰炸：大部分炸弹错过港口区，落入到城内。但这种设备的前景足以让陆航队为雷达设备投入更多的资金，特别是在美国针对南欧组建起一支新的战略轰炸力量——第十五航空队——并开始遭遇到与第八航空队同样多的气候问题后。[7]哈普·阿诺德将军决定，于当年10月在突尼斯组建另一支重型轰炸机部队，由吉米·杜立特尔将军指挥，其主要原因就是北欧的天气。第十五航空队将在下个月进驻意大利南部最近占领的福贾平原上的数个基地,从那里,该航空队的轰炸机可以到达纳粹德国的东部和最南端,这些目标区已超出第八航空队的航程。但阿尔卑斯山上空恶劣的气候以及第十五航空队基地四周崎岖的山脉,会使这支实力远远小于第八航空队的部队遭遇到更多无法行动的日子。

在欧洲漫长的冬季,雷达轰炸是对敌人保持压力的一种手段。德国人对接连不断的云层的依赖,甚至超过依靠其空军来肃清空中的美国轰炸机。冬季期间,每个月平均只有2—3天可实施目视轰炸。1943—1944年冬季,"探路者"轰炸机率领了48次空袭,这其中,第八航空队仅于11月和12月在德国上空实施了空袭。起初,雷达轰炸只是一种实验,但很快便成为例行程序。整个战争期间,第八航空队的目视轰炸仅占一半。而1943—1944年冬季,其比例仅为10%。

采用雷达轰炸还有两个好处。飞行在云层的保护之上,第八航空队的轰炸机因高射炮和敌战斗机造成的损失大为减少。偶尔,在恶劣的气候下被派去实施雷达轰炸的编队,经过几个小时的飞行后到达目标区,却意外地发现德国上空的天气已转好,这就可以展开更加精确的轰炸。

雷达轰炸实际上是区域轰炸的一种形式,精确是不可能的。这完全打破了陆军航空队的信条,仅仅是恶劣气候下无法实施轰炸的替代办法——致力于打垮敌人的航空队指挥官对此无法接受。整个战争期间,只有两个因素大大加快了美国战略轰炸的速率:急剧增加的轰炸机和机组人员,H2X的广泛运用。

轰炸机机组人员将这种方式称作"盲炸",但阿诺德对后方百姓对此的看法非常敏感,于是指示埃克及其参谋人员,尽量少用太过感性的说法,而应该更多地使用正确的技术术语,例如"透过云层实施轰炸"或是"利用引导设备展开轰炸"。[8]无论冠以什么术语,雷达轰炸是第八航空队未公开承认的一种承认:单凭精确轰炸无法赢得这场空战。战前轰炸学说的另一根支柱已然坍塌。

由于海水与陆地之间的目标更容易被雷达识别，1943年底，第八航空队在很大程度上将其作战任务限制在埃姆登、基尔和不来梅这些沿海城市，没有一个是"直瞄射击"的高优先级目标。其他一些任务则是飞向被占领的法国和挪威。这些平淡无奇的轰炸记录使一些历史学家认为，第二次空袭施韦因富特后的几个月内，第八航空队已是一支遭受重创、几近失败的部队。遭受重创？是的。几近失败？没有！

那年冬季，德国空军指挥官对自己所面临的问题比战后的历史学家们有着更清醒的认识。这个问题就是美国人的轰炸力度在不断增强，有几次已达到空袭施韦因富特的两倍，这令德国空军战斗机总监阿道夫·加兰德极为担心。美国人的护航战斗机也开始在与德国空军的激烈缠斗中展现出他们的优势。加兰德的战斗机部队遭遇到气候的困扰，另外，他们还面临着经验丰富的飞行员逐渐损失殆尽的危险，这些损失中包括12名曾声称总共击落过1000多架盟军飞机的王牌飞行员。尽管德国的飞机产量在增加，但在1943年的最后三个月，德国空军的单引擎战斗机实际上减少了105架，飞行员和飞机损失于事故和空战中。[9]正如历史学家威廉姆森·默里曾暗示的那样，德国战斗机部队在1944年春末的最终失败，"只有联系稍早前的损失率方能理解"[10]。

11月初，休伯特·泽姆克上校号称"狼群"的第56战斗机大队，记录下他们的第100个战果，截止到当时，第八航空队麾下的"雷电"战斗机，在与梅塞施密特109和福克-沃尔夫109的战斗中已占有三比一的优势。1943年底，加兰德被迫将他的部队从法国北部和低地国家撤回到莱茵河，他们在这里等待美国人的护航战斗机离开轰炸机群，然后对密集队形中暴露出的编队发起攻击。但加兰德的这种纵深防御措施正中盟军策划者的下怀，[11]他们正希望将海峡附近地区的敌战斗机肃清，以免D日的登陆行动受到妨碍。

美军在"黑色十月"中得不偿失的胜利令德国空军技术娴熟的飞行员所剩无几，尽管他们的战斗机产量终于开始增加，但已没有足够的飞行员去熟练操作那些飞机。失利给美国人带去了更多的飞行员和飞机，最终足以将德国空军淹没。美国在"黑色十月"后获得惊人的恢复，就如同古罗马军队从汉尼拔给他们造成的屈辱的惨败中得以恢复那样，向敌人展现出他们的技术力量是多么强大，这种力量凶猛地集中到与他们对阵的那些人的头上。[12]

德国挑起战争时，拥有世界上最优秀的空中作战力量，其工业经济位居世界第二。1939年，德国的航空工业首屈一指。[13]拥有惊人创造力的航空工程师领导着他们的设计室，工厂的工人接受过严格的培训。但即便在盟军对其工厂实施大规模轰炸前，德国的航空工业也因为三个主要原因而未能充分发挥其潜力：首先是缺乏能力的纳粹管理者严重管理不善，其中尤以恩斯特·乌德特大将为甚，第一次世界大战期间，他与戈林是同一个中队的战友，1936年，戈林委派他负责德国空军的技术办公室；其次是纳粹高层短视的军事计划；第三点是德意志民族对生产工艺有着根深蒂固的痴迷，但缺乏生产规模。

"德国的飞机和发动机制造业，"历史学家詹姆斯·S. 科尔姆写道，"结构非常糟糕，不适合进行一场长期、全面的战争。战争爆发前，即便是德国最新的飞机制造厂，也比英国或美国的同类工厂为小。尽管大批小型工厂使得整个行业在遭受大规模战略轰炸时损失较小，但这也妨碍了德国空军采用最有效的大规模生产法。"

飞机制造业还受到元首及其核心军事指挥圈短视的战略决策的妨碍，这源于纳粹们傲慢的乐观。战争第一年，以闪电般的速度击败波兰、各低地国家和法国，并于1941年夏季在俄国取得梦幻般的胜利后，希特勒没有迅速动员经济，以配合这场全面战争。他相信，俄国将在年底时彻底败亡，到那时，他就有时间将新近征服的陆地帝国的庞大资源加以整合，哪怕英国暂时避免了失败，美国投入战争也无济于事。但希特勒和戈林都未充分认识到德国最强大的敌人（英国、苏联，最后是美国）庞大的物质潜力。直到1943年1月在斯大林格勒惨败后，希特勒才下令全面动员，但为时已晚。尽管乌德特能力出众的继任者埃哈德·米尔希（乌德特于1941年自杀身亡）接管了技术办公室，并最终使德国的飞机产量增加了300%，但这个数字弥补不了他们的损失，跟盟国的产量也相差甚远。1944年，德国的飞机制造厂奇迹般地生产出40000架飞机，可同一年，光是美国就生产出96000架飞机，而盟国的飞机总产量是德国的400%。[14]

雷达轰炸是美国信心积累的另一个迹象。战争形式不再受伦理道德的妨碍，而是基于军事的需要，这对德国是个预先警告，美国已决心打一场歼灭战。[15]雷达轰炸可能不够精确，但对德国的战斗机防御保持着压力。"利用雷达，无论在什么天气都能飞行并实施轰炸，H2X……迫使德国战斗机升空，"卡尔·斯帕茨在战后指出，"我敢肯定，在那样的条件下，他们发生的起飞、着陆事故和空战损失一样多。"[16]他说的没错。

1943年底，加兰德向德军统帅部报告说，他的战斗机"没有实施'盲飞'的仪表，驾驶舱没有除冰设施，也没有导航或自动驾驶等安全措施"。他的飞行员中，大多数"并未掌握仪表飞行或在恶劣天气中着陆的方法"[17]。突破了恶劣气候的战斗机指挥官不得不设法在云层上将分散的编队集结起来，但这几乎不可能做到。结果是不太有效的攻击。"许多驾驶员坐在完全被冰封住的驾驶舱内，什么也看不见，成了'雷电'战斗机轻而易举的猎物。这段时期惊人的损失显然是恶劣的气候所致。"加兰德在多年后写道。[18]

冬季气候对双方的飞行员来说，都是残酷而又艰难的。在加热设施不尽人意的驾驶舱内完成高海拔飞行任务后，美国战斗机飞行员有时会被冻得半死，浑身疲软无力，不得不由医护人员把他们从驾驶舱内拉出来。战斗机和轰炸机挡风玻璃上结起两英寸的冰，这就会造成事故。这些飞行员在"方便"上也遇到问题。一架四引擎轰炸机上只有两个"厕所设施"：一个铁皮罐和一根"便溺管"。[19]腰部舱室与机尾之间放着个铁桶，盖着盖子，但正像杰克·诺威所说的那样："你刚把屁股搁在上面，冰冷的金属便将你的皮肤粘住。所以我们干脆把这个该死的东西扔出了飞机。"[20]

便溺管位于炸弹舱内，是个连接着橡胶软管的漏斗，橡胶管通出机外。诺威解释说："你必须设法穿过这条狭窄的过道，两侧都是炸弹，然后在酷寒中拉开拉链，对准漏斗开始小便。"如果前面已有人用过这根便溺管，几乎可以肯定那些尿液已被冻住，于是"你的尿四散飞溅……甚至溅到你的脸上"。所以，机组人员干脆就对着地板撒尿。战斗中，他们别无选择，不得不尿在裤子里。

11月29日，零下60度的云层上，阳光毫无暖意，领航员埃尔默·本迪纳执行着他的最后一次飞行任务，机舱内异常寒冷，他甚至无法抬起胳膊将锥形有机玻璃机鼻内的霜层擦去。敌机就在四周，但他却发现很难辨别德国战斗机和己方的护航战机。一架福克-沃尔夫190朝他们迎头而来，本迪纳的"空中堡垒"没有开火，所有指向前方的机枪都已被冻住。就在这时，本迪纳的机组人员发现，迎面而来的敌机也没有开火。德国战斗机未发一弹，从他们身边掠过，驾驶员转头望来，还向他们挥了挥手。"意外的气候导致了一场休战"，埃尔默·本迪纳，这位丈夫、父亲和希特勒的仇恨者，即将平安回到妻子和他刚出生的孩子身边。[21]

几乎没有飞行员接受过处理危险的结冰的训练。这种危险与高湿度和冻结温度相结合，会在轰炸机机身上迅速形成"透明冰层"，一名飞行员对这种现象做了描述："这会使飞机变得太过沉重而无法飞行。这种情况一旦发生，就没有办法解决。"[22]处在空气、炸弹和冰层难以承受的重量下，飞机会发生疯狂的旋转，直至解体。覆盖着冰层的轰炸机穿过云层时，唯一值得安慰的是，几乎不可能有致命数量的敌机朝他们扑来。"在国内，这种天气所有的飞机都将停飞，但我们照飞不误。"一名轰炸机飞行员在给母亲的信中写道。[23]

电加热飞行服出现故障的情况太过频繁，以至于许多飞行员不再穿它们，而是多套几件衣服。[24]侵入身体的寒冷，"其强度甚至造成了疼痛"，这使一些飞行员采取了奇特的预防措施。[25]领航员，后来成为作家的山姆·哈珀特描述了他是如何把一根绳子系在自己的阴茎上，这样，当他感觉到冲动时，"就能找到那该死的东西"。[26]

腰部射手在厚重的手套下还戴着丝质手套，这降低了冻伤的发生率，但迎面吹来的寒风会冻伤他们的面部，这个大问题直到1944年初，腰部窗口配备有机玻璃的轰炸机到达英国后才得到解决。在那之前，因冻伤而住院的伤员远远多于作战负伤者。而高射炮火和机炮火力造成的伤亡因避弹衣的引进有所下降，这种防弹背心是将重叠的锰钢钢板缝入帆布护层内。[27]相同材料构成的围裙挂在背心的下端，以保护腹股沟和大腿根部。整套避弹衣重达22.5磅，尽管有些笨重，但在紧急情况下可以拉动一根绳索将其迅速脱掉。

新式避弹衣是第八航空队军医主任马尔科姆·格劳上校的发明。在中央医疗研究所进行的研究中，他发现80%的战伤是由低速武器造成——高射炮弹和机炮炮弹的弹片以及机枪子弹。格劳博士与伦敦的威尔金森刀具公司合作开发避弹衣，这种避弹衣配有钢盔，钢盔上带有可容纳耳机的耳罩，其设计理念来自专家们从大都会艺术博物馆中历史悠久的盔甲上获得的灵感。"自1772年起就专业制造刀剑的一家伦敦公司，正将其产品融入目前更有用的东西中，"《纽约时报》评论道，"他们为美国飞行员打制盔甲……所以，时光倒流，美国战士，就像亚瑟王宫廷中的美国佬那样，发现自己重新穿上了中世纪的盔甲。"[28]1943年12月前，13000多套避弹衣被交付给英国的各轰炸机基地。[29]这种防弹衣能有效抵御机枪子弹和高射炮弹弹片。身穿防弹衣的机组人员，伤亡率比不穿时下降了58%，但即便穿上这种防弹衣，如果被炮弹的爆炸直接命中，仍会立即丧生，防弹衣没能遮住的部位被击中，也会导致中弹者送命或重伤。

弗雷斯特·沃斯勒

1943年12月13日，从不来梅返航时，无线电操作员弗雷斯特·"伍迪"·沃斯勒，这位来自纽约利沃尼亚的钳工，被击中了没人会加以保护的部位。他所在的飞机是第303轰炸机大队的"小杰西·伯恩"号，此刻，这架B-17的两具引擎已被打坏，但仍遭到数架德国战斗机的猛烈攻击，子弹直接命中了机尾射手乔治·布斯克。沃斯勒正坐在无线电操作室内的桌子旁，灵活地操纵着他的机枪，透过上方敞开的舱门猛烈射击，就在他趴在机枪上时，一发炮弹炸碎了他的机枪。他伸手摸向自己双眼的位置，感觉到一团又湿又软的肉。沃斯勒看见鲜血在他的眼内流过视网膜，他觉得这只眼睛已经跑到眼眶外，并确信自己的脸大部分已被炸飞。"我知道我就要死了，"他后来说道，"非常恐惧，你意识到自己即将送命时，那种感觉难以形容，你什么也做不了。所以，我开始失去控制……变得彻底疯狂。"但很快他又恢复了平静，他伸出手，喃喃地说道："上帝啊，带我走吧，我准备好了。"[30]

靠近北海时，德国战斗机消失了。随着燃料越来越少，机长命令大家将不必要的一切抛入海中。无线电已无法使用，但满脸是血的沃斯勒凭着触觉，设法修复了电台，并指示其他射手将频率调至紧急频道。他随即发出呼救信号，通知空海救援队"小杰西·伯恩"号即将坠入北海。完成这一切后，他昏厥过去。

沃斯勒清醒过来后，做出个决定。飞机正快速下坠，已经没有可扔的东西了。他让其他射手将自己从逃生舱门丢出去，因为他认为自己已是个只剩下半条命的丑八怪。"他们是不是把我丢出去，已经无关紧要了。"但同伴们拒绝了他的要求。

沃斯勒跟随着严重受损的飞机落入冰冷的海水中。"飞机停下后，我们都跳出舱门，爬到机翼上，"空勤机械师威廉·希姆金斯回忆道，"我和沃斯勒爬到右机翼上，我又帮着将布斯克抬出机舱。他仍昏迷不醒。我们把他放在机翼上，又设法搞到了救生筏……就在我们忙碌之际，布斯克滑下机翼，向海中落去。"[31]

沃斯勒趴在机顶上，两只眼睛里满是鲜血，但他仍能看到些模糊的图像。"我知道布斯克即将落入水中，我必须做点什么。于是我站起身，伸出手去。我抓住从机尾顶部伸向无线电操作室右舷窗的天线，暗暗祈祷它能支撑住，就在布斯克即将落入海中之际，我搂住他的腰……要是天线断裂，我俩都得灌一肚子海水。"[32]

几分钟后,一艘挪威拖网渔船将这些机组人员救出。当晚,伍迪·沃斯勒在大雅茅斯医院里吃了些苦头,但正如安迪·鲁尼在稍晚些时候所写的那样:"医生认为,弗雷斯特·沃斯勒用剩下的一只右眼绝对能分辨出荣誉勋章。"[33]沃斯勒将因他当天在"小杰西·伯恩"号上的表现赢得这枚勋章。*

次年8月,富兰克林·罗斯福总统在白宫举行的授勋仪式上,将荣誉勋章佩戴在沃斯勒胸前。沃斯勒的部分视力刚刚恢复,外科医生摘掉了他的一只眼球。沃斯勒是"地狱天使"中第二位获得国家最高军事勋章的成员。*该大队第一位获得荣誉勋章的是杰克·马西斯,1943年3月,这个德克萨斯人在费格萨克上空阵亡于他的投弹瞄准器上。

沃斯勒机组从海上被救出的两周后,第303大队欢庆了他们在英国的第二个圣诞节。这是个令人伤感的时刻。大多数人"失去了对那些幸福时光的记忆"。[34]他们被要求不去搭乘火车,以便让英国士兵和其他战时工人能方便地搭火车回家。"这是个合理的要求,"一名飞行员说道,"因为我们没什么特别的地方要去。"[35]这个惨淡的圣诞节,驻扎在莫尔斯沃斯和英国其他基地的飞行员们只有一件事需要感恩:他们还活着。"我没有被列入'名人录'中,"约翰·科莫在他的日记中写道,"但我被列在'仍活着的人'的目录中。"[36]

杜立特尔

1944年1月5日,"地狱天使"们飞往基尔,那是北海上的一座港口城市。这是一次典型的任务:大举出动,大量损失。这次行动的特别之处在于,

---

* 译注:根据相关资料显示,沃斯勒的英勇表现发生在12月20日。
* 译注:"地狱天使"是第303轰炸机大队的绰号。

这是在英国组建第八航空队的那个人所发起的最后一次空袭。艾拉·埃克将军的调令于次日生效，他被调至地中海战区指挥盟军的空中作战。他将英国的住处腾给他的老朋友卡尔·斯帕茨。

斯帕茨和阿瑟·特德爵士返回英国，与艾森豪威尔将军策划进攻诺曼底的事宜。特德将在SHAEF（盟国远征军最高司令部）中担任艾森豪威尔的副司令，斯帕茨则受命指挥一个新组建的庞大机构——驻欧洲美国战略航空队（USSTAF）。斯帕茨将监督并协调第八和第十五航空队的行动。从某种程度上说，战略航空队就是第八航空队的新马甲。斯帕茨搬进布希公园他过去的指挥部中，并指定埃克的轰炸机指挥官弗雷德里克·安德森将军担任自己的作战副司令。但第八航空队的轰炸机司令部被正式解散，从英国发起轰炸行动的控制权被集中于第八航空队新任司令詹姆斯·H.杜立特尔中将的手中，接掌新组建的第十五航空队前，他曾在"火炬"行动中担任艾森豪威尔的空中力量指挥官。杜立特尔的司令部设在海威科姆（青松），埃克于1942年2月到达英国时，曾将第八航空队的轰炸机司令部设在这里。为完成此番改组，内森·F.特文宁少将从南太平洋地区调来，担任第十五航空队司令。

调离埃克的决定在上个月便已做出。为保留自己的职务，埃克进行了积极的奔走，一路恳请到艾森豪威尔和马歇尔那里。他被告知，这个新任命其实是一种晋升，但在他看来，自己惨遭解雇，而且是被阿诺德这位老朋友、导师兼合著者。他按捺住自己的自负，恳请阿诺德予以重新考虑。[37] "创建第八航空队，并将它建设为本战区中一支重要的力量，但在即将到达顶峰时离开，无疑会令人伤心。"[38]阿诺德委婉地做出回复，祝贺埃克就任新职务。

尽管阿诺德也施加了压力，但最终决定由艾森豪威尔做出。他希望将斯帕茨调来伦敦，帮助自己为进攻行动策划空中作战。他俩曾在地中海战区为空中力量支援步兵的事宜合作过，这个做法"并未获得……广泛理解，需要有些想象力和大局观的人来把事情……做正确"，在写给马歇尔的信中，艾森豪威尔解释了自己的决定。[39]艾森豪威尔因斯帕茨在自己身边而感到轻松自在，他甚至喜欢他的性格和辛辣的幽默感。有一次，被问及为完成某些工作而泄露秘密的问题时，斯帕茨回答说："我只管喝我的威士忌，工作则交给其他人去做。"[40]但艾森豪威尔知道，斯帕茨对自己施加的压力并不比他对助手们施加的为少。

艾森豪威尔还知道，斯帕茨仍坚信，单靠空中力量便能击败德国。1943年11月与罗斯福总统最亲密的顾问哈里·霍普金斯进行的一次会议上——此次会议的一位见证者和记录者是艾森豪威尔的副官哈里·C. 布彻上尉——斯帕茨坚持派第八和第十五航空队对德国的石油目标发起一场大规模轰炸战，他希望能在1944年初春，天气放晴后发起这场战役，此举将瘫痪德国的战争机器，从而使"霸王"行动变得毫无必要。[41]但斯帕茨与"轰炸机"哈里斯不同，他是团队中的一员，艾森豪威尔相信，无论盟军指挥层做出怎样的进攻计划，斯帕茨都会给予全力支持。最后一点，艾森豪威尔认为，将斯帕茨和埃克这两个能力卓著的人放在同一个战区毫无意义，这是对人才的极大浪费。

埃克没有对斯帕茨表露出愤恨，但他与阿诺德之间的亲密友谊则被这场冲突所破坏。他知道是阿诺德积极游说将自己调离。阿诺德需要一位更加激进的指挥官，一个能发起更频繁、更大规模空袭行动（甚至是在恶劣的气候下）的人，一个对需要远程战斗机护航更具紧迫感的人。阿诺德也被埃克的决定彻底激怒：整个11月，他只对德国发动了两起大规模空袭（超过500架轰炸机）。12月4日，在开罗召开的联合参谋部会议上，阿诺德向查尔斯·波特尔和其他人表明了自己对埃克表现的严重不满。"目标未被摧毁，"他告诉那些参谋长，"完全是因为没有投入足够数量的飞机。没有投下足够的炸弹将目标消灭，目标的优先级别也未被遵循。"[42]

作为埃克的密友，波特尔提醒他，阿诺德对他的表现很不满意，同时，波特尔还尽力设法不让埃克被调离，但阿诺德写信给埃克，告诉他"看不出有什么办法来改变已做出的决定"[43]。

在1944年2月下旬的一封机密信件中,哈普·阿诺德透露出他希望将斯帕茨调至伦敦出任新组建的驻欧洲美国战略航空队司令的另一个原因。阿诺德告诉斯帕茨,他"希望将一位美国空中力量指挥官推到一个较高的位置上,率先击败德国……如果你不能跟哈里斯并驾齐驱,这场空战肯定会被英国皇家空军赢得,而不是其他人。他们对德国城市实施破坏,其蔚为壮观的成就已使他们的贡献在公众心目中达到了一个可观的高度,我必须设法让你们的贡献(在公众看来远谈不上壮观)发挥其应有的作用,不光是在报纸上,很不幸,还必须说服陆军和海军,实际上,还包括总统本人,但这非常困难。因此,美国必须从空战的胜利中分享到适当的份额,单从这个方面考虑,我认为我们必须有一位高级别的指挥官"[44]直接参与进"霸王"行动的策划中,就像哈里斯那样。阿诺德无须提醒斯帕茨,美国实施的轰炸在击败德国的战争中是否被视作决定性因素,将成为战后形成一支独立空军的重要依据。

埃克始终未能克服被取代的屈辱感,这种屈辱也来自他被解雇的方式——不是阿诺德写来的亲笔信,而是一份穿越大洋、措辞冰冷的电报,这令他感到尴尬。[45] "我觉得自己就像是个在世界大赛期间被换下场的投手。"他向自己的一位朋友倾诉道。[46]助理战争部长罗伯特·洛维特写信给埃克,祝贺他获得晋升,但也"对你离开第八航空队表达个人的同情,你一直照料着这个孩子,经历了佝偻、哮喘和麻疹,就在他成长为一名健壮的年轻战士时,你却要离去"[47]。

杜立特尔接手的这股力量,现在拥有26个重型轰炸机大队和16个战斗机大队。他有能力派出一支600架飞机组成的编队——总计6000人,这几乎是一个步兵师的规模。除了第十五航空队,他还获得第九航空队的直接支持,该航空队由执行过空袭普洛耶什蒂任务的刘易斯·布里列顿将军指挥。第九航空队是一支由战斗机和重型轰炸机组成的战术力量,正从地中海战区调来,他们将在英国进行重组,并为进攻欧洲壁垒的美国地面部队提供支援,另外,他们将暂时为杜立特尔的重型轰炸机提供额外的护航。总之,杜立特尔现在拥有近

1300架做好战斗准备的轰炸机和1200架战斗机。[48]

杜立特尔所继承的这股力量,正迅速成为有史以来集结起的最庞大的战争机器之一,但他们仍受到某些问题的困扰。第八航空队被恶劣的气候所阻,自空袭施韦因富特后,一直无法发起纵深渗透的空袭,作战损失大得惊人。过去的六个月里,第八航空队每100名机组人员中要损失64人。航空队的统计专家向斯帕茨报告,在英国开始其作战行动的机组人员中,只有26%的人有望完成25次作战任务。由于替补飞行员仍无法达到计划中的数量,这将造成一场危机,斯帕茨和杜立特尔希望克服这个问题,但不是通过减少伤亡,而是将其部队扩大至梦幻般的规模,这样一来,损失率自然会下降。这就是消耗战的残酷逻辑。[49]

杜立特尔和斯帕茨也处在紧迫的时间限制下。进攻欧洲大陆的时间被定于5月下旬,截止到5月1日,他们只有三个月时间来获得北欧上空的制空权。这个日期前后,第八航空队将受艾森豪威尔的直接指挥,他们将集中力量支援登陆进攻和滩头突破。这是个艰巨的挑战,但吉米·杜立特尔挺身应战。这位前竞赛飞行员和天空之王的名气并不仅仅来自他惊险的飞行特技,还因为他掌握着航空科学方面丰富的知识。两次世界大战之间的那段时期,他曾帮着开发出两种有助于改变空战现有局面的武器:高辛烷值汽油和仪表飞行(盲飞)。

杜立特尔与羽翼未丰的航空勤务队一同成长,他创造了一连串速度和距离记录,以此来推动比利·米切尔为争取一支独立的空军力量而作的斗争。暂时离开自己的工作岗位后,他进入麻省理工学院学习,成为美国第一批获得航空工程博士学位的人员之一。随后,他继续在空中测试自己的革命性构想,不断扩展航空领域。1929年,他使用自己协助开发的新型仪表,成为世界上第一个实施"盲降"的飞行员。他用一块罩布遮住驾驶舱,使里面比周围的黑夜更黑,他起飞,按计划飞了一圈后,平平安安地降落下来。

1930年,他退出现役进入私营企业,成为壳牌石油公司的航空部经理。

但在此期间他也担任陆军预备役少校，还是壳牌公司新推出的航空产品的示范者，同时，他依然是这个国家最著名的特技飞行员，也是美国仅次于查尔斯·林白，最著名的飞行员，数以千计视他为英雄的小伙子，后来都加入到第八航空队，在他手下服役。

1940年，43岁的杜立特尔重新加入现役。过了两年，在说服一些汽车界高管将他们的工厂改为生产军用飞机后，他接到哈普·阿诺德打来的电话，命令他空袭东京，这使他获得了经久不衰的知名度。47岁的吉米·杜立特尔只有5英尺4英寸高，140磅，却是个勤奋的人，他相信拳击运动帮助自己克服了任性的脾气。在他15岁，体重仅105磅时，杜立特尔就赢得过太平洋沿岸次最轻量级业余拳击竞标赛的冠军。后来，他教两个儿子学拳击，并告诉他们，要是他们能打败他，他就给他们买辆汽车。"最后一次跟他打拳，他打破了我的鼻子，我打掉了他的两颗牙，"他的儿子约翰回忆道，"他认为这对我是一次精神上的胜利，因为他不得不全神贯注地对付我们两个。"[50]

但在与其他人打交道时，杜立特尔靠的是说服力，而不是好斗性。"用不了两分钟，你就会臣服于他的魔咒。"[51]与他一同参与空袭东京的一位飞行员说道。"杜立特尔是个伟大的统帅，"另一名参加空袭东京的飞行员补充道，"因为他拥有恰到好处的性格：既强有力，又平易近人。"[52]在北非，他与部下们一同飞行，以此获得了他们的尊重，如果不听取"超级机密"和"D日"的简报（这是战争期间最大的两个机密），他会跟第八航空队的机组人员一起执行飞行任务。他的个性和个人经历中的一切——他的勇气，他的飞行经验，他的管理背景，他对属下的同情心，他掌握的关于飞机和恶劣气候飞行的技术知识，以及战前去德国研究德国空军那段发人深省的经历，使他得以胜任自己的新职责。

吉米·杜立特尔出任第八航空队司令后的第一个决定是扭转这场空战的进程。在埃克的指挥下，护航战斗机的任务是与轰炸机保持近距离，直到敌战斗机发起攻击为止。[53]"这个政策令我担心，"杜立特尔后来解释说，"因为派战斗机的目的是为了驱逐敌人的战斗机。战斗机飞行员的个性通常都很好斗，而且他们接受的训练是在空中积极进取。他们的战机专用于进攻行动。"[54]杜立特尔希望担任护航的战斗机抢在敌战斗机到达轰炸机身边前实施拦截，扫射敌战斗机机场以及返航途中的运输目标，同时还包括一些单独的作战行动。"只要对方还能动，就能起飞或为德国的战争做出努力，我告诉我那些飞行员，把他们就地干掉。"[55]斯帕茨对此完全同意，他认为在空中、在机场上和在生产厂内消灭德国空军是第八航空队的首要职责。埃克的策略是通过打击重要的经济目标来迫使敌战斗机升空迎战，但杜立特尔认为，如果己方的战斗机仍跟轰炸机捆绑在一起，这种策略就将毫无意义。

改变现状的决定在第八航空队战斗机指挥官威廉·凯普纳将军的办公室内做出。走进凯普纳的办公室时，杜立特尔看见墙上写着一句话："第八航空队战斗机的首要职责是将轰炸机平安带回。"[56]

"比尔，这是谁写的？"杜立特尔问道。

"我们来的时候就写在那里了。"凯普纳回答道。

"把这句屁话弄掉，"杜立特尔命令道，"换上另外一句，你就写'第八航空队的首要职责是消灭德国战斗机'。"

"你的意思是，你授权我发起进攻？"凯普纳问道。

"我命令你这样做！"杜立特尔厉声答道。

凯普纳欣喜万分。他一直催促埃克批准自己放开那些战斗机的手脚，他尤其喜欢杜立特尔寻找并在机场上消灭敌战斗机的构想。离开凯普纳的办公室时，杜立特尔听到他的战斗机指挥官正将墙上的标语撕掉。

后来，阿道夫·加兰德说，第八航空队的战斗机发起进攻的日子，就是德国输掉这场空战的日子。[57]这时候，戈林命令他的战斗机彻底避开美国人的护航战斗机，将重点集中在轰炸机上。加兰德后来说，这是德国在这场空战中"最大的战术错误"[58]。这使他那些飞行员丧失了锐气，并对美国战斗机产生了深深的畏惧，每次都尽可能地避开。

凯普纳告诉他那些战斗机飞行员即将发起进攻时，他们爆发出欢呼声。"可当我向各轰炸机大队宣布这一决定时，"杜立特尔回忆道，"他们的指挥官单独或集体找我倾诉，当然，用语还算礼貌，说我是'凶手'和'谋杀犯'。我带走了他们的'小朋友'，他们相信他们的轰炸机编队会被大批消灭掉。"[59]这是个"艰难的决定"，杜立特尔承认，"但付诸实施后，我们开始获得空中优势"。[60]

不过，这种情况并未立即实现。1月初，接掌了英国的空中作战指挥权后，斯帕茨和杜立特尔，与他们的前任埃克一样，受制于天气——这种气候阻止了第八航空队早已创建并予以执行的远程战略轰炸。随着飞行任务以令人绝望的频率被不断取消，因天气而造成的事故频发，轰炸机的残骸遍布整个英国，对机组人员来说，这同样是一个艰难的时期。里奇维尔，一架"空中堡垒"起飞后遇到了麻烦，它飞入阴霾中，随即坠毁。爆炸声在数英里外都能听见。布朗神父帮着将几具烧得奇形怪状的尸体从残骸中搬出，两天后，他在马丁格利军人公墓为这十名飞行员主持了葬礼，这座公墓是陆航队的新墓地，坐落在一座高高的、林木繁茂的山丘上，俯瞰着剑桥大学。站在木制棺木旁，布朗神父扫视着死者朋友们的面庞。他们都曾在德国上空失去过自己的战友，但像阴影那样，阵亡战友已消失得无影无踪。现在这些死者将被埋入冰冷的地下。"他们的脸上分明写着：'这就是我的结局，我也将躺进这里。'"布朗神父后来写道，"我看着他们的面孔，一股寒意从后背油然而起。"[61]

就连镇定自若的卡尔·斯帕茨也开始对压力做出反应。瞬息万变的岛屿气候迫使杜立特尔召回了正飞往目标区的轰炸机编队，1月初，这种情况发生了两次。杜立特尔担心这些轰炸机返航时无法在因气候恶劣而关闭的英国机场上着陆。待斯帕茨获知，第二次任务被取消后，英国上空的天气又意外转晴的消息后，他跟他的轰炸机指挥官摊牌了。"我不知道你是否有胆量率领一支庞大的空中力量，"他训斥杜立特尔，"要是你没有，我就去找个有胆量的人来干。"[62]就在杜立特尔试图解释，他绝不会拿部下的性命在"一场计划外的风险中"[63]进行赌博时，斯帕茨挥挥手，让他出去。

第二次行动被取消后没几天，两位指挥官搭乘"布茨"号（这是斯帕茨个人的B-17）对各个基地进行了一场视察。飞近最后一个打算访问的机场时，气候突变，他们和飞行员都无法透过浓浓的雾色找到机场的位置。驾驶员在云层间发现一个缺口，于是降低飞机钻了进去，开始以超低空飞行掠过农场和村庄，最终找到个宽阔的农场可供他们降落。这架B-17重重地落地并向前滑行，在距离一堵石墙还有几英尺处停了下来。两位将军钻出机舱，脸色铁青的斯帕茨对杜立特尔说："吉姆，我现在明白你所说的'计划外的风险'了。"[64]

野 马

杜立特尔召回的两次空袭行动，其中一次发生于1月11日。不过只是部分召回，那些继续飞赴目标的轰炸机惨遭屠戮。尽管看上去是德国空军取得了一次重大胜利，但对正努力夺取空中优势的第八航空队来说，这其实是个深具希望的转折点。

任务当天，清晨5点30分，约翰·科莫宿舍里的灯亮了。从熟睡中被唤醒后，科莫聆听到执行当天任务的射手名单："康斯和克莱恩飞888号，巴尔莫和克洛泽飞912号。"[65]吉姆·康斯和乔治·巴尔莫与科莫是长期的机组伙伴，也是他最好的朋友，但这次，他没有跟他们一同飞。就在几天前，他完成了自己的第二十五次飞行任务，今天早上，他就要返回德克萨斯州科珀斯克里斯蒂（Corpus Christi）的家中。科莫爬起身，跟着康斯和巴尔莫来到停机线，看他们起飞。经过一番迅速的握手道别后，他们飞入空中。

一个多小时后，站在当地火车站，科莫看见轰炸机群从头上飞过。编队里的"空中堡垒"和"解放者"在低矮、险恶的阴霾中集结,科莫不禁想知道,这些小伙子是否应该在这样的天气去执行任务。

航空队的气象专家们知道这是一次危险的行动。他们已预测出德国中部的上空会有几个小时的晴天,这为第八航空队提供了一个持续时间很短的机会,使他们得以在战斗机的掩护下执行其第一次纵深渗透任务,对近距离目标实施打击。莱斯特·伦特米斯特与第91轰炸机大队(就是驻扎在巴辛伯恩,罗伯特·摩根的老部队)飞在编队中,他出生于威斯康辛州格林贝(Green Bay)附近的一座奶牛牧场。[66]他从威斯康辛大学的工程计划学科退学,加入了陆军航空队,他的飞机以他的新娘命名——"珍妮·玛丽"号。这是他执行的第一次飞行任务。

这次行动的目标是敌战斗机生产链,位于几座中心城市:不伦瑞克、哈尔贝尔斯塔特和奥舍尔斯莱本。伦特米斯特所在的大队隶属于第1航空师,他们的目标是奥舍尔斯莱本的一座工厂,这里生产出的福克-沃尔夫比其他工厂都要多。召开任务简报会时,机组人员们已被告知,他们将获得一大群战斗机的护航,对德国空军来说,这肯定是个令他们印象深刻的数字,而受到保护的目标距柏林西面仅90英里。"雷电"和"闪电"战机将把轰炸机护送到距离目标50英里的地方,而一个P-51"野马"大队(这是派驻英国唯一的一个"野马"战斗机大队)将掩护领头编队赶至目标上空。

"野马"是驻英国的每个人一直在期待的远程战斗机。尽管数量有限,但它已于上个月开始为轰炸机提供护航。大多数轰炸机机组人员对这种新式战机一无所知,只知道是一种快速、外形奇特的飞机。但有传闻说这种飞机有机械问题,可能无法对抗可怕的福克-沃尔夫190。

"珍妮·玛丽"号完成其爬升,穿过云层进入一片湛蓝的天空中,阳光明媚的空中到处都是轰炸机,有些飞机朝着相反的方向飞行。机上的无线电操作员发出一组摩尔斯电码,用密码询问是否任务已被取消。几秒钟后,传来了答复:"继续前进。"[67]

海威科姆的第八航空队司令部内，吉米·杜立特尔不安地看着气象图，一股高高的强降雨云层席卷向东，跨过北海，朝柏林而去。护航战斗机开始返航时，已无法找到轰炸机群，杜立特尔下令召回第2和第3航空师。为首的第1航空师，距离目标区已不到100英里，此刻并未获悉自己正孤军深入，只有第2航空师的一个作战联队能为他们提供些支援，该联队的指挥官没有理会召回令。

这个冬日的早晨，德国空军已做好准备。柏林郊外一个出色的地下掩体内，美国轰炸机编队的动向正被绘制在一幅硕大的磨砂玻璃地图上。[68]美国轰炸机直奔柏林而去，加兰德将手上的所有战机都派了出去。几分钟后，他的空管员发现一架敌战斗机在奥舍尔斯莱本上空盘旋，等待着轰炸机的到来。敌战斗机能飞这么远，而且显然还有足够的燃料进行空战，这令德国人深感震惊。加兰德不愿招惹对方，他派他那些猎手去对付轰炸机。

越过荷兰边境后，莱斯特·伦特米斯特的机组同伴们唱起歌来，相互开着玩笑，以此来平静自己的神经，就在这时，机内对讲器传出了喊声："十点钟方向，上方，出现敌机。"[69]至少有30多架福克-沃尔夫出现在轰炸机编队上方，已开始发起俯冲。这场长达6个小时的激战就此拉开帷幕。

第一轮攻击结束后，战斗出现了短暂的停顿。飞机上的每个人都沉默下来，面向前方的机组人员紧张地盯着正在一英里外实施集结的一群敌战斗机，看上去似乎即将发起一场自杀式冲锋。就在此刻，一架P-51"野马"从敌战机编队身后窜过，并将两架德国战斗机打成一团火球。"这完全是个惊喜。"伦特米斯特回忆道。[70]从来就没有美国战斗机在德国境内这么远的地方挑战德国空军。但今天的战场上没有足够多的"野马"。49架P-51在云层中走散，只剩下一架面对着至少30架单引擎德国战斗机。

这架"野马"的驾驶员是詹姆斯·H.霍华德少校，他的父亲在中国担任医学传教士。20世纪30年代末期，他是一名海军航母飞行员，三年后他回到自己出生的中国，去参加克莱尔·陈纳德的美国志愿队——"飞虎队"。18

个月的服役期间（主要在缅甸），他击落了6架日本战机，自己也被击落一次。1942年，飞虎队被美国陆军航空队收编，霍华德接受委任，成了一名少校。11月的第一周，他跟随第354战斗机大队抵达英国，这是欧洲战区第一个配备"野马"战斗机的陆航队单位。

半个多小时内，霍华德不停地爬升、俯冲，驱散逼近轰炸机群的敌战斗机。在这场单人匹马的激战过程中，他的四挺机枪有三挺发生卡滞，但霍华德继续用剩下的一挺机枪坚持发起攻击，他不停地俯冲，穿越德国战斗机编队，直到自己的燃油告罄。第401轰炸机大队是德国人的攻击重点，但此次没有损失一架飞机。霍华德返回英国着陆后，他的"野马"上只找到一个弹孔。这是空战中最伟大的壮举之一，霍华德为此赢得了欧洲战区战斗机飞行员获得的唯一一枚荣誉勋章。

美国护航战斗机飞行员已接到过命令，在身后没有僚机掩护的情况下，不得对敌机展开攻击。"可我不得不这样做，"霍华德在接受采访时说道，"那些轰炸机中有10名组员，没有其他人能保护他们。"[71]瘦削、谦虚的霍华德声称他只击落了2架敌机，另外2架"可能被击落"，但那些目睹这场孤身奋战的轰炸机机组人员发誓说，他击落了6架敌机。"四周的敌机非常多，"霍华德告诉记者安迪·鲁尼，"我不过是朝他们开火而已。"[72]

对霍华德来说，这是场小小的胜利，但对第八航空队而言，这却是一场极大的损失。利用机腹部的副油箱，德国战斗机滞空对付轰炸机的时间远远长于过去。这场战斗与升入空中同样艰难。第1航空师报告说，在三个半小时内，他们遭到400余次独立攻击。德国人重创了美国人的编队，60架轰炸机烧焦的残骸散落在德国冰雪覆盖的地面上，这个数字跟"黑色星期四"的损失完全一样。两架飞机的残骸中，埋着吉姆·康斯和乔治·巴尔莫的尸体。

三天后，约翰·科莫获知了这个消息，当时他正在一个转机中心收拾行李，准备搭机返回美国。两位战友的飞机已经坠落，没人看见机内有人跳伞。

"那天晚上非常冷，还下着雨，"科莫写道，"我漫无目的地走在雨中，没戴帽子，也没穿雨衣，就这样走了很长时间，因为一个男人不会当着别人的面放声痛哭。"[73]约翰·科莫自愿加入第十五航空队，又飞了五十次轰炸任务，数年后，他给自己的第一个儿子取名为詹姆斯·巴尔默·科莫。

华盛顿的哈普·阿诺德怒气冲冲。为何只有这么几架轰炸机命中目标？为何第八航空队不能提供些"粉碎性打击"？[74]对斯帕茨和杜立特尔来说，这是个令人沮丧的开端，但他们受到"野马"战斗机的鼓舞，这款飞机到目前为止还没有遭受损失，并声称取得了15个战果。"这种飞机，"美国战斗机王牌飞行员唐·塞尔瓦托·詹泰尔说，"将把德国佬揍得屁滚尿流。"[75]

"野马"的开发受到严重延误，这是美国空中力量发展史上最令人震惊的错误之一。这是一款"轰炸机黑手党"曾声称不可能生产出来的战机，它能飞得和轰炸机一样远、一样快，同时不丧失其作战性能。

战争期间美国最好的这款战斗机是为英国制造的，设计师是个德国人，曾为威利·梅塞施密特工作过，后者设计的Me-109击落的盟军飞机比其他任何飞机都多。北美航空公司委派出生于德国的埃德加·施米德设计这款飞机，并于1941年将其交付给英国皇家空军。[76]当时，美国陆航队对它没有太大的兴趣，只购买了两架进行测试。这款飞机搭载的艾利逊引擎动力不足，使它不适合高空飞行；英国人只把它当作一款低空战术战斗机使用。但托马斯·希区柯克中校对其性能和流线型机身留下了深刻的印象，希区柯克是一位世界著名的马球选手，当时派驻伦敦，担任美国空军武官，他向华盛顿提出建议，"让'野马'搭载罗尔斯·罗伊斯公司生产的梅林61型引擎"，可使其成为一款高空战斗机。[77]改装工作顺利完成，"野马"立刻变成了一款出色的高空战斗机：这种小型飞机具有流线型美感，与纳粹武器库中的任何一款飞机相比，它更轻、更快、更灵活。美国陆航队突然间兴趣大增，于1942年末向北美航空公司订购了2200架这种英美技术混合产物——这个数量还远远不够，这只是个开始。

施米德和他的工程师将一个85加仑的机身油箱放置在驾驶员身后的一块装甲板后，就此将"野马"变为远程战斗机。[78]可是，直到空袭雷根斯堡—施韦因富特后，哈普·阿诺德才突然间对此关注起来，他命令火速将"野马"派至英国。[79]这款战斗机刚到达时，艾拉·埃克对其护航能力持怀疑态度，于是把它们调拨给第九航空队，作为战术战斗机使用。阿诺德迅速予以纠正，他做出安排，让第九航空队的"野马"为轰炸机提供护航，并将其置于第八航空队战斗机司令部的控制下。从这以后，第八航空队从北美航空公司获得了陆航队订购的"野马"战斗机。当年12月，这款飞机开始了它们的首次远程护航任务，P-51携带着75加仑的副油箱，每个机翼下各有一个。[80]有了这种配备，它们可以一路飞往柏林，并有足够的燃料返回。

六个月后，改进型"野马"携带着108加仑的副油箱飞赴波兰，[81]往返航程1700英里，时速近440英里，飞行高度40000英尺，另外，新款"野马"还配备了额外的两挺机枪和2000磅火箭弹及炸弹。这时，轰炸机和战斗机的地位已发生逆转，新的挑战迫使轰炸机不得不加大其油箱，以便能跟上"小朋友"们的航程。

"野马"是二战中一款出色的活塞动力战斗机。在其参战的最初三个月中，每次出击，"野马"获得的战果是P-47"雷电"的三倍，是P-38"闪电"的两倍。[82]到1944年底，第八航空队的战斗机大队，除泽姆克的第56大队外，都换装了"野马"。换下来的"雷电"和"闪电"被转到战术单位，很快便开始轰炸法国北部的桥梁、机场和补给列车，为即将到来的进攻做好准备。诺曼底登陆后，它们将为盟军步兵提供战场支援。改装后的"闪电"战斗机没有配备武器，继续被用于执行高空拍照和侦察任务。不到一年时间，第八航空队的战斗机司令部已成为一支几乎完全配备"野马"的作战力量。[83]

战后，哈普·阿诺德承认，这种性能出色的战斗机没有被尽早投入使用，"完全是陆航队自身的错误所致"[84]。

"集中对集中"

空袭奥舍尔斯莱本后,一连十天,第八航空队没有发起一次行动。恶劣的气候一直延续至2月中旬,航空队的策划者不耐烦地等待着对德国飞机制造业实施大规模轰炸,这些行动原定于1943年11月初执行。这是埃克的"论证行动"[85],该行动要求第八和第十五航空队,以及阿瑟·哈里斯的轰炸机司令部发起一场持续、协调一致的打击。阿诺德和埃克不顾一切地期盼能摧毁那些重要目标,以至于计划中的行动将在1943年,没有远程战斗机护航的前提下展开。结果,恶劣的气候反而成了一件意想不到的幸事,第八航空队现在拥有近1300架战斗机的护航力量,其中有300多架"野马"。

"论证行动"的目的是歼灭德国空军。策略:引蛇出洞,干掉他们!派出轰炸机(诱饵)去摧毁德国的飞机制造厂,然后消灭升空迎战的德国战斗机及其飞行员。艾拉·埃克以前曾试过这一招,但当时没有足够的轰炸机来完成任务,也没有"野马"战斗机,他一直未能采用军事战略家所说的"集中"原则来投入压倒性力量。自尤利西斯·S.格兰特拖垮罗伯特·E.李后,这一直是美国赢得战争的策略。

"我的运气比埃克好许多,因为我开始获得更多的轰炸机和……远程战斗机,"战后的一次采访中,杜立特尔这样说道,"是'野马'战斗机令我看上去更成功些。"[86]但杜立特尔将面对敌人顽强的抵抗。加兰德扩充了自己的防御力量(近1000架白昼战斗机)并退回德国,他们有能力以密集队形的进攻痛击美国轰炸机群。加兰德预计,这将是一场"集中对集中"的战斗。[87]就在阿道夫·加兰德全力以赴为这场即将到来的战斗做好准备时,他站在历史的铰链处,不知道它将向何处摆动。

这场战役开始于1944年2月20日这个死气沉沉的清晨。飞行员们走去聆听任务简报时,阴云、冰和纷飞的雪花迎候着他们。机场上,美国陆航队迄今为止集结起的最大规模的打击力量已加满油并整装待发,这股力量有1000多架轰炸机和近900架战斗机。但大多数飞行员预计,今天的天气无法起飞,就连通常都很积极的斯帕茨也有些犹豫。昨天，他从埃克那里获悉，第十五航空队无法参加这场被称作"最重要的一周"、二战期间最激烈的持续空战的"开幕式"。埃克的部队将为被困在意大利安齐奥海滩上的盟军部队提供紧急支援。对斯帕茨来说，这是个警告性标志，但他负责作战的副手，弗雷德里克·安德森将军，则催促他派出轰炸机。

"论证行动"主要出自安德森的计划，这是他与他的副手，西点军校的老同学C. 格伦·威廉森上校密切协商的结果。这两位空中战略家心意相通，但外形却有着天壤之别。"安德森高大、瘦削、随和、善于控制自己的脾气，是个健谈、擅长交际的人，"《生活周刊》的一位记者这样描述他们，"不熟悉他的人很难从那种亲切中发现他的目的。威廉森矮小、粗壮，相当情绪化。他职业细节的特点是讲求逻辑、博学、毫不妥协，是陆军航空队最重要的思想理论家之一。"[88]这两人紧密地团结在一起，都深深折服于中国古代军事哲学家孙子的理念。孙子的一句格言——"击败敌人的机会是敌人自己提供的"[89]——阐明了"论证行动"中的新策略。*为生产战斗机，德国人构建了庞大的工业设施，他们不得不对此提供强有力的保护。这将把德国空军拖入到一场激烈的消耗战中，而实力获得加强的第八航空队现在对赢得这场战争充满信心。正如孙子曾预言过的那样，敌人最大的优势之一将造成其失败。

安德森于1943年10月开始拟定计划时，提出要以四次连续的打击将德国战斗机的产量削减75%。[90]这是个荒唐的估测。但长达四个月的恶劣气候所造成的延误，出乎意料地给了他一支远程战斗机部队，这使他得以对空中和地面的德国空军发起打击，对其造成重创，他将采用双管齐下的进攻武器——轰炸机和战斗机构成一个咄咄逼人的密集阵型——这是杜立特尔腾出护航战斗机后创建的。

---

* 译注：这句话在《孙子兵法》中的原文是"不可胜在己，可胜在敌"，意思是，打败仗是源于你自己的错误，而打胜仗则是因为敌人犯了错误。

起初，安德森做好了损失三分之二机组的准备，[91]也就是7000人，这个数字是海军陆战队在争夺太平洋的战役中阵亡总数的三分之一。随着战斗机提供护航，他预计自己的损失会小许多，但仍很高：行动第一天，可能会损失200架轰炸机。但他认为，这个风险必须承担；地面进攻的成功，乃至整个战争的胜败，都取决于能否歼灭德国空军。

另外，还有些别的考虑。自到达英国后，第八航空队对三个重要的目标体系发起打击：潜艇维修设施、滚珠轴承厂和飞机制造厂，但他们未能彻底打垮其中的任何一个。"有案可查，"一名美国记者写道，"美国白昼轰炸的效果值得怀疑。"[92]

要打击德国这个硬核桃，安德森需要奇迹般的好运，需要一种在欧洲冬季很少出现的气候条件。[93]德国战斗机的生产，在经济上是集中的，但在地理上却是分散的。主要的组装厂组成大型工业中心，四周环绕着一系列制造零部件的小型工厂。威廉森后来解释说："这些工业中心的神奇之处在于，他们的生产流程可以从中心内的一个工厂转移至另一个工厂，或者转至另一个中心内的工厂。如果你摧毁一个中心的组装厂，工具和工人会迅速转移至另一个工厂，其他附属工厂的零部件也将涌入其中。一个中心就是一只巨大的章鱼，你必须砍掉它所有的触须方能置其于死地。"[94]

但美国去年夏季和秋季的轰炸只是令德国人开始了一场疏散。一些较新的组装中心设在德国中部和南部，以及奥地利、匈牙利和波兰的其他地方。目标分散在德国各处，目视轰炸势在必行，安德森至少需要三至四天的好天气。由于许多任务处于轰炸机航程的最大极限，他们将进行长途飞行，故而在目标上空（中午时刻）和回到英国时（黄昏）都需要良好的能见度，但英国的天气太过反复无常。

为了让自己获得些建议，安德森找到一位古怪的教授，让他飞到英国，并立即授予他少校军衔。这位教授名叫欧文·P. 柯克，是加州理工学院气象部门的负责人。工作之余，柯克的副业是从事长期天气预报，他的主顾包括果农和好莱坞电影商。柯克的理论基于这样一种想法："天气情况"总是在自我重复。[95] "一系列现象曾在过去产生过某种气候，如果重复的话，也将在今天产生同样的气候。"[96]在英国，柯克研究了过去半个世纪的欧洲气候记录，2月18日，他告诉安德森，"一系列很好的现象"正在形成，从20日起，一个高气压系统将盘踞于德国中部和南部的上空，可能会持续三至四天。就是它了！经斯帕茨批准，安德森做好了2月20日清晨发起大规模打击的计划。

安德森将所有的一切寄托于柯克的预测，这是他获得的三个预测中的一个，也是唯一一个保证中欧上空会出现持续晴天的预测，天气转晴将从第二天早上开始。任务发起的前夜，英国上空"阴沉沉"的，返航的气象侦察机一致带回极不乐观的报告：云层中没有可预见的天气突变。安德森知道，他的飞机必须在拂晓前起飞，因为欧洲冬季的白昼非常短暂，而且，结冰的气候条件会给战斗机和轰炸机造成极大的困难。这不是"一个完全没有风险的情况"，吉米·杜立特尔回忆道，他倾向于推迟行动。[97]战斗机指挥官威廉·凯普纳也赞同，但安德森仍坚持发起行动，哪怕这将造成200架轰炸机的损失。[98]当晚，在帕庐，面无表情的卡尔·斯帕茨睡在电话机旁，倾听着他那些属下相互矛盾的建议。[99]经过一个不眠之夜，他向各基地指挥官下达了命令："让他们出发！"[100]

注释

1. 大卫·麦卡锡，《无畏：一名B-17领航员的二战历程》，第71、79—81和88页。
2. 同上。
3. 同上，第82页。
4. 约翰·科莫，《作战机组》，第179页。
5. "1945年3月15日的德国空军讲座"，美国驻欧洲战略空中力量司令部，1945年4月6日的报告——科格勒中校为德国空军所做的讲座，美国空军历史研究部，00217374；威廉姆森·默里，《德国空军》，第22页。
6. 山姆·哈珀特，《真正的正义之战》，第251页。此次行动的11架"探路者"，6架携带H2X，5架配备的是H2S；参见蒂斯顿等人所著的《第八航空队的"探路者"投下炸弹》，第68页。第八航空队已开始试用英国的另外两种探路设备，Gee和Oboe，这两种导航设备都依靠地面站发射的波束。
7. 美国战略轰炸调查，"气候因素"，第20页。整个战争期间，气候原因使第八航空队有25%的日子无法发起行动，而第十五航空队的这个数字达到37%。
8. 1944年1月5日，阿诺德写给斯帕茨的信件；1944年1月10日，斯帕茨写给阿诺德的信件，斯帕茨文件。
9. 德国空军的损失参见阿道夫·加兰德的《第一个和最后一个：德国战斗机部队的兴衰，1938—1945》，第187页；麦克法兰和纽顿的《德国制空权之战》，第135页。
10. 威廉姆森·默里，《德国空军》，第223页；麦克法兰和纽顿的《德国制空权之战》，第135页。1943年末，德国空军因事故和友军高射炮火误击而损失的飞机多过战损,参见"1943年9月1日—12月31日,德国空军在西线的损失",1945年,美国空军历史研究部,K512.621 VII/148。

11 约瑟夫·施米德中将,"帝国上空的日夜空战",1943年9月15日—1943年12月31日,1954年,"德国空军西线战史",第一卷,1943—1945,美国空军历史研究部,Kl 13.107-158-160。

12 参见维克托·戴维斯·汉森的《屠杀与文明:西方列强崛起中的标志性战役》(纽约,双日出版社,2001年),第111页。

13 罗宾·海厄姆与史蒂芬·J.哈里斯编撰的《为何空军会失败:败亡的剖析》(列克星敦,肯塔基大学出版社,2006年)中,第213页,詹姆斯·S.科尔姆所写的《德国空军的败亡,1939—1945》。对德国航空工业战前和战争初期的深入研究,最出色的是科尔姆的《德国空军的败亡,1939—1945》、爱德华·霍姆泽的《德国空军的武装》(林肯市,内布拉斯加大学出版社,1976年)以及威廉姆森·默里的《德国空军》。

14 罗宾·海厄姆与史蒂芬·J.哈里斯编撰的《为何空军会失败:败亡的剖析》(列克星敦,肯塔基大学出版社,2006年)中,第214页,詹姆斯·S.科尔姆所写的《德国空军的败亡,1939—1945》。

15 格兰特式的歼灭战战略,参见维格雷的《美国的战争艺术:美国军事战略和政策史》。

16 对斯帕茨将军的采访,美国空军历史研究部。

17 阿道夫·加兰德,《第一个和最后一个:德国战斗机部队的兴衰,1938—1945》,第190页。

18 同上。

19 杰克·诺威,《冰冷的蓝天:一名B-17射手经历的二战》,第128—129页。

20 同上。

21 本迪纳,《"空中堡垒"的坠落:二战中最大胆、最致命的空战亲历记》,第244页。

22 戴尔·O.史密斯,《啸鹰:一位B-17轰炸机大队大队长的回忆》(教堂山,阿岗昆出版社,1990年),第61页。

23 哈里·M.康利,《空中没有散兵坑》(康涅狄格州特兰布尔市,FNP军事部,2002年),第210页。

24 莱斯特·伦特米斯特,《大兄弟和小朋友:对德空战的回忆》,《威斯

25 杰克·诺威，《冰冷的蓝天：一名B-17射手经历的二战》，第130页。

26 山姆·哈珀特，《真正的正义之战》，第106页。

27 马尔科姆·C. 格劳、罗伯特·C. 莱昂斯，《防弹衣发展简述》，《航空军医会刊》第2期（1945年1月），第9页。

28 卡拉汉，《凝迹，我的战时记录：英国诺福克郡迪斯附近，索普-阿伯茨，美国陆军航空队第139号基地的二战历史记录》，第65页。

29 马尔科姆·格劳准将，《防弹衣在战时飞行中的使用》，1946年4月，美国空军历史研究部，141.282-6 II；道格拉斯·H. 罗宾逊，《危险的天空：航空医学史》，第180页；小马丁·J. 米勒，《装甲飞行员：二战中美国陆航队的防弹衣计划》，《航空历史学家》第32期（1985年3月），第27—32页。

30 引自布莱恩·D. 奥尼尔，《折断的机翼、三具引擎和一个祈祷者：德国上空的B-17》，第262—268页；贾德·卡茨，"采访荣誉勋章获得者：弗雷斯特·L. 沃斯勒"，阿拉巴马州甘特（麦克斯韦）空军基地，1986年3月5日，美国空军历史研究部，K239.0512-1703。另可参见"任务与报告，1943年1—12月，第303轰炸机大队"，美国空军历史研究部，GP-303-HI；飞机的任务报告转载于哈里·D. 戈布雷希特的《飞行中的力量：第八航空队"地狱天使"——第303轰炸机大队作战日志》（加州圣克莱蒙特，第303轰炸机大队协会，1997年），第298页。还可参见霍顿、鲁尼的《空中射手》，第226页。

31 同上。

32 同上。

33 霍顿、鲁尼，《空中射手》，第225—228页。

34 约翰·科莫，《作战机组》，第243、249页。

35 同上。

36 同上。

37 1943年12月19日，埃克发给阿诺德的电报，埃克文件。

38 1943年12月18、21日，阿诺德发给埃克的电报，埃克文件。

39 1943年12月25日，艾森豪威尔写给马歇尔的信件，阿尔弗莱德·D. 钱德勒编撰的《德怀特·艾森豪威尔文件，第三卷，战时岁月》（巴尔的摩，约翰·霍普金斯大学出版社，1970年），第1612页。

40 埃德加·F. 珀伊尔，《为将之道：性格决定一切，指挥艺术》（加利福尼亚州诺瓦托，要塞出版社，2000年），第269页。

41 哈里·C. 布彻，《与艾森豪威尔在一起的三年：艾克将军的海军副官哈里·C. 布彻上尉的个人日记》（纽约，西蒙&舒斯特出版社，1946年），第447—448页。

42 理查德·G. 戴维斯，《卡尔·斯帕茨与欧洲空战》，第271页。1943年11月3日和26日，埃克派出了600多架轰炸机。

43 1943年12月21日，阿诺德写给埃克的信件，埃克文件。

44 阿诺德写给斯帕茨的信件，日期不详（斯帕茨收到这封信是1943年3月1日），美国空军历史研究部，168.491 AF／CHO，微缩胶片A 1657。

45 1943年12月18日，阿诺德写给雅各布·德弗斯将军的信件，埃克文件。另可参见1974年对巴尼·M. 贾尔斯将军的采访，美国空军历史研究部，K239.0512-814。

46 1943年12月22日，埃克写给詹姆斯·费切特的信件，埃克文件。

47 1943年12月28日，洛维特写给埃克的信件，埃克文件。

48 第八航空队的实力，来自麦克法兰和纽顿的《德国制空权之战》，第155页；杜立特尔，《我再也不会如此幸运》，第354页。

49 第八航空队的伤亡，来自1943年12月27日，阿诺德将军参谋长的备忘录，阿诺德文件。

50 洛·瑞达影视公司对约翰·P. 杜立特尔的采访。要了解杜立特尔的生平，可参阅迪克·艾伦·达索的《航空先驱杜立特尔》（华盛顿，波多马克出版社，2003年）。

51 引自克雷格·尼尔森的《第一批英雄：杜立特尔空袭东京的壮举》（纽约，企鹅出版社，2003年），第33、第41页。

52 同上。

53 1943年11月29日，"将军与资深参谋人员举行会议之纪要"，美国空军历史研究部，520.141。

54 1944年1月11日，斯帕茨给第八航空队司令的指示，斯帕茨文件。

55 《吉米·杜立特尔与美国空中力量的崛起》，柯林·D. 希顿的采访，2003年5月。

56 杜立特尔，《我再也不会如此幸运》，第352—353页。凯普纳的反应，可参阅理查德·G. 戴维斯的《卡尔·斯帕茨与欧洲空战》，第302页。

57 阿道夫·加兰德，《第一个和最后一个：德国战斗机部队的兴衰，1938—1945》，第187、206页。加兰德将美军的决定归功于斯帕茨，而不是杜立特尔。加兰德的著作出版后，杜立特尔接受美国空军历史研究部的采访时（日期不详）表示，"我后来纠正了加兰德的说法"。

58 对加兰德将军的审问，美国空军历史研究部，168.6005-83。

59 杜立特尔，《我再也不会如此幸运》，第353页；1979年8月24日，采访杜立特尔将军，美国空军历史研究部，K239.0512-1206。

60 1969年4月21日，采访杜立特尔将军，美国空军历史研究部；1979年8月24日，采访杜立特尔将军。

61 詹姆斯·古德·布朗，《第381大队的勇士，都是英雄：一名牧师所揭秘的第381轰炸机大队内幕》，第280—281、288页；罗恩·麦凯，《里奇维尔的空中堡垒：二战中的第381轰炸机大队》（宾州阿特伦格，希弗出版社，2001年），第74页。

62 杜立特尔，《我再也不会如此幸运》，第355页。

63 同上。

64 詹姆斯·帕顿编撰的《冲击：二战中陆军航空队的机密照片，第六卷，轰炸轴心国》中（宾夕法尼亚州哈里斯堡，国家历史学会1989年再版），杜立特尔的《白昼精确轰炸》。

65 约翰·科莫，《作战机组》，第263页；《二战中的陆军航空队，第三卷》，第22页。

66 莱斯特·伦特米斯特，《大兄弟和小朋友：对德空战的回忆》，第38页。

67 同上，第41页。

68 阿道夫·加兰德，《第一个和最后一个：德国战斗机部队的兴衰，1938—1945》，第203页。

69 莱斯特·伦特米斯特，《大兄弟和小朋友：对德空战的回忆》，第43页。

70 同上。

71 1995年3月18日，詹姆斯·H. 霍华德将军去世的新闻稿，可参见http://www.Arlingtoncemetery.net/jhoward.htm。

72 安迪·鲁尼，《轰炸机向孤身侠致敬》，《星条旗报》，1944年1月19日。

73 约翰·科莫，《作战机组》，第266—267页。

74 1944年1月24日，阿诺德写给斯帕茨的信件，美国空军历史研究部，168.491。

75 唐·塞尔瓦托·詹蒂勒、艾拉·沃弗特,《一个人的空军》(纽约,L. B. 菲舍尔出版社,1944年),第16页。

76 雷·瓦格纳,《"野马"设计师:埃德加·施米德与P-51战斗机》(华盛顿,史密森学会出版社,1990年),第113页。

77 《二战中的陆军航空队,第六卷》,第219页。

78 安东尼·福尔斯、威尔弗里德·弗里曼,《1936—1945,盟军获得生存和制空权背后的天才》(斯塔普勒赫斯特,斯派尔蒙特出版社,2000年),第229页。帕卡德汽车公司为美国"野马"战斗机制造了梅林发动机。

79 1943年10月15日,埃克发给阿诺德的电报,阿诺德文件。

80 1966年10月1日,对巴尼·M.贾尔斯将军的采访,美国空军历史研究部,K239.0512-779。

81 叙述史,第八航空队司令部,1944年2月,美国空军历史研究部,HD 520.02-5。

82 野马的作战记录,来自"1943年11、12月和1944年1月,P-47、P-38和P-51的作战记录",美国空军历史研究部,520.3108BV。

83 伯纳德·劳伦斯·博伊兰,《美国远程护航战斗机的发展》,密苏里大学博士论文,1955年,第44、99和218—219页。

84 阿诺德,《全球使命》,第376页。

85 威廉姆森·默里,《德国空军》,第226页。

86 "吉米·杜立特尔与美国空中力量的崛起",柯林·D.希顿的采访。

87 阿道夫·加兰德,《第一个和最后一个:德国战斗机部队的兴衰,1938—1945》,第205页。

88 查尔斯·J. V.墨菲,《未知的战斗》,《生活周刊》,1944年10月16日,第104页。

89 同上。

90 同上。

91 沃尔顿·S.穆迪,《最重要的一周:打垮德国空军获得空中优势》,《空中力量史》第41期,(1994年夏季第2期)。

92 墨菲,《未知的战斗》,《生活周刊》,第102页。

93 同上,第107页。

94 同上。

95 同上。

96 同上。

97 杜立特尔，《我再也不会如此幸运》，第366页；《二战中的陆军航空队，第三卷》，第32页。

98 理查德·G.戴维斯，《卡尔·斯帕茨与欧洲空战》，第322页。

99 小海伍德·S.汉塞尔，《击败希特勒的空中计划》，第33—34页；戴维斯，《卡尔·斯帕茨与欧洲空战》，第322页。

100 《二战中的陆军航空队，第三卷》，第31、33页。

第十章

被解放的天空

战争就是走向胜利的一连串灾难。
——乔治·克莱蒙梭

1944年6月6日，拂晓

拂晓时灰蒙蒙的雾霭中，盟军庞大的入侵舰队逼近了法国海岸，美军轰炸机机组人员看见一架孤零零的"空中堡垒"在他们下方盘旋。这架B-17副驾驶的位置上坐着劳伦斯·库特尔将军，他被临时指派为哈普·阿诺德将军D日行动的个人观察员。身材瘦削，干劲十足的库特尔是空中作战计划处1号文件的起草者之一，这是针对德国实施白昼战略轰炸的整体规划。1942年夏末，他曾被派往英国，作为第八航空队第1轰炸联队的指挥官执行该计划。

当年秋季和冬季，对法国布列塔尼沿岸坚不可摧的潜艇坞实施了一系列徒劳无益的轰炸后，库特尔继续发起打击，随后被调至地中海，参加"火炬"行动，此后又被调回华盛顿，为阿诺德将军担任作战行动总策划。1943

年初，他离开战场赶往华盛顿时，德国空军统治了欧洲大陆的上空，白昼轰炸的前景受到严重质疑。现在，库特尔正等待着日出，以证实自己的预感：德国战斗机部队不会对即将发起的、庞大的两栖进攻形成威胁。

进攻发起的前夜，艾森豪威尔向他的部队保证："要是你们看见战斗机出现在空中，那肯定是我们的。"[1]但他和其他盟军指挥官都未说出他们最大的担心——希特勒已从德国国内拼凑出数百架战斗机，不惜一切代价要将入侵者赶入大海。就连对自己的部队深具信心，并重挫了德国空军的卡尔·斯帕茨也预计（和艾森豪威尔一样），会遇到"激烈的空中抵抗"。[2]

"我在想，"库特尔回忆道，"如果我是德国作战军官，上帝也会让我选择这种天气实施我的防御，这就是我会选择的条件。厚实的阴霾笼罩着诺曼底海岸，并延伸至海峡中部……这能使德国飞行员获得完美的隐蔽。他们可以冲出云层，扑向下方被挤满的海峡，对舰只实施轰炸和扫射，并在几秒钟内重新钻入云层。他们可以在我们的火炮开火或数千架战斗机实施拦截前来去自如。我甚至比我愿意承认的更加不安。云层内可以挤满德国战机。到哪里去找这样的目标呢——18英里宽的正面上，4000艘舰船。"[3]

搭载着士兵的登陆艇劈波斩浪向海滩冲去时，库特尔将军的担心消失了。空中满是盟军的战斗机，而且，"目力所及之处，轰炸机队列一直延伸至英国"，没有德国飞机的踪影。"德国佬没有现身，"库特尔后来写道，"他们之所以没有出现，是因为他们已所剩无几。"[4]

在这个重要的转折日，面对有史以来所集结起的最为强大的进攻力量，德国空军只出动了不到250架次的飞机。[5]地面战斗——从海滩达成突破并肃清诺曼底地区的敌军——还将持续七个星期才能获胜，但制空权已在为期六周的毁灭性空战中得到牢牢的确保。

比利·米切尔和朱里奥·杜黑都曾目睹过轰炸战的瞬间，那种对士气的摧毁力成为对坑堑战缓慢屠杀的一种人道的替代。但历时数月、一直延续至

D日的空战，飞机和人员遭受的损失高得令人难以想象。但是，与以往战争中折磨人的杀戮不同，这些空战迅速果断，为库特尔式的战略轰炸肃清了北欧的天空，在战争的最后一年，这场战略轰炸将彻底粉碎德国的战争工业。

最重要的一周

这场伟大的战役开始于一个气候恶劣的周二清晨，卡尔·斯帕茨将军下达命令，发起了"最重要的一周"，这场为期六天的战役从北海到多瑙河，从巴黎至波兰，遍布整个西欧。战役第一天的打击目标是希特勒防御严密的战斗机生产中心：不伦瑞克—莱比锡地区和德国中部的大型组装和配件厂，位于柏林南部约80英里。轰炸机编队进入德国领空时，天气开始转晴，正如安德森那位古怪的气象专家所预测的那样。800架战斗机组成的编队中，打头阵的是休伯特·泽姆克的"狼群"，这些"雷电"战斗机首次配备了150加仑的机腹油箱，这使他的战斗机几乎能渗透至汉诺威，距离他们位于黑尔斯沃斯（Halesworth）的基地将近400英里。"我们赶上轰炸机群，在22000英尺的高度占据了编队左侧的位置，"弗朗西斯·"唠叨鬼"·加布雷斯基，这位来自宾夕法尼亚州石油城一位波兰移民的儿子回忆道，"一切都很平静，直到我们在汉诺威以西30英里处，准备脱离护航时为止。"[6]就在这时，一群双引擎夜间战斗机，Bf-110，进入他们下方的视野中，加布雷斯基的中队"对他们发起攻击"。只有1架德国战斗机毫发无损地逃脱，加布雷斯基重组他的中队，开始了返航的长途跋涉。他那些"雷电"为美国战斗机当天取得的61个胜利贡献了18个战果。

战术与技术同样重要。在杜立特尔下令护航战斗机放开手脚前，德国空军战斗机通常聚集在低海拔区域，他们知道自己在这里很安全，因为美军战斗机在他们上方盘旋，不愿离开轰炸机编队。但在2月20日，德国飞行员大感惊讶并惨遭屠戮，泽姆克的第56战斗机大队在德国上空没有损失一架飞机,他那些飞行员很快便将这里称作"令人愉快的狩猎场"。[7]

当晚在帕庐,斯帕茨、安德森和威廉森等待着经电传打字机传来的作战报告,他们预计会遭受到严重损失。"这一晚,作战报告不停地传来,"威廉森回忆道,"一个大队接着一个大队,纷纷报告说他们没有损失,或只损失了1—2架飞机。我们简直不敢相信。"[8]电传打字机的嘀嗒声终于停下后,指挥官们计算出当日的代价:21架轰炸机和4架战斗机——执行任务的11000人只损失了214人。德国人则损失了153架战斗机。斯帕茨兴奋不已。"从未见他这么高兴过。"威廉森回忆道。[9]

但那些亲身经历战斗的人对此的看法却跟司令部内的将军们不同。"那些将军坐在地图前……伤亡报告令他们深感鼓舞,"二战老兵,小说家欧文·肖写道,"但那些曾身处战场的人却并不感到鼓舞。他被击中,或是他身边的战友被击中……那一刻很难想象还有什么人能……报告说……一切都在按计划进行。"[10]

对2月20日赢得荣誉勋章的三名美国飞行员来说,没什么是"按计划进行"的。他们的经历是"最重要一周"中涌现出的最伟大的个人故事,是史诗般的英雄主义和英勇牺牲的传奇。这些年轻人不得不长大或倒下时,他们不会向困难屈服。

第305轰炸机大队中,一架未起名字的"空中堡垒"离开莱比锡上空时,遭到十余架敌战斗机的围攻。八名机组人员被炮火击中,轰炸机的一具引擎起火燃烧。一发炮弹击碎右侧的挡风玻璃,在副驾驶的脸上炸开,使他当场身亡。他向前倒下时,身体压住了控制杆,这架轰炸机突然间向下俯冲。驾驶员威廉·R. 劳利中尉的脸部和颈部已负重伤,挣扎着用右手将阵亡战友的躯体从操纵杆上拉开,同时用左手试图将轰炸机从急剧下降状态中改出来。他不得不靠仪表来飞行,挡风玻璃和操控设备上溅满了鲜血和皮肉碎渣。终于将几乎垂直下跌了10000英尺的轰炸机改出后,他注意到损坏的那具引擎仍在燃烧。飞机平稳后,他命令机组人员跳伞,他担心这架飞机即将发生爆炸，但已经去后部查看过损伤情况的投弹手哈利·梅森中尉报告说，有两名射手身负重伤，无法动弹。一名机组成员跳了伞，劳利中尉通过机内对讲设备宣布，他会尽量把这架轰炸机飞回去。到英国，大约要飞五个小时，但为挽救两名身负重伤的组员，他别无他法。其他组员再次被要求跳伞逃生，但他们决定留下，跟劳利和昏迷的战友一同坚持到底。[11]

经受着冲击和暴露，冰冷的空气穿过破碎的挡风玻璃，劳利脸色发灰，开始神志不清，几次陷入昏迷。哈利·梅森用一件大衣将副驾驶的尸体固定在椅背上，自己站立在驾驶室的两个座位之间，他唤醒劳利，帮着他操纵飞机。到达英国时，他们只剩下一具引擎，在1500英尺高度上勉强飞行着。穿过蒙蒙细雨和昏暗的天色，他们错过了第一座机场，但劳利随即发现一条加拿大战斗机的应急跑道，便试图放下机轮。可它们被卡住了。这架"空中堡垒"不得不紧急迫降，裸露的机腹在混凝土跑道上擦出大片火花，看上去就像一场烈火风暴。机组人员悉数获救，但两位身负重伤的射手永久残废了。

战争结束后，威廉·劳利和他的机组成员继续保持着联系。他的一名射手，拉尔夫·布拉斯韦尔，在劳利1999年去世前，来到他位于阿拉巴马州蒙哥马利市郊外的家中看望他。"他有膝关节炎，"布拉斯韦尔说道，"但跟他握手后，我说：'你的双膝很棒，是它们救了我的命。'"[12]

空袭莱比锡的行动中，当天下午，还有另外五名飞行员被他们的两位战友所救，这两人是阿奇博尔德·马蒂斯上士和沃尔特·E. 特林佩尔中尉。"十马力"号的顶部炮塔射手卡尔·摩尔，跟随第351轰炸机大队飞离波尔布鲁克，靠近目标时，他看见两架Me-109径直朝他们扑来。几秒钟后，一发炮弹在驾驶舱内炸开，副驾驶罗纳德·巴特莱的头被炸飞，驾驶员C. 理查德·尼尔森也当场身亡。两人的尸体倒在操纵杆上，与威廉·劳利那架"空中堡垒"惊人地相似，"十马力"随即进入俯冲状态。螺旋俯冲造成的离心力令每一个活着的机组成员动弹不得。"接下来的几分钟,就像是在一个旋转的陀螺内,我们被抛向机身,并被强大的力量抵住,无法移动。"腰部射手罗素·罗宾逊说道。[13]卡尔·摩尔设法从他那个炮塔下方的地板向前爬去,来到驾驶员座位之间狭窄的空间。狂风穿过破碎的舷窗,将他向后推去。摩尔聚集起浑身的力气,向前探出身子,惊恐地看清了驾驶室内的这场屠杀。巴特莱的头落在地上,尼尔森面孔的右侧被切掉。摩尔相信尼尔森已经身亡,他抓住两具操纵杆,一手一个,并用肘部抵住两位驾驶员尸体传来的重量和压力。即便在加快速度时,敌战斗机仍不停地向他们扑来,经历了一场近15000英尺的下降后,摩尔将这架轰炸机从俯冲状态中改出,这个动作太过突然,以至于负伤的无线电操作员托马斯·索维尔说:"我觉得我的眼球都要从眼窝中蹦出来了。"

就在这时,来自伊利诺斯州奥罗拉的记账员沃尔特·特林佩尔(现在是领航员),设法来到驾驶室内,摩尔将飞机的控制权交给他。几分钟后,出生于苏格兰的阿奇博尔德·马蒂斯,这位宾夕法尼亚州一位矿工的儿子也有几小时的飞行经验,他爬出球形炮塔,来到驾驶室中与特林佩尔会合。两人蜷缩在座椅间狭窄的空间处,试图决定该如何行事。他们用手操纵着安装在地板上的升降舵和副翼控制器,竭力保持着轰炸机的飞行状态。其他组员将巴特莱的尸体从右侧的座位上拉开,放在驾驶室下方的狭窄通道处。特林佩尔随即将操纵杆交给马蒂斯,德国战斗机消失后,他下到机鼻处,寻找一条返回英国的航线。机上的投弹手在投完炸弹后已经跳伞逃生,但由于轰炸机的四具引擎运转良好,其他组员决定留在飞机上。

冰冷的寒风窜入驾驶室内,使马蒂斯和特林佩尔每次只能操作几分钟时间。两人轮流操控着飞机,但主要是马蒂斯在驾驶,由于狂风的噪音,他们只能用手势来沟通。机组人员试图将尼尔森的尸体移开,以便让马蒂斯坐入左侧的座椅,离被击破的舷窗远些。但他们突然停了下来,因为他们发现,尼尔森还活着,尽管已奄奄一息。

他们飞抵波尔布鲁克基地时,特林佩尔呼叫塔台:"副驾驶阵亡,正驾驶,我们觉得他也阵亡了。投弹手已经跳伞,我是领航员,是机上唯一的军官。我们该怎么做?"特林佩尔说,马蒂斯认为他可以把飞机降下来,基地指挥官尤金·罗米格上校予以批准。马蒂斯的第一次进场着陆尝试不太稳定,位置过高,疲惫和暴露于狂风中使他的反应变得迟钝。罗米格上校命令他继续盘旋,并让机组人员在机场上空跳伞。最后一个跃出飞机的是卡尔·摩尔,他与马蒂斯和特林佩尔握了握手,向这两位战友竖起大拇指,随即消失在后部组员舱门。

机组人员跳伞后,罗米格上校和一位中队长埃尔扎·勒杜少校登上一架B-17,起飞后与"十马力"并肩飞行,并用无线电指示马蒂斯,试图带着他着陆。马蒂斯的飞行状态极不稳定,时而攀升时而俯冲,罗米格他们无法靠得太近以提供更多的帮助。第二次着陆未获成功后,罗米格命令马蒂斯和特林佩尔将飞机飞向大海,设置成自动驾驶,然后跳伞。这两人回答说,驾驶员还活着,但无法动弹,他们不会弃他于不顾。[14]

在邻近一个机场的降落再度失败后,"十马力"号突然失控,随即坠毁。马蒂斯和特林佩尔当场身亡,他们被追授荣誉勋章。他们在阵亡前竭力试图挽救的驾驶员尼尔森只比他们多活了一个小时左右。最后一个看见这三位阵亡战友的人是卡尔·摩尔,他获得了杰出服役十字勋章。战争结束后,匹茨堡煤炭公司将他们的一座矿更名为"阿奇·马蒂斯",这位来自苏格兰斯通豪斯的空中射手,在执行自己第二次飞行任务而英勇牺牲前,曾和他的父亲在宾夕法尼亚州自由市的一座烟煤矿中工作。

"最重要的一周"接下来的五天里,第八航空队的损失出现了惊人的上升。至少有226架重型轰炸机在德国上空被击落,这几乎是第八航空队全部实力的20%。第十五航空队的损失也与之类似。早在1942年,埃克便已下令不得使用"等效损失率"。而当年,劳伦斯·库特尔和他策划部的同僚曾估计,第八航空队那些未获得护航的轰炸机,在整个空战期间的损失不会超过300架!但在1944年,他们已是一支久经沙场、飞机充足的航空队,他们充满了一种新的精神,并做好了承受可怕损失的准备。现在,他们第一次坚信自己将获得胜利,因为他们已发现并开始利用德国战时经济易受攻击的薄弱点。[15]

"最重要的一周"的主要策划者弗雷德里克·安德森相信,第八和第十五航空队第一次密切协调,并与英国夜间轰炸机相配合,将给纳粹的战斗机生产造成致命性打击,并使其接近"最终的灭亡"。[16]但他错了。"最重要的一周"期间,10000吨炸弹被投向德国的18个机身和滚珠轴承制造中心,其中再次包括雷根斯堡和施韦因富特。这大致相当于第八航空队在其第一年作战行动中投下的吨数。英国皇家空军的轰炸也很猛烈,他们投下的炸弹甚至比美国人更多。但这番全力以赴只是让德国人的战斗机生产延误了两个月。[17]

1944年夏季前,德国的战斗机产量将达到其顶峰,部分原因是"最重要的一周"。经希特勒批准,负责战斗机生产的工作从戈林无能得令人惊愕的空军部转至阿尔贝特·施佩尔军备与战时生产部下的一个特别机构。施佩尔安排他的专家之一,卡尔·奥托·绍尔,负责加快工业疏散计划。[18]1944年底,德国那些较为小型、得到巧妙隐藏的工厂,每个月生产的战斗机数量甚至超过了"最重要的一周"之前的产量。盟军情报部门从未能发现那些森林中的工厂,反正从四英里的高空也不可能击中它们。

安德森策略中的第二个部分完成得非常出色。德国空军挺身保护他们的飞机制造厂,结果,他们损失的单引擎战斗机超过三分之一,更重要的是,他们还失去了18%的战斗机飞行员。[19]就连对组装厂的轰炸也产生了一些显著的长远效果。如果那些工厂未遭到轰炸,德国的飞机产量将更为骄人。未来几个月的疏散工作将使整个行业遭到延误。那些较小的工厂,飞机的生产比在更为合理化的大型工厂中慢得多。疏散还将使各个分散的飞机制造厂严重依赖于铁路运输，运送零部件和组件的火车很快将成为虎视眈眈的美国战斗机肥美的目标。[20]最终，疏散行动"自己打败了自己"。[21]1944年底，德国的运输系统被盟军的轰炸和扫射摧毁后，已不再可能为最终组装厂提供组件来生产出成品飞机。"最重要的一周"当时被第八航空队的指挥官们高估，但历史学家们对此的评价并不高，其实，对美国人而言，这既不是一次胜利，也并非失败。它仅仅是二战中延续时间最长、最具决定性的空战的开始。

柏 林

第二轮行动的目标是柏林，它是世界第六大城市，也是欧洲大陆最大的经济和商业重地，这里的产业几乎都与军工有关。柏林也是德国空军必须防卫的另一个目标。

那年冬季，阿瑟·哈里斯一直对柏林进行着一场毁灭一切的打击，他们的轰炸不加选择，面对突然间复苏的德国夜间作战力量，英国人蒙受了令人难以忍受的损失。美国的轰炸有所不同，他们瞄准的是工业中心，其中最重要的是位于柏林郊区埃尔克内尔（Erkner）的大型滚珠轴承厂。轰炸机将被当作诱饵，以引诱德国战斗机升空迎战。

美国人还采用了新战术。过去，第八航空队发起的每一次重大轰炸行动中都包括精心策划的牵制性空袭，以此来混淆防御者。但这次没有假动作，没有欺骗性行动。航空队指挥官将按可预测航线派出他们的轰炸机。轰炸机被置于极其危险的位置，这将是计划的一部分。"最重要的一周"刚刚结束，大批远程"野马"战斗机便抵达英国，安德森，这位总体战的坚定倡导者，迫切盼望打上一仗。2月下旬，他提醒哈普·阿诺德，要为重大损失做好准备。第八航空队将"不惜一切代价"发起打击。[22]

就在伤亡数目开始大幅度上升之际，轰炸机机组人员又收到另一个坏消息。在哈普·阿诺德的催促下，杜立特尔将军将他们的服役期从二十五次作战飞行任务延长至三十次（后来又延长至三十五次）。[23]理由是，在这些机组人员的作战效能达到顶峰时，干嘛要把他们送回家呢？这个决定令杜立特尔成了各轰炸机基地最遭人痛恨的家伙。那些机组抱怨说："前二十五次作战任务，我们是为美国而飞，后面的五次是为吉米。"

"最重要的一周"给所有人施加了可怕的压力。"许多人服用药片，"无线电操作员兼射手劳伦斯·"高迪"·戈德斯坦说道，"药片使他们安然入睡，药片令他们保持清醒，药片让他们消除抑郁。"[24]如果航空军医拒绝开药，有些人便会设法偷取。对于真正的绝望，这里有吗啡，这东西很容易从急救包中搞到。

对柏林的首次空袭定于3月2日。但杜立特尔取消了行动，因为目标区上空阴云密布，这会令轰炸极不准确。安德森发作了。"柏林上空是不是阴天无关紧要。由此产生的空战会造成（敌人）的消耗，这比对地面造成的任何破坏更为重要，"他在日记中写道，"我们应该坚持这个该死的行动！"[25]

柏林将是第八航空队攻击过的最为棘手的目标。杜立特尔的机组会遇到一支经过重组的德国空军力量，其战斗机的70%部署在柏林周围。[26]德国首都距离英国东部的往返航程为1100英里，这就意味着轰炸机将暴露在德国中部的空中达五小时之久，另外，如果恶劣的天气持续下去，轰炸机就不得不飞至六英里高的云层上，这会使编队飞行极为困难。杜立特尔的副手解释说，不能派出"解放者"式轰炸机，因为满载的"解放者"无法飞得和"空中堡垒"一样高："天哪，（机组人员）会在飞机内送命的！"安德森的回复只有两个字，却令人心寒："是吗？"[27]

3月3日，几架配备着副油箱的P-38"闪电"战斗机飞至柏林上空，但轰炸机群无法克服云层，不得不返航。第二天，阴霾的天空和呼啸的狂风依然是个大问题，但杜立特尔给轰炸机编队发出召回令时，第95大队的两个中队和第100大队的一个中队却未能收到这道命令，反正他们是这样说的。

这些重达25吨的轰炸机和为之护航的"野马"战斗机压了上去，他们以航位推测法导航。螺旋桨旋转所形成的雾化尾迹加剧了危险。在稀薄的空气中飞行，使得飞行员们"昏昏沉沉，无精打采，但高射炮火的爆炸防止了他们打瞌睡"[28]。敌战斗机迅速升空迎战，但在损失了五架轰炸机后，第4战斗机大队的"野马"在唐纳德·布莱克斯利上校的率领下，成功地挽救了轰炸机编队。唐纳德是前"飞鹰中队"的队员，在美国参战前便自愿在英国皇家空军中驾驶"喷火"式战斗机。

率领轰炸机编队的哈里·C.曼福特上校在冬日苍茫的夜色中返回基地时，以为自己会遭到一顿痛斥，但没有，他不仅获得了银星勋章，照片还被刊登在《生活周刊》上。[29]

这次的行动并不完美，但事实是，美国飞机在白天到达了柏林上空，这一点对轴心国和盟军来说都至关重要。战争第一年，赫尔曼·戈林曾向柏林市民保证，首都这片神圣的领土不会遭到一架敌机的轰炸。战争结束后，一名审讯者问戈林，他何时意识到德国覆灭的命运已定。"你们的轰炸机在战斗机的护航下，第一次出现在汉诺威上空时，我就开始担心了。待战斗机护送着它们来到柏林上空后，我便知道大势已去。"[30]

查克·耶格尔

3月5日，恶劣的气候使轰炸机不敢飞得太远。损失很轻微，但对护航战斗机来说，这是难熬的一天。前一天在柏林上空获得自己的第一个战果后，查尔斯·"查克"·耶格尔，这个来自西弗吉尼亚州麦拉、吵吵闹闹的21岁小伙子，在法国西南部，波尔多以东50英里处，被三架福克-沃尔夫190击落。这只是他的第八次作战飞行任务，作为一名机械师应征入伍的耶格尔在这场战争中生还下来，并成为世界上最著名的试飞员，是第一个突破音障的人，也是《征空先锋》这部书籍和同名电影中的主角。"我知道自己正在下坠。我几乎没办法解开安全带,并在这架起火的P-51开始翻滚、坠向地面前爬出自己的座椅。飞机翻了个身,我从驾驶室内掉了出去——座舱罩已被打飞。"[31]耶格尔进入自由下坠状态,直到彻底避开一架敌战斗机的追逐扫射后,他才敢拉开降落伞的开伞绳。

"又冷又怕"[32],鲜血从他双手、双脚的伤口中流出,右小腿上还有个弹孔,耶格尔知道,逃脱纳粹安保部队追捕的概率并不大,他所在的中队,被击落的飞行员中,还没有哪个能逃回英国。他坐在茂密的灌木丛中,用磺胺粉和绷带包扎着伤口,并开始研究缝入飞行服中的一幅丝质地图时,觉得自己有了信心。他是贫穷但意志坚定的山区居民的孩子,他知道如何狩猎、设置陷阱并以土地为生。他的皮带上挂着支军用点45口径手枪,他是个百发百中的神射手。"在家时,要是我们有什么活儿要干,那我们就会去做,"他回忆道,"而我现在要做的就是避开追捕,设法逃脱。"

耶格尔的目标是西班牙,他知道那里的英国外交官会为他提供帮助,他们曾安排被击落的飞行员取道直布罗陀返回英国。但他首先要做的是逃避追捕,德军巡逻队正在低空飞行的侦察机的帮助下搜寻他。从灌木丛中向外张望,他看见一名拎着把斧子的樵夫,这是件他用得上的武器。耶格尔盘算,没有哪个法国农夫能跟"一个饥饿的山民"相抗衡,[33]于是他跳了出去,将对方按倒在地,用手枪抵住他的脸。这个法国人并不会说英语,但当耶格尔告诉他自己是美国人时,他紧张地咧嘴而笑,并点了点头。他打着手势说他去找人来帮忙,但耶格尔必须躲在树丛中,因为到处都是德国兵。

一个小时后,那名樵夫带着个能说点英语的老人返了回来。耶格尔跟随他们来到一座小旅店,他被带至二楼的一间卧室。一个看上去很有派头的女人裹着披肩坐在床上,她就是旅店的老板娘。她直视着耶格尔的眼睛,笑了起来,并用纯正的英语说道:"怎么回事,你还是个孩子啊……天哪,难道美国就没有成年男人了吗?"盘问了耶格尔一番,以确保他不是假扮美国飞行员的德国特务后,她告诉他,她的人会帮助他。

第二天早上，耶格尔被带到一间农舍，在干草棚里躲了近一个星期。一天深夜，曾为他处理伤口的一名当地医生给他带来假身份证和农民的服装，并告诉他，他们将展开"一段小小的旅程"。在他的带领下，经过数周的跋涉和隐藏，他们来到遍布林木的山区中的一片空地，在这里，他被交给一群戴着黑色贝雷帽，全副武装的人。"没人告诉我他们是什么人，"耶格尔回忆起自己当时的反应，"他们是马基，这些法国抵抗战士白天生活并隐藏在遍布松树的山林中，夜里出来炸毁桥梁和铁路。"[34]

耶格尔被告知，跟这些人待在一起，等比利牛斯山的积雪融化后，他们会帮助他进入西班牙。

马基是抵抗组织中相对较新的一股力量（马基是科西嘉语，指的是当地低矮的灌木丛，18世纪民主革命期间，岛上的抵抗组织用这个名字作为掩护）。第一批马基是来自法国南部和布列塔尼森林地区的年轻人，他们于1942年底躲入山中，以逃避纳粹的劳工草案，该草案将把他们强行送至德国从事劳役。1943年夏季，盟军即将发起进攻的消息传得沸沸扬扬，许多山区游击队已开始接纳其他抵抗组织中的成员，并对德国人和通敌的法国民兵实施破坏行动。这时，SOE（特别行动处，这是个负责在纳粹占领区鼓动实施破坏和准军事行动的机构）的英国特工开始对他们产生兴趣。SOE与美国战略情报局（OSS，中情局的前身）设在伦敦的一个特别机构携手合作，特工人员和武器通过降落伞空投给马基，伦敦与这些游击队之间建立起定期的无线电联络，诺曼底登陆即将发起，丘吉尔首相要求皇家空军增派飞机，为法国西南部最强大的马基组织提供武器装备。就是在这时，1944年1月，第八航空队被拉入这个行动，在克利福德·J. 赫夫林中校的指挥下开始了所谓的"投机商行动"，盟军加大了对马基的空投补给，每个月超过850次。

利用最近被解散的航空队反潜中队的机组人员，被称作"投机商"的第

801轰炸机大队应运而生（1944年8月，他们改称第492大队），该大队最初驻扎在伦敦北部，与坦普斯福德（Tempsford）相距不远，而驻扎在坦普斯福德的皇家空军的几个中队也正从事着相同的任务。两个基地的门前都竖立起"禁止入内"的标牌，去当地酒吧喝酒的飞行员都知道，要是他们谈论起自己的任务，就会被送上军事法庭。[35]

第801大队的"解放者"式轰炸机，从加利福尼亚州的马奇机场调至北安普敦郡的乡村深处，专门配属给夜间空投行动。遮光窗帘覆盖着机身上的舷窗，除顶部和尾部炮塔外，其他武器装备都被拆除，这些轰炸机还被涂成暗黑色。球形炮塔所在的位置，机身地板被割开个大洞，覆盖上一块可移动的金属板。这个洞被称作"乔洞"，空投的特工人员（或称之为"乔"，女特工则被称为"约瑟夫"）可以通过它，带着降落伞跳下去。腰部射手，现在被称作投手，负责空投炸弹舱内硕大的补给罐。临近D日时，被称作杰伯奇（Jedburghs）的三人突击小队也被空投下去，他们经常跟马基们配合，在灌木丛中实施秘密行动。

飞行员耶格尔与游击队会合时，他们正积极从事着铁路破坏工作，以阻止当地德军增援海峡沿岸抵御盟军登陆的德国师。"这些马基昼伏夜出，"耶格尔后来描述了他们的行动，"炸毁桥梁，破坏铁路，伏击运输弹药和军事装备的火车。"[36]耶格尔加入的那支马基，配备着英制斯登式冲锋枪和西班牙制点38口径的骆玛手枪，但他们迫切需要炸药，对此，他们只能依靠盟军的空投。

一天夜里，查克·耶格尔和那些"丛林抵抗者"坐在一个点着灯笼的谷仓里，清点着盟军飞机用降落伞空投下的钢罐中的东西。看着那些炸药箱、导火索和定时装置，他告诉游击队领导："我可以帮你们处理这些东西。"[37]还是个孩子时，他就帮着父亲用塑胶炸药对付过天然气井。当晚，他帮着安装炸药的保险装置。从这以后，只要跟他们在一起，他就是队伍里的"爆破专家",已成为一名"制作炸弹的恐怖分子",而不再受《日内瓦公约》的保护。如果被俘,他会被视作一名破坏者,交给盖世太保后遭受严刑拷问,并被枪毙。但正如他后来所说的那样,要想翻越比利牛斯山,他就必须依靠"这些人"[38],另外,这个工作"很好玩,很有趣"[39]。

这种情况并未持续太久。3月底的一个夜晚,耶格尔被送上一辆卡车的后厢,车内已有司机先前捎上的一群美国飞行员。卡车带着刺耳的刹车声停下时,车上的每个人得到一张手绘地图和一个装满面包、奶酪和巧克力的背包。司机指指一条狭窄的山路,于是,这群飞行员冒着大雨和狂风,开始向山上攀登。其他人渐渐落在后面时,耶格尔和一个身材魁梧,名叫"帕特"·帕特森的B-24轰炸机领航员结伴而行。在潮湿、深可没膝的积雪中,他们一直攀登到7000英尺高,并翻过一道道布满冰层的山脊。空气变得越来越稀薄,他们不得不每隔十到十五分钟便停下一次,休息时,他们不禁想知道,自己是否很快会成为在头上呱呱叫唤的大群乌鸦们的食物。

第三天,他们迷路了,第四天,他俩"几乎已打算放弃"[40]——筋疲力尽,不辨东西,甚至无法感觉到自己冻僵的双脚。两人半睡半醒地向前跋涉,"像醉鬼那样步履蹒跚",他们偶然来到一座空木屋,推开门,两人倒在地上,就这样并排睡着了。

几分钟后,他们被冰雹般的枪声惊醒。是德国巡逻队正向木屋的前门盲目射击,对方怀疑屋里可能有逃犯。耶格尔从后窗跳了出去,帕特森紧跟在他身后。听到帕特森的惨叫声,耶格尔知道他中弹了。就在这一瞬间,他一把抓住帕特森,跳入一条被积雪覆盖的圆木滑道,两人顺着这条水槽滑下,落入一条涨满了水的山涧中。耶格尔将失去知觉的帕特森搭在脖子上,游至对岸,再把他从河里拉到岸上。帕特森的情形看上去很糟糕,子弹射中了他的膝盖,"血流如注",[41]他的小腿几乎已跟上面的部分断开,只连着根粗粗的、悸动着的肌腱。耶格尔拔出小刀,割断了这根肌腱，并取出马基人用他的降落伞制成的一件替换衬衫，将帕特森鲜血淋漓的残肢包扎起来。

夜幕降临时，他背起昏迷不醒的同伴，开始攀登一道陡峭的山坡，他不时停下，看看帕特森是否还活着，并竭力驱散一种彻底放弃、就这样死去的冲动。日出时，耶格尔到达了山顶，透过清晨的雾霭，他看见远处"一条道路所形成的细线"，他想，"那肯定是西班牙"。[42]

耶格尔太过虚弱，已无力从陡坡下至下方的道路，他把帕特森拖到山坡的边缘处，把他推了下去。耶格尔跟在他身后，弯曲着双腿，中间挂着根木棍，就像他曾在西弗吉尼亚州老家陡峭的后山上所做的那样，"用一把扫帚当作刹车"[43]，滑下山坡。两位飞行员来到路上后，帕特森脸色苍白，全身瘫软，耶格尔认为他可能已经死了。他觉得自己在这里什么也帮不了帕特森，于是把他放在路边的一个显眼处，以便让路过的汽车司机捎上他。然后，他独自向南走去。

来到一个村庄，耶格尔找到当地的警察局，一头倒下，睡了整整两天。唤醒他的是一位美国领事，他被送往医院，"在这里除了晒太阳、吃东西和跟女服务员调调情外，没什么事情可做……尽管美国领事试图让我们六个被击落的飞行员从地狱般的经历中摆脱出来"[44]。身处西班牙期间，他获悉，离开帕特森仅仅一个小时，帕特森便被当地的国民卫队救起，并将他送往医院。没过六个星期，帕特森便回到了美国。查克·耶格尔却另有想法。

血腥星期一

查克·耶格尔在法国上空被击落的第二天，第八航空队再次飞赴柏林，打了一场有史以来规模最大的空战。"今天，长达15英里的美国轰炸机编队，在30分钟时间内轰鸣着越过柏林市中心，并在粉碎了德国战斗机强大的防御后，令饱受打击的纳粹首都燃起大火。"合众社做了报道。[45]而《纽约时报》估计，双方涉及此次大规模行动的人员高达60万人。[46]这个数字包括12000名盟军飞行员、近1000名德国飞行员、50000名盟军和25000名德国地勤人员，另外，从沿海地区一路延伸至柏林，防空炮位上的德国人多达50万人。

"从空中看去，柏林是个巨大、黑暗的城市，"B-17射手汤米·拉莫尔回忆道，他来自"泪水之路"中生存下来的一个切诺基家族，"这是希特勒的城市。*这个大坏蛋就住在这附近……来吧，把德国空军派上来，用你们所拥有的一切朝我们开火吧，我们就在这里，就在你们这些优等种族眼前炸毁你们的房屋。炸弹从架上落下时，我欢呼雀跃。'阿道夫，小心你的泡菜！'我叫道。"[47]

第八航空队的一份记录表明，69架轰炸机（飞往柏林实施轰炸的全部力量的10%）损失于敌战斗机和高射炮火。纳粹广播电台宣称，"空中堡垒"和"解放者"飞至柏林上空后被驱离，但一天后，瑞典记者的报道指出，柏林工业郊区的大片地段"仍在燃烧"，而且"没有灯光，没有供电，没有煤气，电话线路也已中断"。[48]

德国人也令空袭他们首都的轰炸机付出了代价。50架战斗机一字排开，迎头飞入轰炸机编队中。他们以每秒200码的速度逼近轰炸机，每个战斗机驾驶员可以在500码的距离上进行半秒钟的射击，然后迅速拉升，以免撞上轰炸机。这个时间非常短暂，但"迎头半秒钟的精确射击，能确保击落对方。绝对能！"一名德国战斗机飞行员回忆道。[49]

"血腥100"大队遭受的打击最为惨重。发现护航范围上的缺口后，"敌机成双成对地迎头击中我们"，没用三分钟，15架轰炸机被打成一团团

---

* 译注："泪水之路"指的是18世纪末至19世纪末20世纪初，大批印第安人遭到屠杀，幸存者被强行迁移至更为荒凉的保留地的一段苦难历程。

火球,"布法罗姑娘"号的驾驶员C. B. "瑞德"·哈珀回忆道。[50] "布法罗姑娘"号起火燃烧,机身上满是弹孔,机上的供氧系统也被打坏,哈珀丢掉炸弹,将飞机降至5000英尺,以便让大家呼吸到空气。

休伯特·泽姆克的"雷电"战斗机成群赶到时,第13作战联队(第100大队隶属其中)在25分钟内已损失了20架轰炸机。在他们前方,一支更为强大的德国战斗机编队正集结于世界上最强大的高射炮防御前,750门轻型和重型高射炮组成一道凶猛的警戒线。但美国人以势不可挡的力量强行冲向目标,给地面上的柏林人呈现出一幅可怕的景象。17岁的亚历山大·维齐希曼隐蔽在炮位附近一条狭窄的壕沟内,这是他第一次在高射炮阵地执勤。"敌人展示出的实力把我吓得半死,我开始颤抖起来。"[51]

美国人飞入覆盖在城市上空的云层中,不得不透过快速掠过的薄云中间歇出现的空隙实施轰炸。埃尔克内尔的滚珠轴承厂未遭到轰炸,3000吨炸弹中的大多数落入城内,炸死炸残700多名平民。[52] 但美国人去那里的主要目的不是为了轰炸,而是要挑起一场战斗机的对决。"他们向对方迎头冲去时,相互盯着对方,"[53]第4战斗机大队的史学家描述了首轮交手,"副油箱被抛弃,就像两名拳击手听到比赛开始的锣声脱掉披着的长袍那样。"大约有400架德国战斗机投入战斗,至少66架被击落(第八航空队声称击落了179架),大多是"野马"战斗机实施快速攻击的受害者。[54] 这些"印第安人"(这是德国飞行员对他们的称呼)在柏林寒冷的上空取得了8∶1的获胜率,飞行员的双脚被冻麻,毛皮衬里手套下的双手也变成紫色。"便溺管被冻住,有些人干脆把自己的裤子当作尿布,结果裤子也被冻住。"[55]战斗机飞行员跺着驾驶舱内的地板,并拍打双手以促进血液循环,但也有人在Fw-190以600英里的时速迎头冲来时"被吓得浑身是汗"。[56] 这就像是一场贴身肉搏,交手的飞行员交错而过时靠得如此之近,他们甚至能看见对方的眼睛。

回到位于迪布顿的基地后,布莱克斯利上校的这些飞行员兴高采烈,开着玩笑，击掌相庆，并夸耀说这是他们进行过的"最棒的狩猎"[57]：光是他们大队就取得了15个战果。在作战报告室里，他们一边汇报情况，一边嚼着足以让他们撑到去食堂的巧克力。然后他们会去俱乐部的聚会室，"大鸟"（这是部下们对深受他们尊敬的布莱克斯利的称谓）已下令将"啤酒免费"的标志贴在酒吧的镜子上。[58]

轰炸机基地内的情形完全不同。返回的"空中堡垒"，半数以上受到程度不一的战损，"许多机组人员呆若木鸡，面无表情地躺在机舱内的地板上"[59]。有些飞行员怒火中烧，对上级的愤恨甚至超过对敌人。驻扎在索普－阿伯茨的大队损失了15架轰炸机，机组人员大骂斯帕茨和杜立特尔，明知德国人早有防备，还要派他们去送死。但他们不知道的是，这次空袭是整个空战的转折点。当天，一些柏林人已预感到自己可怕的结局。格尔特·穆勒，当时是一名技校生，从市中心的一座防空洞爬出来时，不禁想："既然他们能做到这一点，他们就还会这样做。"[60]

《纽约时报》记者詹姆斯·B.雷斯顿写出了被柏林人称作"血腥星期一"的意义。"一度被称为空袭的时刻过去了，"他写道，"必须承认，盟军对德国空军发起的这场消耗战，是整个战争中的决定性战役之一⋯⋯从现在起，发起这场战役的盟军领导者将把他们的空中力量派至德国战斗机生产以及德国战斗机现身的任何一处。"[61]

由于第二天的天气"糟糕至极"，[62]第100大队的飞行员们被允许睡到中午，下午时写写信，晚上再喝上几杯。可没想到，晚上10点钟左右，有消息传来，全大队待命。瑞德·哈珀和他的战友们慢慢走回宿舍，一头倒在床上。几乎没什么人说话。

他们在清晨4点被唤醒，看见任务简报的地图，哈珀的心脏剧烈跳动起来。没人能说出话来。目标是柏林，他们将采用两天前的同一条航线返回那里。新任大队长约翰·M.贝内特少校昨晚获悉第100大队在星期一损失了50%的作战力量，又将于星期三被派往柏林时，不禁"勃然大怒"。[63]

贝内特接替尼尔·哈丁上校担任大队长一职还不到24小时,哈丁被送往医院,差点因他一直忽视的胆结石症状而送命。哈珀说,队里的战友甚至都起了哗变的心思,贝内特知道这一点。任务发起的前一天夜里,贝内特打电话给联队指挥部,获准由他的大队担任联队的为首编队。他那些小伙子需要鼓励。

贝内特率领15架轰炸机飞越北海时,他不禁想知道,有多少部下能跟他平安返回。"我被吓住了,我想象着人员遭受损失,任务失败的场景。"[64] 到达德国北部的杜默湖时(两天前,第100大队就是在这里惨遭屠戮),"雷电"战斗机转身返航,此刻应该接手护航任务的"野马"却迟迟不来。对德国空军而言,这是个捕猎的好机会。这次,敌人攻击的是另一个联队——位于贝内特他们前方的第45联队。损失和心理上的混乱使第45联队的领导者未能在初始点带队转向柏林,贝内特没有丝毫的犹豫,立即率队冲向编队前方,带领着第八航空队向目标飞去。

加兰德将他那支完全寡不敌众的战斗机部队留在手中,直到美国人的重型轰炸机进入轰炸航路时,他才将"整个作战编队"派了出去。[65] 美国轰炸机突破这堵火墙后,目标区上空,敌战斗机的抵御"轻微得出人意料"。[66] 但高射炮火力极其凶猛,机组人员甚至能透过他们的氧气面罩闻到炮火的味道,爆炸的冲击波震颤着他们的身体。炙热的弹片穿过机舱底部向上冲来,随时可能将机内人员阉割掉。为预防这种情况,第100大队的射手们早已从索普-阿伯茨基地的修理厂内搞来些装甲板,并与防弹背心配合使用,他们称之为"免得成为太监"[67]。顽强的城市防御者也部署了地对空火箭弹。瑞德·哈珀看着其中的一枚火箭向上窜来,就像半个小时前在他前方飞过的那枚一样,看上去"像是根白色的电线杆,尾部喷吐着火舌"[68]。

第100大队的轰炸机只有一架未能返回东英吉利亚。美国人这次总共损失了37架轰炸机和18架战斗机,但是,他们再次消耗掉敌人的战斗机。索普-阿伯茨基地,返航的机组人员额外获得了一瓶威士忌,这是一项"医疗新政策"[69]。瑞德·哈珀说:"士气像冲天的火箭那样急剧攀升。"[70]

战果汇报结束后,贝内特批准"布法罗姑娘"号的机组人员休假48小时,他们直奔伦敦而去。"前五次作战任务中,我们已看见大队里的200名战友在空中被击落……我们都有些神经错乱。"瑞德·哈珀回忆道。[71]第二天晚上,他们走下一间地下餐厅的台阶时,并不知道自己已进入另一片战场。还没等他们点的杜松子酒和西柚汁送到,一声爆炸令整个屋子震颤起来。一段时间以来,德国一直在轰炸伦敦和英国的其他城市,以报复皇家空军对他们首都的空袭。躲在地下掩体内的英国人对此早已习惯,并开始将之称为"小把戏"。没过几分钟,"蜡烛被点燃,聚会继续进行"[72]。一名戴着钢盔的空袭警报员走下楼梯,询问是否有人受伤,屋内没人回答。他又问屋里是否有孕妇,一个沙哑的女声从后屋传了出来:"哎呀,伙计,给我们点时间,我们刚刚到这里!"[73]

哈珀和他的同伴在伦敦的那个下午,第100大队的9架轰炸机再度赶往柏林,并全部平安返回。3月9日的这场大规模空袭,美国人只损失了6架"空中堡垒"和1架战斗机,但驾驶员和机组人员未报告说击落任何一架敌机。"纳粹们避战了!"第二天的《纽约时报》宣布道。[74]德国人声称4英里高的云层迫使他们的战斗机停飞,但前两次空袭使他们遭受到重创,这才是德国空军当天下午没有升空迎战的真正原因。这是件大事,自第二次空袭施韦因富特后不到五个月,美国人已在这么短的时间内获得了德国上空的主动权。空中霸主地位尚未赢得,但"我们每天出去都能干掉40—50架(敌战斗机)",威廉·凯普纳将军后来说道。[75]

在发给哈普·阿诺德的一封电报中,斯帕茨对"柏林周"做出了简洁、准确的评估。"过去一周内……三次攻击均未采取任何欺骗尝试。每次的空袭路线完全一样……(尽管)现在对敌战斗机生产遭受的破坏和他们严重的空中消耗做出全面评估为时尚早,但我们有理由相信,这场空战掌握在我们手中。"[76]三天时间,第八航空队损失了153架轰炸机,[77]这个损失"在几个小时内便得到了补充",航空队的一名发言人告诉记者们。[78]

　　这就是美国人的优势所在,他们在人员上的补充甚至快过飞机。阿尔贝特·施佩尔那些隐藏起来的工厂继续生产出战斗机,但濒临绝望的阿道夫·加兰德没有足够的人员去飞它们。单是3月份,他那些经验丰富的飞行员便损失了20%。那个月,第八航空队摧毁的敌机比他们在1942和1943年消灭敌机的总数多两倍。[79]用一位德国历史学家的话来说:"这场消耗战已到达致命阶段,已没有可进一步利用的勇气和技能。"[80]一名德国空军飞行员的日记中记录了这些损失对士气的影响:"每次起飞前,我关上舱盖,都觉得正在盖上自己的棺材盖。"[81]

代 价

　　3月底和4月初,斯帕茨和杜立特尔继续着这场战斗,他们派出重型轰炸机实施规模庞大的雷达轰炸(实际上这是在诱使敌人迎战)——恶劣的气候条件下,精确轰炸根本无法做到。单是4月份,第八航空队就损失了409架重型轰炸机,这是战争期间损失最大的一个月,第十五航空队的损失也从3月份的99架上升至214架。[82]

　　德国空军飞行员带着爱国热情拼死奋战。一群具有自我牺牲精神的飞行员向加兰德提出一个构想,组织一支精锐的"突击队",撞击那些"致命的轰炸机"。[83]加兰德否决了这个想法,但他批准组建一个志愿突击队中队(Sturmstaffel I),他们采用的战术,除了日本,世界上没有哪支空军力量会予以考虑,简直就是毫无意义的自杀。在更轻、更快的战斗机的掩护下,配备着重型装甲和武器的Fw-190将形成一个"飞行楔子",尽可能地逼近敌人,并"不惜一切代价"击落入侵者。加兰德这样解释道:"如果在这一突击过程中,他们自己的飞机遭到重创,他们就将飞机径直撞过去,并设法跳伞。"[84]